LA CIVILISATION

EN ITALIE

AU TEMPS DE LA RENAISSANCE

PARIS. — TYP. PLON-NOURRIT ET Cie, 8, RUE GARANCIÈRE. — 8671.

LA CIVILISATION

EN ITALIE

AU TEMPS DE LA RENAISSANCE

PAR

JACOB BURCKHARDT

TRADUCTION DE M. SCHMITT, PROFESSEUR AU LYCÉE CONDORCET

SUR LA SECONDE ÉDITION ANNOTÉE PAR L. GEIGER

TOME SECOND

Deuxième édition

PARIS

LIBRAIRIE PLON

PLON-NOURRIT et Cⁱᵉ, IMPRIMEURS-ÉDITEURS

8, RUE GARANCIÈRE — 6ᵉ

1906

Tous droits réservés

LA CIVILISATION

EN ITALIE

AU TEMPS DE LA RENAISSANCE

QUATRIÈME PARTIE

LA DÉCOUVERTE DU MONDE ET DE L'HOMME

CHAPITRE PREMIER

VOYAGES DES ITALIENS

Libre des entraves sans nombre qui dans d'autres pays arrêtaient le progrès, développé à un degré remarquable chez l'individu et affiné par l'antiquité, l'esprit italien s'applique à la découverte du monde extérieur et ose le décrire et le figurer.

Nous nous bornerons ici à une observation générale sur les voyages entrepris par les Italiens dans des contrées lointaines. Les croisades avaient ouvert le monde à tous les Européens et fait naître partout le goût des voyages et des aventures. Il sera toujours difficile d'indiquer le point précis où ce goût s'unit au besoin de savoir ou même se subordonne et s'asservit à lui; quoi qu'il en soit, c'est chez les Italiens que cette fusion a eu lieu d'abord. Déjà ils avaient concouru aux croisades avec des idées différentes de celles des autres peuples, parce qu'ils avaient déjà des flottes et des intérêts commerciaux dans l'Orient; de tout temps les habitants des côtes de la Méditerranée avaient eu d'autres instincts que ceux de l'intérieur des terres, de tout temps les Italiens avaient été impropres à devenir des aventuriers à l'instar de ceux du Nord. Lorsqu'ils se furent établis à demeure dans tous les ports orientaux de la Méditerranée, les plus entreprenants d'entre eux prirent naturellement le goût des grands voyages qui entraînait la race mahométane; ils trouvaient en quelque sorte devant eux une grande partie de la terre déjà découverte par d'autres. Quelques-uns, comme les Polo de Venise, furent emportés par le tourbillon de la vie mongole et arrivèrent ainsi jusqu'aux marches du trône du Grand Khan. Dans l'océan Atlantique nous rencontrons de bonne heure des Italiens qui prennent part à des découvertes; ce sont, par exemple, des Génois qui trouvent les îles Canaries dès le treizième siècle[1]; en 1291, l'année même où fut perdue Ptolémaïs, le dernier reste des possessions chrétiennes en Orient, ce sont encore des Génois qui les premiers essayent de retrouver la route maritime des Indes orientales[2]; Colomb n'est que le plus grand de toute une série d'Italiens qui se mettent au service des peuples de l'Occident et qui explorent les mers lointaines.

---

[1] Luigi Bossi, *Vita di Cristoforo Colombo*, où se trouve une récapitulation des voyages et des découvertes antérieurs des Italiens p. 91 ss.

[2] Voir sur ce sujet une dissertation de Pertz. On trouve aussi des renseignements, malheureusement incomplets, dans Sylvius Ænéas, *Europæ Status sub Friderico III.* Imp. cap. XLIV. (Ent. aut. dans les *Scriptores* de Freher, édit. de 1624, t. II, p. 87.) (Sur E. voir S. Peschel, p. 217 ss.)

Le véritable auteur de la découverte n'est pas celui que le hasard conduit le premier sur tel ou tel point; c'est celui qui cherche et qui trouve; il partage les idées et les intérêts de ses devanciers, et le compte qu'il rend de ses explorations rappelle ces traditions communes. Aussi les Italiens seront-ils toujours, vers la fin du moyen âge, les explorateurs par excellence, même si on leur contestait l'honneur d'avoir été les premiers à aborder sur tel ou tel point d'un littoral quelconque.

C'est à l'histoire spéciale des découvertes qu'il appartient de prouver la vérité de cette proposition [1]. Mais on en revient toujours à admirer la grande figure de l'illustre Génois qui rêvait un nouveau continent par delà l'océan Atlantique, qui le chercha et le trouva, et qui, le premier, put dire : *Il mondo è poco,* la terre n'est pas aussi grande qu'on le croit. Pendant que l'Espagne envoie aux Italiens un Alexandre VI, l'Italie donne aux Espagnols Christophe Colomb; quelques semaines avant la mort de ce pontife (7 juillet 1503), l'illustre voyageur date de la Jamaïque sa magnifique lettre aux ingrats souverains catholiques, cette lettre que la postérité ne pourra jamais relire sans la plus profonde émotion. Dans un codicille ajouté à son testament, codicille écrit à Valladolid, le 4 mai 1506, il lègue « à sa chère patrie, la république de Gênes, le livre de prières que lui avait donné le pape Alexandre, et où il a trouvé de si puissantes consolations au milieu de la captivité, des combats et des tribulations de toute sorte ». On dirait une lueur d'humanité éclairant le terrible nom de Borgia.

De même que pour l'histoire des voyages, nous devons nous borner à quelques observations sur les progrès de la

<hr>

[1] Comp. O. PESCHEL, *Histoire de la géographie,* 2e éd. par Sophus RUGE. Munich, 1877. Voir p. 209 ss. et *passim.*

géographie et de la cosmographie chez les Italiens. Il suffit de comparer, même superficiellement, leurs travaux avec ceux d'autres peuples, pour reconnaître qu'ils ont de bonne heure une supériorité marquée sur toutes les autres nations. Vers le milieu du quinzième siècle, où aurait-on pu trouver en dehors de l'Italie la réunion de l'intérêt géographique, statistique et historique au même degré que chez Sylvius Ænéas? Chez quel autre auteur aurait-on admiré une exposition aussi méthodique? Ce n'est pas seulement dans son grand travail cosmographique, mais encore dans ses lettres et dans ses commentaires qu'il décrit avec un talent également remarquable des paysages, des villes, des mœurs, des métiers et des produits, des situations et des constitutions politiques, dès qu'il a vu par ses yeux ou qu'il dispose de témoignages vivants; ce qu'il décrit d'après des ivres est naturellement de moindre valeur. Qu'on lise la courte esquisse[1] qu'il a faite de cette vallée des Alpes tyroliennes où il avait obtenu une prébende par Frédéric III, mais surtout sa description de l'Écosse, et l'on verra qu'il touche à toutes les questions essentielles et qu'il déploie un talent d'observation et une méthode de comparaison qui ne peuvent se rencontrer que chez un compatriote de Colomb formé par les anciens. Mille autres ont vu ou su, au moins en partie, ce qu'il savait, mais ils n'ont pas éprouvé le besoin de fixer leurs souvenirs ni compris

---

[1] Pii II *Comment.*, l. I, p. 14. — Il n'observait pas toujours exactement et complétait quelquefois sa description au gré de sa fantaisie; c'est ce que nous voyons fort bien par ce qu'il a dit de Bâle, par exemple. Mais en somme il a une haute valeur. Sur la description de Bâle, voir : G. VOIGT, SYLVIUS ÆNÉAS, II, p. 1, p. 228. Sur S. Æ. comme cosmographe, II, p. 302-309. Comp. *ibid.*, I, p. 91 ss.

que de telles relations sont intéressantes et utiles.

Il n'est pas moins difficile de déterminer exactement quelle est la part des anciens, quelle est la part du génie particulier des Italiens dans le développement des études cosmographiques [1]. Ils observent les choses de ce monde et les traitent d'une manière objective même avant de bien connaître les anciens, parce qu'ils sont eux-mêmes un peuple à moitié antique et parce que leur état politique les y prépare; mais ils ne seraient pas arrivés aussi vite à une telle maturité si les anciens géographes ne leur avaient pas montré le chemin. Enfin les cosmographies italiennes déjà existantes exercent une influence immense sur l'esprit et sur les tendances des explorateurs. Même celui qui ne s'occupe d'une science qu'en amateur, si, dans le cas présent, nous voulons donner ce titre modeste à Sylvius Ænéas, peut aider à répandre cette sorte d'intérêt général qui est une source de confiance pour celui qui se lance dans une nouvelle entreprise. De véritables auteurs de découvertes dans tous les genres savent fort bien ce qu'ils doivent à de tels hommes.

---

[1] Au seizième siècle, l'Italie resta longtemps encore le principal centre de la littérature cosmographique, lorsque les explorateurs eux-mêmes étaient presque exclusivement des pays baignés par l'Atlantique. Vers le milieu de ce siècle, la géographie indigène a produit le grand et remarquable ouvrage de Leandro ALBERTI, *Descrizione di tutta l'Italia*, 1582. Dans la première moitié du seizième siècle, l'Italie l'emporte aussi sur les autres pays par ses cartes et ses atlas. Comp. WIESER, *l'Infant Philippe II d'Espagne*, dans *Comptes rend. des séances de l'Acad. de Vienne, Phil. hist.*, t. LXXXII (1876), p. 541 ss. Pour des cartes particulières et des voyages de découverte, le lecteur consultera avec fruit l'excellente collection d'Oscar PESCHEL, *Dissertations sur la géographie et l'ethnographie* (Leipzig, 1878).

CHAPITRE II

LA SCIENCE DE LA NATURE EN ITALIE.

Pour la part que les Italiens ont prise au développement de l'étude des sciences naturelles, nous sommes obligé de renvoyer le lecteur aux ouvrages spéciaux parmi lesquels nous ne connaissons que celui de Libri [1] qui est à la fois très-superficiel et très-tranchant. Les discussions soulevées par la question de priorité à propos de certaines découvertes nous touchent d'autant moins qu'à notre avis il peut surgir à toute époque et chez tout peuple cultivé un homme qui, devant peu de chose à son siècle, se jette à corps perdu dans l'empirisme et réalise, grâce à ses dons naturels, les progrès les plus étonnants. Tels ont été Gerbert de Reims et Roger Bacon; si, de plus, ils se sont assimilé tout ce que savaient leurs contemporains, leur universalité a été la conséquence logique et nécessaire de la mission qu'ils s'étaient imposée. Quand ils eurent dissipé l'erreur qui régnait partout en maîtresse, quand ils cessèrent d'être les esclaves de la tradition et de l'autorité, et qu'ils eurent triomphé de la peur de la nature, ils virent se poser devant eux des problèmes sans nombre. Mais c'est tout autre chose quand un peuple tout entier devance d'autres peuples dans l'étude approfondie de la nature, quand celui

[1] Libri, *Histoire des sciences mathématiques en Italie,* 4 vol., Paris, 1838.

qui découvre des vérités nouvelles n'a pas à craindre le silence et l'oubli, et qu'il peut compter sur la sympathie d'esprits chercheurs comme le sien. Il est certain que c'est là ce qui est arrivé pour l'Italie [1]. Ce n'est pas sans fierté que les naturalistes italiens vont rechercher dans la *Divine Comédie* les preuves et les traces de l'empirisme de Dante appliqué à l'étude de la nature [2]. Nous ne pouvons pas nous prononcer sur les découvertes qu'ils lui attribuent ou sur le mérite qu'ils lui prêtent d'avoir été le premier à parler de certains faits; mais il n'est pas de profane qui ne soit frappé de cette profonde connaissance du monde extérieur qui se révèle déjà dans les images et dans les comparaisons de Dante. Plus que n'importe quel poëte moderne il les emprunte à la réalité des choses ou de la vie humaine; il ne s'en sert jamais comme d'une parure, mais pour exprimer aussi exactement que possible ce qu'il a à dire. C'est surtout en matière d'astronomie qu'il montre des connaissances spéciales, bien qu'on ne puisse méconnaître que maint passage du grand poëme, aujourd'hui considéré comme savant, a dû être généralement compris à cette époque-là. Dante en appelle à une astronomie populaire qui existait chez les Italiens comme elle avait existé chez les anciens. La connaissance du lever et du coucher des astres est devenue moins nécessaire pour le monde

---

[1] Pour arriver à se prononcer sur cette question en connaissance de cause, il faudrait qu'il fût constaté que les observations indépendantes des sciences purement mathématiques sont devenues plus nombreuses, ce qui n'est pas notre affaire.

[2] LIBRI, II, p. 174 ss. Voir aussi le traité de DANTE, *De aqua et terra.* Comp. W. SCHMIDT, *Place de Dante dans l'histoire de la cosmographie.* Grätz. 1876. Les passages relatifs à la cosmographie et à l'histoire naturelle que renferme le *Tesoro* de Brunetto Latini ont été surtout publiés dans *Il trattato della sfera di S. L. Br.* par Bartolomeo Sorio, Mil., 1858, qui y a ajouté un système de chronologie historique d'après Br. L.

moderne, grâce aux horloges et aux calendriers ; c'est avec elle que s'est perdu le goût qui s'était développé chez le peuple pour la connaissance des phénomènes astronomiques. Aujourd'hui les livres et les leçons ne manquent pas ; chaque enfant sait que la terre tourne autour du soleil, ce qu'ignorait Dante ; mais, à part les gens spéciaux, l'indifférence la plus complète a succédé à l'intérêt qui s'attachait autrefois à l'astronomie.

La science mensongère qui prétendait lire dans les étoiles ne prouve rien contre l'esprit empirique des Italiens d'alors ; la passion, le désir violent de connaître l'avenir n'a fait que le contrarier sans le détruire. Nous aurons à parler de l'astrologie à propos du caractère moral et religieux de la nation.

L'Église fut presque toujours tolérante à l'égard de cette science et d'autres sciences fausses ; elle n'intervenait que lorsque l'accusation d'hérésie et de nécromancie venait à se produire, ce qui, du reste, était toujours plus ou moins à craindre. Le point qu'il s'agirait d'éclaircir serait de savoir si et dans quel cas les inquisiteurs dominicains (et aussi les franciscains) prononçaient des condamnations tout en ayant conscience de la fausseté de ces accusations, soit pour frapper les ennemis de leurs doctrines à eux, soit par haine de l'observation de la nature en général et surtout des sciences expérimentales. Cette dernière éventualité a dû se produire quelquefois, mais le fait est bien difficile à prouver. Si dans le nord ces persécutions furent quelquefois terribles, en Italie la lutte du système officiel admis par les scolastiques pour l'étude de la nature contre les novateurs eut, en général, des conséquences insignifiantes. Citons cependant Pietro d'Abeno (du commencement du quatorzième siècle), qui périt victime de l'envie d'un de ses collègues, d'un médeciu qui l'accusa d'hérésie et de magie devant les inquisiteurs[1]. On en peut supposer autant pour un de ses contemporains, Giovannino Sanguinacci, de Padoue, attendu qu'il était novateur en médecine; celui-ci en fut quitte pour le bannissement. Enfin il ne faut pas oublier que la puissance des Dominicains comme inquisiteurs ne pouvait pas s'exercer aussi régulièrement en Italie que dans le nord; les tyrans aussi bien que les États libres montraient parfois, au quatorzième siècle, un tel mépris pour tout le clergé que des crimes bien plus graves que celui de se livrer à l'étude de la nature restaient impunis[2]. Mais lorsque au quinzième siècle l'antiquité prit une place si importante dans la vie, la brèche faite au système du moyen âge s'élargit bien vite; les études et les recherches profanes devinrent plus libres; seulement l'humanisme attirait à lui presque toutes les forces vives et faisait du tort à l'empirisme, appliqué aux sciences naturelles[3]. De temps à autre l'inquisition se réveille; elle punit ou brûle des médecins comme blasphémateurs et nécromanciens, sans qu'il soit jamais possible de découvrir le véritable motif de la condamnation. Malgré tout cela, vers la fin du quinzième siècle, l'Italie, qui possédait Paolo Toscanelli, Luca Paccioli et Léonard de Vinci, occupait parmi tous les peuples de l'Europe le premier rang dans les mathématiques et dans les sciences natu-

---

[1] Scardeonius, *De urb. Palav. antiq. in Graevii Thesaur. ant. Ital.*, t. VI, pars III, col. 227. Ab. mourut en 1513 pendant l'enquête; sa statue fut brûlée; sur Giov. Sang. voir col. 228 ss. — Comp. Fabricius, *Bibl. Lat. s. v. Petrus de Apono.* — Sprenger, dans Ersch. et Gruber, I, p. 33. Il traduit (1292-93) des écrits astrologiques d'Abraham ibn Esra, impr. en 1506. Comp. M. G., XVIII, p. 190.

[2] Comp. plus bas, 6e part., chap. II.

[3] Voir les plaintes exagérées de Libri, II, p. 258 ss. Quelque regrettable qu'il soit que ce peuple si heureusement doué ne se soit pas appliqué davantage à l'histoire naturelle, nous croyons toute-

relles, et les savants de tous les pays, même Regiomontanus et Copernic [1], se proclamaient ses disciples.

Ce qui prouve combien était général l'intérêt qui s'attachait à l'histoire naturelle, c'est le goût précoce des collections par lequel se distingue l'Italie, c'est l'habitude des études comparées sur les plantes et les animaux. L'Italie se vante d'avoir créé les premiers jardins botaniques ; mais sous ce rapport l'intérêt théorique a pu s'effacer devant le but pratique, et même la question de priorité peut être discutée [2]. Un fait infiniment plus important, c'est que des princes et de riches particuliers, en créant leurs jardins d'agrément, arrivèrent tout naturellement à réunir les espèces et les variétés de plantes les plus nombreuses et les plus rares. C'est ainsi qu'au quinzième siècle la description du magnifique jardin de la villa Carreggi appartenant aux Médicis, nous montre une sorte de jardin botanique [3] contenant d'innombrables espèces d'arbres et d'arbustes. C'est ainsi encore que nous voyons, au commencement du seizième siècle, une villa du cardinal Trivulce, dans la campagne romaine [4], du côté de Tivoli, où se rencontrent des massifs de rosiers variés, des arbres de tout genre parmi lesquels toutes les espèces de vignes et un grand potager. Ici il s'agit

fois qu'il avait de plus grandes choses à faire, et qu'il les a faites en partie.

[1] Sur les études de ce dernier en Italie, comparer les précieux renseignements que donne C. Malagola dans son livre sur CODRUS URCEUS (Bologna, 1878, cap. VII, p. 360-366).

[2] Des Italiens créent aussi des jardins botaniques à l'étranger : Angelo de Florence, contemporain de Pétrarque, en fit un à Prague. FRIEDJUNG, *Charles IV*, p. 311, note 1.

[3] Alexandri BRACCII *Descriptio horti Laurentii Med.*, imprimée comme annexe du n° 58 dans la *Vie de Laurent*, par ROSCOE ; se trouve aussi dans les pièces justificatives du *Laurent* de FABRONI.

[4] *Mondanarii villa*, imprimé dans les *Poemata aliqua insignia illustr. poetar. recent.*

évidemment de quelque chose de plus que quelques douzaines de plantes médicinales connues de tout le monde, telles qu'on les trouvait dans les jardins de tous les châteaux et de tous les couvents de l'Occident; à côté de la culture savante des fruits de table se montre un vif intérêt pour la plante elle-même. L'histoire de l'art nous apprend combien il a fallu de temps pour perdre cette habitude des collections et arriver à disposer les jardins uniquement d'après les règles du beau.

L'entretien d'animaux étrangers se rattachait certainement à un intérêt scientifique. Les facilités de transport qu'offraient les ports du sud et de l'est de la Méditerranée, et la douceur du climat italien, permettaient d'acheter ou bien d'accepter des sultans les animaux les plus énormes des pays chauds [1]. Surtout les villes et les princes aimaient à entretenir des lions vivants, même quand le lion n'était pas un emblème héraldique, comme à Florence [2]. Les fosses aux lions se trouvaient dans l'intérieur ou dans le voisinage des palais publics, comme à Pérouse et à Florence; celle de Rome était sur la pente du Capitole. Ces animaux servaient parfois comme exécuteurs de sentences politiques [3]; en temps ordinaire

---

[1] Le jardin zoologique de Palerme sous Henri IV, *Otto de S. Blasio ad a.* 1194.

[2] On l'appelle de ce nom ici; peint ou sculpté, on lui donne le nom de *marzocco*. — A Pise, on entretenait des aigles; comp. les commentateurs de DANTE, *Inferno*, XXVIII, xxii; le Faucon dans BOCCACCIO, *Decamerone*, v, 9. Comp. en général : G. SPEZI, *Due trattati del governo e delle infermità degli ucelli, testi di lingua inediti*, Rome, 1864, traités du quatorzième siècle, traduits peut-être du persan.

[3] Voir les *Extraits d'Ægid. Viterb.* dans PAPENCORDT, *Histoire de la ville de Rome au moyen âge*, p. 367, note, avec un événement de 1328. — Des combats d'animaux sauvages entre eux ou contre des chiens servaient, dans les grandes circonstances, à amuser le peuple. Lors de la réception de Pie II et de Galéas-Marie Sforza à Florence, en 1459, on réunit sur la place des Seigneurs, dans un

leur présence aidait à entretenir une certaine terreur parmi le peuple. En outre, leurs faits et gestes étaient considérés comme une source de présages; notamment leur fécondité était un signe de prospérité générale, et le grave Giovanni Villani lui-même ne dédaigne pas de rappeler qu'il a vu la lionne donner le jour à des petits[1]. On avait l'habitude de donner les lionceaux à des villes ou à des souverains amis, ou même d'en faire cadeau à des condottieri pour récompenser leur valeur[2]. Outre les lions, les Florentins ont eu de très-bonne heure des léopards, dont s'occupait un employé spécial[3]. Borso de Ferrare[4] faisait battre ses lions avec des taureaux, des ours et des sangliers.

espace fermé, des taureaux, des chevaux, des sangliers, des chiens, des lions et une girafe; mais les lions se couchèrent et ne voulurent pas attaquer les autres animaux. Comp. *Ricordi di Firenze, Rer. Ital. script. ex Florent. cod.*, t. II, col. 741. Tous les auteurs ne sont pas d'accord là-dessus; voir p. ex. *Vita Pii II*, MURAT., III, II, col. 976. (VOIGT, SYLVIUS ÆNÉAS, III, p. 40 ss.) Plus tard, le sultan des mameluks, Kaytbey, donna une seconde girafe à Laurent le Magnifique. Comp. Paul. Jov., *Vita Leonis X*, l. I. Il y avait en outre dans la ménagerie de Laurent un magnifique lion, qui fut déchiré par les autres lions et dont la mort fut considérée comme le présage de la mort de Laurent.

[1] Gio. VILLANI, X, 185; XI, 66. MATTEO VILLANI, III, p. 90; V, 68. Matteo consacre aux lions le chapitre cité en premier lieu, pour réfuter des assertions erronées et prouver 1° qu'il est né des lions en Italie, et 2° que ces lions sont venus au monde vivants. — Quand les lions se battaient ou qu'ils allaient même jusqu'à se tuer, cela était regardé comme un présage fâcheux. Comp. VARCHI, *Stor. florent.*, III, p. 143.

[2] MATT. VILL. et *Cron. di Perugia. Arch. Stor.*, XVI, II, p. 77; chronique de l'année 1497. — Un jour, les deux lions des Pérugins se sauvèrent. *Ibid.*, XVI, I, p. 382; chronique de l'année 1434.

[3] GAYE, *Carteggio*, I, p. 422, sur l'année 1291. Les Visconti se servaient même de léopards dressés pour chasser des lièvres, qu'on faisait lancer par de petits chiens. Comp. DE KOBELL, WILDANGER, p. 247, où l'on trouve aussi des exemples postérieurs de chasse au léopard.

[4] *Strozii poetæ*, fol. 146. *De Leone Borsii ducis*. Le lion épargne les lièvres et les petits chiens; le poëte veut faire entendre qu'il

A la fin du quinzième siècle, plusieurs cours princières avaient déjà de véritables ménageries (*serragli*), qui faisaient partie du train de maison obligé. « Un prince magnifique, dit Matarazzo[1], doit avoir des chevaux, des chiens, des mulets, des éperviers et d'autres oiseaux, des bouffons, des chanteurs et des animaux venant des pays lointains. » Sous Ferrante, la ménagerie de Naples renfermait entre autres bêtes une girafe et un zèbre, qui provenaient, paraît-il, de la générosité du prince de Bagdad[2]. Philippe-Marie Visconti possédait non-seulement des chevaux qui avaient été payés cinq cents et même mille pièces d'or, et des chiens anglais de grand prix, mais encore un grand nombre de léopards, qu'on avait fait venir de tout l'Orient ; l'entretien de ses oiseaux de chasse, qu'il tirait à grands frais du Nord, lui coûtait tous les mois trois mille pièces d'or[3]. Les Crémonais racontent que l'empereur Frédéric II amena dans leur ville un éléphant que le prêtre Jean lui avait envoyé des Indes ; c'est un fait que rapporte Brunetto Latini ; Pétrarque constate qu'il n'y a plus d'éléphants en Italie[4] ; le roi Emmanuel le Grand, de Portugal, savait bien ce qu'il faisait en

imite en cela son maître. Comp. fol. 186 les mots : *Et inclusis condita septa feris*, et fol. 193 une épigramme de quatre vers sur *In Leporarii ingressu quam maximi* et sur le parc à gibier.

[1] *Cron. di Perugia*, I, c. XVI, II, p. 199. — On trouve déjà des détails semblables dans PÉTRARQUE, *De remed. utriusque fortunæ*, I, 61 ; mais ils sont plus vagues ; ici *Gaudium* (dans son entretien avec *Ratio*) se contente de se vanter de posséder des singes et *ludicra animalia*.

[2] JOVIAN. PONTAN. *De magnificentia*. — Dans le jardin zoologique du cardinal d'Aquilée, à Albano, se trouvaient (1463), outre des paons et des coqs d'Inde, des chèvres syriennes aux longues oreilles. PII II *Comment.*, l. XI, p. 562 ss.

[3] *Decembrio, ap.* MURAT., XX, col. 1012.

[4] *Brunetti Latini Tresor.* (ed. CHABAILLE, Paris, 1863), lib. I. A l'époque de Pétrarque il n'y avait pas d'éléphants en Italie. *Itaque et in Italia avorum memoria unum Frederico Romanorum principi fuisse et nunc Egyptio tyranno nonnisi unicum esse fama est, de rem. utr. fort.* I, 60.

envoyant à Léon X un éléphant et un rhinocéros[1]. Dans l'intervalle on avait jeté les fondements d'une zoologie scientifique ainsi que de la botanique.

On trouve une application pratique de la zoologie dans les haras, parmi lesquels celui de Mantoue passait, sous François de Gonzague, pour le premier de l'Europe[2] La distinction entre les différentes races de chevaux est certainement aussi ancienne que l'équitation, et le croisement des races a dû se pratiquer surtout depuis les croisades ; mais en Italie c'était le désir de briller dans les courses de chevaux qui avaient lieu dans toutes les villes un peu considérables, qui poussait les éleveurs à produire surtout des coureurs de choix. Dans le haras de Mantoue s'élevaient les vainqueurs dans toutes les courses, les chevaux de bataille les plus remarquables, et en général des chevaux que les plus grands seigneurs aimaient à recevoir et qu'ils considéraient comme les plus magnifiques des présents. Gonzague avait des étalons et des juments d'Espagne, d'Irlande, d'Afrique, de Thrace et de Cilicie ; pour avoir des échantillons de cette dernière race il entretenait des relations d'amitié avec le grand sultan. Il fit essayer toutes les variétés afin d'arriver à des produits parfaits.

Il y eut même une ménagerie d'hommes : le célèbre

[1] Voir d'autres détails très-amusants dans Paul Jov., *Elogia*, p. 229, à propos de Tristanus Acunius. A sa mort, l'éléphant fut vivement regretté par le peuple ; on en fit le portrait, qui fut orné de vers composés par Béroalde le jeune. Sur les porcs-épics et les autruches du pal. Strozzi à Florence, comp. RABELAIS, *Pantagruel*, IV, chap. XI.

[2] Comp. Paul. Jov. *Elogia*, p. 234 ss., à propos de Franç. de Gonzague. — Sur le luxe des Milanais en fait de chevaux, voir BANDELLO, *Parte II, Nov.* 3 et 8. — Même dans les poëmes narratifs on entend quelquefois parler le connaisseur de chevaux. Comp. PULCI, *Il Morgante*, c. XV, str. 105 ss.

cardinal Hippolyte de Médicis[1], bâtard de Julien, duc de Nemours, eut l'idée bizarre d'entretenir à sa cour une troupe de Barbares qui parlaient plus de vingt langues différentes et qui tous étaient des spécimens remarquables de leur race. Dans le nombre se trouvaient d'incomparables voltigeurs du nord de l'Afrique, issus de noble sang maure, des archers tartares, des lutteurs nègres, des plongeurs indiens, des Turcs, qui avaient surtout pour mission d'accompagner le cardinal à la chasse. Lorsqu'il fut enlevé par une mort prématurée (1535), cette troupe bizarre porta son corps d'Itri à Rome et mêla aux plaintes des Romains, qui regrettaient un seigneur aussi libéral, ses lamentations polyglottes, accompagnées de gestes désordonnés[2].

Ces indications décousues sur le goût des Italiens pour la science de la nature et leur admiration raisonnée pour la richesse et la variété de ses produits sont uniquement destinées à montrer quelle lacune l'auteur sait qu'il a laissée ici; c'est à peine s'il connaît exactement le titre des ouvrages spéciaux où cette question se trouve largement traitée.

[1] Paul. Jov. *Elogia,* p. 307 ss., à propos d'Hippolyte de Médicis.
[2] Voir à l'appendice n° 1.

CHAPITRE III

DÉCOUVERTE DE LA BEAUTÉ DE LA NATURE

Non contents d'étudier et de connaître la nature, les Italiens ont su l'admirer. Ils sont les premiers des modernes qui aient vu dans un paysage un objet plus ou moins beau et qui aient trouvé du plaisir à regarder un site pittoresque [1].

Cette faculté est toujours le résultat d'une culture laborieuse et compliquée; il est difficile de remonter jusqu'à son origine, vu qu'un sentiment de cette espèce peut exister longtemps à l'état latent, avant qu'il se révèle dans la poésie et dans la peinture, et que par là il arrive à avoir conscience de lui-même. Chez les anciens, par exemple, l'art et la poésie avaient épuisé tout ce qui se rapporte à la vie de l'homme, avant d'aborder la description de la nature; celle-ci ne forma jamais qu'un genre restreint, bien que depuis Homère on trouve une foule de mots et de vers qui attestent la profonde impression que la nature faisait sur les Grecs et les Romains. Les races germaniques, qui fondèrent leur domination sur le sol de l'empire romain, étaient, par ce fait même, nées pour comprendre et pour aimer la nature; le christianisme les força de renier pour un temps les fausses

---

[1] Il est à peine nécessaire de renvoyer au passage célèbre où Humboldt traite cette question. (*Cosmos*, t. II.)

divinités qu'elles avaient adorées dans les montagnes et les sources, les lacs et les forêts; mais cette période d'intermittence fut de courte durée. En plein moyen âge, vers 1200, l'amour naïf de la nature extérieure reparaît; on le reconnaît chez les chantres d'amour des différentes nations[1]. Ils s'intéressent on ne peut plus vivement aux choses les plus simples, telles que le printemps et ses fleurs, la verte bruyère et la forêt. Mais il n'y a chez eux qu'un premier plan; pas de lointain; même dans les chants des croisés, on ne retrouve pas les voyageurs qui ont vu beaucoup de pays. La poésie épique, qui décrit si minutieusement des costumes et des armes, par exemple, se borne à des esquisses quand elle veut peindre un endroit, un paysage; le grand Wolfram d'Eschenbach lui-même ne nous donne qu'une idée vague de la scène sur laquelle se meuvent ses personnages. A lire tous ces chants, on ne dirait pas que tous ces poëtes-gentilshommes habitaient, visitaient ou connaissaient mille châteaux situés sur des hauteurs et dominant la campagne. Même les clercs errants ignorent dans leurs poésies latines les effets de lointain (voir t. I, p. 215 et p. 367); ils ne savent pas décrire un paysage proprement dit, mais parfois ils décrivent des objets rapprochés avec une richesse de couleurs qu'on ne rencontre peut-être chez aucun minnesinger de noble naissance. Où trouver une description du bois sacré de l'amour comparable à celle-ci, qui date du douzième siècle et qui est due sans doute à un poëte italien? Pour des Italiens la nature est certainement purifiée depuis longtemps et délivrée de la funeste influence des démons. Saint François d'Assise, dans son hymne au soleil, bénit spontanément le Sei-

[1] Voir dans Humboldt les emprunts qu'il a faits à Guillaume Grimm.

gneur d'avoir créé les astres du ciel et les quatre éléments :

> Immortalis fieret
> Ibi manens homo ;
> Arbor ibi quælibet
> Suo gaudet pomo ;
> Viæ myrrha, cinnamo
> Fragrant, et amomo ;
> Conjectari poterat
> Dominus ex domo, etc. [1].

C'est Dante qui donne les premières preuves sérieuses
de l'impression profonde que peut faire naître la vue
d'un beau site, d'un paysage grandiose. Non-seulement
il peint d'une manière vivante, en quelques traits, le
réveil de la nature au matin et la lumière tremblotante
qui se joue au loin sur la mer doucement agitée, la
tempête dans la forêt, etc., mais encore il gravit de
hautes montagnes dans l'unique but de jouir d'une belle
vue et d'embrasser un vaste horizon [2]; il est peut-être,
depuis l'antiquité, un des premiers qui aient fait cela.
Boccace laisse plutôt deviner, qu'il ne l'exprime, combien il est sensible aux beautés de la nature; pourtant
on ne méconnaîtra pas, dans ses romans pastoraux [3], le

---

[1] *Carmina Burana*, p. 162, *De Phyllide et Flora,* str. 66.

[2] On devinerait difficilement quel autre motif aurait pu le
pousser à gravir le sommet de la Bismantova, sur le territoire de
Reggio. *Purgat.*, IV, 26. La précision au moyen de laquelle il cherche
à donner de la réalité à ses descriptions de l'autre monde, prouve
à elle seule un sentiment très-vif de l'espace et de la forme.
Autrefois le sommet des montagnes attirait par l'appât de prétendus trésors et inspirait en même temps une terreur superstitieuse; on trouve à cet égard des détails frappants dans *Chron.
Novaliciense*, II, 5 (*Mon. Germ. S. S. VII et Monumenta hist. patr. S.
S. II*).

[3] Outre la description de Baïes dans la Fiammetta, du bocage
dans l'Ameto. Il y a dans *Genealogia Deor.*, XV, 11, un passage important, où il énumère un grand nombre de détails champêtres, des
arbres, des prés, des ruisseaux, des troupeaux, des cabanes, etc. ;
il ajoute que ces choses *animum mulcent,* il dit qu'elles ont pour
effet de *mentem in se colligere.*

charme des descriptions qu'il fait ou plutôt qu'il invente. Enfin Pétrarque, un des premiers hommes complétement modernes, atteste par son exemple combien était puissant l'attrait d'un beau paysage pour une âme sensible. L'esprit lumineux qui, le premier, a recherché dans toutes les littératures l'origine et les progrès de l'amour du beau dans la nature, et qui, en écrivant les *Tableaux de la nature*, a fait lui-même un chef-d'œuvre de description, Alexandre de Humboldt, n'a pas tout à fait rendu justice à Pétrarque; aussi trouvons-nous encore quelques épis à glaner après le grand moissonneur.

Pétrarque n'était pas seulement un géographe et un cartographe distingué — on dit que c'est lui qui a fait la première carte d'Italie [1]; — il ne se contenta pas non plus de répéter ce qu'avaient dit les anciens [2]; au contraire, il a vu la nature par lui-même. Il aime à jouir du spectacle de la nature tout en se livrant à ses travaux intellectuels; c'est ce qui explique la vie d'anachorète et de savant qu'il a menée dans la Vaucluse et ailleurs, ainsi que ses exils et ses retraites volontaires [3]. Ce serait lui faire injure que de l'accuser d'insensibilité parce qu'il ne sait pas bien peindre la nature. Sa description du merveilleux

[1] Flavio BIONDO, *Italia illustrata* (ed. BASIL.), p. 352 ss. Comp. aussi *Epist. var.*, LXI, ed. FRACASS. (lat.), III, p. 476. Sur le projet qu'avait Pétr. d'écrire un grand ouvrage géographique, voir les renseignements donnés par Attilio HORTIS, *Accenni alle scienze naturali nelle opere di G. Boccacci*, Trieste, 1877, p. 45 ss.

[2] Bien qu'il s'en rapporte volontiers à eux, p. ex. *De vita solitaria*, surtout (*Opera*, ed. BASIL., 1581) p. 241, où il cite la description d'un berceau de vigne tirée de S. Augustin.

[3] *Epist. famil.*, VII, 4, ed. FRACASSETTI, vol. I, p. 367. *Interea utinam scire posses, quanta cum voluptate solivagus ac liber, inter montes et nemora, inter fontes et flumina, inter libros et maximorum hominum ingenia respiro, quamque me in ea, quæ ante sunt, cum Apostolo extendens et præterita oblivisci nitor et præsentia non videre.* Comp. VI, III, 316 ss., surt. 334. Comp. aussi le rapprochement fait par GEIGER, PÉTRARQUE, p. 75, note 5, 266.

golfe de Spezzia et de Porte Venere, par exemple, qu'il met à la fin du sixième chant de l'*Afrique,* parce qu'elle n'a encore été tentée ni par les anciens ni par les modernes[1], n'est sans doute qu'une simple énumération; mais on trouve dans les lettres qu'il a adressées à ses amis des descriptions de Rome, de Naples et d'autres villes italiennes où il aimait à séjourner, descriptions qui sont vivantes et dignes des objets qu'il retrace. Il sait déjà apprécier de beaux rochers et sait, en général, distinguer dans un paysage le côté pittoresque du côté utile[2]. Pendant son séjour dans les forêts de Reggio, la vue soudaine d'un paysage grandiose fait une telle impression sur lui qu'il se met à continuer un poëme longtemps interrompu[3]. Mais l'émotion la plus vraie et la plus profonde est celle qu'il éprouve en faisant l'ascension du mont Ventoux, près d'Avignon[4]. Un vague besoin d'embrasser un vaste horizon l'agite et grandit toujours jusqu'au moment où la lecture accidentelle de ce passage de Tite-Live où le roi Philippe, l'ennemi des Romains, fait l'ascension de l'Hémus, le décide à le satisfaire. Il se dit : Ce qu'on n'a pas blâmé chez un roi déjà vieux est bien *excusable* chez un jeune homme appartenant à une condition privée. Faire des ascensions sans but utile était quelque chose d'inouï dans son entourage, et il n'y avait pas à songer à se faire

---

1 *Jacuit sine carmine sacro.* — Comp. *Itinerar. Syriacum, Opp.* p. 553.

2 Il distingue dans le *Itinerar. Syr.*, p. 557, sur les bords de la Riviera di Levante : *Colles asperitate gratissima et mira fertilitate conspicuos.* Sur la plage de Gaëte, comp. *De remediis utriusque fort.*, I, 54.

3 Lettre à la postérité (comp. plus haut, t. I, p. 180) : *Subito loci specie percussus.* Description de grands phénomènes de la nature : d'une tempête à Naples, 1843 : *Epp. fam.* (ed. FRACASS.), I, p. 263 ss.; du tremblement de terre de Bâle, 1355. *Epp. sen.*, lib. X, 2, et *De rem. utr. fort.*, II, 91.

4 *Epist. famil.*, IV, 1, ed. FRACASS., vol. I, p. 193 ss.

accompagner par des amis ou par des connaissances. Pétrarque n'emmena que son plus jeune frère et deux paysans pris dans le dernier endroit où il s'était reposé. Au pied de la montagne, un vieux berger les conjure de retourner sur leurs pas, leur disant qu'il y a cinquante ans il a fait la même tentative, et qu'il n'en a rapporté que des regrets, des membres brisés et des habits en lambeaux; qu'avant cette époque et depuis, personne n'a plus osé affronter les dangers d'une telle entreprise. Mais ils avancent au prix de fatigues incroyables jusqu'à ce qu'ils voient les nuages flotter à leurs pieds, et atteignent le sommet. On s'attend, mais en vain, à une description détaillée du panorama qui se déroule sous les yeux des hardis voyageurs; on ne trouve qu'une nomenclature sommaire des principaux points qu'ils aperçoivent. Le poëte ne fait pas le tableau du paysage qu'il a vu, non qu'il soit insensible à la beauté de ce spectacle, mais parce que l'impression qu'il en a ressentie est par trop forte. Toute sa vie passée, avec toutes les folies qu'il a commises, se retrace à son imagination; il se rappelle qu'il y a dix ans, jour pour jour, il a quitté Bologne, et jette un regard plein de regret vers la lointaine Italie; il ouvre un petit livre qui, en ce temps-là, l'accompagnait partout, les *Confessions de saint Augustin,* et ses yeux tombent sur ce passage du dixième chapitre : « Et les hommes vont admirer les hautes montagnes, les flots de la mer qui s'agitent au loin, les torrents qui roulent avec fracas, l'immense Océan et le cours des astres, et ils s'oublient eux-mêmes dans cette contemplation. » Son frère, à qui il lit ces lignes, ne peut comprendre pourquoi il ferme ensuite le livre et garde le silence.

Un certain nombre d'années plus tard, vers 1360,

Fazio degli Uberti décrit dans sa cosmographie rimée [1] (t. I, p. 219) la vue grandiose qu'on découvre du mont Alvernia; il ne le fait, il est vrai, qu'avec l'intérêt du géographe et de l'antiquaire, mais il parle du moins avec la précision d'un témoin oculaire. Il faut cependant qu'il ait gravi des sommets bien plus élevés, attendu qu'il connait des phénomènes qui ne se produisent qu'à plus de mille pieds d'altitude, tels que les bourdonnements d'oreilles, l'alourdissement des paupières et les battements de cœur, que son compagnon mythique, Solinus, arrête ou diminue au moyen d'une éponge imprégnée d'une essence. L'ascension du Parnasse et celle de l'Olympe [2], dont il parle, ont sans doute été de pures fictions.

Au quinzième siècle, enfin, les grands maîtres de l'école flamande, Hubert et Jean Van Eyck, trouvent tout d'un coup le secret de la fidèle description de la nature. Le paysage, tel qu'ils le comprennent, n'est pas simplement le résultat des efforts qu'ils font pour reproduire l'image de la réalité; il a déjà une valeur poétique indépendante, une âme, bien que dans un sens restreint. L'influence de leur exemple sur l'art dans les pays de l'Occident est incontestable, et c'est ainsi que la peinture de paysage en Italie n'y a pas échappé. Pourtant le goût éclairé des paysagistes italiens les préserve de l'imitation servile.

De même que dans la description scientifique du

---

[1] *Il Dittamondo,* III, cap. IX.

[2] *Dittamondo,* III, cap. XXI; IV, cap. IV. — PAPENCORDT, *Hist. de la ville de Rome,* p. 426, dit que l'empereur Charles IV avait beaucoup de goût pour les beaux paysages, et il cite à l'appui PELZEL, *Charles IV,* p. 456. (Les deux autres passages qu'il cite ne font pas mention de ce fait.) Il serait possible que l'Empereur ait pris ce goût par suite de ses rapports avec les humanistes. Comp. plus haut, t. I, p. 181, note 1. Relativement à l'intérêt que Charles prenait aux discussions portant sur les sciences naturelles, voir H. FRIEDJUNG, p. 224, note 1.

globe, de même en ce qui concerne le paysage, Sylvius Ænéas fait autorité. Comme homme, on pourrait refuser toute valeur à Ænéas ; mais il n'en faudrait pas moins reconnaître qu'il est peu d'individus qui aient reflété d'une manière aussi complète, aussi vivante, le temps et la culture intellectuelle d'alors ; il en est peu qui rappellent aussi bien que lui le type de l'homme de la Renaissance à son début. Du reste, même au point de vue moral, disons-le en passant, on ne l'appréciera pas à sa ju-te valeur, si l'on ne prend pour point de départ que les plaintes de l'Église allemande, privée de son concile grâce à sa versatilité[1]

Ici il nous intéresse comme le premier qui ait joui des splendeurs du paysage italien et qui les ait décrites avec enthousiasme jusque dans les moindres détails. Il connaissait surtout les États de l'Église et le sud de la Toscane (sa patrie) ; devenu pape, il profita de ses loisirs surtout pour faire, pendant la belle saison, des excursions et des séjours à la campagne. (Comp. plus haut t. I, p. 223 ss.) Maintenant du moins, cet homme, qui depuis longtemps souffre de la goutte, a le moyen de se faire transporter en chaise à porteurs par monts et par vaux, et si l'on compare les plaisirs de ses successeurs aux siens, Pie, qui aime par-dessus toutes choses la nature, l'antiquité, les constructions élégantes, quoique simples, apparaît comme un demi-saint. Il célèbre naïvement son bonheur dans le beau latin de ses *Commentaires*[2].

---

[1] On pourrait aussi admettre le témoignage de PLATINA, *Vitæ Pontificum*, p. 310 : *Homo fuit* (Pie II) *verus, integer, apertus; nil habuit ficti, nil simulati*, ennemi de l'hypocrisie et de la superstition, courageux, conséquent avec lui-même. Comp. VOIGT, II, p. 261 ss., et III, 724 ; mais cet auteur ne fait pas, à proprement parler, le portrait de Pie II.

[2] Les passages les plus importants sont PII II *P. M. Commentarii*, l. IV, p. 183; *le Printemps dans la patrie.* l. V. p. 251; *le Séjour à*

Son œil est aussi exercé que celui de n'importe quel homme moderne. Il admire, il contemple avec ravissement le magnifique panorama que l'on découvre du sommet du mont Albano, du Monte Cavo, d'où il embrasse les côtes des États de l'Église, depuis Terracine et le cap de Circé jusqu'au Monte Argentaro, et tout le vaste paysage relevé par des ruines grandioses, borné dans le lointain par les croupes des montagnes de l'Italie centrale, égayé par la ceinture de vertes forêts qui couvrent la plaine et par les lacs de la montagne qui semblent tout proches. Il sent la beauté de la situation de Todi, qui trône au-dessus de ses vignobles et de ses oliviers étagés sur les pentes de la montagne, et d'où l'œil s'égare au loin sur de riantes forêts et dans la vallée du Tibre, où des châteaux et des villes sans nombre s'élèvent sur les rives sinueuses du fleuve. Sienne avec sa charmante ceinture de collines, ses villas et ses couvents qui couronnent les hauteurs, est le pays qu'il décrit avec un enthousiasme particulier, parce que c'est là qu'il a vu le jour. Du reste, un simple motif pittoresque suffit pour le charmer, témoin cette langue de terre qui s'avance dans le lac de Bolsena : « Des escaliers taillés dans le roc, ombragés par des pampres, conduisent par une pente rapide sur les bords du lac, où s'élèvent des chênes toujours verts, constamment égayés par le chant des grives. » Sur le chemin qui contourne le lac de Nemi, à l'ombre des châtaigniers et d'autres arbres fruitiers, il sent que

Tibur pendant l'été, l. VI, p. 306 ; *le Dîner au bord de la source de Vicovaro*, l. VIII, p. 378 ; *les Environs de Viterbe*, p. 387 ; *le Couvent de S. Martino sur la montagne*, p. 388 ; *le Lac de Bolsena*, l. IX, p. 396 ; *la Magnifique Description de Monte Amiata*, l. X, p. 483 ; *la Situation de Monteoliveto*, p. 497. *la Vue de Todi*, l. XI, p, 554 ; *Ostie et Porto*, p. 562 ; *Description du mont Albano*, l. XII, p. 609. FRASCATI et GROTTAFERRATA. — COMP. aussi G. VOIGT, III, p. 53 -571.

si l'imagination d'un poëte doit s'enflammer quelque part, c'est ici, dans la « cachette de Diane ». Souvent il a tenu le consistoire et la segnatura ou donné audience à des ambassadeurs sous de gigantesques châtaigniers séculaires ou sous des oliviers, sur la verte prairie, à côté d'eaux jaillissantes. Il sent immédiatement tout ce qu'a de poétique un spectacle comme celui d'une gorge qui va se rétrécissant, avec un pont hardi jeté sur le précipice. Même un objet isolé, un détail perdu dans l'ensemble le charme parce qu'il y trouve la beauté, la perfection : tels sont les champs de lin aux fleurs bleues agitées par la brise, le genêt doré qui tapisse les collines, même les broussailles, un arbre remarquable par sa beauté, une source limpide ; ce sont des objets qui lui apparaissent comme des merveilles de la nature.

C'est pendant l'été de 1462, alors que la peste et une chaleur dévorante désolaient la plaine, qu'il se livra plus que jamais à sa passion pour la nature et les beaux paysages. Il s'était retiré sur le Monte Amiata. Il s'établit avec la curie à mi-hauteur, dans l'ancien couvent lombard de San Salvatore ; là, entre des châtaigniers qui s'élèvent sur la pente escarpée de la montagne, l'œil embrasse tout le sud de la Toscane et aperçoit au loin les tours de Sienne. Il ne gravissait pas lui-même le sommet le plus élevé ; il laissait ce plaisir à ses compagnons, auxquels se joignait volontiers l'orateur vénitien ; ils trouvaient tout en haut deux énormes blocs de rochers superposés, peut-être l'autel où sacrifiait quelque peuple primitif, et croyaient découvrir par delà la mer, tout au bout de l'horizon, la Corse et la Sardaigne [1]. Dans cette délicieuse fraîcheur, entre les chênes et les châtaigniers

---

[1] Il faut sans doute lire : la Sardaigne, au lieu de : la Sicile.

antiques, sur le frais gazon où pas une épine n'écorchait le pied, où l'on n'avait à craindre ni les insectes ni les serpents, le Pape se sentait complétement heureux; pour la segnatura, qui avait lieu à certains jours fixes, il recherchait toujours de nouvelles places bien ombragées [1], *novos in convallibus fontes et novas inveniens umbras, quæ dubiam facerent electionem.* Il arrivait parfois que les chiens faisaient lever dans le voisinage un cerf, que l'on voyait se défendre avec ses pieds et son bois, et gagner le haut de la montagne. Le soir, le Pape avait l'habitude de s'asseoir devant le couvent, à l'endroit d'où l'on domine la vallée de la Paglia, et de deviser gaiement avec les cardinaux. Des membres de la curie, qui s'aventuraient à chasser du côté de la plaine, trouvaient en bas une chaleur intolérable, une végétation brûlée, un véritable enfer, pendant que le couvent, dans son cadre frais et riant, semblait un séjour des bienheureux.

Ce sont là des jouissances essentiellement modernes. et l'antiquité n'y est pour rien. Il est certain que les anciens avaient le même sentiment de la nature; mais il n'est pas moins positif que leur enthousiasme, exprimé d'une manière si sobre, n'aurait pas suffi à passionner le pontife à ce point [2].

La seconde floraison de la poésie latine, qui a lieu à

---

[1] Il s'appelle lui-même en faisant allusion à son nom : *Silvarum amator et varia videndi cupidus.*

[2] Sur les sentiments qu'inspirait la nature à Léon-Baptiste Alberti, comp. t. I, p. 175 ss. Alberti, contemporain d'Ænéas, mais plus jeune que lui (*Trattato del gov. della famiglia*, p. 90; plus haut, t. I, p. 167, note 3), aime à trouver à la campagne « les coteaux boisés, les plaines riantes et les ruisseaux murmurants ». Rappelons aussi le petit écrit intitulé l'*Ætna* de P. Bembus, publié pour la première fois à Venise en 1495, souvent réimprimé dans la suite, qui, malgré de nombreuses et longues digressions de tout genre, renferme aussi des monographies et des descriptions géographiques remarquables.

la fin du quinzième et au commencement du seizième
siècle, ainsi que le développement de la poésie latine
à la même époque, fournissent des preuves nombreuses
de la forte impression que le spectacle de la nature faisait sur les poëtes; il suffit, pour s'en convaincre, de
jeter un coup d'œil sur les poëtes lyriques de cette
époque. Cependant on ne trouve guère de descriptions
proprement dites de grands paysages, parce que la poésie
lyrique, l'épopée et la nouvelle ont autre chose à faire
dans ce siècle d'action. Bojardo et l'Arioste font des
tableaux de la nature qui brillent par la netteté, mais
qui sont aussi élémentaires que possible; ils ne recherchent pas les effets de lointain, les grandes perspectives [1], car ils veulent intéresser surtout par les personnages et par les faits. Des auteurs de dialogues et
des épistolographes habiles dans l'art des descriptions
peuvent, mieux que des poëtes, être une source pour le
sentiment croissant de la nature. Bandello, par exemple,
reste fidèle par conviction aux lois du genre littéraire
qu'il cultive : dans les nouvelles mêmes il ne dit pas un
mot de plus que le strict nécessaire, quand il veut indiquer le cadre de ses récits[2]; par contre, dans les dédicaces qui précèdent ses nouvelles, souvent il décrit avec
complaisance le paysage comme fond des tableaux où il
dépeint la vie sociale. Parmi les épistolographes il faut
malheureusement nommer Arétin [3] comme étant celui
qui, peut-être le premier, a peint avec une grande

---

[1] Le tableau le plus complet de ce genre se trouve dans
l'Arioste; son sixième chant se compose tout entier de premiers
plans.

[2] Il ne pense pas de même des ornements de l'architecture; il
veut décrire un luxe déterminé, et sous ce rapport l'art de la
décoration peut s'inspirer de ses leçons.

[3] *Lettere pittoriche*, III, p. 36. Au Titien, mai 1544.

richesse de détails un magnifique effet du soleil couchant.

Pourtant on trouve aussi parfois chez les poëtes des tableaux de genre, de charmantes descriptions champêtres qui viennent se mêler à l'expression de leurs sentiments habituels. Tito Strozza décrit dans une élégie latine [1] (vers 1480) le séjour de celle qu'il aime : c'est une vieille maisonnette tapissée de lierre, avec des fresques représentant des images de saints qui sont toutes dégradées par le temps ; elle est cachée au milieu d'un bouquet d'arbres ; à côté s'élève une chapelle qui a souvent souffert des crues du Pô qui passe tout auprès ; dans le voisinage le chapelain laboure ses sept maigres arpents avec des bœufs qu'on lui a prêtés. Ce n'est pas une réminiscence des poëtes élégiaques romains, ce sont des impressions toutes modernes; à la fin de cette partie nous trouverons un pendant à cette description : c'est un tableau plein de vie et de naturel qui représente la vie champêtre.

On pourrait objecter que nos maîtres allemands du commencement du seizième siècle excellent parfois dans ces descriptions réalistes, comme Albert Dürer, par exemple, dans sa gravure de l'Enfant prodigue [2]. Mais autre chose est un peintre élevé dans le réalisme, qui se laisse aller à faire des tableaux de ce genre, et un poëte habitué à idéaliser, à user de l'appareil mythologique, qui descend dans la réalité parce qu'un besoin intérieur l'y pousse. De plus, ici comme dans les descriptions de la vie champêtre, la priorité appartient aux poëtes italiens.

---

[1] STROZZII *Poetæ*, dans EROTICA, l. VI, fol. 183, dans le poëme : *Hortatur se ipse, ut ad amicam properet.*

[2] Comp. THAUSING, *Dürer*, Leipzig, 1876, p. 166.

CHAPITRE IV

DÉCOUVERTE DE L'HOMME ; DESCRIPTION SPIRITUELLE DANS LA POÉSIE.

A la découverte du monde la culture de la Renaissance en ajoute encore une autre plus considérable : elle est la première à découvrir et à montrer au grand jour l'homme dans son entier [1].

D'abord, comme nous l'avons vu, cette époque développe l'individualisme au plus haut point ; ensuite elle l'amène à étudier avec passion, à connaître à fond ce qui est individuel à tous les degrés. Le développement de la personnalité est intimement lié à la faculté de se connaître elle-même et de connaître les autres. Entre ces deux grands phénomènes nous avons dû placer l'influence de la littérature antique, parce que la manière de reconnaître et de décrire l'élément individuel, comme l'élément humain en général, est surtout déterminée par cet intermédiaire. Quant à la faculté de le reconnaître, elle était inhérente à l'époque et à la nation.

Nous citerons un petit nombre de phénomènes concluants pour appuyer nos assertions. Ici l'auteur sent qu'il s'aventure dans le champ des conjectures ; où il a vu des transformations et des progrès réels, quoique

[1] Ces expressions si justes sont empruntées au tome VII de l'*Histoire de France,* par MICHELET (Introd.).

peu sensibles, les autres verront-ils comme lui des faits palpables? Cette révélation lente et successive de l'âme d'un peuple est un phénomène que tous les observateurs peuvent ne pas voir des mêmes yeux. C'est le temps seul qui fera la lumière à cet égard.

Heureusement la connaissance de la partie spirituelle de l'homme ne débuta pas par de pénibles études psychologiques, — car Aristote était là, — mais par l'observation et la description. L'inévitable bagage théorique se borne à la doctrine des quatre tempéraments, combinée, suivant les errements de l'époque, avec le dogme de l'influence des planètes. Ces éléments forment, depuis un temps immémorial, la base invariable de l'étude de l'homme, sans entraver d'ailleurs le grand progrès général. Sans doute on est étonné de les voir figurer à une époque où non-seulement on sait décrire l'homme exactement, mais où un art merveilleux, une poésie impérissable le font encore connaître en entier, révèlent son essence même et reproduisent les caractères extérieurs qui le distinguent. On est presque tenté de rire quand on voit un observateur d'ailleurs sérieux attribuer à Clément VII un tempérament mélancolique, tout en subordonnant son jugement à celui des médecins, qui reconnaissent plutôt chez le Pape un tempérament sanguin et bilieux[1]. Il en est de même quand nous apprenons que Gaston de Foix, le vainqueur de Ravenne, dont Giorgione a fait le portrait et Bambaja la statue, et que tous les historiens ont peint au physique et au moral, avait un tempérament saturnien (*saturnico*)[2]. Sans

---

[1] Tomm. GAR, *Relaz. della corte di Roma*, I, p. 278, 279. Dans la rel. de Soriano sur l'année 1533.

[2] PRATO, *Arch. stor.*, III, p. 295 ss. — *Saturnico* signifie aussi bien « malheureux » que « funeste ». — Sur le rapport des planètes

doute ceux qui s'expriment ainsi entendent parler d'un fait réel et positif; mais ce qui est bizarre, ce qui est d'un autre âge, ce sont les termes dont ils se servent pour formuler leur opinion.

Ce sont les grands poëtes du quatorzième siècle que nous voyons d'abord décrire librement l'homme moral.

Si l'on recherche ce qu'il y a de mieux dans la poésie chevaleresque du douzième et du treizième siècle en général, on trouvera dans l'ordre moral une foule de descriptions remarquables, et l'on sera tenté tout d'abord de refuser sous ce rapport la palme aux Italiens. Même sans parler de la poésie lyrique, Gottfried de Strasbourg, par son poëme de *Tristan et Iseult,* livre à notre admiration un tableau de la passion où l'on rencontre des traits immortels. Mais ces perles sont disséminées dans un océan de choses conventionnelles et artificielles; nous sommes encore loin d'une description complète et vraiment objective de l'homme intérieur et de sa richesse spirituelle.

Au treizième siècle, la poésie chevaleresque était représentée en Italie par les troubadours. Ce sont eux qui ont créé la canzone; ils la composent aussi savamment, aussi laborieusement que les minnesingers du Nord leur chanson; le contenu et même la suite des idées sont conformes aux traditions de la poésie de cour, lors même que le poëte est un simple bourgeois ou un savant.

Mais déjà se produisent deux faits qui annoncent un avenir nouveau propre à la poésie italienne, faits dont on ne doit pas méconnaître l'importance, bien qu'il ne s'agisse que d'une question de forme.

avec le caractère de l'homme en général, voir dans Corn. AGRIPPA, *De occulta philosophia,* cap. LII.

C'est à ce même Brunetto Latini (le maître de Dante) qui, dans le genre des canzoni, suit la manière habituelle des troubadours, que remontent les premiers *versi sciolti* connus (vers de dix syllabes sans rimes) [1], et dans cette apparente absence de forme apparaît tout à coup une passion vraie, réellement ressentie. Le poëte s'interdit volontairement l'usage de tous les moyens matériels parce qu'il compte sur la valeur de l'idée; c'est ainsi qu'un certain nombre d'années après les peintres de fresques, et plus tard encore même, les peintres de genre renoncent aux effets de couleurs, et se contentent de peindre en tons plus ou moins clairs. Pour cette époque, qui d'ordinaire tenait un si grand compte de l'art ou plutôt de l'artifice dans la poésie, ces vers de Brunetto Latini sont le point de départ d'une innovation féconde [2].

Mais à côté de ces vers libres on voit, dans la première moitié du treizième siècle, naître une de ces formes de strophe aussi rigoureuses que variées qu'a produites l'Occident à cette époque : c'est le sonnet, qui ne tarde pas à devenir la forme courante, la forme prédominante en Italie. L'agencement des rimes et même le nombre des vers varient [3] jusqu'au moment où Pétrarque établit définitivement les lois de ce genre de poëme. Au commencement, tout élan lyrique, toute méditation poétique revêt cette forme; plus tard, elle

[1] Emprunté à TRUCCHI, *Poesie italiane inedite*, I, p. 165 ss.

[2] Ces vers blancs ont été plus tard employés de préférence dans le drame. Trissin, dans sa dédicace de la *Sophonisbe* à Léon X, espère que le Pape reconnaîtra ce genre de vers pour ce qu'il est, c'est-à-dire pour meilleur, plus noble et *moins facile* qu'il n'en a l'air. ROSCOE, *Leone X*, ed. BOSSI, VIII, 174.

[3] Comp. p. ex. les formes curieuses employées par DANTE, *Vita nuova*, ed. WITTE (Leipz., 1876), p. 13 ss. et p. 16 ss. On trouve dans chacun des deux passages vingt vers irréguliers; dans le premier, la même rime reparaît huit fois.

sert de cadre à tous les sujets possibles, de telle sorte que les madrigaux et même les canzoni n'occupent, à côté du sonnet, qu'un rang secondaire. On a vu, dans la suite, des Italiens se plaindre, tantôt en riant, tantôt sérieusement, de ce moule inévitable, de ce lit de Procuste de quatorze vers à l'usage des sentiments et des idées. D'autres étaient et sont encore enchantés de cette forme; ils l'emploient à satiété pour y enchâsser des réminiscences sans intérêt et des idées sans consistance. Voilà pourquoi il y a bien plus de sonnets insignifiants ou mauvais qu'il n'y en a de bons.

Néanmoins l'avénement du sonnet est une bonne fortune pour la poésie italienne. Sa netteté et la beauté de sa structure, l'obligation qui s'impose au poëte d'élever et de condenser l'idée dans la seconde moitié, dont l'allure est plus vive, enfin la facilité avec laquelle la mémoire le retient, ont dû le rendre toujours plus cher même aux plus grands écrivains. Ou bien croit-on sérieusement que ceux-ci l'auraient conservé jusqu'à notre siècle s'ils n'avaient pas été pénétrés de sa haute valeur? Il est certain que ces maîtres de l'art auraient pu montrer la même puissance de génie en employant des formes toutes différentes. Mais c'est parce qu'ils firent du sonnet la forme lyrique par excellence que beaucoup d'autres poëtes moins heureusement doués, incapables de réussir dans des œuvres lyriques de longue haleine, furent forcés de concentrer leurs idées et leurs sentiments. Le sonnet devint une sorte de condensateur poétique comme n'en possède aucun autre peuple moderne.

C'est ainsi qu'en Italie le monde du sentiment nous apparaît sous une foule d'images nettes, concentrées, frappantes par leur peu d'ampleur même. Si d'autres peuples avaient possédé une forme conventionnelle de cette espèce, nous serions peut-être plus au courant de leur vie morale, nous aurions peut-être aussi une série de tableaux de situations extérieures et intérieures, nous retrouverions l'image fidèle de leurs sentiments et de leurs passions, et nous n'en serions pas réduits à cette prétendue poésie lyrique du quatorzième et du quinzième siècle qui est à peu près sans valeur sérieuse. Chez les Italiens on constate des progrès sûrs et continus presque à partir de la naissance du sonnet; dans la seconde moitié du treizième siècle, les troubadours qu'un critique[1] vient d'appeler *trovatori della transizione*, forment en effet une transition des troubadours aux poëtes qui subissent l'influence de l'antiquité; la simplicité, la force des sentiments, le vigoureux dessin des situations, l'expression précise et énergique qui se remarquent dans leurs sonnets et dans leurs poëmes font prévoir l'avénement d'un Dante. Dans quelques sonnets politiques des Guelfes et des Gibelins (1260-1270) respire déjà la passion du grand poëte florentin, d'autres rappellent les accents les plus suaves de ses poésies lyriques.

La manière dont Dante lui-même entendait la théorie du sonnet nous est inconnue, uniquement parce que les derniers livres de son traité *De la langue vulgaire*, où il voulait parler de la ballade et du sonnet, n'ont pas été écrits ou se sont perdus. Mais nous avons de lui des sonnets et des canzoni qui sont d'admirables peintures de sentiments. Et quel cadre ne leur a-t-il pas donné! La prose de sa *Vita nuova*, où il rend compte des motifs qui lui ont inspiré chacun de ses poëmes, est aussi merveil-

---

[1] TRUCCHI, I, p. 181 ss.

leuse que les vers eux-mêmes, et forme avec eux un tout animé, dans toutes ses parties également, de la chaleur la plus communicative. Il se déprend de l'âme elle-même pour constater toutes les nuances de ses joies et de ses douleurs, et il les condense dans le moule étroit que l'art lui fournit. Quand on lit attentivement ces sonnets et ces canzoni avec les admirables fragments du journal de sa jeunesse, on est tenté de croire que, pendant tout le moyen âge, les poëtes se sont, pour ainsi dire, évités eux-mêmes, et qu'il est le premier qui ait pénétré dans les profondeurs de son être. Mille autres avant lui ont construit des strophes savantes; mais il est le premier qui soit artiste dans toute l'acception du mot, parce qu'il unit sciemment la beauté de la forme à la beauté du fond. Quoique subjective, sa poésie lyrique est d'une vérité et d'une grandeur tout objectives : ce sont la plupart du temps des œuvres si achevées que tous les peuples et tous les siècles peuvent en ressentir le charme [1]. Mais quand sa poésie est tout objective, quand il ne laisse deviner la profondeur de son émotion que par un fait intérieur, comme dans les magnifiques sonnets *Tanto gentile*, etc., et *Vede perfettamente*, etc., il croit devoir s'excuser [2]. Au fond, le plus beau de ces poëmes, le sonnet *Deh peregrini che pensosi andate*, etc., a aussi sa place marquée ici.

Même sans la *Divine Comédie*, Dante, par cette simple histoire de jeunesse, établit une ligne de démarcation entre le moyen âge et les temps modernes. Chez lui

---

[1] Ce sont ces canzoni et ces sonnets que chantaient et défiguraient le forgeron et l'ânier qui ont tant fâché Dante. (Comp Franco SACCHETTI, nov. 114, 115.) Ce fait prouve que cette poésie devint rapidement populaire.

[2] *Vita nuova*, éd. WITTE, p. 81, 82 ss. — *Deh peregrini*, ibid., p. 116 ss.

l'esprit et l'âme font tout à coup un pas immense vers la connaissance de leur vie la plus intime.

Mais ce que la *Divine Comédie* renferme en fait de révélations de ce genre est absolument incommensurable ; il faudrait parcourir tout ce grand poëme, chant par chant, pour bien montrer tout ce qu'il vaut à cet égard. Heureusement cela est inutile, puisque depuis longtemps la *Divine Comédie* est devenue le pain quotidien de tous les peuples occidentaux. Le plan du poëme et l'idée qui lui sert de base appartiennent au moyen âge et n'ont pour nous qu'un intérêt historique ; mais par la richesse et la grande puissance plastique avec laquelle le poëte décrit la vie intérieure à tous ses degrés et avec tous ses phénomènes, son œuvre inaugure la poésie moderne [1].

Que cette poésie ait ses vicissitudes, qu'elle ait parfois des éclipses d'un demi-siècle, qu'importe? Son principe vital est immortel, et chaque fois qu'au quatorzième, au quinzième et au commencement du seizième siècle un esprit profond et original s'inspire d'elle en Italie, il représente une bien plus haute puissance intellectuelle que tout autre poëte étranger, même en admettant l'égalité de talent.

En Italie, la culture (dont la poésie est une manifestation essentielle) précède toujours l'art plastique et contribue à le faire naître et à le développer; le même fait se reproduit ici. Il faut plus d'un siècle pour que les phénomènes intérieurs, pour que la vie de l'âme arrive dans la sculpture et dans la peinture à une expression comparable à celle que Dante a su lui donner. Peu nous importe

---

[1] Au point de vue de la psychologie théorique de Dante, le commencement du chant IV du *Purgat* est un des passages les plus importants. Comp. en outre les parties du *Convito* qui ont trait à cette question.

jusqu'à quel point cela est vrai du développement de l'art chez d'autres peuples [1], et combien cette question est intéressante en somme. Il suffit que pour la culture italienne elle ait une importance décisive.

Laissons aux lecteurs de Pétrarque le soin de juger quelle est à cet égard la valeur de ce poëte. Celui qui l'étudie à la façon d'un juge d'instruction et qui s'évertue à rechercher les contradictions qui existent entre l'homme et le poëte, les amours qui semblent démentir la grande passion de sa vie et d'autres côtés faibles, celui-là n'aura pas, en effet, grand effort à faire pour ne plus trouver aucun plaisir à ses sonnets. C'est se priver d'une jouissance poétique pour la satisfaction de connaître un homme dans sa « totalité ». Il est regrettable seulement que les lettres de Pétrarque nous renseignent si peu sur les cancans d'Avignon, qui donneraient prise sur lui, et que les correspondances de ses connaissances et de leurs amis se soient perdues ou n'aient jamais existé. Au lieu de remercier le ciel de n'avoir pas à rechercher comment et au prix de quelles luttes un poëte a pu sauver ce qu'il y avait d'immortel dans son entourage et dans sa vie, on a réuni le petit nombre de « reliques » de ce genre que le temps avait respectées, et l'on a fait une biographie de Pétrarque qui ressemble à un acte d'accusation. Du reste, le poëte n'a rien à craindre ; pour peu que l'on continue encore pendant cinquante ans en Allemagne et en Angleterre à imprimer et à mettre en œuvre des correspondances de gens célèbres, la sellette sur laquelle on a mis Pétrarque deviendra insensiblement le rendez-vous des gloires éclatantes.

---

[1] Les portraits de l'école de Van Eyck prouveraient plutôt le contraire pour le Nord. Longtemps encore ils restent supérieurs à toutes les descriptions phonétiques.

Sans méconnaître ce qu'il y a d'artificiel et de recherché dans les poésies de Pétrarque, tout en condamnant le poëte qui s'imite lui-même et brode indéfiniment sur un thème invariable, nous admirons chez lui nombre de charmants tableaux de sa vie intérieure, de ses joies et de ses tristesses; ce sont bien des impressions personnelles qu'il retrace, parce que nul autre avant lui n'a rien chanté de pareil, et c'est là ce qui fait sa valeur aux yeux de la nation et du monde. L'expression n'est pas partout également transparente : souvent à l'or pur de sa poésie se mêlent des éléments étrangers, des allégories savantes, des sophismes subtils; mais, en somme, l'excellent et l'exquis l'emportent.

Boccace aussi, dans ses sonnets trop dédaignés [1], arrive parfois à peindre ses sentiments d'une manière saisissante au plus haut degré. Le plaisir de revoir des lieux sanctifiés par l'amour (sonn. 22), la beauté mélancolique du printemps (sonn. 33), les regrets du poëte vieillissant (sonn. 65) ont été admirablement chantés par lui. Puis il a dépeint dans l'*Ameto* la puissance de l'amour, de cette passion qui ennoblit et qui transfigure, avec un enthousiasme qu'on n'attendrait guère de l'auteur du *Décaméron* [2]. Enfin sa *Fiammetta* est un grand tableau psychique où se révèle l'observateur profond, bien qu'il soit inégal et que l'auteur sacrifie parfois à son goût pour les périodes bien arrondies; la mythologie et l'antiquité y interviennent souvent aussi d'une façon malheureuse.

---

[1] Imprimé dans le t. XVI de ses *Opere volgari*. Sur ces sonnets, voir M. LANDAU, *Georg. Boccaccio* (Stuttg., 1877), p. 36-40, qui fait surtout ressortir la dépendance de Boccace vis-à-vis de Dante et de Pétrarque.

[2] Dans le chant du berger Théogape, après la fête de Vénus, *Opp. ed. Moutier*, vol. XV, 2, p. 67 ss. Comp. LANDAU, p. 58-64; sur la *Fiammetta*, voir LANDAU, p. 96-105, qui passe sous silence le passage dont nous parlons.

Si nous ne nous trompons, *Fiammetta* est un pendant féminin à la *Vita nuova* de Dante, ou du moins elle a été inspirée par cet ouvrage.

Les poëtes antiques, surtout les poëtes élégiaques et le quatrième livre de l'Énéide, n'ont pas été sans influence[1] sur les Italiens de cette époque et sur ceux des âges suivants, cela va sans dire; mais c'est surtout en eux-mêmes qu'ils trouvent la source de l'émotion. Si on les compare sous ce rapport à leurs contemporains étrangers, on reconnaîtra qu'ils ont les premiers exprimé d'une manière complète le sentiment moderne en général. Il s'agit ici de savoir, non pas si des hommes distingués d'autres nations n'ont pas connu des émotions aussi profondes, aussi poétiques, mais qui a le premier prouvé par des faits qu'il avait la sérieuse et pleine connaissance des mouvements de l'âme.

Mais pourquoi les Italiens de la Renaissance sont-ils restés médiocres dans la tragédie? Chez eux on pouvait représenter sous mille formes la fortune, l'esprit, le caractère, la passion grandissant, luttant, succombant tour à tour. En d'autres termes, pourquoi l'Italie n'a-t-elle pas produit de Shakespeare? — Car les Italiens étaient bien capables de porter leur scène à la hauteur de celle des peuples du Nord; d'ailleurs ils ne pouvaient pas concourir avec le théâtre espagnol, parce qu'ils ne connaissaient pas le fanatisme religieux, qu'ils n'admettaient le point d'honneur abstrait que *pro forma*, et qu'ils étaient

---

[1] Le célèbre Léonard Arétin, en sa qualité de chef de l'humanisme au commencement du quinzième siècle, estime *che gli antichi Greci d'umanità e di gentilezza di cuore abbino avanzato di gran lunga i nostri Italiani*, mais il le dit au début d'une nouvelle qui raconte l'histoire langoureuse du prince Antiochus malade et de sa belle-mère Stratonice, et qui, par conséquent, renferme une preuve équivoque et, de plus, à moitié asiatique. (Imprimé entre autres comme appendice des *Cento Novelle antiche*)

trop intelligents et trop fiers pour adorer, pour déifier un pouvoir illégitime et tyrannique [1]. Il ne s'agit donc que de la courte période où fleurit le théâtre anglais.

On pourrait répondre que tout le reste de l'Europe n'a produit qu'un Shakespeare, et qu'un génie de cette taille est généralement un rare présent du ciel. D'autre part, le théâtre italien était peut-être sur le point de jeter un vif éclat lorsque le contre-coup de la Réforme se fit sentir et que, arrivant en même temps que la domination espagnole (qui s'étendait sur Naples, sur Milan et indirectement sur presque toute l'Italie), la réaction brisa ou dessécha les plus belles fleurs de l'esprit italien. Qu'on se figure Shakespeare lui-même sous un vice-roi espagnol ou dans le voisinage du saint-office qui fonctionne à Rome, ou même qu'on se le représente un certain nombre d'années plus tard dans son propre pays, à l'époque de la révolution anglaise. Le drame, qui dans sa perfection est un fruit tardif de toute culture, veut avoir son heure particulière.

Nous devons toutefois rappeler à ce propos quelques circonstances qui étaient certainement de nature à rendre plus difficile ou à retarder le développement de l'art dramatique en Italie jusqu'au moment où cette révolution n'était plus possible.

La plus importante de ces circonstances est incontestablement celle-ci : le besoin de spectacles, naturel aux peuples, trouvait à se satisfaire ailleurs qu'au théâtre : les mystères et d'autres scènes religieuses suffisaient aux Italiens. Dans tout l'Occident ce sont précisément les représentations d'épisodes de l'histoire sainte dramatisés, de légendes mises en action, qui sont l'origine du drame

---

[1] Les poëtes dramatiques de circonstance flattaient suffisamment les différentes cours ou les différents princes.

moderne; mais l'Italie était si attachée aux mystères, elle dépensait tant d'art et tant d'argent pour leur mise en scène que l'élément dramatique devait nécessairement en souffrir. De toutes ces innombrables et coûteuses représentations ne sortit pas même un genre poétique comme les *Autos sagramentales* de Caldéron et d'autres poëtes espagnols, à plus forte raison un avantage ou un point d'appui pour la scène profane [1].

Lorsque, malgré tout, cette dernière se fit jour, elle fut envahie par le luxe auquel on ne s'était que trop habitué à la suite des mystères. On est surpris d'apprendre quelle richesse, quelle profusion de décors la scène italienne étalait, alors que dans le Nord on se contentait encore de la simple indication du lieu de la scène. Mais cela n'aurait peut-être pas suffi pour arrêter l'essor de l'art dramatique en Italie si la représentation elle-même n'avait pas détourné l'esprit de la valeur poétique de la pièce, soit par la magnificence des costumes, soit surtout par des intermèdes variés.

Le fait que dans beaucoup d'endroits, notamment à Rome et à Ferrare, on jouait les comédies de Plaute et de Térence, et même des pièces des tragiques anciens (t. I, p. 300, 317), tantôt en latin, tantôt en italien; que les académies de ces villes prenaient à tâche de ressusciter les auteurs dramatiques de l'antiquité; enfin que les poëtes de la Renaissance eux-mêmes dépendaient de ces modèles plus que de raison; ce fait contribua certainement aussi à maintenir le drame italien dans un état d'infériorité. Pourtant je ne lui attribue qu'une valeur secondaire. Si la contre-réform tion et la domination étrangère n'étaient survenues, le désavantage

---

[1] Compar. les opinions contraires à celles qui sont exprimées ici dans GREGOROVIUS, *Hist. de Rome*, VII, 619.

dont je parle aurait pu amener d'heureux changements.
Bientôt après 1520 le triomphe de la langue maternelle
dans la tragédie et la comédie n'était-il pas peu à peu
décidé, au grand déplaisir des humanistes [1]? De ce côté,
la nation la plus avancée de l'Europe n'aurait plus rencontré d'obstacle s'il s'était agi de faire du drame, pris
dans le sens le plus élevé du mot, l'image idéalisée de la
vie humaine. C'est l'inquisition, ce sont les Espagnols qui
ont intimidé le génie italien et qui ont rendu impossible
la représentation dramatique des conflits les plus vrais
et les plus grands, surtout sous la forme de souvenirs
nationaux. Un autre fléau, c'étaient ces fâcheux intermèdes dont nous avons parlé et que nous allons examiner
de plus près.

Lors de la célébration du mariage du prince Alphonse
de Ferrare avec Lucrèce Borgia, le duc Hercule en
personne montra aux invités les cent dix costumes qui
devaient servir à la représentation de cinq pièces de
Plaute, afin de leur faire voir qu'aucun ne figurerait deux
fois [2]. Mais qu'était ce luxe de taffetas et de camelot à
côté de celui qu'on déployait dans les ballets et dans les
pantomimes qu'on exécutait à titre d'entr'actes des
pièces de Plaute? A côté de ces divertissements, Plaute
devait paraître mortellement ennuyeux à une dame
jeune et vive comme Isabelle de Gonzague; pendant le
drame, chacun soupirait après les entr'actes : rien de
plus naturel, si l'on considère l'éclat et la variété de

---

[1] Paul JOVIUS. *Dialog. de viris lit. illustr.*, dans TIRABOSCHI, t. VII,
VI. — Lil. Greg. GYRALDUS, *De poetis nostri temp.*

[2] Isabelle de Gonzague à son mari, 3 févr. 1502, *Arch. stor.*,
Append., II, p. 306 ss. Comp. dans GREGOROVIUS, *Lucrèce Borgia*,
3e éd., t. I, p. 255-266. Dans les mystères français, les acteurs
eux-mêmes défilaient avant le spectacle; c'est ce qu'on appelait
« la montre ».

ces intermèdes. On vit là des luttes de guerriers romains qui agitaient en cadence leurs armes antiques au son des instruments; des danses aux flambeaux exécutées par des nègres; une danse d'hommes sauvages avec des cornes d'abondance d'où jaillissait du feu liquide; ils formaient le ballet d'une pantomime qui représentait la délivrance d'une jeune fille menacée par un dragon. Puis il y eut des danses de fous portant le costume de polichinelle, qui se battaient à coups de vessies de porc, etc. A la cour de Ferrare, chaque comédie avait invariablement son ballet (*moresca*) [1]. Dans quelles conditions la représentation des *Ménechmes* de Plaute a-t-elle eu lieu dans cette ville (en 1491, à l'occasion du premier mariage d'Alphonse avec Anne Sforza)? Était-ce une pantomime accompagnée de musique plutôt qu'un drame? Ce sont des questions difficiles à résoudre [2]. En tout cas, les parties intercalées étaient plus considérables que la pièce elle-même; on y voyait un chœur de jeunes

---

[1] *Diario Ferrarese*, dans MURAT., XXIV, col. 404. D'autres passages sur le théâtre à la cour de Ferrare se trouvent col. 278, 279, 282 à 285, 361, 380, 381, 393, 397. On voit par là qu'on représentait de préférence les pièces de Plaute, que ces représentations duraient souvent jusqu'à trois heures du matin, et qu'elles avaient lieu parfois en plein air. Sans doute ces ballets étaient composés sans esprit, et n'avaient nul rapport avec les personnes présentes ni avec l'événement qui devait être célébré; aussi Isabelle de Gonzague, qui regrettait d'être séparée de son mari et de son enfant, et qui d'ailleurs ne voyait pas de bon œil le mariage de son frère avec Lucrèce, pouvait-elle à bon droit se plaindre de la « froideur » de cette noce et des fêtes dont elle fut l'occasion.

[2] STROZZII, *Poetæ*, fol. 232, dans le livre IV de l'*Eolosticha* de Tito Strozza. Voici ces vers :

Ecco superveniens rerum argumenta retexit
Mimus et ad populum verba diserta refert.
Tum similes habitu formaque et voce Menæchmi
Dulcibus oblectant lumina nostra modis.

Les *Ménechmes* furent aussi joués à Ferrare en 1486, et les frais de l représentation s'élevèrent à plus de 1,000 ducats. MUR., XXIV, 278.

gens, couverts de festons de lierre, danser au son d'un orchestre bruyant et exécuter des figures savantes ; ensuite apparaissait Apollon, qui frappait du plectre les cordes de sa lyre et chantait un hymne en l'honneur de la maison d'Este ; puis venait, comme un intermède dans l'intermède, une scène de genre rustique ou farce, après laquelle la mythologie, représentée par Vénus, Bacchus et leur suite, reprenait possession de la scène ; ce nouveau divertissement était la pantomime de Pâris sur le mont Ida. Alors seulement venait la seconde moitié de la fable d'Amphitryon, avec une allusion transparente à la naissance future d'un Hercule issu de la maison d'Este. A une représentation antérieure de la même pièce, représentation qui avait eu lieu dans la cour du palais (1487), les spectateurs avaient eu constamment sous les yeux « un paradis avec des étoiles et d'autres corps célestes », c'est-à-dire une illumination accompagnée peut-être de feux d'artifice, qui avait certainement absorbé la meilleure partie de leur attention. Il valait évidemment mieux que ces accessoires fussent l'élément unique de la représentation, ce qui arrivait parfois dans d'autres cours. A propos des fêtes, nous parlerons des représentations solennelles qui avaient lieu chez le cardinal Pietro Riario, chez les Bentivogli à Bologne, etc.

La pompe de la mise en scène, passée à l'état d'habitude, fut surtout funeste à la tragédie originale en Italie. « A Venise », écrit Francesco Sansovino [1], vers

---

[1] Franc. SANSOVINO, *Venezia*, fol. 169. Voici ce passage, d'après l'original : *Si sono anco spesso recitate delle tragedie con grandi apparecchi, composte da poeti antichi o da moderni. Alle quali per la, fama degli apparati, concorrevano le genti estere et circonvicine per vederle et udirle. Ma hoggi le feste de particolari si fanno fra i parenti* ET ESSENDOSI LA CITTA REGOLATA PER SE MEDESIMA DA CERTI ANNI IN QUA, SI PAS-

1570, « on a souvent représenté jadis, outre les comédies, des tragédies de poëtes anciens et de poëtes modernes, et cela avec une pompe extraordinaire. L'éclat de la mise en scène (*apparati*) attirait de tous les côtés des flots de spectateurs. Il n'y a plus aujourd'hui que des fêtes privées qui se célèbrent entre quatre murs, et depuis quelque temps s'est répandu tout naturellement l'usage de passer les jours de carnaval à jouer des comédies et de se livrer à d'autres amusements agréables et honnêtes. » Ce qui veut dire que le luxe extérieur a contribué à tuer la tragédie.

Les quelques essais de ces poëtes tragiques modernes, parmi lesquels la *Sophonisbe* du Trissin fut le plus célèbre (1515), sont du domaine de l'histoire littéraire. On peut en dire autant de la haute comédie, de celle qui est imitée de Plaute et de Térence. Même un Arioste ne pouvait rien faire de remarquable dans ce genre. Par contre, la comédie populaire en prose, telle que l'entendirent Machiavel, Bibiena, Arétin, aurait bien pu avoir de l'avenir, si le fonds qu'elle exploitait n'avait pas été la cause fatale de sa ruine. En effet, ou bien elle était obscène, ou bien elle s'attaquait à des classes de la société qui, à partir de 1540 environ, refusèrent de se laisser ainsi bafouer publiquement. Si dans la *Sophonisbe* la peinture des caractères avait dû s'effacer devant une déclamation pompeuse, par contre dans la basse comédie elle n'avait été que trop libre et trop

SANO I TEMPI DEL CARNOVALE IN COMEDIE E IN ALTRI PIU LETI E HONORATI DILETTI. — B. change *parenti* en *pareti*, ce qui n'est pas nécessaire : les parents qui figurent au nombre des acteurs sont opposés aux étrangers d'autrefois. Le passage imprimé en gros caractères signifie peut-être : puisque depuis quelques années la police de la ville a été réformée (après la paix avec les Turcs, 1573). (ROMANIN, *Storia di Ven.*, IV, 341.)

complète, ainsi que sa sœur bâtarde, la caricature. Quoi qu'il en soit, ces comédies italiennes ont été, si nous ne nous trompons, les premières comédies en prose, les premières aussi qui aient été écrites dans un ton tout à fait réaliste; aussi l'histoire de la littérature générale de l'Europe ne doit-elle pas les oublier.

Les tragédies et les comédies se succèdent sans fin; on ne cesse pas non plus de jouer une foule de pièces antiques et modernes; mais ces représentations ne sont que le prétexte de fêtes où chacun veut déployer le luxe que comporte son rang. Aussi le génie de la nation s'est-il entièrement détourné de ces drames sans vie. Dès que parurent la bergerie et l'opéra, les tentatives dont nous avons parlé n'ont plus de raison d'être.

Un seul genre était et resta national : c'est la *commedia dell'arte,* qui était improvisée d'après un plan défini. Mais elle a peu d'influence sur l'art de peindre les caractères, parce qu'elle n'a qu'un petit nombre de masques, toujours les mêmes, que tout le monde connaît par cœur, au physique comme au moral. Vu ses aptitudes et ses instincts, la nation se fit bien vite à ce genre; aussi, même au milieu de la représentation de comédies écrites, on se livrait à l'improvisation [1], habitude qui produisit un genre mixte. Telles étaient peut-être les comédies que représentèrent à Venise Antonio da Molino, surnommé Burchiello, et, après lui, la troupe d'Armonio, de Val. Zuccato, de Lod. Dolce, etc. [2]; on sait de Burchiello qu'il s'entendait à renforcer l'effet comique en employant un dialecte vénitien mélangé de

---

[1] C'est ce que veut dire sans doute SANSOVINO, *Venezia,* fol. 168, quand il se plaint que les *recitanti* gâtent les comédiens *con invenzioni o personnagi tropo ridicoli.*

[2] SANSOVINO, *ibid.*

grec et d'esclavon. Une *commedia dell'arte* complète ou à peu près était celle d'Angelo Beolco, surnommé il Ruzzante (1502-1542), qui, en même temps poëte et acteur, se fit un nom illustre entre tous. Comme poëte, on le plaçait sur la même ligne que Plaute; comme acteur, on l'égalait à Roscius. Il s'adjoignit plusieurs amis qu'il faisait figurer dans ses pièces comme paysans padouans sous les noms de : Menato, Vezzo, Billora; il étudiait le dialecte qu'il faisait parler à ses personnages, quand il passait l'été dans la villa de son protecteur Luigi Cornaro (Aloysius Cornelius), à Codevico[1]. Peu à peu l'on vit surgir tous ces types locaux qui se sont en partie conservés et ont encore aujourd'hui le privilége de faire rire l'Italie : Pantalon, le docteur, Brighella, Polichinelle, Arlequin, etc. Presque tous remontent bien plus haut que le seizième siècle; peut-être même ont-ils quelque rapport avec les masques qui figuraient dans les farces de la Rome antique; en tout cas le seizième siècle est le premier qui en ait réuni plusieurs dans une seule pièce. De nos jours, cela ne se fait plus guère, mais du moins chaque grande ville reste fidèle à ses masques locaux : Naples a conservé son Polichinelle, Florence son Stenterello, Milan son Meneking qui est parfois si désopilant[2].

[1] SCARDEONIUS, *De urb. Patav. antiq.*, dans GRAEVIUS, *Thes.*, IV, III, col. 288 ss. C'est aussi un passage important pour les ouvrages écrits dans les différents dialectes. L'un des passages qui nous ont servi est ainsi conçu · *Huic ad recitandas comœdias socii scenici et gregales et æmuli fuere nobiles juvenes Patavini, Marcus Aurelius Alvarotus quem in comœdiis suis Menatum appellitabat et Hieronymus Zanetus quem Vezzam et Castegnola quem Billoram vocitabat et alii quidam qui sermonem agrestium imitando præ ceteris callebant.* Je le cite parce que c'est en m'appuyant sur lui que j'ai changé le texte.

[2] Ce dernier existe dès le quinzième siècle au moins; c'est ce qu'il est permis de conclure du *Diario Ferrarese*, qui dit, à propos du 2 février 1501, que *il duca Hercole fece una festa di Menechino*

C'est assurément une maigre compensation pour une grande nation, qui était peut-être faite plus que toute autre pour reproduire dans le drame, comme dans un miroir, l'image de ce qu'elle avait de plus grand et de plus élevé. Mais elle devait être privée de cette gloire pendant des siècles, par suite de faits dont elle n'est pas toujours responsable. Sans doute le talent dramatique inhérent au génie italien devait résister à toutes les influences contraires, et par la musique l'Italie a achevé de rendre l'Europe sa tributaire. Cela peut paraître suffisant à celui qui trouve que ce genre de perfection contre-balance son infériorité dans l'art dramatique.

Ce que le drame n'avait pu faire, peut-on l'attendre de l'épopée? On reproche précisément à l'épopée italienne d'avoir surtout échoué dans la peinture des caractères.

On ne peut lui contester d'autres avantages, notamment celui d'être vraiment populaire depuis trois siècles et demi, tandis que presque toute la poésie épique des autres peuples n'est devenue qu'une des curiosités de l'histoire littéraire. Cela tient-il peut-être aux lecteurs, qui demandent et qui aiment autre chose que ce qui est goûté dans le Nord? Du moins il faut que nous nous placions en partie au point de vue italien pour apprécier la valeur exacte de ces poëmes; il y a même des hommes très-distingués qui déclarent que le mérite de ces ouvrages est pour eux lettre close. Sans doute celui qui analyse Pulci, Bojardo, l'Arioste et Berni sous le

secondo il suo uso. Diar. Ferr., dans MURAT., XXIV, col. 393. On ne peut croire à une méprise provoquée par les Ménechmes de Plaute, car ceux-ci sont exactement nommés. (I, col. 278.) Comp. plus haut, p. 36, note 2.

rapport des idées, ne trouve pas qu'elles abondent chez eux. Ce sont des artistes d'un genre à part, qui écrivent pour un peuple éminemment artiste.

Après la disparition graduelle de la poésie chevaleresque, les cycles de légendes du moyen âge avaient continué de vivre, soit sous la forme de récits et de recueils rimés, soit comme romans en prose. C'est sous cette dernière forme qu'ils parurent en Italie pendant le quatorzième siècle; mais les souvenirs de l'antiquité ressuscitée ne tardèrent pas à prendre une place immense et à reléguer dans l'ombre toutes les fictions du moyen âge. Boccace, par exemple, dans sa *Visione amorosa,* nomme bien parmi les héros qu'il enferme dans son palais enchanté un Tristan, un Artus, un Galeotto, etc., mais il passe rapidement sur eux, comme s'il les reniait (voir plus haut, t. I, p. 186); quant aux écrivains postérieurs de tout genre, ou bien ils ne les nomment plus du tout, ou bien ils ne les citent que pour s'en moquer. Le peuple toutefois garda leur souvenir, et c'est de ses mains que les poëtes du quinzième siècle les reçurent. Ceux-ci purent concevoir et traiter leur sujet d'une manière neuve et indépendante; ils firent plus encore : ils y ajoutèrent leurs propres inventions et enrichirent de fictions sans nombre le fonds qui leur avait été transmis. Il est une chose cependant qu'on ne peut leur demander, c'est de traiter avec un saint respect les traditions dont ils ont hérité. Toute l'Europe moderne peut leur envier la gloire d'avoir su continuer à intéresser l'Italie à un monde imaginaire, mais elle doit reconnaître aussi qu'ils n'auraient pu, sans hypocrisie, prendre au sérieux toutes ces fictions [1].

[1] Pulci dans sa malice imagine pour son histoire du géant Margutte une tradition antique et solennelle. (MORGANTE, canto XIX,

On les voit agir en souverains dans ce domaine nouveau qu'ils ont conquis pour la poésie. Ils semblent avoir eu surtout en vue d'intéresser et d'amuser le plus possible par les détails; en effet, ces poëmes gagnent énormément quand on les entend réciter par fragments, avec une légère nuance de comique dans la voix et dans le geste. Une peinture des caractères plus savante et plus profonde n'aurait guère contribué à augmenter cet effet; libre au lecteur de la souhaiter; quant à l'auditeur, il n'y songe pas, puisqu'il n'entend jamais qu'un fragment et qu'en fin de compte il ne voit devant lui que le rapsode. Relativement aux figures qui lui sont imposées, le poëte suit un autre courant d'idées : son instinct d'humaniste proteste contre ce monde du moyen âge qu'il représente, et, d'autre part, ces luttes qui sont comme le pendant des tournois et des guerres de son temps, exigent une connaissance approfondie de la matière et de grandes aptitudes poétiques; elles fournissent en même temps une occasion de briller au déclamateur qui les récite. C'est pourquoi Pulci lui-même [1] n'en vient pas à faire la parodie proprement dite de la chevalerie, bien que la crudité de langage qu'il attribue plaisamment à ses paladins la frise souvent. A côté de ces rudes chevaliers il place l'idéal des batailleurs, son singulier et débonnaire Morgante, qui avec son battant de cloche a raison d'armées entières; il sait même relever et idéaliser relativement cette figure un peu gros-

str. 153 ss.) — L'introduction critique de Limerno Pitocco est encore plus plaisante. (*Orlandino*, cap. i, str. 12-22.)

[1] Le *Morgante* composé en 1460 et dans les années suivantes, imprimé pour la première fois à Venise en 1481. La dernière édition est de P. Sermolli, Florence, 1872. — Sur les tournois, voir plus bas, cinquième partie, chap. i. Pour la question traitée ici et plus bas, nous nous bornons à renvoyer le lecteur à RANKE, *Sur l'histoire de la poésie italienne*, Berlin, 1837.

sière en lui opposant Margutte, ce monstre absurde et néanmoins remarquable au suprême degré. Mais Pulci n'attache aucune importance particulière à ces deux caractères qu'il dessine d'une main rude et vigoureuse, et il poursuit son étrange histoire même lorsqu'ils ont depuis longtemps disparu de la scène. Bojardo, lui aussi, domine ses figures; entre ses mains elles deviennent sérieuses ou comiques, selon les caprices de son imagination ; il s'égaye même aux dépens des êtres surnaturels, et quelquefois il leur prête à dessein une sottise insigne [1]. Mais il y a un côté artistique qu'il prend au sérieux aussi bien que Pulci : c'est la description vivante, et l'on serait tenté de dire exacte au point de vue technique, de tous les faits qu'il raconte. — Dès qu'il avait terminé un chant de son poëme, Pulci le récitait devant la société de Laurent le Magnifique ; de même Bojardo débitait ses strophes devant la cour d'Hercule de Ferrare ; dès lors, il est facile de deviner ce qu'on appréciait le plus dans ces œuvres ; il est clair qu'à soigner la peinture des caractères le poëte aurait perdu son temps. Naturellement dans de parelles conditions les poëmes eux-mêmes ne forment pas un tout régulier ; ils pourraient avoir la moitié ou le double de leur longueur effective ; ils sont composés non pas comme un grand tableau d'histoire, mais comme une frise ou comme un magnifique cordon de grappes de fruits, autour duquel voltigent et se jouent les figures les plus capricieuses. On ne demande et l'on ne tolère dans les figures et dans les rinceaux d'une frise ni formes individuelles, ni perspectives profondes, ni plans multiples ; pourquoi s'attendrait-on à les trouver dans ces poëmes?

---

[1] *L'Orlando inamorato,* imprimé pour la première fois en 1496.

L'infinie variété des fictions par lesquelles Bojardo, plus que tout autre, nous jette constamment dans de nouvelles surprises, est un démenti perpétuel donné aux définitions classiques de l'essence de la poésie épique, telles que nous les avons adoptées. A cette époque, c'était la plus agréable diversion à l'étude de l'antiquité; c'était en même temps la seule voie possible pour revenir à une poésie narrative indépendante. Car, en poétisant l'histoire de l'antiquité, on en venait à se perdre dans ces sentiers trompeurs où s'était égaré Pétrarque avec son *Afrique* en hexamètres latins, et, cent cinquante ans après lui, le Trissin avec son *Italie délivrée des Goths* en *versi sciolti*, vaste poëme dont la langue et la versification sont irréprochables, mais dont on ne peut dire si c'est l'histoire ou la poésie qui a le plus souffert dans cette malheureuse union de toutes deux [1].

Et dans quelles aberrations ne sont pas tombés ceux qui ont imité Dante? Les Triomphes visionnaires de Pétrarque sont la dernière œuvre d'imitation qui ne pèche pas contre le bon goût; la « Vision amoureuse» de Boccace n'est déjà plus qu'une énumération de personnages historiques et fabuleux, rangés en catégories allégoriques [2]. D'autres débutent par une imitation baroque du premier chant de Dante, et se pourvoient d'un guide allégorique qui prend la place de Virgile; Uberti a choisi Solinus pour son poëme géographique (*Ditta-mondo*), Giovanni Santi a pris Plutarque pour son poëme à la louange de Frédéric d'Urbin [3]. Cette fausse

---

[1] *L'Italia liberata da Goti,* Rom., 1547.

[2] Comp. plus haut, p. 48 ; LANDAU, *Boccace,* p. 64-69. Pourtant il faut considérer que l'ouvrage de Bocc. dont il s'agit a été écrit avant 1344, tandis que l'ouvrage de Pétrarque a été composé après la mort de Laure, par conséquent après 1348.

[3] VASARI, .VIII, 71, dans le Commentaire sur la *Vita di Rafaelle.*

voie ne fut abandonnée que grâce à l'exemple donné
par Pulci et Bojardo. La curiosité et l'admiration qui
accueillirent cette poésie épique d'un nouveau genre, et
que l'épopée n'excitera peut-être plus jamais, prouvent
d'une manière éclatante qu'elle répondait à un besoin
réel. Il ne s'agit nullement de savoir si l'idéal épique
qu'on s'est formé dans notre siècle d'après Homère ou
les Niebelungen se trouve réalisé ou non dans ces créations; ce qui est certain, c'est que ces poëtes ont réalisé
un idéal de leur temps. Avec leurs innombrables descriptions de combats, qui sont pour nous la partie la plus
fastidieuse de leurs œuvres, ils ont excité chez leurs
contemporains un intérêt positif dont nous avons peine
à nous faire une idée exacte [1], de même que nous comprenons difficilement l'importance que leur siècle attachait à leurs descriptions réalistes et vivantes.

C'est ainsi qu'on s'expose à mal juger l'Arioste si,
dans son *Roland furieux* [2], on va chercher des caractères.
Il s'en trouve par-ci par-là; le poëte les peint même
avec complaisance, mais le poëme n'a pas cette peinture
pour base, et il perdrait plutôt qu'il ne gagnerait si elle
en formait la partie importante. Il est vrai qu'avec les
idées de notre temps nous aimerions que le poëte eût
comblé cette lacune; on voudrait qu'un génie de cette
taille eût chanté autre chose que les aventures de Roland.
Il aurait dû, selon nous, peindre dans un grand ouvrage
les conflits des passions de l'homme, y exprimer les idées
de son siècle sur les choses divines et humaines, en un
mot faire un de ces grands tableaux où l'on retrouve
tout un monde; comme la *Divine Comédie* et *Faust*. Au

---

[1] Combien de choses de ce genre le goût moderne ne trouverait-il
pas à supprimer dans l'Iliade elle-même!

[2] La première édition est de 1516.

lieu de cela, il procède tout à fait comme les artistes plastiques de son époque, et il devient immortel en s'éloignant de l'originalité telle que nous la concevons, en reproduisant une série de figures connues, même en répétant, selon les besoins de son œuvre, des détails qui ont déjà passé sous nos yeux. On peut obtenir encore de grands effets poétiques en s'y prenant ainsi; mais c'est ce que des critiques dépourvus du sentiment de l'art auront peine à comprendre, malgré toute la science et tout l'esprit du monde. Le but de l'Arioste, c'est de montrer dans tout son éclat le « fait vivant », l'action succédant à l'action. Pour qu'il puisse l'atteindre, il faut qu'il soit dispensé non-seulement de l'étude approfondie des caractères, mais encore de l'obligation d'enchaîner étroitement les histoires qu'il raconte. Il faut qu'il puisse renouer, quand il lui plaît, des fils oubliés ou perdus; il faut que ses figures apparaissent et disparaissent, non parce que leur nature propre exige qu'il en soit ainsi, mais parce que l'allure du poëme le veut. Sans doute, en ayant l'air de suivre une marche irrationnelle et toute capricieuse, il atteint à une beauté complétement régulière. Jamais il ne se perd dans les descriptions, il ne s'attarde à peindre les hommes et les choses qu'autant que le permettent l'harmonie de l'ensemble et la progression constante des faits; il se perd encore moins dans la conversation et dans les monologues[1], et est toujours attentif à maintenir le noble privilége de la véritable épopée, qui consiste à tout traduire en faits vivants. Chez lui le pathétique ne se trouve jamais dans les mots[2],

---

[1] Les discours intercalés dans le texte ne sont encore que des récits.

[2] Ce que Pulci s'était bien permis. *Morgante, canto* XIX, str. 20 ss.

mais dans l'action, témoin le célèbre vingt-troisième chant et les suivants, où il décrit la folie et les fureurs de Roland. Les histoires d'amour qu'il mêle à son poëme héroïque n'ont pas ces couleurs tendres dont un poëte lyrique les aurait revêtues; c'est un mérite de plus, quand même on ne peut pas toujours les approuver au point de vue de la morale. Par contre, elles ont parfois, en dépit de la magie et de la chevalerie qui s'y mêlent, un tel air de vérité et de réalité qu'on croit y trouver l'histoire du cœur du poëte lui-même. Emporté par le sentiment de sa puissance, il a, sans y penser, introduit dans son grand poëme bien des éléments contemporains; c'est ainsi qu'il y a fait entrer la gloire de la maison d'Este sous forme d'apparitions et de prédictions. Tout cela trouve place dans ses merveilleuses octaves, qui se succèdent ainsi que les ondes d'un fleuve s'avancent d'un mouvement égal et continu.

Avec Teofilo Folengo, ou, comme il se nomme encore, Limerno Pitocco, la parodie prend la place à laquelle elle aspire depuis longtemps [1]; mais avec le comique et son réalisme reparaît en même temps la sérieuse peinture des caractères. Au milieu des horions et des coups de pierres qu'échange la turbulente jeunesse d'une petite ville de la campagne de Rome, grandit le petit Roland : ses débuts annoncent à la fois un héros, un ennemi des moines et un raisonneur. Ici s'évanouit ce monde fantastique et conventionnel qui s'était formé depuis Pulci et qui avait servi de cadre à l'épopée; l'origine ainsi que les faits et gestes des paladins sont hardiment ridiculisés, témoin ce tournoi du deuxième chant, où les chevaux sont remplacés par des ânes et où les chevaliers apparaissent

---

[1] Son *Orlandino,* première édition, 1526.

avec les armes et les armures les plus singulières. Parfois le poëte déplore plaisamment l'inexplicable félonie qui était héréditaire dans la famille de Ganelon de Mayence, gémit sur la pénible conquête de l'épée Durandal, etc. ; même la tradition n'est plus, en général, pour lui qu'un fond commode qu'il émaille d'inventions ridicules, d'épisodes, de théories à son usage (qui lui inspirent parfois des pages remarquables, entre autres la fin du chapitre VI), et d'obscénités. Enfin, à côté de tout cela, il y a des railleries à peine déguisées à l'adresse de l'Arioste; heureusement pour le *Roland furieux,* il fut bientôt délivré de l'*Orlandino,* grâce aux rigueurs de l'Inquisition, qui le poursuivit à cause des hérésies luthériennes qu'il contenait et qui réussit à le faire oublier. On reconnaît, par exemple, une parodie du grand poëte dans le chapitre VI, strophe 28, où l'auteur fait descendre la maison de Gonzague du paladin Guidone, attendu que les Colonna devaient remonter à Roland, les Orsini à Renaud, et, d'après l'Arioste, la maison d'Este à Roger. Peut-être Ferrante de Gonzague, le protecteur du poëte, n'était-il pas étranger à cet attachement pour la maison d'Este.

Enfin le fait que dans la *Jérusalem délivrée* de Torquato Tasso la peinture des caractères est une des plus grandes préoccupations du poëte, prouve à lui seul combien sa manière de voir s'éloigne de celle qui régnait un demi-siècle avant lui. Son admirable poëme est surtout un monument de la contre-réforme qui s'était accomplie dans l'intervalle et de ses tendances.

CHAPITRE V

LA BIOGRAPHIE

En dehors du domaine de la poésie, les Italiens ont été les premiers de tous les Européens qui aient eu l'idée et le talent de peindre exactement l'homme historique au physique et au moral.

Sans doute le moyen âge produisit de bonne heure des essais dans ce genre, et la légende contribua du moins à entretenir jusqu'à un certain point le goût de la biographie et les aptitudes qu'elle exige. Dans les annales des couvents et des chapitres, on rencontre souvent des biographies très-intéressantes, comme celles de Meinhard, supérieur du couvent de Paderborn, et de Godehard, supérieur de celui de Hildesheim ; on trouve de même des portraits de plusieurs de nos empereurs d'Allemagne tracés à la manière de Suétone, qui renferment des parties admirables ; ces « *Vitæ* » profanes et d'autres semblables forment à la longue une galerie de pendants aux histoires des saints. Pourtant on ne peut guère nommer Eginhard et Radevicus[1] à côté de Joinville, l'auteur de la Vie de saint Louis, attendu que ce livre, unique dans son espèce, est la première biographie

---

[1] RADEVICUS, *De gestis Friderici imp.*, surt. II, 76. — La remarquable *Vita Henrici IV* contient moins de détails personnels ; il en est de même de la *Vita Chuonradi imp.*, par WIPO.

parfaite d'un homme de l'Europe moderne. En général, des caractères comme celui de saint Louis sont fort rares; de plus, c'est une bonne fortune singulière qu'il se soit rencontré un écrivain d'une entière naïveté qui ait su démêler les sentiments de son héros dans tous les traits et dans tous les événements dont sa vie se compose, et les représenter en même temps d'une manière si parlante. Qu'il est difficile, en présence de l'insuffisance des sources historiques, de reconstituer même à peu près l'image d'un Frédéric II ou d'un Philippe le Bel! Bien des ouvrages qui, jusqu'à la fin du moyen âge, prétendent au titre de biographies, ne sont, à vrai dire, que des chroniques; il leur manque absolument le sentiment de l'individualité du personnage à peindre.

Chez les Italiens, au contraire, la recherche et l'étude des traits caractéristiques d'hommes considérables deviennent une tendance dominante, et c'est là ce qui les distingue du reste des Occidentaux, chez lesquels cette préoccupation ne se manifeste qu'à titre accidentel et dans des cas extraordinaires. En général, ce développement du sentiment de l'individualité ne peut exister que chez celui qui lui-même est sorti de la race pour devenir individu.

En même temps que se répand l'idée de la gloire (t. I, p. 177 ss.), se forment des biographes indépendants, de véritables critiques qui n'ont plus besoin de s'en tenir à des dynasties et à des séries de personnages ecclésiastiques, comme Anastasius[1], Agnellus[2] et leurs

---

[1] Il s'agit du bibliothécaire Anastasius, du milieu du neuvième siècle, auquel on attribuait autrefois, mais à tort, toute la collection des *Vies des papes* (*Liber pontificalis*). Comp. WATTENBACH. *Sourc. de l'histoire d'Allemagne*, 3ᵉ éd., I, p. 223 ss.

[2] A peu près contemporain d'Anastasius; il est l'auteur d'une histoire de l'évêché de Ravenne; voir WATTENBACH, p. 227.

successeurs, ou comme les biographes des doges de
Venise. Ils racontent la vie d'un homme quelconque,
quand et parce qu'il a joué un rôle considérable. Outre
Suétone, ils prenaient pour modèles Cornelius Nepos, les
Viri illustres et Plutarque en général, en tant qu'il était
connu et traduit; en matière d'histoire littéraire, les
vies des grammairiens, des rhéteurs et des poëtes,
que nous trouvons dans Suétone [1], et la célèbre vie de
Virgile, par Donatus, semblent les avoir surtout inspirés.

Nous avons rappelé plus haut (t. I, p. 182 ss.) comment le quatorzième siècle vit naître des recueils biographiques, des vies d'hommes illustres et de femmes célèbres. Les auteurs de ces ouvrages ne sont naturellement
que des imitateurs de leurs devanciers, dès que leurs
personnages ne sont pas des contemporains; le premier
écrit original, le premier chef-d'œuvre dans ce genre,
c'est la vie de Dante par Boccace. Écrit d'une plume
légère, hardie, souvent trop capricieuse, ce travail n'en
fait pas moins sentir vivement tout ce qu'il y a eu
d'extraordinaire dans la vie et dans la personne de
Dante [2]. Puis viennent à la fin du quatorzième siècle
les « *Vite* » de Florentins remarquables, par Philippe
Villani. Ce sont des gens de toute espèce : des poëtes,
des juristes, des médecins, des philologues, des théologiens, des astrologues, des artistes, des hommes
d'État, des guerriers, dont beaucoup vivent encore. Florence est traitée dans cet ouvrage comme une brillante
famille où l'on note les rejetons chez lesquels l'esprit de
la maison s'est conservé dans toute sa force. Ces por-

---

[1] Je n'ose pas décider à quelle époque Philostrate a écrit ses
collections.

[2] Comp. le *jugement remarquable* porté par M. LANDAU, *Boccace*,
p. 180-182.

traits sont fort courts; mais l'auteur a un rare talent pour faire ressortir tout ce qui est caractéristique; il s'entend surtout merveilleusement à mener de front la peinture physique et la peinture morale de ses personnages [1]. A partir de cette époque [2], les Toscans n'ont jamais cessé de regarder la biographie comme un genre dans lequel ils étaient particulièrement appelés à réussir, et c'est à eux que nous devons les meilleurs portraits d'Italiens du quinzième et du seizième siècle. Giovanni Cavalcanti (dans les suppléments de son histoire de Florence publiée avant 1450) [3] réunit des exemples de vertu et d'abnégation civique, d'intelligence politique, de talent militaire; ceux qui les ont donnés sont tous des Florentins. Le pape Pie II fait dans ses commentaires d'excellents portraits de contemporains célèbres; récemment on a réimprimé un travail qu'il a fait antérieurement aux commentaires [4], et qui renferme en quelque sorte les ébauches de ces portraits, mais

[1] Voir plus haut, t. I, p. 167, note 2. L'original (en latin) n'a été publié par Galetti, à Florence, qu'en 1847, sous le titre : *Philippi Villani liber de civitatis Florentiæ famosis civibus;* une vieille traduction italienne a été souvent imprimée depuis 1747; elle l'a été en dernier lieu en 1858. Le deuxième livre seulement nous intéresse ici; le premier, qui n'a jamais été imprimé, expose l'histoire primitive de Florence et de Rome. Ce qui est surtout intéressant dans le traité de Villani, c'est le chapitre *De semipoetis,* c'est-à-dire parlant d'auteurs qui ont écrit moitié en prose, moitié en vers, ou d'auteurs qui, en dehors de leurs occupations professionnelles, ont aussi publié des poésies.

[2] Ici nous renvoyons encore une fois à la biographie de L. B. Alberti, dont nous avons fait des extraits plus haut, t. I, p. 173 ss. (c'est probablement une autobiographie; voir plus haut, t. I, p. 173, note 2), ainsi qu'aux nombreuses biographies florentines qui se trouvent dans l'*Archivio storico* de MURATORI et ailleurs.

[3] *Storia fiorentina,* publ. par F. L. POLIDORI, Florence, 1838.

[4] *De viris illustribus,* dans les écrits de la Société littéraire de Stuttgart, n° 1, Stuttgart, 1839. Comp. G. VOIGT, II, p. 324 Sur les soixante-cinq biographies, il s'en est perdu vingt et une.

avec des couleurs et des traits particuliers. A Jacques de Volterra nous devons de piquants portraits de la curie romaine [1] à l'époque de Sixte IV. Il a été souvent déjà question de Vespasiano Fiorentino ; comme source historique, il vient en première ligne, mais son talent à peindre les caractères s'efface devant celui d'un Machiavel, d'un Niccolo Valori, d'un Guichardin, d'un Varchi, d'un Francesco Vettori, etc., qui ont peut-être contribué autant que les anciens à faire rentrer les historiens modernes dans cette voie. En effet, il ne faut pas oublier que plusieurs de ces auteurs se sont répandus de bonne heure dans le Nord, grâce à des traductions latines. De même, sans Georges Vasari d'Arezzo et son ouvrage si important, il n'y aurait pas encore d'histoire des arts dans le Nord et dans l'Europe moderne en général [2].

Parmi les Italiens du Nord, Barthélemy Fazio (de Spezzia) occupe une place importante dans l'histoire du quinzième siècle (voir plus haut t. I, p. 363-366). Platina, originaire du pays de Crémone, représente déjà dans sa « Vie de Paul II » (t. I, p. 285) la caricature biographique. Mais un ouvrage d'une importance particulière, c'est la biographie du dernier Visconti [3], par Piercandido Decembrio, imitation en grand de Suétone. Sismondi regrette que l'auteur ait dépensé tant de peine pour un pareil

---

[1] Son *Diarium Romanum* de 1472-1484 se trouve dans MURAT., XXIII, p. 81-202.

[2] Citons aussi *De illustratione urbis Florentiæ libri tres*, Paris, 1583, *Ugolini verini poetæ Florentini* (contemporain de Laurent, disciple de Landinus, fol. 13, et maître de Petrus Crinitus, fol. 14.) Le deuxième livre mérite surtout d'être mentionné. Dante, Pétrarque, Boccace sont nommés et caractérisés sans épithète fâcheuse; l'auteur cite aussi quelques femmes. Fol. 11.

[3] *Petri Candidi Decembrii Vita Philippi Mariæ Vicecomitis*, dans MURAT., XX. Comp. plus haut t. I, p. 47, et note 1, même page.

objet; mais peut-être serait-il resté au-dessous de sa tâche s'il avait eu à peindre une plus grande figure, tandis qu'il suffit largement à décrire le caractère mêlé de Philippe-Marie et qu'il s'entend à exposer avec une rare précision les formes et les conséquences d'un genre de tyrannie déterminé. L'image du quinzième siècle serait incomplète sans cette biographie unique dans son genre, qui est caractéristique jusque dans les détails les plus minutieux. — Plus tard Milan possède dans l'historien Corio un peintre de portraits remarquable ; ensuite vient Paul Jove de Côme, dont les grandes Biographies et les petits Éloges ont une réputation universelle et ont servi de modèles aux écrivains de tous les pays. Il est facile de constater dans maint passage la légèreté de Paul Jove, souvent même, moins fréquemment cependant qu'on ne le suppose, sa mauvaise foi; du reste, il ne faut pas chercher dans un homme comme lui une pensée vraiment sérieuse et élevée. Mais l'âme de son siècle respire dans son livre; son Léon, son Alphonse, son Pompée Colonna vivent et se meuvent devant nous; ils sont la réalité même, bien que l'auteur ne nous fasse pas pénétrer dans les profondeurs de leur être.

Parmi les Napolitains, Tristan Caracciolo (t. I, p. 44, note 1) occupe sans contredit le premier rang, autant que nous pouvons en juger, bien qu'il ne prétende pas être un biographe dans le sens rigoureux du mot. Chez les personnages qu'il décrit, les crimes volontaires et la fatalité se mêlent d'une manière bizarre; on pourrait l'appeler un tragique inconscient. La véritable tragédie, qui ne trouvait alors point de place sur la scène, se déroulait, solennelle et terrible, dans les palais, dans les rues, sur les places publiques. — Les « Dits et faits

d'Alphonse le Grand », par Antonio Panormita [1], écrits
du vivant du Roi et, à cause de cela même, plus empreints
de flatterie et d'admiration que l'histoire ne le comporte,
sont remarquables en ce qu'ils constituent un des premiers recueils d'anecdotes et de propos sérieux aussi
bien que plaisants.

Le reste de l'Europe ne suivit que lentement les auteurs
italiens en ce qui concerne la peinture des caractères [2],
bien que les grands mouvements politiques et religieux
eussent brisé bien des entraves et éveillé des milliers
d'individus à la vie intellectuelle. Ce sont encore des
Italiens, littérateurs aussi bien que diplomates, qui nous
font le mieux connaître les personnalités les plus mar-
quantes du monde européen d'alors. Comme de nos jours,
les rapports des ambassadeurs de Venise du seizième et
du dix-septième siècle ont vite conquis la première place
dans le domaine de la peinture des personnes [3].

Chez les Italiens, l'autobiographie elle-même étend parfois son vol et descend dans les profondeurs de l'individu ; à côté des mille faits de la vie extérieure, elle décrit
d'une manière saisissante les phénomènes moraux, tandis
que chez d'autres nations, même chez les Allemands du
temps de la Réforme, elle se borne à consigner les faits

[1] Voir plus haut, t. I, p. 277, et note 1, même page.

[2] Sur Commines, voir plus haut, t. I, p. 121, et note 3, même page.
Tandis que Commines, ainsi qu'on l'indique dans ce passage, doit
en partie à l'influence italienne sa faculté de juger d'une manière
objective, les humanistes et les hommes d'État allemands, bien
qu'ayant souvent séjourné plusieurs années en Italie, bien qu'ayant
cultivé avec ardeur et parfois avec beaucoup de succès les études
classiques, n'ont guère ou point appris à peindre les caractères et
à réussir dans le genre biographique. Au quinzième siècle et souvent encore dans la première partie du seizième, les relations de
voyages, les biographies, les études historiques des historiens
allemands ne sont que de sèches énumérations ou des déclamations pompeuses et vides.

[3] Comp. plus haut, p. 121 ss.

matériels et ne laisse deviner l'âme du personnage que par la manière de les présenter [1]. On dirait que la *Vita nuova* de Dante, avec son implacable vérité, ait ouvert à la nation cette voie nouvelle.

Les premiers travaux de ce genre sont des histoires de familles italiennes du quatorzième et du quinzième siècle, qui se trouvent, dit-on, en assez grand nombre dans les bibliothèques de Florence; ce sont des biographies naïves, écrites dans l'intérêt de la famille et de l'auteur, comme, par exemple, celle de Buonaccorso Pitti.

Il ne faut pas chercher dans les commentaires de Pie II une critique profonde; ce que ces mémoires nous apprennent de l'homme lui-même se borne, même à première vue, à l'exposé de la manière dont il a fait sa carrière. Mais, en y réfléchissant, on jugera plus favorablement ce livre remarquable. Il y a des hommes qui reflètent, pour ainsi dire, ce qui les entoure; c'est être injuste à leur égard que de s'obstiner à vouloir connaître leurs convictions, leurs luttes intérieures et les secrets de leur être moral. C'est ainsi que Sylvius Ænéas est entièrement dominé par les faits matériels, sans se préoccuper des dissonances morales dont sa vie est pleine; de ce côté-là il était largement couvert par son orthodoxie. Et après avoir vécu au milieu de toutes les questions intellectuelles que son siècle a agitées, après avoir contribué lui-même aux progrès de l'esprit humain, il garde pourtant à la fin de sa carrière assez de tempé-

---

[1] Il y a pourtant des exceptions : des lettres d'U. de Hutten, qui contiennent des fragments autobiographiques, des chapitres de la chronique de Barthélemy Sastrow et de Jean Kessler Sabbata nous initient parfaitement aux luttes intérieures des personnages qui parlent, luttes qui sans doute n'ont pas un caractère humain en général, mais qui sont particulièrement religieuses et qui ont pour objet la Réforme.

rament pour organiser une croisade contre les Turcs et pour mourir de chagrin en voyant avorter cette entreprise.

L'autobiographie de Benvenuto Cellini ne vise non plus à l'étude de l'être moral. Néanmoins elle pein. l'homme tout entier, presque malgré l'auteur, avec une vérité saisissante. C'est assurément un fait considérable que Benvenuto, dont les travaux les plus importants sont restés à l'état d'ébauche et ont péri, qui ne se révèle comme artiste accompli que dans le genre décoratif, et qui reste inférieur à tant de ses contemporains si on le juge d'après ceux de ses ouvrages qui sont parvenus jusqu'à nous; que Benvenuto, dis-je, soit destiné, comme homme, à occuper les hommes jusqu'à la fin du monde. Le lecteur a beau se douter à chaque instant qu'il a menti ou qu'il s'est vanté, qu'importe? L'impression que produit cette nature violente, énergique et complète, fait oublier tout le reste. A côté de lui, nos autobiographes du Nord, par exemple, malgré la supériorité morale qu'ils ont parfois sur lui, paraissent faibles et incomplets. Benvenuto est un homme qui peut tout, qui ose tout et qui ne porte sa mesure qu'en lui-même [1].

Nous avons encore à nommer ici un autre écrivain qui paraît n'avoir pas non plus été toujours très-fidèle à la vérité : c'est Girolamo Cardano de Milan (né en 1500). Son petit livre *De propria vita* [2] vivra plus longtemps que la grande réputation qu'il s'est faite dans l'histoire des sciences naturelles et de la philosophie, de même que la

---

[1] Parmi les autobiographies du Nord on pourra peut-être comparer surtout celle d'Agrippa d'Aubigné (sans doute postérieure de beaucoup), s'il s'agit de l'individualité complète et vivante.

[2] Composé par l'auteur dans un âge avancé, vers 1576. — Sur Cardano considéré comme chercheur et auteur de découvertes, comp. LIBRI, *Hist. des sciences mathém.*, III, p. 167 ss.

Vita de Benvenuto survivra à ses œuvres, bien que la valeur de l'ouvrage de Cardano soit tout autre. Cardano s'étudie en médecin et décrit sa personnalité physique, intellectuelle et morale, en exposant les conditions dans lesquelles elle s'est développée, et il le fait avec toute la sincérité et toute la vérité objective dont il est capable. Il a pu surpasser à cet égard le modèle qu'il a choisi, les Monologues de Marc-Aurèle, parce qu'il n'était pas gêné par les préceptes de la philosophie stoïcienne. Il ne prétend ni se ménager lui-même ni ménager le monde; n'a-t-il pas vu le jour après une inutile tentative d'avortement faite par sa mère? Il se borne à attribuer aux astres qui ont présidé à sa naissance sa destinée et ses qualités intellectuelles; il faut lui savoir gré de ne pas les avoir rendus responsables de ses qualités morales; il avoue sans détour (chap. x) que l'idée qu'il ne vivrait pas au delà de quarante ans, de quarante-cinq ans au plus, idée basée sur des opérations d'astrologie, lui a fait beaucoup de tort dans sa jeunesse. Nous ne pouvons pas donner ici des extraits d'un livre aussi répandu, qui se trouve dans toutes les bibliothèques. Celui qui en commencera la lecture ira jusqu'au bout. Sans doute Cardano confesse qu'il a été malhonnête au jeu, vindicatif, inaccessible au repentir, médisant, diffamateur; il avoue tout cela sans effronterie, mais aussi sans regret, sans vouloir se rendre intéressant par cet aveu, avec la sincérité brutale du naturaliste. Ce qu'il y a de plus extraordinaire, c'est qu'à soixante-seize ans, après tous les événements douloureux et terribles qu'il a traversés [1], plein de défiance à l'égard des hommes, il n'en

---

[1] P. ex. l'exécution de son fils aîné, qui avait empoisonné sa femme coupable d'adultère. Chap. xxvii, p. 50.

jouit pas moins d'un bonheur relatif : il a encore un petit-fils ; il possède encore sa vaste science ; il jouit de la gloire qu'il doit à ses ouvrages, d'une belle fortune, d'un rang considérable, de l'estime publique ; il a des amis puissants, connaît des secrets importants, et, ce qui vaut mieux que tout, il croit en Dieu. Après avoir énuméré ces causes de bonheur, il compte les dents qui lui restent, et il en trouve encore quinze.

Mais lorsque Cardano écrivait, les inquisiteurs et les Espagnols travaillaient déjà, en Italie comme ailleurs, à empêcher le développement de personnalités comme celle de Cardano ou à faire disparaître les hommes de ce genre. De là jusqu'aux mémoires d'Alfieri, il y a un pas immense à franchir.

Quoi qu'il en soit, il serait injuste de clore cette revue rapide d'autobiographes sans laisser la parole à un homme aussi estimable qu'heureux. Nous voulons parler du philosophe bien connu, Luigi Cornaro, dont la demeure à Padoue était classique, même sous le rapport de l'architecture, et servait en même temps d'asile à toutes les muses. Dans son célèbre traité *De la médiocrité* [1], il décrit d'abord le régime sévère par lequel il a réussi, après avoir été longtemps maladif, à raffermir sa santé et à atteindre l'âge de quatre-vingt-trois ans qu'il avait au moment où il écrivait son livre ; ensuite il répond à ceux qui appellent des morts vivants les gens qui ont dépassé soixante-cinq ans ; il leur prouve qu'il est bien vivant et qu'il n'y a rien dans son existence qui rappelle la mort. « Qu'ils viennent, dit-il, qu'ils me voient, qu'ils admirent ma verdeur : je monte à cheval sans l'aide

---

[1] *Discorsi della vita sobria*, se composant du *Trattato* proprement dit, d'un *Compendio*, d'une *Esortazione* et d'une *Lettera* à Daniel Barbaro. — Souvent réimprimé.

de personne, je monte en courant les escaliers et les collines; je suis content, ma gaieté est communicative, je n'ai point de soucis, point de tristes pensées. La joie, le calme ne m'abandonnent jamais... Je fréquente des gens sages, instruits, distingués, de condition honorable, et, quand ces personnes ne sont pas chez moi, je lis ou j'écris, et je cherche de cette manière comme de toute autre à être utile à mes semblables. Je fais chacune de ces choses en son temps, à mon aise, dans ma belle maison de Padoue si admirablement située, protégée par l'art contre les ardeurs de l'été et les rigueurs de l'hiver, ornée de jardins arrosés par une eau courante. Au printemps et en automne, je me retire pour quelques jours sur une colline, où j'ai la plus belle vue des Euganées, avec des fontaines, des jardins et une demeure élégante et commode; à l'occasion je prends part à une chasse agréable et facile, telle que mon âge la comporte Ensuite je vais passer quelque temps dans ma belle villa de la plaine [1]; là, tous les chemins viennent aboutir à une place au milieu de laquelle s'élève une église; un bras considérable de la Brenta traverse de riches plantations, des champs fertiles et bien cultivés; une population nombreuse habite ce pays, qui n'était autrefois qu'un marécage malsain, et qui semblait fait pour être la demeure des reptiles plutôt que des hommes. C'est moi qui ai fait écouler les eaux; alors l'air s'est purifié, les habitants sont venus et se sont multipliés; partout se sont élevées des maisons; aussi puis-je dire en toute sincérité que j'ai donné à Dieu un autel et un temple, et des âmes pour l'adorer. C'est là ma consolation et mon bonheur chaque fois que j'y viens. Au printemps et en

---

[1] Est-ce bien la villa de Codevico dont il est question p. 39?

automne je vais visiter les villes voisines; j'y vois mes amis, je cause avec eux, ils me font faire la connaissance d'autres personnes distinguées, telles que des architectes, des peintres, des sculpteurs, des musiciens et des agronomes. J'admire leurs créations nouvelles, je revois ce que je connaissais déjà, et je continue ainsi d'apprendre des choses utiles; les palais, les jardins, les antiquités, les villes, les églises, les travaux de fortification, tout concourt à m'instruire. Mais ce qui surtout m'enchante quand je suis en voyage, c'est la beauté des sites et des endroits que je traverse et que je vois tantôt dans la plaine, tantôt sur des hauteurs, baignés par des rivières ou par des ruisseaux, ornés de maisons de campagne et de jardins. Mes jouissances restent entières, car j'ai conservé, Dieu merci, le plein usage de tous mes sens; mon goût lui-même n'a pas souffert de l'âge : aujourd'hui les aliments simples et modestes dont je me contente, ont plus de saveur pour moi que les mets friands qu'il fallait autrefois à ma sensualité. »

Après avoir rappelé les travaux de desséchement qu'il a entrepris pour la république et les projets qu'il n'a cessé de proposer pour la conservation des lagunes, il termine ainsi : « Voilà les véritables récréations d'une vieillesse à laquelle Dieu a épargné les maladies et qui ne connaît pas ces souffrances physiques et morales auxquelles succombent tant d'hommes plus jeunes que moi et tant d'autres qui ont mon âge. Et s'il est permis de mêler le plaisant au sérieux, je dirai que si dans ma quatre-vingt-troisième année j'ai pu écrire une comédie très-amusante, qui fait rire sans blesser la bienséance, c'est encore à ma modération en toutes choses que je le dois. D'ordinaire c'est la jeunesse qui fait des comédies, tandis que la tragédie est plutôt l'affaire de l'âge mûr et de la vieillesse; or, si l'on fait un mérite à certain Grec célèbre d'avoir encore écrit une tragédie dans sa soixante-treizième année, ne faut-il pas que je me porte mieux et que j'aie l'esprit plus libre, avec mes dix ans de plus que lui? — Et pour qu'il ne manque à ma vieillesse aucune consolation, je vois devant mes yeux une sorte d'immortalité tangible sous la forme de mes descendants. Quand je rentre chez moi, je trouve, non pas un ou deux petits-fils, mais onze, qui ont de deux à dix-huit ans, sont tous nés du même père et de la même mère, ont tous une santé excellente et (autant qu'on en peut juger jusqu'à présent) sont tous bien doués, ayant l'amour de l'étude et l'instinct de l'honnêteté. J'ai toujours avec moi un des plus petits; c'est mon bouffon (*buffoncello*), car on sait que, de trois à cinq ans, les enfants sont des bouffons de naissance; quant aux grands, je les traite déjà en amis, en compagnons; comme ils ont de fort belles voix et du goût pour la musique, j'ai du plaisir à les entendre chanter et jouer de plusieurs instruments; moi-même je chante aussi, et j'ai la voix plus claire et plus forte que jamais. Voilà quelles sont les joies de ma vieillesse. Ma vie est donc bien vivante, elle n'est pas une mort anticipée; aussi je n'échangerais pas mon grand âge contre la jeunesse d'un homme dévoré par les passions. »

Dans l'*Exhortation* que Cornaro, alors âgé de quatre-vingt-quinze ans, ajoute à son livre, il compte au nombre des éléments de son bonheur la satisfaction d'avoir fait beaucoup de prosélytes par son traité. Il mourut à Padoue en 1565, âgé de plus de cent ans.

CHAPITRE VI

PEUPLES ET VILLES

A côté de la peinture des individus se forme aussi
l'art de juger et de peindre des populations entières.
Pendant le moyen âge on avait vu dans tout l'Occident
des villes, des races et des peuples se poursuivre réciproquement de moqueries et de plaisanteries qui ren-
fermaient généralement un grain de vérité caché sous une
forte dose d'exagération. Mais ce sont les Italiens qui de
tout temps se sont distingués par leur talent à saisir les
différences qui, sous le rapport intellectuel, existaient
entre leurs villes et leurs provinces; leur patriotisme
local, qui était aussi grand ou plus grand que chez
n'importe quel peuple du moyen âge, a eu de bonne
heure un côté littéraire; de bonne heure aussi il s'est
rattaché à l'idée de la gloire; la topographie naît comme
un parallèle de la biographie (t. I, p. 184). Pendant
que chaque ville importante commençait à célébrer son
passé en prose et en vers[1], on vit aussi surgir des écri-

---

[1] C'est ce qui eut lieu parfois de très-bonne heure; on en voit
un exemple dans les villes lombardes dès le douzième siècle.
Comp. *Landulfus senior, Ricobaldus* et (dans MURAT., X) le remarquable anonyme *De Laudibus Papiæ*, du quatorzième siècle. —
Ensuite (dans MURAT., I, 6) *Liber de situ urbis Mediol.* Quelques citations et remarques sur certaines histoires locales de l'Italie d'alors
se trouvent dans O. LORENZ, *Sources de l'histoire de l'Allemagne au
moyen âge depuis le treizième siècle*, Berlin, 1877, II, p. 243 ss.; pour-

vains qui décrivirent sérieusement ou persiflèrent avec esprit toutes les villes et toutes les populations considérables, ou qui en parlèrent de telle sorte que le sérieux et la plaisanterie ne sont séparés que par des nuances.

Il faut mentionner d'abord Brunetto Latini. Outre son pays, il connaît aussi la France pour y avoir séjourné pendant sept ans; il expose longuement les différences caractéristiques qui existent entre Français et Italiens au point de vue des habitations et de la manière de vivre, et fait ressortir le contraste du gouvernement monarchique de la France avec la constitution républicaine des villes de l'Italie[1]. Après quelques passages célèbres de la *Divine Comédie,* il faut rappeler le *Dittamondo* d'Uberti (vers 1360). Cet écrivain se borne à citer des phénomènes curieux et des faits extraordinaires : c'est ainsi qu'il parle de la fête des corneilles qui se célébrait à Saint-Apollinaire dans le pays de Ravenne, des fontaines de Trévise, de la grande cave creusée près de Vicence, des droits élevés qu'on payait à Mantoue, de la forêt de tours qu'on voyait à Lucques. Pourtant son livre contient aussi de temps en temps des éloges et des critiques intéressantes d'un autre genre: Arezzo y figure déjà avec l'esprit subtil de ses enfants, Gênes avec les yeux et les dents de ses femmes (?) noircis par des procédés artificiels, Bologne avec son amour de la dépense, Bergame avec le dialecte grossier et l'intelligence de ses habitants, etc.[2]. Puis, au quinzième siècle, chacun vante sa patrie au détri-

---

tant cet auteur renonce formellement à traiter lui-même la question.

[1] *Li Tresors,* éd. Chabaille, Paris, 1863, p. 179-180. Comp *ibid.,* p. 577 (liv. III, chap. I, p. 2).

[2] Sur Paris, que l'Italien plaçait alors plus haut dans son estime que cent ans plus tard, voir *Dittamondo,* IV, cap. xviii. Pétrarque fait aussi ressortir dans les *Invectivæ contra Gallum* le contraste qui existe entre la France et l'Italie.

ment d'autres villes. C'est ainsi que Michel Savonarole
ne reconnaît que deux villes plus belles que Padoue, sa
patrie : ce sont Rome et Venise; Florence n'a qu'une
supériorité sur elle, c'est qu'elle est plus gaie[1]. Juger
ainsi, c'était sacrifier assez légèrement la vérité objective. A la fin du siècle, Jovianus Pontanus décrit dans
son *Antonius* un voyage imaginaire à travers l'Italie,
uniquement pour avoir l'occasion de faire des remarques
méchantes. Mais avec le seizième siècle s'ouvre une série
de descriptions fidèles et sérieuses[2], qui surpassent tout
ce que les autres peuples possédaient dans ce genre.
Machiavel expose dans quelques travaux précieux le
caractère et l'état politique des Allemands et des Français; aussi l'homme du Nord qui connaît l'histoire de
son pays saura-t-il gré au sage Florentin d'avoir répandu
la lumière sur ces intéressantes questions. D'autre part,
les Florentins aiment à se peindre eux-mêmes[3], à se
complaire dans l'éclat de cette gloire intellectuelle qu'ils
ont si bien méritée; peut-être leur amour-propre ne va-
t-il jamais plus loin que lorsqu'ils font dériver, par
exemple, la supériorité artistique de la Toscane sur
le reste de l'Italie, non pas d'un certain génie naturel,
mais du travail et de l'étude[4]. Ils acceptaient sans doute

---

[1] SAVONAROLA, dans MURAT., XXIV, col. 1186. Voir plus haut,
t. I, p. 184. — Sur Venise, voir plus haut, t. I, p. 79 et 80. La plus
ancienne description de Rome, faite par Signorili (manuscrite),
date du pontificat de Martin V (1417); comp. GREGOROVIUS, VII,
569; la plus ancienne description qui ait été faite par un Allemand est celle de H. Muffel (au milieu du quinzième siècle); elle
a été publiée par W. VOGT. Tubingen, 1876.

[2] Le caractère méfiant et curieux des remuants Bergamasques
a été très-agréablement décrit par BANDELLO, parte I, nov. 34.

[3] C'est ce que fait Varchi, dans le livre IX des *Storie Fiorentine*
(vol. III, p. 56 ss.).

[4] VASARI, XII, p. 158, *Vita di Michelangelo,* au commencement.
D'autres fois pourtant on dit hautement que la nature a tout fait,

comme un tribut légitime les hommages d'Italiens célèbres d'autres contrées, comme, par exemple, le magnifique seizième chant de l'Arioste.

Une excellente peinture des Italiens au point de vue du travail et du caractère, peinture un peu superficielle et trop flatteuse pour les Lucquois, à l'un desquels l'auteur avait dédié son livre, c'est celle qu'a faite Ortensio Landi; disons toutefois qu'il aime tant à s'envelopper de mystère et à garder sa liberté d'imagination en dépit de l'histoire, qu'il ne faut admettre qu'avec précaution et après mûr examen ses assertions en apparence les plus sérieuses[1]. Environ dix ans plus tard, le même Landi a publié un *Commentario*[2] qui, parmi beaucoup d'absurdités, renferme aussi bien des indications précieuses sur le triste état de décadence de l'Italie au milieu du siècle[3]. Léandre Alberti[4] n'est pas, dans la description des différentes villes, aussi complet qu'on devrait s'y attendre.

Quelle influence cette étude comparée des populations a-t-elle eue sur d'autres nations, surtout grâce à l'humanisme italien? C'est une question que nous ne sommes pas à même d'éclaircir. En tout cas, sous ce rapport comme sous celui de la cosmographie, c'est encore à l'Italie qu'appartient la priorité.

témoin le sonnet d'Alphonso de' Pazzi au non-Toscan Annibal Caro (dans TRUCCHI, I, c. III, p. 187) :

> Misero il Varchi! e più infelici noi,
> Se a vostri virtudi accidentali
> Aggiunto fosse 'l natural, ch'è in noi!

[1] Voir à l'appendice n° 2.
[2] Voir à l'appendice n° 3.
[3] *Descrizione di tutta l'Italia.*
[4] On trouve fréquemment des énumérations plaisantes de villes, par ex. dans la *Macaronéide, Phantas.* II. Pour la France, c'est Rabelais qui a connu la *Macaronéide,* qui est la grande source de plaisanteries, d'allusions et de malices locales et provinciales.

CHAPITRE VII

PEINTURE DE L'HOMME EXTÉRIEUR

La découverte de l'homme ne s'arrête pas à la peinture des individus et des peuples considérés au point de vue intellectuel; même l'homme extérieur est étudié en Italie d'une tout autre façon que dans le Nord [1]

Nous ne nous aventurerons pas à parler du rapport de la science des grands médecins italiens avec les progrès de la physiologie; du reste, l'étude savante et approfondie du corps humain forme une question étrangère à notre cadre et qui rentre dans le domaine de l'histoire de l'art. Toutefois, nous devons parler ici de l'éducation générale de la vue, qui rendait possible en Italie un jugement objectif, irrécusable, sur la beauté et la laideur physiques.

Tout d'abord on sera étonné, à la lecture attentive des auteurs italiens d'alors, de l'exactitude, de la précision avec laquelle ils reproduisent les traits extérieurs, et du caractère complet que présentent chez eux bien des portraits [2]. Encore aujourd'hui, les Romains ont l'heu-

---

[1] Sans doute on voit souvent des littératures en décadence rechercher curieusement l'exactitude la plus parfaite dans les descriptions. Comp. p. ex. dans Sidoine Apollinaire le portrait d'un roi wisigoth (*Épist.*, I, 2), celui d'un ennemi personnel (*Épist.*, III, 13) ou, dans ses poëmes, les types des différentes peuplades germaniques.

[2] Sur Philippe VILLANI, comp. p. 60 et note 1, même page.

reux don de savoir en trois mots peindre un homme. Ce talent de saisir d'un coup d'œil les traits caractéristiques d'un individu est une condition essentielle de la connaissance du beau et de la faculté de le décrire. Sans doute, chez les poëtes l'abondance des détails dans une description peut être un défaut, attendu qu'un trait unique, inspiré par la passion, donnera au lecteur une idée bien plus nette et plus forte de l'objet à dépeindre. Nulle part Dante n'a fait un plus magnifique éloge de sa Béatrice, que lorsqu'il se contente de peindre le reflet qui s'échappe d'elle et qui rayonne, pour ainsi dire, sur tout ce qui l'entoure. Mais il s'agit ici moins de la poésie, qui poursuit son but particulier, que de la faculté de peindre par des mots la beauté matérielle aussi bien que la beauté idéale.

Ici Boccace se distingue entre tous, non pas dans le *Décaméron,* attendu que la nouvelle interdit les longues descriptions, mais dans ses romans, où le temps et l'espace ne lui manquent pas. Dans son *Ameto,* il décrit [1] une blonde et une brune à peu près comme un peintre les aurait peintes cent ans plus tard, — car ici encore la culture précède l'art de beaucoup. Chez la brune (ou plutôt la moins blonde), apparaissent déjà quelques traits que nous appellerions classiques : ses mots « *la spaziosa testa e distesa* » nous font deviner des formes qui dépassent ce que nous nommons mignon; les sourcils ne forment plus deux arcs comme dans l'idéal des Byzantins, mais une ligne presque continue; le nez est à peu près aquilin [2]; la poitrine large, les bras d'une

---

[1] *Parnasso teatrale,* Lipsia, 1829, Introd., p. **VII.**

[2] Le texte est évidemment altéré. Le passage est ainsi conçu (*Ameto,* Venezia, 1586, p. 54) : *Del mezo de' quali non camuso naso in linea diritta discende, quanto ad aquilineo non essere dimanda il dovere.*

longueur raisonnable, l'effet d'une belle main posée sur un vêtement de pourpre, tous ces traits annoncent une manière nouvelle de concevoir le beau, une tendance inconsciente vers l'idéal de l'antiquité classique. Dans d'autres descriptions Boccace parle d'un front uni (non bombé comme au moyen âge), d'yeux bruns fendus en amande, ayant une expression sérieuse, d'un cou rond et plein ; il n'oublie pas le « petit pied » d'origine toute moderne, et à une nymphe aux cheveux noirs il donne déjà « deux yeux vifs et fripons [1] », etc.

Je ne sais pas si le quinzième siècle a laissé des documents écrits sur son idéal de beauté ; malgré les œuvres des peintres et des sculpteurs, il serait plus utile qu'on ne le dirait au premier abord d'avoir une théorie de l'idéal à cette époque [2], car il se pourrait bien qu'en face du réalisme des artistes, les écrivains eussent établi des lois particulières à cet égard. Au seizième siècle apparaît Firenzuola avec son remarquable écrit sur la beauté féminine [3]. Il faut avant tout distinguer ce qu'il a appris d'auteurs et d'artistes de l'antiquité, comme les proportions du corps calculées d'après la longueur de la tête, certaines idées abstraites, etc. Ce qui reste est le produit de ses observations personnelles, qu'il appuie d'exemples

---

[1] *Due occhi ladri nel loro movimento.* Tout le livre est plein de descriptions de ce genre.

[2] Le très-beau recueil de chants de Giusto de' Conti : *La bella mano* (souvent réimprimé ; la meilleure édition est celle de Florence, 1715), ne donne pas même sur cette main célèbre de sa bien-aimée autant de détails que Boccace en donne dans dix endroits de son *Ameto* sur les mains de ses nymphes.

[3] *Della bellezza delle donne,* dans le tome I des *Opere di Firenzuola,* Milano. 1802. — Pour ses idées sur la beauté corporelle comme indice de la beauté de l'âme, comp. vol. II, p. 48 à 52, dans les *Ragionamenti* qui précèdent ses nouvelles. — Parmi les nombreux auteurs qui, suivant en partie l'exemple des anciens, soutiennent cette idée, nous ne nommerons plus que CASTIGLIONE, *il Cortigiano,* l. IV, fol. 176.

qui lui sont fournis par des femmes et des jeunes filles
de Prato. Comme son opuscule est, pour ainsi dire, la
reproduction d'un cours qu'il fait en présence de la
population féminine de Prato, par conséquent devant
le plus sévère des tribunaux, il faut bien qu'il ait été
fidèle à la vérité. Son principe, il le reconnaît, est celui
de Zeuxis et de Lucien : il réunit des beautés de détail
pour en former la beauté par excellence. Il raisonne et
définit l'effet des couleurs de la peau et des cheveux ; il
donne la préférence au *biondo* comme étant la reine des
couleurs [1]; seulement il entend par là une nuance dorée
qui tire sur le brun. D'autre part, il veut que les cheveux soient épais, bouclés et longs, que le front soit pur
et deux fois aussi large que haut, la peau brillante (*can-
dido*), et non mate (*bianchezza*), les sourcils foncés, soyeux,
plus fournis au milieu qu'aux extrémités, qu'ils aillent
en diminuant vers l'oreille et vers le nez, que le blanc
de l'œil ait une teinte bleuâtre, que l'iris ne soit pas tout
à fait noir, bien que tous les poëtes proclament *occhi
neri* un don de Vénus; le bleu de ciel n'a-t-il pas été
la couleur des yeux de certaines déesses, et tout le monde
n'aime-t-il pas la douce expression d'un œil brun foncé?
L'œil lui-même doit être grand et légèrement saillant; les
plus belles paupières sont celles qui sont blanches avec de
petites veines rouges à peine visibles; les cils ne doivent
être ni trop épais, ni trop longs, ni trop foncés. Il faut
que l'orbite ait la couleur de la joue [2]. L'oreille, de

---

[1] Tout le monde était d'accord là-dessus, non pas seulement les
peintres, qui avaient pour cela des raisons de coloris. Comp.
aussi plus bas.

[2] A ce propos parlons des yeux de Lucrèce Borgia, d'après les
distiques d'un poëte de cour ferrarais, Hercule Strozzia. (STROZZII,
Poetæ, fol. 85, 88.) La puissance de son regard est caractérisée
d'une manière qui ne peut s'expliquer qu'à une époque où fleu-

grandeur moyenne, ferme et bien attachée, doit être plus colorée dans les parties proéminentes que dans les parties plates; le bord doit être transparent et d'un rouge brillant comme un grain de grenade [1]. Sur la joue le rouge doit devenir plus vif à mesure que la convexité s'accuse davantage. Le nez, qui contribue surtout à faire la beauté du profil, doit diminuer dans le haut par une dégradation douce et insensible; à l'endroit où finit le cartilage, il peut y avoir une petite proéminence, pas assez forte cependant pour qu'il en résulte un de ces nez aquilins qui déplaisent chez les femmes; la partie inférieure doit être moins colorée que les oreilles, mais il ne faut pas qu'elle soit d'une blancheur mate; la paroi du milieu, qui se trouve au-dessus des lèvres, doit avoir

rissent les arts, et dont on ne voudrait plus aujourd'hui. L'auteur dit que cet œil tantôt embrase, tantôt pétrifie. Celui qui regarde longtemps le soleil devient aveugle; celui qui regardait Méduse était changé en pierre; mais celui qui regarde le visage de Lucrèce

> Fit primo intuitu cæcus et inde lapis.

Même le Cupidon de marbre qui dort dans les salles de son palais a été pétrifié par son regard, dit le poëte :

> Lumine Borgiados saxificatus Amor.

On ne peut discuter que sur la question de savoir s'il est question du prétendu Cupidon de Praxitèle ou de celui de Michel-Ange, attendu qu'elle possédait les deux.

Le même regard semblait à un autre poëte, Marcello Filosseno, tout empreint de douceur et de fierté, *mansueto e altero*. (ROSCOE, *Leone X*, ed. BOSSI, VII, p. 306.)

Des comparaisons avec des figures idéales de l'antiquité sont fréquentes à cette époque. (T. I, p. 30 ss., 228.) Dans l'*Orlandino*, (II, str. 47), l'auteur dit d'un petit garçon de dix ans qu'il a une tête antique, *ed ha capo romano*.

[1] Comme l'aspect des tempes peut être modifié par l'arrangement des cheveux, F. se permet à ce propos une sortie comique contre la présence d'un trop grand nombre de fleurs dans les cheveux, ce qui donne au visage « l'air d'un pot d'œillets ou d'un quartier de chevreau à la broche ». En général, il s'entend fort bien à la caricature.

une légère carnation. L'auteur veut que la bouche soit plutôt petite que grande, que les lèvres ne soient pas trop minces, et que la commissure en soit gracieuse; quand on les desserre par hasard (c'est-à-dire sans rire ou sans parler), il ne faut pas qu'on voie plus de six dents de la mâchoire supérieure. Des détails particulièrement jolis sont : la fossette de la lèvre supérieure, un léger renflement de la lèvre inférieure, un aimable sourire qui se dessine au coin de la bouche, à gauche, etc. Les dents ne doivent pas être trop petites ; il faut qu'elles soient régulières, bien séparées les unes des autres, et qu'elles aient le ton de l'ivoire ; la couleur des gencives ne doit pas être trop foncée et rappeler celle du velours rouge. Le menton doit être rond, ne pas se relever ni se terminer en pointe, et être coloré au point où la proéminence s'accentue; c'est la fossette qui en fait le plus précieux ornement. Que le cou soit blanc, arrondi, plutôt trop long que trop court; que le nœud de la gorge soit simplement indiqué; qu'à tous les mouvements la peau forme de beaux plis. Il demande que les épaules soient larges; à ses yeux la largeur forme même la principale beauté de la poitrine; en outre, il faut qu'on n'y voie pas un os, qu'elle ait des lignes harmonieuses et que, sous le rapport de la couleur, elle soit « *candidissimo* ». La jambe doit être longue, fine dans le bas sans être trop sèche; les mollets doivent être fermes et blancs. Il veut que le pied soit petit, mais non maigre, que le cou-de-pied soit élevé, et que l'ensemble soit blanc comme l'albâtre. Les bras doivent être blancs et avoir une légère carnation aux endroits saillants; il les veut charnus et musculeux, mais cependant doux et lisses comme ceux de Pallas lorsqu'elle était devant le berger du mont Ida; en un mot : fermes et gracieux. Il désire que la main soit blanche, surtout dans sa partie supérieure, mais *grande* et un peu pleine, qu'elle soit douce au toucher comme de la soie, que la paume soit rosée, traversée par des lignes peu nombreuses, mais bien nettes, que ces lignes ne se croisent pas, qu'il n'y ait pas de trop fortes éminences, que la partie comprise entre le pouce et l'index soit vivement colorée, qu'elle ne soit pas défigurée par des rides, que les doigts soient longs, effilés sans être pointus, pourvus d'ongles brillants et rosés, peu bombés, ni trop longs ni trop carrés, qui ne dépassent pas les doigts de plus de la largeur du dos d'un couteau.

A côté de cette esthétique spéciale, l'esthétique générale n'occupe qu'une place secondaire. Les raisons cachées d'après lesquelles l'œil juge « *senza appello* » en matière de beauté, sont un mystère pour Firenzuola lui-même, comme il l'avoue franchement; ainsi que nous l'avons remarqué, ses définitions de *Leggiadria, Grazia, Vaghezza, Venusta, Aria, Maestà,* il les doit à la philologie; on voit qu'il fait de vains efforts pour exprimer ce qui est inexprimable pour lui. Il définit très-joliment le rire, — probablement d'après un auteur de l'antiquité, — un rayonnement de l'âme.

A la fin du moyen âge, toutes les littératures possèdent des ouvrages où l'on a tenté d'établir d'une manière dogmatique les règles de la beauté [1]. Mais aucun de ces livres ne pourrait soutenir la comparaison avec l'opuscule de Firenzuola. Brantôme, par exemple, qui vient plus d'un demi-siècle après lui, est un piètre connaisseur à côté de lui, parce que c'est la sensualité et non le sentiment du beau qui l'inspire.

---

[1] Sur l'idéal de la beauté chez les minnesingers, **voir dans** *Falke* les modes et les costumes allemands, **I, p. 85 ss.**

CHAPITRE VIII

PEINTURE DE LA VIE ACTIVE

La découverte de l'homme aurait été incomplète sans la peinture de la vie active.

Tout le côté comique et satirique des littératures du moyen âge n'avait pu se passer de l'image de la vie ordinaire. Mais c'est tout autre chose quand les Italiens retracent cette image pour elle-même, parce que c'est une fraction du grand tableau de la vie du monde qui les entoure de ses magiques couleurs. Au lieu et à côté de la comédie, cette espèce de satire dramatique qui se déroule dans les maisons, dans les rues, dans les villages, s'égayant aux dépens des bourgeois, des paysans et des prêtres, nous trouvons dans la littérature italienne les débuts de la vraie peinture de genre, bien avant que les peintres s'en occupent. Souvent, il est vrai, on voit encore les deux choses se confondre, mais cela ne les empêche pas d'être distinctes.

Que de faits de la vie commune Dante a-t-il dû observer et étudier avant de pouvoir décrire avec une vérité aussi saisissante les choses de l'autre monde [1]! Les célèbres tableaux de l'activité déployée dans l'arsenal de Venise, des aveugles qui s'appuient les uns contre les

---

[1] Sur l'idée exacte qu'il a de l'espace, comp. p. 7, note 2.

autres aux portes des églises [1], etc., ne sont pas, à beaucoup près, les seules preuves qu'on puisse citer dans ce genre; son talent à peindre l'âme par le geste dénote à lui seul une étude profonde et persévérante de la vie.

Les poëtes qui viennent après lui l'égalent rarement sous ce rapport; quant aux nouvellistes, la grande loi du genre littéraire qu'ils cultivent leur défend rigoureusement de s'arrêter aux détails. (Comp. p. 29, 75 et 76.) Ils peuvent être aussi prolixes qu'ils le veulent dans leurs prologues et dans leurs narrations, mais il leur est interdit de faire des tableaux de genre. Il faut prendre patience jusqu'à ce que les hommes élevés à l'école de l'antiquité aient l'envie et l'occasion de se livrer aux longues descriptions.

Ici encore, nous retrouvons l'homme qui se passionne pour tout : Sylvius Ænéas. Ce n'est pas seulement la beauté d'un paysage, ce ne sont pas seulement les objets intéressants au point de vue cosmographique ou archéologique (t. I, p. 222; t. II, p. 24), mais ce sont encore toutes les scènes vivantes [2] qu'il aime à décrire. Parmi les nombreux passages de ses mémoires où il retrace des faits qui n'auraient guère alors tenté la plume d'un écrivain, nous ne citerons ici que les régates du lac de Bolsena [3]. Il serait difficile de découvrir quels sont les épistolographes ou les narrateurs antiques qui lui ont transmis le goût de ces tableaux si vivants; en général, du reste, les points de contact qui existent entre

---

[1] *Inferno,* XXI, 7. *Purgat.,* XIII, 61.

[2] Il ne faut pas prendre trop au sérieux le fait qu'il avait à sa cour une sorte de merle moqueur, le Florentin Greco, *hominem certe cujusvis mores, naturam, linguam cum maximo omnium qui audiebant risu facile exprimentem.* PLATINA, *Vitæ Pontif.,* p. 310.

[3] PII II *Comment.,* VII, p. 391.

l'antiquité et la Renaissance sont souvent très-délicats et très-difficiles à saisir.

Il convient de rappeler ici les poëmes descriptifs latins dont il a été question plus haut (t. I, p. 325 et 326) : chasses, voyages, cérémonies, etc. Il y a aussi des ouvrages italiens de ce genre, comme, par exemple, les descriptions des célèbres tournois des Médicis par Politien et Luca Pulci [1]. Les poëtes épiques proprement dits, Luigi Pulci, Bojardo et l'Arioste, sont entraînés par leur sujet à suivre une marche plus rapide; pourtant il faut reconnaitre chez tous l'aisance et la précision dans la description de la vie active comme un des principaux éléments de leur supériorité. Franco Sacchetti se donne une fois le plaisir de noter les menus propos d'une société de jolies femmes [2] qui sont surprises dans la forêt par une averse.

C'est plutôt chez les écrivains militaires qu'on trouvera des descriptions de la vie réelle. (Comp. t. I, p. 126.) Un long poëme du quatorzième siècle [3] renferme le

---

[1] Il faut distinguer deux tournois, celui de Laurent, en 1468, et celui de Julien, en 1475 (un troisième en 1481 ?); comp. REUMONT, *Laurent de Médicis*, I, 264 ss., 361, 267, note 1, t. II, p. 55, 67, et les ouvrages qui y sont cités, ouvrages qui terminent la discussion souvent soulevée par ces questions. Sur le premier tournoi, voit le poëme de Luca Pulci dans l'édit. *Ciriffo Calvaneo di Luca Pulci, gentilhuomo fiorentino, con la giostra del Magnifico Lorenzo de Medici*, Florence, 1572, p. 75-91; sur le dernier, voir un poëme inachevé d'Ange Politien, dans l'édition de G. GARDUCCI : *Le Stanze, l'Orfeo e le Rime di M. A. P.* Florence, 1863. Le poëme de Politien s'arrête à la relation du départ de Julien pour le tournoi; Pulci, par contre, fait la description détaillée des combattants et de leur manière de combattre; le portrait de Laurent est surtout remarquable. (P. 82.)

[2] La *Caccia* a été imprimée d'après un manuscrit romain. *Lettere del conte B. Castiglione*, publ. par Pierantonio SERASSI, vol. II (Padua, 1771), p. 269. (Commentaire sur les *Egloge* de Castiglione.)

[3] Voir les « Serventese » de Giannozzo de Florence, dans TRUCCHI, *Poesie italiane inedite*, II, p. 99. Les mots qu'il emploie sont en partie inintelligibles, c'est-à-dire empruntés réellement ou seu-

tableau fidèle d'une bataille de mercenaires, surtout sous la forme d'appels, de commandements et de conversations auxquels donne lieu une action de ce genre.

Ce qu'il y a de plus remarquable dans ce genre, c'est la description de la vie champêtre au naturel, telle qu'on la trouve surtout chez Laurent le Magnifique et chez les poëtes de son entourage.

Depuis Pétrarque [1] il y avait une poésie bucolique toute fausse et conventionnelle, imitée des Églogues de Virgile, que les vers fussent latins ou italiens. Comme genres secondaires parurent le roman pastoral, depuis Boccace (t 1, p. 322) jusqu'à l'*Arcadie* de Sannazar, et plus tard, la bergerie, dans le goût du Tasse et de Guarini, ouvrages écrits en admirable prose ou parfaitement versifiés, mais où la vie pastorale n'est qu'un costume idéal destiné à recouvrir des sentiments qui dérivent d'une tout autre source [2].

Mais à côté de ces œuvres factices nous voyons apparaître, vers la fin du quinzième siècle, la description simple et naturelle de la vie des champs; c'est l'inauguration d'un nouveau genre littéraire qui n'était pos-

lement en apparence aux langues que parlaient les mercenaires étrangers. — La *Description de Florence pendant la peste*, par MACHIAVEL, mérite aussi d'être rappelée ici. Ce sont des tableaux parlants qui retracent les divers épisodes d'une épouvantable calamité.

[1] Dante a fait deux églogues latines, comme Boccace a été le premier à le remarquer (*Vita di Dante*, p. 77). Elles sont adressées à Jean de Virgiliis. Comp. FRATICELLI, *Opp. min. di D.*, vol. 1, 417 ss. Voir aussi le poëme pastoral de Pétrarque dans *P. Carmina minora*, éd. ROSSETTI, I. Comp. L. GEIGER, *Pétr.*, p. 120-122 et 270, note 6, surtout A. HORTIS, *Scritti inediti di F. P.* Trieste, 1874.

[2] Boccace donne déjà dans son *Ameto* (voir plus haut, p. 76) une sorte de *Décaméron* gâté par l'appareil mythologique, où il commet parfois des erreurs de costume assez plaisantes. Une de ses nymphes est bonne catholique, et les prélats de Rome la lorgnent avec complaisance; une autre se marie. Dans le *Ninfale Fiesolano*, la nymphe Mensola, qui est enceinte, consulte une « nymphe vieille et sage », etc.

sible qu'en Italie, parce que là seulement le paysan (aussi bien que le colon propriétaire) avait rang d'homme, qu'il était libre de sa personne, et non attaché à la glèbe, quelque dure que fût parfois sa condition [1]. La différence entre la ville et le village est beaucoup moins profonde que dans le Nord ; une foule de petites villes sont habitées exclusivement par des paysans qui, le soir venu, peuvent se dire citadins. Les migrations des maçons du pays de Côme s'étendirent presque à travers toute l'Italie ; le petit pâtre pouvait quitter ses brebis pour entrer dans une corporation à Florence ; en général, il y avait un courant continu qui entraînait les habitants de la campagne vers les villes, et certaines populations montagnardes semblaient particulièrement faites pour ce genre d'émigration [2]. Sans doute l'infatuation naturelle au citadin fait que les poëtes et les nouvellistes s'égayent aux dépens du *villano* [3], et la comédie improvisée (p. 46, ss.) fait le reste. Mais où trouverait-on un souffle de cette haine de race contre les *vilains,* haine à la fois cruelle et méprisante, qui anime les nobles poëtes provençaux et parfois les chroniqueurs français ? Bien plus [4],

---

[1] Mais, en général, l'aisance des paysans italiens était plus grande alors que celle des paysans de n'importe quel autre pays. Comp. SACCHETTI, nov. 88 et 222 ; L. PULCI, dans la *Beca da Dicomano.* (VILLARI, *Machiavelli,* I, 198, note 2.)

[2] *Nullum est hominum genus aptius urbi,* dit Battista MANTOVANO (*Ecl.,* VIII) des habitants du Monte Baldo et de la Val Sassina, qu'on peut employer à toute espèce de besogne. On sait que certaines populations de la campagne ont encore aujourd'hui dans quelques grandes villes la spécialité de certaines occupations.

[3] Un des passages les plus forts est peut-être celui qui se trouve dans l'*Orlandino,* chap. v, str. 54-58. Même le très-placide Vesp. Bisticci dit quelque part (*Comm. sulla vita di Giov. Mannetti,* p. 96) : *Sono dua ispezie di uomini difficili a sopportare per la loro ignoranza, l'una sono i servi, la seconda i contadini.*

[4] Dans la Lombardie, les gentilshommes ne craignaient pas, au commencement du seizième siècle, de danser, de lutter, de sauter

des auteurs italiens de tout genre se plaisent à reconnaître et à faire ressortir ce qu'il peut y avoir de grand
et de respectable dans la vie du paysan. Jovianus Pontanus raconte [1] avec admiration des traits de force d'âme
empruntés à la vie des sauvages habitants des Abruzzes ;
dans les recueils de biographies comme dans les Nouvelles on retrouve l'héroïque fille des champs [2] qui risque
sa vie pour défendre son honneur ou sa famille [3].

Dans de telles conditions il était possible de poétiser
la vie rustique. Il faut d'abord mentionner les Églogues
de Battista Montovano, qu'on lisait beaucoup autrefois
et qui méritent d'être lues encore aujourd'hui. (C'est un
de ses premiers ouvrages, qu'il a composé lorsqu'il était
encore étudiant, en 1480.) Elles flottent encore entre le
naturel et le conventionnel ; pourtant le naturel prédo-

et de courir avec les villageois. *Il cortigiano*, l. II, fol. 54. — Un
propriétaire qui se console de l'avidité et de la fourberie de ses
fermiers par l'idée qu'on apprend ainsi à supporter les gens,
c'est Pandolfini (L. B. Alberti), dans le *Trattato del governo della
famiglia*, p. 86.

[1] Jovian. PONTAN. *De fortitudine*, lib. II.

[2] On apprend à connaître la célèbre paysanne de la Valteline,
Bona Lombarda, comme femme du condottiere Pietro Brunoro,
dans Jacobus Bergomensis et dans Porcellius. (Voir MURAT., XXV,
col. 43.) — Comp. plus haut, t. I, p. 362.

[3] Nous ne sommes pas à même de donner de plus amples détails
sur la condition des paysans italiens d'alors, suivant les régions
qu'ils habitaient. Il faut consulter des ouvrages spéciaux, qui
nous font défaut, pour se renseigner sur le rapport qui existait
en ce temps-là entre le propriétaire et le fermier, ainsi que sur
les charges qui pesaient sur tous deux, comparées aux charges
actuelles. Dans les périodes de trouble et d'agitation, les paysans
se livrent parfois à de terribles excès (*Arch. stor.*, XVI, 1, p. 451 ss.,
à propos de l'année 1140. — CORIO, fol. 259. — *Annales Foroliv.*,
dans MURAT., XXII, col. 227 ; ici l'on dit seulement que *machinantes
contra statum scelera* sont pendus) ; mais nulle part n'éclate une
jacquerie générale. L'insurrection des paysans des environs de
Plaisance en 1462 a quelque importance et est très-intéressante.
Comp. CORIO, *Storia di Milano*, fol. 409. *Annales Placent.*, dans
MURAT., XX, col. 907. SISMONDI, X, p. 138. — Comp. aussi plus bas,
sixième partie, chap. I.

mine. On y retrouve l'accent d'un honnête curé de village, qui met une certaine ardeur à éclairer les esprits. Lorsqu'il était Carmélite, il avait sans doute vu de près les gens de la campagne [1].

Laurent le Magnifique montre un talent bien plus vigoureux : il sait s'identifier avec les paysans qu'il met en scène. Sa *Nencia di Barberino* [2] se lit comme une suite de véritables chansons populaires des environs de Florence, qu'il a réunies dans ses octaves à l'allure franche et rapide. L'objectivité du poëte est telle qu'on se demande s'il a de la sympathie pour le personnage qu'il fait parler (c'est un jeune paysan, Vallera, qui déclare son amour à Nencia) ou s'il veut s'en moquer. Il a recherché le contraste avec la bucolique conventionnelle qui met toujours en scène Pan et les nymphes; Laurent se complaît dans le grossier réalisme de la vie rustique, et pourtant l'ensemble de son œuvre produit une impression vraiment poétique.

---

[1] *F. Bapt. Mantuani Bucolica seu adolescentia in decem eclogas divisa;* souvent réimprimé, p. ex. à Strasbourg en 1504. L'époque où ces églogues ont été composées est indiquée par la date de la préface (1498), par laquelle on voit aussi que la neuvième et la dixième églogue ont été écrites plus tard. En tête de la dernière on lit : *Post religionis ingressum;* en tête de la septième, au contraire, on trouve ces mots : *Cum jam autor ad religionem aspiraret.* Dans ces églogues il n'est pas exclusivement question de la vie rustique, il n'y en a même que deux qui en parlent, savoir la sixième, *De disceptatione rusticorum et civium* (dans laquelle le poëte montre sa préférence pour les paysans), et la huitième, *De rusticorum religione;* les autres parlent d'amour, des rapports entre les riches et les poëtes, de la conversion aux sentiments religieux, des mœurs de la curie romaine.

[2] *Poesie di Lorenzo Magnif.*, I, p. 37. — Les remarquables poésies de l'époque du *Minnegesang* allemand, qui portent le nom de Neithard de Reuenthal, ne représentent la vie rustique qu'autant que le chevalier trouve du plaisir à se livrer à cette description. Les paysans, dans leurs chants populaires, relèvent vivement les railleries de Reuenthal. Comp. Charles SCHRŒDER, *La poésie cham-*

Un pendant à la *Nencia*, c'est la *Beca da Dicomano*, de Luigi Pulci [1]. Mais ce qui manque à ce livre, c'est le sérieux : la *Beca* a été écrite, non parce que le poëte éprouvait l'irrésistible besoin de retracer un épisode de la vie champêtre, mais parce qu'il désirait mériter par un travail de cette espèce les suffrages des Florentins instruits et cultivés. De là une crudité voulue, une exagération du genre ; de là les obscénités qu'il mêle à sa description. L'auteur s'entend pourtant à ne pas dépasser les limites de l'horizon de l'amateur de la vie champêtre.

Vient ensuite Ange Politien avec son *Rusticus* [2] en hexamètres latins. Sans s'inspirer des Géorgiques de Virgile, il décrit spécialement les travaux qui remplissent l'année du paysan toscan ; il commence par l'arrière-saison, alors que le cultivateur se fabrique une nouvelle charrue et fait les semailles d'hiver. Rien n'égale la beauté de la description de la campagne au printemps ; l'été renferme aussi des passages remarquables ; mais une des perles de la poésie néo-latine, c'est la fête du pressurage en automne. Politien a fait aussi quelques poésies descriptives en italien, d'où il est permis de conclure qu'on pouvait, dans le cercle de Laurent, retracer d'une manière réaliste toute image de la vie des classes inférieures. Son tableau de l'amour du bohémien [3] est un des premiers produits de la tendance toute moderne

---

pêtre de cour au moyen âge, dans Rich. GOSCHE, *Annales d'histoire littéraire*, t. Ier, Berlin, 1875 ; p. 45-98, surt. p. 75 ss.

[1] *Poesie di Lor. Magn.*, II, p. 149.

[2] Entre autres, dans les *Deliciæ poetar. Ital.*, et dans les œuvres de Politien. Première édition séparée. Florence, 1493. — Les poëmes didactiques de RUCELLAI, *Le Api*, imprimés pour la première fois en 1539, et *La Coltivazione*, imprimée pour la première fois à Paris en 1546, renferment quelque chose de semblable.

[3] *Poesie di Lorenzo Magn.*, II, p. 75.

du poëte à s'identifier avec la situation d'une classe d'hommes quelconque. Sans doute on avait de tout temps essayé ce procédé, mais dans une intention comique [1]; à Florence, les chants des groupes de masques offraient même, au retour du carnaval, une occasion régulière de le faire. Mais ce qui est nouveau, c'est l'identification du poëte avec les sentiments d'un autre, et c'est en quoi la *Nencia* et cette *canzone zingaresca* forment une innovation remarquable dans la littérature.

Il faut ici constater une fois de plus que la culture a précédé l'art. Il y a bien une période de quatre-vingts ans entre la *Nencia* et les tableaux champêtres de Jacopo Bassano et de son école.

Dans le chapitre suivant, on verra que les différences de naissance qui existaient d'une classe à l'autre avaient alors perdu leur valeur en Italie. Ce qui avait beaucoup contribué à ce fait, c'est que ce pays était le premier qui eût connu à fond l'homme et l'humanité. Ce résultat de la Renaissance suffirait à lui seul pour mériter notre éternelle reconnaissance. On avait eu de tout temps la notion logique de l'humanité, mais sans la connaître en réalité comme elle l'a connue.

C'est Pic de la Mirandole qui exprime les idées les plus élevées sous ce rapport dans son discours sur la dignité de l'homme [2], qu'on peut bien appeler un des plus beaux legs de cette époque de culture intellectuelle. Pour terminer l'œuvre de la création, Dieu a fait l'homme, afin qu'il connût les lois qui régissent l'univers,

---

[1] C'est dans cet esprit qu'on a parodié de tout temps certains dialectes, et à cette imitation a dû se joindre celle des manières des paysans. Comp. t. I, p. 193.

[2] Voir à l'appendice n° 4.

qu'il en animât la beauté, qu'il en admirât la grandeur. Il ne l'a pas condamné à vivre à la même place, il n'a pas enchaîné son action et sa volonté, mais il lui a donné la liberté d'aller, de venir, d'agir à son gré. « Je t'ai placé au milieu du monde », dit le Créateur à Adam, « afin que tu puisses plus facilement promener tes regards autour de toi et mieux voir ce qu'il renferme. En faisant de toi un être qui n'est ni céleste ni terrestre, ni mortel ni immortel, j'ai voulu te donner le pouvoir de te former et de te vaincre toi-même; tu peux descendre jusqu'au niveau de la bête et tu peux t'élever jusqu'à devenir un être divin. En venant au monde, les animaux ont tout ce qu'ils doivent avoir, mais les esprits d'un ordre supérieur sont dès le principe, ou du moins bientôt après leur formation[1], ce qu'ils doivent être et rester dans l'éternité. Toi seul tu peux grandir et te développer comme tu le veux, tu as en toi les germes de la vie sous toutes les formes. »

[1] Allusion à la chute de Lucifer et de ses partisans.

CINQUIÈME PARTIE

LA SOCIABILITÉ ET LES FÊTES

CHAPITRE PREMIER

NIVELLEMENT DES CLASSES

Toute époque de culture intellectuelle qui forme un tout complet ne présente pas seulement certains caractères généraux qui se retrouvent dans la vie politique, dans la religion, dans les arts et dans les sciences, mais encore elle marque de son empreinte la vie sociale elle-même. C'est ainsi que le moyen âge avait ses cours, sa noblesse, sa bourgeoisie, avec des usages et des habitudes qui ne variaient guère d'un pays à l'autre.

Sous le rapport de la modification de la société, la Renaissance italienne est la véritable contre-partie du moyen âge. D'abord la base n'est plus la même, attendu que pour les hautes relations sociales il n'y a plus de différences de caste, mais une classe cultivée dans le sens moderne du mot, une classe sur laquelle la naissance et l'origine n'ont plus d'influence que si elles sont jointes à la fortune et aux loisirs qu'elle assure. Il ne faut pas entendre cela d'une manière absolue, vu que les castes du moyen âge tendent plus ou moins à reparaître, ne fût-ce que pour affirmer qu'elles ne sont pas inférieures aux classes privilégiées des autres pays de l'Europe ; mais la tendance générale de l'époque, c'était la fusion des différentes couches de a société dans le sens du monde moderne.

Ce qui contribua surtout à hâter cette fusion, ce fut la réunion des nobles et des bourgeois dans les villes, réunion qui remonte au douzième siècle au moins[1] ; il en résulta une certaine communauté d'existence et de plaisirs ; du moment que la noblesse ne s'isolait pas dans ses châteaux, elle restait exempte des préjugés que cet isolement faisait naître ailleurs. Ensuite l'Église ne consentit jamais en Italie à être un débouché pour les cadets de famille et à les apanager comme cela se faisait dans le Nord ; souvent, il est vrai, des évêchés, des canonicats, des abbayes étaient donnés pour les motifs les moins avouables, mais du moins ils ne l'étaient pas exclusivement pour récompenser la naissance, et, si les évêques étaient plus nombreux, plus pauvres qu'ailleurs, s'ils n'avaient, en général, rien de ce qui plaçait si haut les princes séculiers, ils demeuraient, par contre, dans la ville où était leur cathédrale et formaient avec leur chapitre un élément considérable de la partie cultivée de la population. Quand surgirent des princes absolus et des tyrans, la noblesse eut dans la plupart des villes toutes les occasions et tous les loisirs de se créer une vie (t. I, p. 166) d'insouciance et de plaisirs délicats, ne différant guère de celle des bourgeois riches. Lorsque après

---

[1] Quand une famille noble piémontaise habitait un château à la campagne, le fait frappait comme une exception. BANDELLO, parte II, nov. 7 (?)

Dante la poésie et la littérature introduisirent un nouvel intérêt dans l'existence [1], lorsque la découverte de l'antiquité et l'étude de l'homme passionnèrent les esprits, pendant que des condottieri s'élevaient au rang de princes et que non-seulement l'éclat, mais encore la légitimité cessaient d'être une condition de l'exercice de l'autorité souveraine (t. 1, p. 24 et 25), on put croire que l'ère de l'égalité était venue et que l'idée de la noblesse avait disparu pour toujours.

En s'appuyant sur l'antiquité, la théorie pouvait trouver dans le seul Aristote des arguments pour affirmer ou pour nier la valeur de la noblesse. Dante, par exemple [2], se base uniquement sur la définition d'Aristote, qui dit « que la noblesse repose sur la distinction naturelle appuyée d'un grand patrimoine », pour établir la proposition suivante : la noblesse repose sur notre distinction personnelle ou sur celle de nos ancêtres. Mais ailleurs cela ne lui suffit plus ; il s'accuse [3] d'avoir, en conversant dans le paradis avec son aïeul Cacciaguida, parlé de la noblesse de la naissance comme d'un mérite, attendu qu'elle n'est, après tout, qu'un manteau que le temps rogne sans cesse, si l'on n'en rehausse pas tous les jours la valeur. Et dans le *Convito* [4] il dégage presque entière-

---

[1] C'est ce qui eut lieu bien avant la découverte de l'imprimerie. Une foule de manuscrits, et des meilleurs, appartenaient à des ouvriers florentins Sans l'holocauste de Savonarole, il en existerait bien davantage. Comp. t. I, p. 249.

[2] DANTE, *De monarchia*, l. II, cap. III.

[3] *Paradiso*, XVI, au commencement.

[4] DANTE, *Convito*, presque tout le trattato IV, et plusieurs autres endroits. Déjà Brunetto Latini dit (*Il tesoro*, lib. I, p. 2, cap. L, ed. CHABAILLE, p. 343) : *De ce (la vertu) nasqui premierement la nobleté de gentil gent, non pas de ces ancêtres*, et il avertit (lib. II, p. 2, cap. CXCVI, p. 440) qu'on peut perdre la vraie noblesse par de mauvaises actions. De même Pétrarque : *De rem. utr. fort.*, lib. I, dial. XVII, où l'on trouve entre autres cette phrase : *Verus nobilis non nascitur sed fit.*

ment l'idée de *nobile* et de *nobiltà* de toute condition de naissance et l'identifie avec l'aptitude à toute supériorité morale et intellectuelle ; il donne une importance particulière à la haute culture, attendu que la *nobiltà* doit être la sœur de la *filosofia*.

Plus l'humanisme étendit sa puissance sur les esprits en Italie, plus s'affermit la conviction que la valeur de l'homme est indépendante de sa naissance. Au quinzième siècle, c'était déjà la théorie en vogue. Le Pogge, dans son dialogue « sur la noblesse [1] », est déjà d'accord avec ses interlocuteurs, Niccolo Niccoli et Laurent de Médicis, frère du grand Côme, sur ce point qu'il n'y a plus d'autre noblesse que celle qui résulte du mérite personnel. Son persiflage est mordant quand il tourne en ridicule ce qui, d'après le préjugé vulgaire, constitue la noblesse. « Un homme est d'autant plus éloigné de la vraie noblesse, dit-il, que ses ancêtres ont été de plus hardis malfaiteurs. L'ardeur à chasser l'oiseau et à poursuivre un gibier quelconque ne sent pas plus la noblesse que les nids ou les gîtes des bêtes sauvages ne sentent la rose. L'agriculture, comme les anciens l'entendaient, serait bien plus noble que ces courses insensées par monts et par vaux, qui font ressembler l'homme aux animaux eux-mêmes. On peut en faire une récréation accidentelle, mais non pas la grande affaire de la vie. » Rien n'est moins noble, selon lui, que la vie menée par la chevalerie française et anglaise à la campagne ou dans les châteaux perdus au fond des bois, et surtout que celle des chevaliers brigands de l'Allemagne. Là-dessus Laurent de Médicis prend jusqu'à un certain point la

---

[1] Poggii *Opera*, *Dial. de nobilitate.* — L'opinion d'Aristote est formellement combattue par B. PLATINA, *De vera nobilitate.* (Opp. ed. Colon. 1573.)

défense de la noblesse : mais — fait caractéristique — il ne s'appuie pas sur un sentiment inné, il invoque l'autorité d'Aristote, qui, dans le livre V de la *Politique*, reconnaît la noblesse comme une chose réellement existante et la définit une prérogative qui repose sur la distinction personnelle appuyée d'un grand patrimoine. Niccoli réplique qu'Aristote parle ainsi, non pour exprimer sa conviction personnelle, mais pour reproduire l'opinion générale ; que, dans son *Éthique*, où il dit ce qu'il pense, il appelle noble celui qui aspire au vrai bien. En vain Laurent de Médicis lui oppose le terme grec qui désigne la noblesse, c'est-à-dire le mot qui veut dire naissance illustre (εὐγενεία) ; Niccoli trouve que le mot latin *nobilis*, c'est-à-dire remarquable, est plus juste en ce qu'il fait dépendre la noblesse des actions [1].

De plus, l'auteur esquisse de la manière suivante la situation de la noblesse dans les différentes parties de l'Italie. A Naples, la noblesse est paresseuse et ne s'occupe ni de ses biens, ni du commerce, qui est réputé infâme, ou bien elle perd tout son temps à la maison [2] ou monte à cheval. La noblesse romaine méprise aussi le commerce, mais du moins elle administre elle-même ses biens ; il y a plus · celui qui cultive la terre arrive naturellement à être noble [3] ; « c'est une noblesse hono-

---

[1] Le même mépris de la noblesse de la naissance se rencontre fréquemment chez les humanistes. Comp. les passages virulents qu'on trouve dans Sylvius Æn., *Opera*, p. 84. (*Hist. bohem.*, cap. II et 640. (*Hist. de Lucrèce et d'Euryale.*)

[2] Même dans la capitale. Comp. Bandello, parte II, nov. 7. — *Joviani Pontani Antonius*, où l'on ne fait remonter qu'aux Aragonais la décadence de la noblesse.

[3] Ce qui est certain du moins, c'est que, dans toute l'Italie, on ne faisait aucune distinction entre celui qui avait des rentes considérables en terres et le gentilhomme. — Est-ce une simple flatterie quand J. A. Campanus, remaniant le récit de Pie II (*Commentarii*, p. 1), dit qu'étant enfant il aidait ses parents dans les

rable, quoique rustique ». Dans la Lombardie aussi, les nobles vivent du revenu des terres qu'ils ont héritées de leurs ancêtres; ici l'origine et une oisiveté élégante suffisent pour constituer la noblesse [1]. A Venise, les *nobili*, qui forment la caste régnante, se livrent tous au commerce; de même, à Gênes, les nobles et les roturiers sont tous négociants et navigateurs; ils ne se distinguent les uns des autres que par la naissance; quelques-uns sans doute vivent dans leurs châteaux et font métier de détrousser les voyageurs. A Florence, une partie de la vieille noblesse est devenue commerçante; une autre partie (certainement la plus petite de beaucoup) se repaît de son orgueil et passe noblement sa vie à chasser et à voler l'oiseau [2].

Ce qui est surtout significatif, c'est que, dans presque

travaux champêtres, et qu'il ajoute que c'était pour lui une distraction; que d'ailleurs les jeunes gens nobles avaient coutume d'en faire autant? (G. VOIGT, II, 339.)

[1] Bandello, avec sa polémique contre les mésalliances, nous donne l'idée de la manière dont la noblesse était cotée dans la haute Italie. Voir parte I, nov. 4, 26; parte III, 60; IV, 8. Le noble milanais se faisant marchand est une exception. Voir parte III, nov. 37. Sur la manière dont les nobles lombards s'associaient aux ieux des paysans, comp. p. 86, note 4.

[2] Le sévère jugement de MACHIAVEL, *Discorsi*, I, 55, s'applique uniquement à la noblesse qui possède encore des droits féodaux, qui est complétement inactive et qui est subversive au point de vue politique. — Agrippa de Nettesheim, qui doit ses idées les plus remarquables à son séjour en Italie, a pourtant écrit sur la noblesse et les princes (*De incert. et vanitate scient.*, cap. LXXX. *Opp. ed. Lugd.* II, 212-230) un chapitre qui, sous le rapport de la virulence, surpasse tout ce qu'on a dit là-dessus, et qui rappelle la fermentation des esprits qui existait dans le Nord. C'est ainsi qu'on lit, p. 213 : *Si... nobilitatis primordia requiramus, comperiemus hanc nefaria perfidia et crudelitate partam, si ingressum spectemus, reperiemus hanc mercenaria militia et latrociniis auctam. Nobilitas revera nihil aliud est quam robusta improbitas atque dignitas non nisi scelere quæsita benedictio et hæreditas pessimorum quorumcunque filiorum.* En faisant l'histoire de la noblesse, il en vient aussi à dire un mot de la noblesse italienne (p. 227).

toute l'Italie, même ceux qui avaient quelque droit d'être fiers de leur naissance ne pouvaient lutter contre l'influence de la culture intellectuelle et de la fortune, et que les priviléges dont ils jouissaient à la cour et dans l'État n'élevèrent jamais leurs sentiments à la hauteur de leur condition. Venise ne forme sous ce rapport qu'une exception apparente, parce que la vie des *nobili* est exclusivement civile et qu'ils jouissent de priviléges fort restreints. Il en est tout autrement à Naples, qui, par suite des différences plus marquées qui existaient entre les classes de la société et du faste de la noblesse, resta en dehors du mouvement intellectuel de la Renaissance. A la puissance des souvenirs laissés dans le pays par les Lombards, les Normands, et plus tard la noblesse française, vinrent s'ajouter, dès la première moitié du quinzième siècle, les effets de la domination aragonaise, et c'est ainsi que se fit, à Naples tout d'abord, une transformation qui ne s'étendit au reste de l'Italie que cent ans plus tard : les mœurs, les habitudes devinrent espagnoles ; on se mit à mépriser le travail et à courir après de vains titres. Même avant le commencement du seizième siècle, le mal s'était propagé jusque dans les petites villes. Un auteur de La Cava dit que cette ville a joui d'une opulence devenue légendaire aussi longtemps qu'elle n'a été peuplée que de maçons et de tisserands ; maintenant qu'au lieu d'outils de maçon et de métiers on ne voit plus que des éperons, des étriers et des ceinturons dorés, que chacun vise à devenir docteur en droit ou en médecine, notaire, officier et chevalier, la plus affreuse pauvreté règne partout[1]. A Florence, on ne constate une révolution analogue que sous Côme, le premier grand-

---

[1] MASSUCCIO, nov. 19 (ed. Settembrini, Nap. 1874, p. 220). — La première édition des *Nouvelles* date de l'année 1476.

duc : un flatteur le remercie d'élever les jeunes gens, qui maintenant méprisent le commerce et l'industrie, en vue d'en faire des chevaliers de l'ordre de Saint-Étienne qu'il a créé [1]. C'est juste l'extrême opposé du principe qui régnait autrefois chez les Florentins [2], savoir que le fils ne pouvait succéder au père qu'à la condition d'avoir une occupation régulière. (T. I, p. 101 et 102.)

La rage des distinctions, chez les Florentins notamment, marche de pair avec l'amour de la culture et la passion des arts, et conduit souvent à des aberrations comiques : c'est ainsi que tout le monde veut avoir la dignité de chevalier; c'est une mode, une manie qui se répandit surtout quand le titre ambitionné eut perdu jusqu'à l'ombre d'une valeur.

« Il y a quelques années », écrit Franco Sacchetti [3] vers la fin du quatorzième siècle, « tout le monde a pu voir des ouvriers, jusqu'à des boulangers, jusqu'à des cardeurs de laine, des changeurs et des drôles de toute espèce, se faire nommer chevaliers. Quel besoin un fonctionnaire a-t-il de la dignité de chevalier pour pouvoir aller comme *rettore* dans une ville de province? Elle est encore moins compatible avec un gagne-pain ordinaire. Oh! comme tu es avilie, malheureuse dignité! Tous ces chevaliers de contrebande font juste le contraire de ce que prescrit le code de la chevalerie. J'ai voulu parler

---

[1] Jac. Pitti à Côme, *Arch. stor.*, IV, II, p. 99. — Le même fait se produisit dans la haute Italie, mais seulement à partir de la domination espagnole. BANDELLO, parte II, nov. 40, date de cette époque.

[2] Si au quinzième siècle Vespasiano Fiorentino (p. 638, 652) dit que les riches ne devraient pas augmenter leur patrimoine, mais dépenser chaque année tous leurs revenus, cela ne peut s'appliquer, dans la bouche d'un Florentin, qu'aux grands propriétaires de biens-fonds.

[3] Franco SACCHETTI, nov. 153. Comp. nov. 82 et 150.

de ces choses afin que les lecteurs voient bien que la chevalerie est morte[1]. Aussi bien que de nos jours on proclame chevaliers même des morts, aussi bien on pourrait conférer ce titre à une figure de bois ou de pierre, que dis-je! à un bœuf. » — Les histoires que Sacchetti raconte à l'appui de sa thèse sont en effet on ne peut plus probantes; il nous montre Bernabo Visconti donnant ce titre à l'individu sorti victorieux d'un duel de buveurs, en parant même le vaincu pour le consoler; il nous fait voir des chevaliers allemands, avec leurs cimiers et leurs insignes, aux dépens desquels le peuple s'égaye, etc. Plus tard le Pogge[2] se moque des innombrables chevaliers qui n'ont pas de cheval et qui ne savent pas manier une arme. Ceux qui voulaient faire valoir les prérogatives de leur ordre, par exemple, sortir à cheval avec des drapeaux, avaient fort à faire à Florence vis-à-vis du gouvernement et des moqueurs[3].

En y regardant de plus près, on s'aperçoit que cette chevalerie d'un autre âge, indépendante de toute noblesse de naissance, n'est en partie qu'un appât offert à une ambition aussi ridicule que vaine, mais qu'elle a aussi un autre côté. En effet, les tournois subsistent toujours, et ceux qui veulent y prendre part doivent avoir nécessairement le rang de chevalier. Quant aux luttes en champ clos et aux joutes classiques, qui présentent parfois de grands dangers, ce sont des occasions

---

[1] *Che la cavalleria è morta.*

[2] POGGIUS, *De nobilitate*, fol. 27. Comp. aussi plus haut, t. I, p. 22 ss., outre les passages qui y sont cités. SILVIUS ÆNÉAS (*Hist. Fried.*, III, ed. KOLLAR, p. 294), blâme la prodigalité avec laquelle Frédéric confère le titre de chevalier.

[3] VASARI, III, 49, et note, *Vita di Dello.* A Florence, la commune revendique le droit de faire des chevaliers. Sur les cérémonies qui accompagnaient la collation du titre de chevalier en 1378 et en 1389, voir REUMONT, *Laurent*, II, p. 444 ss.

de montrer de la force et du courage, que les individus habitués à ces exercices ne veulent pas laisser échapper, quelle que soit d'ailleurs leur naissance [1].

En vain Pétrarque avait-il flétri en termes énergiques l'habitude des tournois comme une folie dangereuse; il ne convertit personne par son exclamation pathétique « On ne lit nulle part que Scipion ou César aient rompu des lances [2]! » C'est précisément à Florence que la chose devint tout à fait populaire; le bourgeois se mit à regarder les tournois, bien qu'ils eussent lieu sous une forme assez anodine, comme une sorte de plaisir régulier; Franco Sacchetti [3] nous a conservé la description

[1] SENAREGA, *De reb. Gen.*, dans MURAT., XXIV, col. 525. Lors du mariage de Jean Adurnus avec Leonora de Sanseverino : *Certamina equestria in Sarzano edita sunt... proposita et data victoribus præmia. Ludi multiformes in palatio celebrati a quibus tamquam a re nova pendebat plebs et integros dies illis spectantibus impendebat.* Ange Politien, dans une lettre à Jean ic, parle d'un jeu équestre de ses élèves (Ang. POL., *Epist.*, lib. XII, ep. 6) : *Tu tamen a me solos fieri poetas aut oratores putas, at ego non minus facio bellatores.* — Ortensio Landi raconte dans le *Commentario* (voir l'appendice nº 2), fol. 180, un combat singulier qui eut lieu entre deux soldats à Coreggio, combat suivi de mort d'homme, qui rappelle tout à fait les anciens combats de gladiateurs. (L'auteur, qui d'ordinaire laisse libre carrière à son imagination, produit ici l'impression d'un écrivain véridique.) Du reste, il ressort des passages cités que, pour prendre part à des combats publics de ce genre, il n'était pas nécessaire d'être chevalier.

[2] PETRARCA, *Epist. senil.*, XI, 13, à Hugo, marquis d'Este. (Il ne s'agit donc pas d'un fait arrivé à Florence.) Dans un autre passage, qui se trouve dans les *Epist. famil.*, lib. V, ep. 6 (éd. FRACASSETTI, vol. I, p. 272, 1er déc. 1343), il décrit l'horreur qu'il éprouva en voyant tomber un chevalier dans un tournoi qui avait lieu à Naples. (Sur la *réglementation des tournois à Naples*, comp. dans FRACASSETTI, traduction ital. des lettres de Pétrarque, Florence, 1864, II, p. 34.) — L. B. Alberti s'élève contre les dangers, l'inutilité des tournois, les frais qu'ils occasionnent. *Della famiglia*, Opp. volg. II, p. 229.

[3] Nov. 64. — C'est pour cela qu'on lit dans l'*Orlandino* (II, str. 7), à propos d'un tournoi qui eut lieu sous Charlemagne : Là combattirent, non pas des cuisiniers et des marmitons, mais des rois, des ducs et des margraves.

on ne peut plus comique d'un de ces tournois du dimanche, dont le héros est un notaire de soixante-dix ans. Le vénérable paladin part pour Peretola, où l'on peut rompre des lances à bon marché ; il est juché sur un cheval de teinturier qu'il a loué pour la circonstance, et auquel de mauvais plaisants viennent attacher un chardon sous la queue ; l'animal prend le mors aux dents et retourne en ville au galop, avec son cavalier casqué et cuirassé, qui rapporte maint souvenir cuisant de cette course folle. L'inévitable conclusion de l'histoire est la semonce qu'administre au jouteur sa femme, justement irritée de ces scabreuses expéditions [1].

Enfin les premiers Médicis professent une véritable passion pour les tournois, comme s'ils voulaient montrer, eux, simples particuliers sans naissance, que leur cercle d'amis et de familiers est à la hauteur des cours les plus brillantes [2]. Déjà sous Côme (1459), puis sous Pierre

---

[1] Quoi qu'il en soit, c'est une des plus anciennes parodies des tournois. Ce ne fut pourtant que soixante ans après que Jacques Cœur, l'*argentier* de Charles VII, fit sculpter sur la façade de son palais de Bourges un tournoi où les chevaux étaient remplacés par des ânes (vers 1450). Ce qu'il y a de plus brillant dans ce genre, le deuxième chant de l'*Orlandino* que nous venons de citer, n'a été publié qu'en 1526.

[2] Comp. les poëmes de Politien et de Luca Pulci, déjà mentionnés, avec des passages antérieurs, p. 84, note 1. De plus, Paul Jov., *Vita Leonis X*, l. I. — MACCHIAV., *Storie fiorent.*, l. VII. — Pauli Jov. *Elogia*, p. 187 ss. et 332 ss., à propos de Pierre de Médicis, à qui les tournois et les exercices chevaleresques firent négliger ses fonctions, et de Franc. Barbonius, qui périt dans un de ces jeux dangereux. — VASARI, IX, 219, v. *di Granacci*. — Dans le *Morgante* de Pulci, qui fut composé sous les yeux de Laurent, les chevaliers sont souvent comiques dans leurs paroles et dans leurs actions, mais leurs coups sont sérieux et conformes aux règles de l'art. Bojardo écrit aussi pour les vrais connaisseurs en matière de tournois et de guerre; comp. p. 51. — Voir dans l'histoire des premiers temps de Florence un tournoi en l'honneur du roi de France (vers 1380). Leon. ARET. *Hist. Flor.*, lib. XI, ed. ARGENT., p. 222. — Tournois à Ferrare en 1464, *Diario Ferrar.*,

l'aîné, Florence put assister à des tournois d'un éclat
sans pareil; les tournois firent oublier à Pierre le cadet
jusqu'aux soins du gouvernement; il ne voulait plus
se faire peindre qu'en cuirasse. Il y eut aussi des tournois à la cour d'Alexandre II. Lorsque le cardinal Ascanio
Sforza demanda au prince turc Djem (t. I, p. 138, 146)
comment il trouvait ce spectacle, l'autre lui répondit
fort sagement que, dans son pays, c'étaient des esclaves
qu'on faisait figurer dans ces jeux, parce qu'ainsi les
accidents ne tiraient pas à conséquence. Ici le prince
oriental se rencontre sans le savoir avec les anciens
Romains, qui professaient à cet égard des idées différentes de celles qu'eut plus tard le moyen âge.

Indépendamment de ce prétexte à conférer la dignité
de chevalier, il y avait aussi déjà, à Ferrare, par exemple,
(t. I, p. 67), de véritables ordres de cour qui entraînaient
le titre de *cavaliere*.

Mais, quelles que fussent les prétentions et les mes-
quines vanités des nobles et des *cavalieri,* la noblesse
italienne ne vivait pas du moins d'une vie à part; elle ne
s'isolait pas, elle se mêlait au peuple. Elle traite toutes
les classes sur le pied de l'égalité; elle considère les
hommes de talent et les gens instruits comme des membres de la famille. Sans doute, le courtisan du prince
proprement dit doit être noble de naissance[1], mais il

MURATORI, XXIV, col. 208; — à Venise, SANSOVINO, Venezia, fol.
153 ss. — A Bologne en 1470, *Seqq., Bursellis Annal. Bonon.,* MURAT.,
XXIII, col. 898, 903, 906, 908, 911; il faut remarquer à ce propos
le singulier trait de sentimentalité qui se rattache à la reproduction de triomphes romains ; *ut antiquitas Romana renovata videretur,* dit un auteur. — Frédéric d'Urbin (t. I, p. 56 ss.) perdit dans
un tournoi l'œil droit *ab ictu lanceæ.* — Sur les tournois qui, à
la même époque, avaient lieu dans le Nord, comparer : Olivier DE
LA MARCHE, *Mémoires, passim,* surt. chap. VIII, IX, XIV, XVI, XVIII,
XIX, XXI, etc.

[1] Bald. CASTIGLIONE, *Il Cortigiano,* l. I, fol. 18.

est convenu qu'en imposant cette condition, on veut surtout donner satisfaction au préjugé du monde (*per l'oppenion universale*), et qu'on veut formellement prémunir les gens contre cette idée fausse que le roturier ne saurait avoir la même valeur absolue que le gentilhomme. Du reste, il ne résulte pas de là que le roturier est entièrement exclu de l'entourage du prince ; on veut seulement que le courtisan, c'est-à-dire l'homme accompli, réunisse tous les avantages imaginables. S'il est obligé d'observer une certaine réserve en toutes choses, cela tient non pas à la noblesse de sa naissance, mais à la perfection qu'on lui suppose. Il s'agit d'une distinction moderne, se produisant dans un monde où la culture intellectuelle et la richesse sont déjà partout la mesure de la valeur sociale, mais où l'influence de la richesse n'est reconnue qu'autant qu'elle permet de consacrer la vie à la culture et de la servir en grand

CHAPITRE II

RAFFINEMENTS EXTÉRIEURS DE LA VIE

Moins la supériorité de la naissance conférait de priviléges, plus l'individu était obligé de faire valoir ses avantages, mais plus aussi le cercle social devait se rétrécir. Il en résulte que les hommes s'affinent, et que, pour jouer un rôle brillant dans la société, il faut posséder toute une science.

L'homme considéré au point de vue extérieur, les objets qui l'entourent, ses habitudes journalières, tout cela est plus parfait, plus beau, plus raffiné en Italie que chez les peuples étrangers à la Péninsule. C'est à l'histoire de l'art de parler des demeures des classes élevées; ici nous n'avons qu'à faire voir combien ces habitations, sous le rapport de la commodité, de la disposition intelligente et harmonieuse, étaient supérieures aux châteaux et aux palais des grands du Nord. Pour les habits, la mode variait si souvent qu'il est impossible d'établir un parallèle suivi entre les modes italiennes et celles d'autres pays, surtout puisque, à partir de la fin du quinzième siècle, les Italiens adoptent fréquemment celles des peuples étrangers. Ce que les peintres italiens représentent comme étant le costume du temps, c'est, en général, ce qu'on voyait alors de plus beau et de plus élégant en Europe; mais on ne sait pas d'une manière positive s'ils reproduisent le costume généralement adopté, ni s'ils le représentent exactement. Ce qui est certain toutefois, c'est que nulle part on n'attachait autant d'importance à la toilette qu'en Italie. La nation était vaine et l'est encore; de plus, il y avait des gens, même parmi les plus sérieux, qui regardaient de beaux habits, une toilette avantageuse comme un moyen de rehausser la personnalité. Il y eut même à Florence un moment où le costume était quelque chose d'individuel, attendu que chacun créait ses modes (t. I, p. 165, note 1); jusque bien avant dans le seizième siècle, on vit des gens, estimables d'ailleurs, qui avaient cette fantaisie[1]; ceux qui ne poussaient pas l'originalité jusque-là savaient du moins ajouter quelque chose d'individuel à la mode dominante. On reconnaît que l'Italie tombe dans la décadence quand on voit Giovanni della Casa recommander d'éviter dans la toilette les détails bizarres et de rester fidèle à la mode du temps[2]. Notre époque, dont la loi suprême est la simplicité, du moins en ce qui concerne les habits d'homme, renonce par le fait à un avantage plus grand qu'elle ne se le figure. Mais par là elle fait aussi une grande économie de temps, ce qui, d'après nos idées, est une compensation suffisante.

A l'époque de la Renaissance, il y a, dans Florence et dans Venise[3], des costumes prescrits pour les hommes

---

[1] Paul. JOVII *Elogia vir. litt. ill.*, p. 138 ss., 112 ss. et 143 ss. Sub. tit. *Petrus Gravina, Alex. Achillinus, Balth. Castellio*, etc.

[2] CASA, *Il Galateo*, p. 78.

[3] Voir sur ce sujet les livres des costumes vénitiens et SANSOVINO, Venezia, fol. 150 ss. A Venise, l'organisation des *Proveditori alle pompe* en 1514. On trouve quelques-uns de leurs statuts dans Armand BASCHET, *Souvenirs d'une mission*, Paris, 1857. Défense de porter à Venise des habits de drap d'or (1481), que portaient autrefois même des boulangères; par contre, tout le costume est

et des lois somptuaires pour les femmes. Dans les villes
où régnait la liberté du costume, comme à Naples, par
exemple, les moralistes constataient non sans douleur
qu'on ne voyait plus aucune différence entre la noblesse
et la bourgeoisie [1]. En outre, ils déplorent l'extrême fré
quence des changements de modes et (si nous interpré-
tons exactement leurs paroles), le fol engouement pour
tout ce qui vient de la France, bien que les modes
françaises soient souvent d'origine italienne et ne fassent
que revenir à l'Italie qui les a inventées. En tant que les
nombreux changements dans la coupe des habits et
l'adoption des modes françaises et espagnoles [2] n'intéressent que l'histoire du costume en particulier, nous
n'avons pas à nous occuper davantage de cette question;
nous rappellerons seulement que ces faits ont leur
importance dans l'histoire de la culture, et qu'ils servent
en partie à expliquer la vie mouvementée de l'Italie vers
l'année 1500. Par suite de l'occupation de certaines parties de la Péninsule par les étrangers, les habitants des
régions dont il s'agit se virent amenés non-seulement à

enrichi de *gemmis unionibus*, de telle sorte que *frugalissimus ornatur*
coûte 4,000 florins d'or. M. Ant. SABELLIC. *Epist.*, lib. III (à
M. Anto Barbavarus). La toilette de la fiancée lors des fiançailles
— blanche, avec les cheveux dénoués et flottant sur les épaules
— est celle de la Flore de Titien.

[1] Jovian. PONTAN. *De principe : Utinam autem non eo impudentiæ
perventum esset, ut inter mercatorem et patricium nullum sit in vestitu cete-
roque ornatu discrimen. Sed hæc tanta licentia reprehendi potest, coercers
non potest, quamquam mutari vestes sic quotidie videamus, ut quas quarto
ante mense in deliciis habebamus, nunc repudiemus et tanquam veteramenta
abjiciamus. Quodque tolerari vix potest nullum fere vestimenti genus pro-
batur, quod e Galliis non fuerit adductum, in quibus levia pleraque in pretio
sunt tametsi nostri persæpe homines modum illis et quasi formulam quan-
dam præscribant.*

[2] Voir sur ce sujet, p. ex., *Diario Ferrarese*, dans MURAT., XXIV,
col. 297, 320, 376, 299. Dans le dernier passage il est question de
la mode allemande; le chroniqueur dit quelque part : *Che pareno
buffoni tali portatori.*

adopter des modes étrangères, mais encore à supprimer souvent le luxe des habits en général ; Landi, par exemple, constate une révolution de ce genre dans les sentiments et dans les habitudes de la ville de Milan. Pourtant, comme il a soin de nous l'apprendre, la diversité continua de régner dans le costume ; Naples se distingua, comme par le passé, par un luxe excessif ; quant à la mode florentine, le chroniqueur la trouvait ridicule [1].

Ce qui mérite particulièrement d'être remarqué, ce sont les efforts des femmes pour paraître tout autres que la nature ne les a faites. Depuis la chute de l'empire romain, on n'a travaillé dans aucun pays de l'Europe autant que dans l'Italie d'alors à modifier les formes du

[1] Nous reproduisons ici le passage intéressant de ce petit écrit, qui est très-rare. (Le fait historique auquel l'auteur fait allusion, c'est la conquête de Milan par Antonio Leiva, général de Charles-Quint, en 1522.) *Olim splendidissime vestiebant Mediolanenses. Sed postquam Carolus Cæsar in eam urbem tetram et monstruosam Bestiam immisit, ita consumpti et exhausti sunt, ut vestimentorum splendorem omnium maxime oderint, et quemadmodum ante illa durissima Antoniana tempora nihil aliud fere cogitabant quam de mutandis vestibus, nunc alia cogitant, ac mente versant. Non potuit tamen illa Leviana rabies tantum perdere, neque illa in exhausta deprædandi libidine tantum expilare, quin a re familiari adhuc belle parati fiant, atque ita vestiant quemadmodum decere existimant. Et certe nisi illa Antonii Leviæ studia egregios quosdam imitatores invenissent, meo quidem judicio, nulli cederent. Neapolitani nimios exercent in vestitu sumptus. Genuensium vestitum pereleganter judico. neque sagati sunt neque togati. Ferme oblitus eram Venetorum. Ii togati omnes. Decet quidem ille habitus adulta ætate homines, juvenes vero (si quid ego judico) minime utuntur panno quem ipsi vulgo Venetum appellant, ita probe confecto, ut perpetuo durare existimes, sæpissime vero eas vestes gestant nepotes, quas olim tritavi gestarunt. Noctu autem dum scortantur, ac potant, Hispanicis palliolis utuntur. Ferrarienses ac Mantuani nihil tam diligenter curant, quam ut pileos habeant aureis quibusdam frustillis adornatos, atque nutanti capite incedunt seque quovis honore dignos existimant, Lucenses, neque superbo, neque abjecto vestitu. Florentinorum habitus mihi quidem ridiculus* (on lit dans le texte imprimé : *rediculus*) *videtur. Reliquos omitto, ne nimius sim.* — UGOLINUS VERINUS, *De illustratione urbis Florentiæ*, dit de la simplicité des anciens temps :

Non externis advecta Britannis
Lana erat in pretio, non concha aut coccus in usu.

corps, le teint, la couleur et la disposition naturelle des cheveux [1]. On vise à réaliser par tous les moyens un idéal qu'on s'est forgé, et l'on se fait à cet égard les illusions les plus singulières, les plus manifestes. Nous ferons complétement abstraction du costume ordinaire, qui, au quatorzième siècle [2], pèche par la bigarrure et par l'excès de richesse, mais qui plus tard devient plus élégant tout en restant riche, et nous nous bornerons à la toilette dans le sens le plus étroit du mot.

Tout d'abord on porte, on quitte et l'on reprend de faux tours de cheveux, même en soie blanche ou jaune [3], jusqu'à ce que vienne un prédicateur de carême qui touche les cœurs trop portés aux vanités du monde; alors s'élève sur une place publique un élégant bûcher

[1] Comp. les passages correspondants de Falke : Modes et costumes allemands. *Étude sur l'histoire de la culture en Allemagne*, en deux parties, Leipzig, 1858.

[2] Sur les Florentines, comp. les principaux passages de Giov. VILLANI, X, 10 et 152. (*Ordonnances relatives à l'habillement et leur suppression;* Matteo VILLANI, I, 4.) (Luxe incroyable à la suite de la peste.) Le grand édit de 1330, portant réglementation de la mode, ne permet entre autres, sur les habits des femmes, que des figures brochées, et défend celles qui sont simplement « peintes » (*dipinto*). Faut-il entendre par là l'impression sur étoffes? — Il est probable que non; il est plutôt à supposer que les figures étaient peintes à la main, ce qui rendait les habits beaucoup plus chers; c'est là ce qui aura sans doute motivé l'interdiction de ce luxe tout particulier. L'impression sur étoffes aurait coûté meilleur marché que le brochage. Voir une longue énumération d'artifices de toilette employés par les femmes dans BOCCACE, *De cas. vir. ill.*, lib. I, cap. XVIII, *In mulieres.*

[3] Les fausses nattes en cheveux s'appellent *capelli morti*. Les hommes aussi portent des perruques : témoin Giannozo Manetti. Vesp. BIST., *Commentario*, p. 103. (Il est possible qu'il ne faille pas entendre ainsi le passage de l'auteur, qui n'est pas tout à fait clair.) — Sur les fausses dents en ivoire que se fait mettre un prélat italien, mais dans le seul but de conserver la netteté de sa prononciation, voir ANSHELM, *Chronique de Berne*, IV, p. 30 (1508). Déjà dans Boccace il est question de dents d'ivoire : *Dentes casu sublatos reformare ebore fuscatos pigmentis gemmisque in albedinem revocare pristinam.*

(*talamo*) sur lequel les fausses nattes [1] viennent s'entasser avec les luths, les jouets, les masques, les amulettes, les recueils de chansons et autres babioles; la flamme, qui purifie tout, fait justice de tous ces monuments de la vanité féminine. La couleur idéale qu'on cherche à donner aux cheveux naturels aussi bien qu'aux cheveux postiches, c'est la couleur blonde. Comme le soleil avait la réputation de teindre en blond la chevelure [2], il y avait des dames qui, par le beau temps, restaient toute la journée en plein soleil [3]; de plus, on employait des moyens artificiels, tels que des mordants et des mixtures, pour teindre les cheveux. Ajoutez à cela tout un arsenal d'eaux de senteur, de pâtes, de cosmétiques, de fards pour les différentes parties du visage, même pour les paupières et les dents, inventions bizarres dont nous n'avons plus aucune idée. Ni les sarcasmes des poëtes [4], ni la virulence des prédicateurs, ni la perspective de voir leur peau défraîchie avant l'âge ne pouvaient faire renoncer les femmes à la manie de changer leur teint naturel et même de modifier en partie les traits de leur visage. Il est possible que les fréquentes et somptueuses représen-

[1] *Infessura*, dans ECCARD, *Scriptores*, II, col. 1874. — *Allegretto*, dans MURAT., XXIII, col. 823. — Puis les auteurs qui ont écrit sur Savonarole; voir plus bas.

[2] SANSOVINO, Venezia, fol. 152 : *Capelli biondissimi per forza di sole.* — Comp. p. 78 et les écrits rares cités par YRIARTE, *Vie d'un patricien de Venise* (1874), p. 56.

[3] C'est ce qui arriva aussi en Allemagne. — *Poesie satiriche*, Milano, 1808, p. 119, dans la satire de Bern. Giambullari : *Per prender moglie* (p. 107-126). C'est un résumé de toute la chimie appliquée à la toilette, qui évidemment s'appuie encore beaucoup sur la superstition et sur la magie.

[4] Qui pourtant se donnaient toutes les peines du monde pour faire ressortir ce qu'il y avait de dégoûtant, de dangereux et de ridicule dans ce maquillage. Comp. ARIOSTO, satira III, vs. 202 ss. — ARETINO, *Il marescalco*, atto II, scena v, et plusieurs passages des *Ragionamenti*. Puis GIAMBULLARI. — *Phil. Beroald. sen. Carmina.* — Voir aussi Filelfo dans ses Satires (Venise, 1502, IV, 2 f. 5 ss.).

tations de mystères, où figuraient des centaines d'acteurs fardés et parés à l'excès [1], aient contribué à
répandre dans la vie journalière l'abus de ces ornements artificiels; il n'en est pas moins vrai que cet
abus était général, et que les filles de la campagne
s'évertuaient à imiter les dames de la ville [2]. On avait
beau dire en chaire que ces artifices étaient des inventions des courtisanes, les femmes les plus honorables,
celles qui de toute l'année ne touchaient pas une boîte de
fard, étaient précisément celles qui se maquillaient les
jours de fête, où elles se montraient en public [3]. — Que
l'on considère cette habitude comme un symptôme
de barbarie comparable à la manie qu'ont les sauvages
de se tatouer, ou bien comme une conséquence du
désir de conserver aux traits et au teint la beauté et
la fraîcheur de la jeunesse, ce que sembleraient indiquer les soins multiples et minutieux qu'exigeait cette
toilette de la figure, toujours est-il que les hommes
n'épargnaient aux femmes ni les critiques ni les remon-
trances.

L'usage des parfums était également poussé à l'excès;
il s'étendait à tout ce qui entourait l'homme. A l'occasion
de certaines fêtes, on allait jusqu'à parfumer des mulets [4];

---

[1] CENNINO CENNINI, *Trattato della pittura* (publ. par Giuseppe TAM-
BRONI, Rome, 1521), donne au chap. CLXI, p. 145 ss., une recette
pour se peindre la figure ; il est évident qu'il a en vue des mystères
ou des mascarades, car il recommande très-sérieusement de
s'abstenir en général du fard et des eaux de toilette, dont l'usage,
dit-il, est surtout originaire de la Toscane (p. 146 ss.).

[2] Comp. *La Nencia di Barberino*, str. 20 et 40. (Comp. sur ce
poëme de Laurent de Médicis le passage cité plus haut, p. 88.)
L'amant lui promet de lui rapporter de la ville du fard et du blanc
de céruse dans un cornet.

[3] Agn. PANDOLFINI, *Trattato del governo della famiglia*, p. 118, qui
s'élève aussi très-énergiquement contre cet abus.

[4] Tristan. CARACCIOLO, dans MURAT., XXII, col. 87. — BANDELLO,
parte II, nov. 47.

Pierre Arétin remercie Côme Iᵉʳ d'un envoi d'argent parfumé [1].

D'autre part, les Italiens étaient convaincus que, sous le rapport de la propreté, ils étaient supérieurs aux hommes du Nord. En s'appuyant sur des raisons générales tirées de l'histoire de la culture, on peut plutôt admettre que repousser cette prétention, attendu que la propreté est un des éléments de la perfection de l'individu moderne, et que l'individu est arrivé à son complet épanouissement en Italie plus tôt que partout ailleurs ; en outre, le fait que les Italiens étaient une des nations les plus riches de l'époque, semble plutôt confirmer la chose que la démentir. Toutefois, on n'aura jamais de preuve certaine à cet égard, et, s'il s'agit d'établir la priorité en matière de principes de propreté, la poésie chevaleresque pourrait bien revendiquer l'honneur d'avoir été la première à poser des règles de ce genre. Ce qui est certain, c'est que les biographes de quelques personnages célèbres de la Renaissance vantent la propreté remarquable de leurs héros, surtout à table [2], et que, d'après le préjugé italien, c'est l'Allemand qui est l'idéal de la malpropreté [3]. Nous apprenons par Paul Jove [4] quelles habitudes malpropres Maximilien Sforza rapporta de l'Allemagne où il avait été élevé, et combien elles choquèrent ses compatriotes. Il est singulier qu'au quinzième siècle

Chapitre 1 à Côme : *Quei cento scudi nuovi e profumati che l'altro di mi mandaste a donare.* On trouve parfois des objets de cette époque qui ont gardé leur parfum jusqu'à nos jours.

[2] VESPASIANO FIORENT.. p. 458, dans la *Vie de Donato Acciajuoli,* et p. 625, dans la *Vie de Niccoli.* Comp. aussi plus haut, t. I, p. 266 ss.

[3] Voir à l'appendice n° 1.

[4] Paul. Jov., *Elogia,* p. 289 ; mais dans cette énumération il oublie l'éducation allemande. Maxim. ne changeait jamais ses vêtements de dessous ; même des femmes célèbres furent impuissantes à l'y décider.

du moins les Italiens aient laissé la plupart des hôtelleries entre les mains des Allemands[1], qui se livraient sans doute à ce genre d'industrie surtout à cause des pèlerins qui se rendaient à Rome. Pourtant l'auteur de cette assertion n'a peut-être voulu parler que de la campagne, attendu que dans les villes de quelque importance c'étaient les hôtelleries italiennes qui occupaient le premier rang[2]. L'absence d'auberges convenables à la campagne pourrait aussi s'expliquer par le peu de sécurité que les voyageurs trouvaient en dehors des villes.

C'est à la première moitié du seizième siècle que remonte cette école de politesse dont Giovanni della Casa, Florentin de naissance, a publié l'histoire sous le titre : *Il Galateo*. L'auteur de cet ouvrage prescrit non-seulement la propreté dans le sens le plus étroit du mot, mais encore la rupture avec toutes les habitudes que nous appelons d'ordinaire « malséantes », et il en parle avec l'assurance imperturbable du moraliste qui proclame les plus hautes lois de la morale. Dans d'autres littératures, cette question est traitée d'une manière moins systématique et moins directe; la leçon se dégage

---

[1] Sylvius Æneas (*Vitæ paparum*, ap. Murat., II, iii, col. 880) dit à propos de Baccano : *Pauca sunt mapalia, eaque hospitia faciunt Theutonici; hoc hominum genus totam fere Italiam hospitalem facit; ubi non repereris hos, neque diversorium quæras.*

[2] Franco Sacchetti, nov. 21. — Vers 1450, Padoue se vantait de posséder l'hôtel du Bœuf, qui était grand et beau comme un palais et qui avait des écuries où l'on pouvait loger deux cents chevaux. Michele Savonar., ap. Murat., XXIV, col. 1175 ss. — Florence avait près de la porte S. Gallo une des plus grandes et des plus belles hôtelleries qu'on pût voir; mais, à ce qu'il paraît, ce n'était qu'un lieu de récréation pour les gens de la ville. Varchi, *Stor. florent.*, III, p. 86. Par contre, à l'époque d'Alexandre VI, le meilleur hôtel de Rome était encore entre les mains d'un Allemand. Comp. la très-curieuse notice qui se trouve dans le manuscrit de Burcardus (Gregorovius, *Hist. de la ville de Rome*, VII, p. 361, note 2); comp. aussi *ibid.*, p. 93, notes 2 et 3.

du tableau des effets repoussants de la malpropreté [1].

Le *Galateo* renferme en outre de belles et fines leçons de savoir-vivre, de tact et de délicatesse en général. Encore aujourd'hui des gens de toute condition peuvent le lire avec grand profit, et nous doutons fort que la politesse de la vieille Europe aille jamais au delà de ses prescriptions. En tant que le tact est une affaire de sentiment, il a dû, chez tous les peuples, se rencontrer naturellement chez certains hommes dès le début de toute culture; d'autres auront aussi pu l'acquérir à force de volonté; mais ce sont les Italiens qui, les premiers, l'ont reconnu comme un devoir social et comme un signe de culture et d'éducation. Et d'ailleurs l'Italie elle-même avait bien changé depuis deux siècles. On constate sans peine que le temps des mauvaises plaisanteries échangées entre connaissances et demi-connaissances, des *burle* et des *beffe* (t. I, p. 192 ss.) est passé dans la bonne société [2], que la nation est sortie des murs de ses villes et qu'elle a pris l'habitude d'une politesse cosmopolite et en quelque sorte neutre. Nous parlerons plus loin de la sociabilité proprement dite, de la sociabilité positive.

Au quinzième siècle et au commencement du seizième, la vie matérielle en général était plus élégante et plus

---

[1] Comp. par ex. les parties correspondantes de la *Nef des fous*, par Sébastien Brandt, des colloques d'Érasme, du poëme latin *Grobianus*, etc., ainsi que des poëmes sur la tenue à table, où, à côté de la description de mauvaises habitudes, l'auteur donne aussi des préceptes pour l'observation des règles de la bienséance; un de ces poëmes se trouve dans E. WELLER, *Poëmes allemands du seizième siècle*, Tubingue, 1875.

[2] On voit entre autres par les exemples contenus dans le *Cortigiano*, l. II (Venezia, 1549), fol. 96 ss., combien la *burla* était modérée. Pourtant la *burla* méchante se soutint à Florence aussi longtemps qu'elle put. Les *Nouvelles* d'Antonio Francesco Grazini surnommé il Lasca (né en 1503, mort en 1582), qui parurent à Florence en 1750, en sont un témoignage.

raffinée chez les Italiens que chez aucun autre peuple de la terre. D'abord une foule de choses, petites et grandes, dont l'ensemble constitue le bien-être, le confort moderne, existaient en Italie, tandis qu'elles étaient inconnues dans les autres pays, comme il est facile de le prouver. Dans les rues bien pavées des villes italiennes[1], l'usage des voitures devint plus commun, tandis que partout ailleurs on allait à pied ou à cheval, ou du moins qu'on n'allait pas en voiture pour son plaisir. On apprend à connaître surtout par les nouvellistes les lits élastiques et moelleux, les tapis de prix, des objets de toilette dont on ne soupçonne pas encore l'existence hors de la Péninsule [2]. Ce qu'ils rappellent avec une complaisance toute particulière, c'est l'abondance et la beauté du linge. Bien des objets qu'ils décrivent rentrent en même temps dans le domaine de l'art; on est frappé de voir l'art intervenir pour ennoblir le luxe; il ne se contente pas d'orner de vases magnifiques le grand buffet massif et la gracieuse étagère, de couvrir les murs de tentures merveilleuses, de donner au sucre les formes les plus variées pour embellir le dessert, il s'applique surtout à faire de la menuiserie la rivale de la sculpture. Vers la fin du moyen âge, tout l'Occident essaye de faire de même, dès que ses moyens le lui permettent; mais ou bien il se livre à des jeux puérils et de mauvais goût, ou bien il ne sait pas sortir de l'uniformité du style décoratif gothique, tandis que la Renaissance est libre dans ses allures, intelligente dans son travail, et qu'elle s'adresse

---

[1] Sur Milan on trouve un passage remarquable dans BANDELLO, parte I, nov. 9. Il y avait plus de soixante voitures à quatre chevaux et d'innombrables voitures à deux chevaux, la plupart dorées, richement sculptées et toutes garnies de soie; comp. *ibid.*, nov. 4. — ARIOSTO, sat. III, v. 127.

[2] BANDELLO, parte I, nov. 3; III, 42; IV, 25.

à un cercle plus étendu de clients et de connaisseurs. C'est ainsi que s'explique, en matière de décoration, le triomphe que l'Italie remporte sur le Nord dans le cours du seizième siècle, bien que cette supériorité soit due aussi à des causes plus considérables et plus générales.

CHAPITRE III

La sociabilité dans le sens élevé du mot, cette sociabilité qui apparaît ici comme une œuvre d'art, comme l'expression la plus haute de la vie du peuple, a pour base la langue.

Aux beaux jours du moyen âge, la noblesse des nations occidentales avait cherché à mettre en vogue une langue « de cour » destinée à l'usage journalier et à la poésie. De même l'Italie, avec ses dialectes si variés, avait au treizième siècle son « *curiale* », qui était commun aux cours et aux poëtes. Le fait capital, c'est qu'on s'applique à en faire la langue des gens cultivés et la langue écrite. L'introduction des « Cent vieilles Nouvelles », qui ont été rédigées avant 1300, contient l'aveu de ces efforts. On considère ici la langue d'une manière absolue, en faisant abstraction de la poésie ; l'idéal, c'est l'expression simple, claire, élégante, appliquée à des discours, à des maximes, à des réponses remarquables par la brièveté. Cette expression idéale est l'objet d'un culte qu'on ne retrouve que chez les Grecs et chez les Arabes : « Que de gens, dans le cours d'une longue vie, ont eu peine à trouver un seul *bel parlare !* »

Mais il était d'autant plus difficile de créer cette langue idéale qu'il n'y avait pas d'unité, pas d'ensemble dans l'effort. Dante nous transporte au beau milieu de cette lutte; son écrit « sur la langue italienne [1] » n'est pas seulement important au point de vue de la langue elle-même, c'est aussi le premier ouvrage raisonné sur une langue moderne en général. La marche qu'il suit et les résultats auxquels il arrive intéressent particulièrement l'histoire de la linguistique, qui leur assure à jamais une place considérable. Nous n'avons à constater ici qu'un fait : c'est que, bien longtemps avant la composition de cet ouvrage, la question de la langue a dû être pour les Italiens la grande préoccupation de tous les jours, qu'on avait étudié tous les dialectes avec enthousiasme ou avec répugnance, mais toujours avec partialité, enfin que l'enfantement d'une langue idéale à l'usage de tous a été aussi lent que laborieux [2].

C'est Dante qui, par son grand poëme, a le plus contribué à fonder cette langue si ardemment rêvée. Le dialecte toscan fut la base principale de cette langue de l'avenir [3]. Si l'on trouve que nous exagérons, nous

[1] *De vulgari eloquio*, ed. CORBINELLI, Parisiis, 1577. D'après BOC-CACE, *Vita di Dante*, p. 77, ouvrage qu'il a composé peu de temps avant sa mort; comp. d'autre part les remarques de WEGELE, *Dante*, p. 261 ss. — Il parle au commencement du *Convito* de la rapide et remarquable transformation que la langue a subie de son vivant.

[2] Il faut rappeler à ce propos des recherches comme celles que font, par ex., Léonard Arétin (*Epist.*, ed. MEHUS, II, p. 62 ss., lib. VI, 10) et le Pogge (*Historiæ disceptatīvæ convivales tres* dans *Opp.*, fol. 14 ss.) : si primitivement la langue populaire a été la même que la langue savante. Léonard répond négativement; le Pogge résout la question par l'affirmative, en rétorquant les arguments de son devancier. — Comp. aussi l'exposé détaillé de L. B. Alberti dans l'introduction de son ouvrage, *Della famiglia*, livre III : De la nécessité de la langue italienne pour les relations sociales.

[3] Un connaisseur italien pourrait facilement dresser le tableau des progrès successifs de cette langue dans la littérature et dans la vie journalière. Il faudrait constater combien de temps, pendant le quatorzième et le quinzième siècle, les différents dialectes se sont maintenus intacts ou ont été mélangés dans la correspon-

demanderous un peu d'indulgence pour un étranger qui, dans une question aussi controversée, se range tout simplement à l'opinion dominante.

Il est possible que, dans la littérature et dans la poésie, les querelles auxquelles cette question donna lieu aient fait autant de mal que de bien, et que le purisme ait éloigné plus d'un auteur d'ailleurs bien doué de l'expression simple et naïve. D'autres, qui possédaient la langue avec toutes ses ressources, ont pu mettre au-dessus de tout son allure majestueuse et son harmonie naturelle, et sacrifier ainsi le fond à la forme. En effet, un aussi merveilleux instrument fait valoir les moindres motifs. Quoi qu'il en soit, au point de vue social, cette langue avait une haute valeur. Elle complétait le développement de l'individu, elle forçait l'homme cultivé à garder de la tenue même dans les circonstances les plus vulgaires, et à conserver la dignité extérieure jusque dans les éclats de la passion. Sans doute, l'ordure et la méchanceté s'emparèrent aussi de ce vêtement classique comme jadis elles s'étaient montrées sous le masque de l'atticisme le plus pur; mais, du moins, les sentiments les plus nobles et les plus délicats trouvèrent dans cette langue l'expression qu'il leur fallait. Mais elle est surtout importante au point de

dance de tous les jours, dans les publications officielles et dans les protocoles judiciaires, enfin dans les chroniques et dans la littérature franche. Il faudrait aussi tenir compte du maintien des dialectes italiens à côté d'un latin plus ou moins pur, qui servait alors de langue officielle. — LANDI, *Forcianæ questiones*, fol. 7ª, compare les diverses manières de parler et de prononcer dans les différentes villes de l'Italie. Relativement à la manière de parler, il dit, par ex. : *Hetrusci vero quanquam cæteris excellant, effugere tamen non possunt, quin et ipsi ridiculi sint, aut saltem quin se mutuo lacerent;* quant à la prononciation, il reconnaît surtout la supériorité des Siennois, des Lucquois et des Florentins; mais il fait, à propos de Florence, la remarque suivante : *Plus (jucunditatis) haberet, si voces non ingurgitaret aut non ita palato lingua jungeretur.*

vue national, comme patrie idéale des hommes cultivés des États de l'Italie morcelée de si bonne heure [1]. De plus, elle n'est pas l'organe exclusif de la noblesse ou de quelque autre classe; le plus pauvre, le plus humble citoyen a les moyens et le temps de se familiariser avec elle, s'il le veut. De nos jours encore (peut-être plus que jamais), l'étranger arrivant dans des contrées de l'Italie où se parle d'ordinaire le dialecte le moins intelligible, est souvent surpris d'entendre des gens de condition infime et des paysans parler avec un accent irréprochable l'italien le plus pur, tandis qu'en France, voire en Allemagne, où même les gens cultivés gardent leur accent provincial, on chercherait en vain chez les classes inférieures cette pureté de langage et de diction. Sans doute, il y a généralement en Italie plus d'individus sachant lire qu'on ne pourrait le supposer, étant donné la situation de certaines provinces; mais à quoi cela servirait-il si tout le monde ne professait un respect absolu pour la pureté de la langue et de la prononciation, et ne la regardait comme un bien précieux à conserver? Cette langue s'est propagée successivement dans toutes les provinces italiennes; Venise, Milan et Naples l'ont adoptée officiellement à l'époque où la littérature était encore dans tout son éclat et en partie à cause de cela même. Ce n'est que dans notre siècle que le Piémont est devenu, grâce à un acte volontaire et libre, un pays vraiment italien, en remplaçant son dialecte par la langue générale du pays [2]. Dès le commencement du seizième siècle, on abandonnait à dessein à la littérature dialectique cer-

[1] C'est déjà le sentiment de DANTE : *De vulgari eloquio*, I, chap. XVII et XVIII.

[2] Bien longtemps avant on écrivait et on lisait le toscan dans le Piémont; seulement on écrivait et on lisait peu.

tains sujets, tant sérieux que plaisants [1]. Il se forma ainsi un style pouvant se plier à tous les mouvements de la pensée. Chez d'autres peuples, cette sorte de scission voulue ne se produisit que beaucoup plus tard.

L'opinion des gens instruits et cultivés sur la valeur de la langue, considérée comme organe de la sociabilité dans ce qu'elle a d'élevé, se trouve formulée d'une manière très-complète dans le *Cortigiano*[2]. Il y avait, dès le commencement du seizième siècle, des gens qui affectaient de conserver des termes vieillis qui avaient été employés par Dante et les autres écrivains toscans, uniquement parce qu'ils étaient anciens. L'auteur les proscrit d'une manière absolue pour la langue parlée, et il ne veut pas non plus les admettre pour la langue écrite, attendu que celle-ci n'est qu'une forme de la première. Puis, conséquent avec lui-même, il accorde que le plus beau langage est celui qui se rapproche le plus des beaux écrits. Il fait entendre très-nettement que les gens qui ont de grandes choses à dire créent eux-mêmes leur langue, et que la langue est mobile et changeante, parce qu'elle est quelque chose de vivant. Qu'on emploie les plus belles

---

[1] On savait aussi fort bien quand il convenait d'employer le dialecte dans la vie journalière et quand il fallait l'éviter. Giovanni Pontano ose recommander formellement au prince héritier de Naples de ne pas l'employer. (Jov. PONTAN., *De principe*). On sait que les derniers Bourbons étaient moins scrupuleux sous ce rapport. — Voir dans BANDELLO, parte II, nov. 31, la manière dont il se moque d'un cardinal milanais qui voulait conserver son dialecte à Rome.

[2] Bald. CASTIGLIONE, *Il cortigiano*, l. I, ol. 27 ss. Malgré la forme du dialogue, l'opinion personnelle de l'auteur perce partout. Ce qui est très-remarquable dans cette étude, c'est le contraste entre le jugement de cet écrivain et celui de Boccace et de Pétrarque. (Dante n'est pas nommé une seule fois dans tout l'ouvrage.) Politien, Laurent de Médicis et d'autres, dit-il, étaient des Toscans, et ils étaient au moins aussi dignes d'être imités que ces deux auteurs *e forse di non minor dottrina e giudizio.*

expressions qu'on voudra, pourvu que le peuple s'en serve encore, même si elles proviennent d'ailleurs que de la Toscane; qu'on prenne même de temps en temps des mots français et espagnols, si l'usage les a adoptés et s'ils répondent à des idées nettement définies [1]. C'est ainsi qu'on formera, à force d'intelligence et de travail, une langue qui ne sera pas, il est vrai, le vieux toscan pur, mais qui sera italienne, qui sera riche comme un délicieux jardin plein de fleurs et de fruits. Il faut qu'à toutes les autres perfections le courtisan joigne celle du langage, qui peut lui permettre de faire valoir son tact, son esprit et ses nobles sentiments.

Comme la langue était devenue pour la société une question d'intérêt commun, les archaïstes et les puristes virent en grande partie échouer leurs efforts. Il y avait dans la Toscane même trop d'auteurs remarquables et d'hommes distingués qui méprisaient leurs prétentions ou même qui s'en moquaient, chose qui arrivait surtout quand quelque sage venu du dehors essayait de prouver aux Toscans qu'ils n'entendaient pas leur propre langue [2].

[1] Seulement il ne fallait pas aller trop loin dans cette voie. Les poëtes satiriques mêlent à leurs vers des bribes d'espagnol, et Folengo (sous le pseudonyme de Limerno Pitocco, dans son *Orlandino*) émaille son poëme de mots français; mais ils ne le font que dans une intention moqueuse. Dans les comédies on voit souvent un Espagnol qui parle un jargon ridicule, composé d'espagnol et d'italien. Il est extraordinaire qu'une rue de Milan, qui, à l'époque de la domination française, de 1500 à 1512 et de 1515 à 1522, s'appelait rue Belle, porte encore aujourd'hui le nom de Rugabella. La langue ne porte presque pas de traces de la longue domination espagnole; tout au plus quelques édifices et quelques rues ont-ils gardé le nom d'un vice-roi. Ce n'est qu'au dix-huitième siècle qu'on vit, avec les idées exprimées par la littérature française, beaucoup de tournures et d'expressions françaises s'introduire dans la langue italienne : le purisme de notre siècle s'est efforcé et s'efforce encore de les faire disparaître.

[2] FIRENZUOLA, *Opere*, I, dans la préface sur la beauté féminine, et II, dans les *Ragionamenti* qui précèdent les nouvelles.

Il suffit de l'apparition et de l'influence d'un écrivain comme Machiavel pour mettre à néant ces toiles d'araignée; archaïstes et puristes furent impuissants contre cette pensée vigoureuse, contre cette expression si simple et si claire, contre cette langue qui avait toutes les autres qualités, s'il lui manquait l'avantage d'être empruntée tout entière au seizième siècle. D'autre part, il y avait trop d'Italiens du Nord, et même trop de Romains, de Napolitains, etc., qui réprouvaient une sévérité excessive en matière de langage. Il est vrai qu'ils renient complétement certaines tournures et certaines locutions de leur dialecte; aussi un étranger sera-t-il tenté d'accuser Bandello de fausse modestie à la lecture des protestations solennelles dont il est prodigue : « Je n'ai point de style; je n'écris pas la langue de Florence; je me sers souvent d'un jargon barbare; je ne demande pas à ajouter de nouvelles grâces à la langue; je ne suis qu'un Lombard, et encore un Lombard de la frontière ligurienne [1]. » En réalité, on se défendait surtout contre les rigoristes; on renonçait formellement à poursuivre un idéal chimérique, mais on travaillait, en revanche, à se rendre maître de la grande langue générale. Tout le monde ne pouvait pas faire comme Pietro Bembo, qui, tout en étant Vénitien de naissance, écrivit toujours le plus pur toscan, presque comme une langue étrangère, il est vrai, ou comme Sannazar, qui mania le toscan avec la même perfection, bien qu'il fût Napolitain. L'important, c'est que chacun était obligé de respecter la langue, soit en parlant, soit en écrivant. Ce point acquis, on pouvait passer condamna-

---

[1] BANDELLO, parte I, Proemio, et nov. 1 et 2. — Un autre Lombard, Teofilo Folengo, que nous venons de nommer, vide la question dans son *Orlandino*, par des plaisanteries fort amusantes.

tion sur le fanatisme des puristes, sur leurs congrès linguistiques, etc. [1]; leur influence ne devint sérieusement nuisible que plus tard, lorsque le souffle d'originalité qui avait animé la littérature se fut affaibli et qu'il s'évanouit même sous l'action de causes bien plus puissantes. Enfin, l'Académie della Crusca était libre de traiter l'italien comme une langue morte. Mais elle était réduite à une telle impuissance qu'elle ne put pas même l'empêcher de prendre au siècle dernier l'esprit français.

C'était cette langue aimée, cultivée, assouplie par tous les moyens, qui constituait, sous la forme de la conversation, la base de la sociabilité. Tandis que, dans le Nord, la noblesse et les princes vivaient isolés ou bien dépensaient leurs loisirs dans les tournois, à la chasse, dans des cérémonies pompeuses, que les bourgeois passaient leur temps à se livrer à des jeux ou à des exercices corporels, parfois aussi à versifier ou à célébrer des fêtes, il y avait de plus, en Italie, une sphère neutre où des gens de toute origine, dès qu'ils avaient le talent et la culture nécessaires, s'amusaient à causer et à échanger des idées sérieuses ou gaies sous une forme noble et délicate. Comme la question de l'hospitalité ne venait qu'en seconde ligne [2], il était facile de tenir à l'écart les sots et les parasites. Si nous pouvions prendre au mot les

[1] Vers la fin de l'année 1531, un congrès de ce genre devait avoir lieu à Bologne, sous la présidence de Bembo, après qu'une première tentative avait échoué. Voir la lettre à Claud. Tolomei, dans FIRENZUOLA, *Opere*, vol. II, *Appendices*, p. 231 ss. Pourtant il s'agit ici moins du purisme que de la vieille querelle entre les Toscans et les Lombards.

[2] Vers 1550, Luigi Cornaro se plaint (au commencement de son *Trattato della vita sobria*) du fait suivant : ce n'est que depuis peu de temps qu'on voit l'Italie envahie par les cérémonies et les compliments (espagnols), par le luthéranisme et par la débauche. (La tempérance et la liberté, la facilité des relations sociales disparurent en même temps.) Comp. p. 93 et 94.

auteurs de dialogues, les plus grands problèmes de
l'existence auraient rempli la conversation entre des
esprits d'élite ; l'expression des pensées les plus élevées
n'aurait pas été, comme généralement dans le Nord, un
fait isolé, elle aurait été un don commun à plusieurs.
Nous nous bornerons ici à parler de la sociabilité dans
ce qu'elle a de gracieux et de léger.

CHAPITRE IV

LA FORME SUPÉRIEURE DE LA SOCIABILITÉ

Au commencement du seizième siècle, du moins, cette forme est belle et régulière ; elle repose sur une convention, tacite ou non, qui s'inspire surtout du but à atteindre et de la convenance, et qui est juste l'opposé de l'étiquette pure. Dans des cercles peu raffinés qui avaient le caractère d'une corporation permanente, il y avait des statuts et des admissions en forme, comme, par exemple, dans ces bruyantes et joyeuses sociétés dont parle Vasari [1] ; les réunions régulières de corps aussi nombreux rendaient possible la représentation des comédies les plus importantes d'alors. Les sociétés réunies par hasard et pour un temps limité seulement acceptaient volontiers les lois éphémères de la dame la plus considérable. Tout le monde connaît le début du *Décaméron* de Boccace et considère l'empire de Pampinéa sur la société comme une agréable fiction ; il est certain que ce n'est là qu'une fantaisie de l'auteur, mais c'est une fantaisie

---

[1] VASARI, XII, p. 9 et 11, *Vita de Rustici*. — Qu'on y ajoute la clique médisante d'artistes râpés, XI, 216 ss. — *Vita d'Aristotile*. — Les *capitoli* de Machiavel sur une société de plaisir (dans les *Opere minori*, p. 407) sont une caricature comique de statuts de sociétés, dans le genre du monde renversé. — Ce qui est et restera incomparable, c'est la description de la soirée d'artistes à Rome, chez Benvenuto Cellini, I, chap. xxx.

qui repose sur une pratique aussi réelle que fréquente. Firenzuola, qui écrit près de deux siècles plus tard (1523), et qui commence de la même manière son recueil de Nouvelles, en invoquant formellement l'exemple de Boccace, Firenzuola se rapproche certainement bien plus encore de la réalité en mettant dans la bouche de sa reine d'occasion un véritable discours du trône sur la distribution du temps pendant le séjour que la société qu'elle gouverne fera à la campagne. La journée commence par une heure d'entretien philosophique; on disserte tout en se dirigeant vers une hauteur; on se réunit à table [1], et le repas est égayé par les accords des luths et par des chants; puis on récite à l'ombre et au frais une canzone nouvelle dont le sujet est chaque fois indiqué la veille; le soir, on se rend au bord d'une source; là, tout le monde prend place et chacun à son tour raconte une nouvelle; enfin vient le souper, qui est accompagné et suivi de conversations plaisantes « qui peuvent encore s'appeler convenables pour nous autres femmes et qui ne doivent pas sembler inspirées par les fumées du vin à vous autres hommes ». Dans les introductions ou dédicaces qui précèdent les différentes nouvelles, Bandello n'introduit pas de ces discours d'inauguration solennels, attendu que les diverses sociétés devant lesquelles se racontent ses histoires forment des cercles déjà constitués; mais il laisse deviner d'une autre manière combien il devait y avoir d'esprit, d'imagination et de grâce chez les membres de ces réunions. Bien des lecteurs se diront qu'il n'y avait rien à perdre ni à gagner dans une société qui pouvait écouter des récits aussi immoraux. Il serait plus juste de demander sur quelles

---

[1] Il s'agit du déjeuner qui avait lieu à dix ou onze heures. Comp. BANDELLO, parte II, nov. 10.

bases solides devait reposer une société qui, malgré ces histoires, respectait les formes, ne dépassait pas les bornes de la convenance, et qui, au milieu des distractions les plus futiles, était capable de revenir aux discussions sérieuses. C'est que le besoin de relever et d'ennoblir les relations sociales était plus fort que tout le reste. Il ne faut pas prendre pour terme de comparaison la société fort idéalisée que Castiglione, à la cour de Guidobaldo d'Urbin, et Pietro Bembo, au château d'Asolo, présentent comme le but suprême de la vie. C'est précisément la société d'un Bandello, avec toutes les frivolités dont elle s'occupe, qui donne la meilleure mesure de la distinction, de la grâce facile, de la bienveillance, de la véritable liberté, et même de l'esprit, du goût délicat en matière de poésie et d'art qui distinguaient ces cercles. Un fait qui prouve surtout en faveur de cette société, c'est que les dames qui en étaient l'âme devenaient célèbres et jouissaient de la plus haute considération, sans que leur réputation en souffrit le moins du monde. Sans doute, une des protectrices de Bandello, Isabelle de Gonzague, de la maison d'Este (t. I, p. 55), a donné prise à la médisance ; mais c'est à la conduite légère de ses demoiselles d'honneur [1], et non à ses propres écarts, qu'elle doit sa fâcheuse renommée. Julie de Gonzague-Colonna, Hippolyte Sforza, qui devint princesse de Bentivoglio, Blanche Rangoua, Cécile Gallerana, Camille Scarampa et d'autres furent absolument irréprochables, ou bien les fautes de leur vie privée ne diminuèrent en rien l'éclat de leur gloire. La dame la plus célèbre de l'Italie, Vittoria Colonna (née en 1490, morte en 1547), l'amie de Castiglione et de Michel-Ange, était

---

[1] PRATO, *Arch. stor.*, III, p. 309, nomme ces dames : *Alquante ministre di Venere.*

une sainte [1]. Quoi qu'il en soit, ce qu'on raconte de particulier sur les divertissements auxquels ces sociétés se livraient à la ville, à la campagne, dans des stations balnéaires, n'est pas tellement extraordinaire qu'on puisse en conclure la supériorité de la société italienne sur celle des autres pays de l'Europe. Mais qu'on écoute Bandello [2] et qu'on se demande ensuite si quelque chose de pareil était possible en France, par exemple, avant que ce genre de société eût été transporté dans ce pays par des hommes comme lui. Sans doute, ces cercles élégants n'eurent aucune influence sur la production des grandes œuvres de cette époque ; cependant on aurait tort de faire trop bon marché de la part d'initiative qui leur revient dans le mouvement de l'art et de la poésie ; elles ont au moins le mérite d'avoir aidé à créer ce qui n'existait alors dans aucun pays : l'unité du goût et l'amour éclairé du beau. Ce genre de société est donc un produit nécessaire de cette culture et de cette existence qui étaient alors particulières à l'Italie et qui depuis sont devenues européennes.

A Florence, la vie sociale subit l'influence de la littérature et de la politique. Laurent le Magnifique est avant tout une personnalité qui domine complétement son entourage, non pas, comme on serait tenté de le croire, par sa situation qui le met au niveau des princes, mais par l'éclat de ses qualités naturelles. Il est le maître absolu de ce cercle, précisément parce qu'il laisse toute liberté à ces hommes si différents les uns des autres [3].

[1] On trouve des détails biographiques et quelques-unes de leurs lettres dans A. DE REUMONT, *Lettres d'Italiens craignant Dieu.* Fribourg en Brisgau, 1877, p. 225 ss.

[2] Les passages les plus importants sont : parte I, nov. 1, 3, 21, 30, 44 : II, 10, 34, 55 ; III, 17, etc.

[3] Comp. Lor. Magnif. de' MEDICI, *Poesie*, I, 204 (*le Banquet*), 291

On voit, par exemple, combien il ménageait son illustre
précepteur, Politien, combien les superbes allures du
savant et du poëte s'écartaient des limites qu'auraient
dû lui imposer, et la grandeur de cette maison, qui
allait devenir princière, et la susceptibilité de l'épouse
du maître ; on pardonne tout à Politien, mais il est, par
contre, le héraut et le symbole vivant de la gloire des
Médicis. En vrai Médicis qu'il est, Laurent se plaît à rappeler le bonheur qu'il doit à la société, et à en consacrer le souvenir par de véritables monuments. Dans une
charmante improvisation, la *Chasse au faucon*, il fait le
portrait satirique de ses compagnons ; dans l'*Orgie*, il va
jusqu'au burlesque, tout en faisant entendre très-clai-
rement que les rapports entre eux et lui peuvent être
de la nature la plus sérieuse [1]. Quant à ces rapports, nous
les connaissons amplement par sa correspondance et par
les comptes rendus de ses entretiens savants et philosophiques. D'autres cercles, qui se formèrent plus tard à
Florence, sont un peu des clubs politiques où se produisent
toutes sortes de théories, qui ont en même temps un côté
poétique et un côté philosophique, comme par exemple
l'Académie platonicienne, lorsque, après la mort de Laurent, elle se réunit dans les jardins de la famille Ruccellaï [2]

(la *Chasse au faucon*). — ROSCOE, *Vita di Lorenzo*, III, p. 140, et
appendices 17 à 19.

[1] Le titre de *Simposio* est inexact ; il faudrait : le Retour de la
vendange. Laurent décrit d'une manière extrêmement plaisante,
c'est-à-dire dans une parodie de l'*Enfer* de Dante, la manière
dont il rencontre successivement, surtout sur la Via Faënza, tous
ses bons amis qui reviennent de la campagne plus ou moins gris.
Rien de comique et de fin comme le portrait de Piovanno Arlotto
(dans le capitolo viii), qui s'en va à la recherche de sa soif perdue
et qui, dans ce but, a mis une ceinture composée de viande
sèche, d'un hareng, d'un morceau de fromage, d'un saucisson et
de quatre sardines, *e tutte si cocevan nel sudore.*

[2] Sur Côme Ruccellai considéré comme centre de ce cercle, au

Dans les cours, la société dépendait naturellement de la personne du prince. Sans doute, à partir du commencement du seizième siècle, il n'y en avait plus qu'un petit nombre ; encore n'avaient-elles qu'une importance minime au point de vue de l'esprit de société. Rome avait sa cour vraiment unique, celle de Léon X; c'était une société d'une espèce toute particulière, comme on n'en trouve pas une autre dans l'histoire.

commencement du seizième siècle, comp. MACHIAVELLI, *Arte della guerra*, L. I.

CHAPITRE V

L'HOMME DE SOCIÉTÉ ACCOMPLI

C'est pour les cours et, au fond, bien plus encore pour lui-même, que se développe et s'affine le courtisan tel que l'entend Castiglione. Il est, à proprement parler, l'homme de société idéal ; il est le produit nécessaire, la quintessence de la culture de cette époque, et la cour est plus faite pour lui qu'il n'est fait pour la cour. Tout bien pesé, on ne pouvait rien faire d'un tel homme dans une cour, attendu qu'il a lui-même les qualités et les allures d'un prince accompli, et que sa supériorité, toute simple et toute naturelle, suppose un être trop indépendant. Le mobile secret qui le fait agir, c'est, — l'auteur a beau vouloir le dissimuler, — non pas le service du prince, mais sa propre perfection. Un exemple le fera mieux voir : à la guerre, le courtisan refuse[1] des missions utiles où il trouverait à courir des dangers et à se dévouer, quand elles manquent de grandeur et d'éclat, comme, par exemple, la capture d'un troupeau ; ce qui l'attire dans les camps, ce n'est pas le devoir, mais l'*onore*. La situation morale du courtisan vis-à-vis du prince, telle que l'auteur la définit dans le quatrième livre, est très-libre et très-indépendante. La théorie des amours

[1] *Il cortigiano*, l. II, fol. 53. — Sur le *Cortigiano*, comp. plus haut, p. 105, 122.

distinguées (dans le troisième livre) renferme un grand
nombre d'observations psychologiques très-fines, mais
qui, pour la plupart, ont un caractère trop général; de
même, la glorification presque lyrique de l'amour idéal
(à la fin du quatrième livre) n'a plus rien de commun
avec l'objet particulier de l'ouvrage. Pourtant ici, comme
dans les Asolani de Bembo, le raffinement extraordinaire
de la culture se révèle dans la manière délicate dont les
sentiments sont analysés. Sans doute, on ne peut pas
prendre ces auteurs au mot, et leurs théories ne sont pas
des articles de foi. Mais il est certain que des sujets de
ce genre se traitaient dans la société élégante; nous
verrons plus bas que non-seulement l'afféterie mais ·
encore la passion véritable se complaisaient dans cette
subtile analyse du cœur humain.

Au physique, le courtisan doit d'abord exceller dans ce
qu'on appelle les exercices chevaleresques; de plus, il faut
qu'il possède encore bien d'autres talents, qu'on ne
peut exiger que dans une cour polie, régulière, où le ·
grand moteur est l'émulation, dans une cour comme il
n'en existait pas alors hors de l'Italie; telles des qualités
qu'on demande au courtisan ont leur raison d'être dans
une idée générale, presque abstraite, de la perfection
individuelle. Il faut que l'homme de cour soit familiarisé
avec tous les jeux nobles; on veut même qu'il soit habile
à sauter, à courir, à nager, à lutter; il doit surtout être
un danseur accompli et, — cela va de soi, — un cavalier
émérite. Il faut, en outre, qu'il possède plusieurs langues,
qu'il sache au moins l'italien et le latin, qu'il soit versé
dans la littérature et qu'il soit bon juge en matière d'arts
plastiques; on lui demande même un certain degré de
virtuosité en fait de musique, mais on veut qu'il se garde
bien de faire montre de son talent. Naturellement on ne

prétend pas qu'il connaisse tout à fond, sauf pourtant le maniement des armes ; c'est précisément cette universalité superficielle qui constitue l'individu accompli, c'est-à-dire celui qui possède toutes les qualités sans qu'il en résulte une supériorité gênante pour les autres.

Ce qui est certain, c'est qu'au seizième siècle les Italiens, joignant l'exemple au précepte, furent les maîtres de tout l'Occident pour tout ce qui peut former l'homme de société par excellence. En ce qui concerne l'équitation, l'escrime et la danse, ils ont donné le ton par des ouvrages ornés de gravures et par l'enseignement pratique ; la gymnastique sérieuse et raisonnée a peut-être été enseignée pour la première fois par Vittorino da Feltre (t. I, p. 262), et elle est restée depuis un des éléments obligés de l'éducation parfaite [1]. Ce qui est remarquable, c'est qu'elle est enseignée d'une manière méthodique ; malheureusement il nous est impossible de dire sur quels exercices on insistait particulièrement, et si ceux qui sont en vogue aujourd'hui étaient connus à cette époque-là. Mais ce que nous savons, c'est que les Italiens, fidèles à leur manière de voir habituelle,

---

[1] Cœlius Calcagninus (*Opera*, p. 514) donne les détails suivants sur l'éducation d'un jeune Italien de qualité qui vivait vers 1500 (dans l'oraison funèbre d'Antonio Costabili) : d'abord *artes liberales et ingenuæ disciplinæ, tum adolescentia in iis exercitationibus acta, quæ ad rem militarem corpus animumque præmuniant. Nunc gymnastæ* (c'est-à-dire le maître de gymnastique) *operam dare, luctari, excurrere, natare, equitare, venari, aucupari, ad palum et apud lanistam ictus inferre aut declinare, cæsim punctimve hostem ferire, hastam vibrare, sub armis hyemem juxta et æstatem traducere, lanceis occursare, veri ac communis Martis simulacra imitari.* — Cardanus (*De propria vita,* ch. VII) cite aussi parmi ses exercices de gymnastique l'action de sauter sur le cheval de bois. — Comp. RABELAIS, *Gargantua,* I, 23, 24 : l'éducation en général, et 35 : les tours des gymnastes. — Même pour les philosophes, Marsile Ficin (*Epist.* IV, 171, GALEOTTO) demande l'habitude de la gymnastique ; Matteo VEGIO, *De puerorum educatione,* lib III, c. V.

s'appliquaient à développer chez l'individu non-seulement la force et l'agilité, mais encore la bonne grâce; nous avons à cet égard des données positives. Il suffit de rappeler le grand Frédéric de Montefeltro (t. I, p. 56), aimant à diriger lui-même les jeux des jeunes gens qui lui avaient été confiés.

Les jeux et les exercices des gens du peuple ne différaient pas sensiblement de ceux qui étaient répandus dans les autres pays occidentaux. Dans les villes maritimes, les régates venaient naturellement s'ajouter aux fêtes populaires; depuis longtemps les régates vénitiennes étaient justement célèbres[1]. Le jeu classique de l'Italie était et est encore aujourd'hui le jeu de paume; il est possible qu'à l'époque de la Renaissance ce divertissement ait été cultivé avec plus d'ardeur et plus d'éclat que dans les autres contrées de l'Europe. Toutefois il n'est guère possible d'appuyer cette supposition sur des témoignages positifs.

C'est ici le lieu de parler aussi de la musique[2]. Vers 1500, les compositeurs étaient encore presque tous des maîtres de l'école flamande, que leur talent et l'originalité de leurs œuvres rendaient l'objet d'une légitime admiration.

---

[1] Sansovino, Venezia, fol. 172 ss. On dit que les régates sont nées de l'habitude d'aller au Lido, où l'on tirait de l'arc; la grande régate générale qui avait lieu le jour de Saint-Paul était légale depuis 1315. — Autrefois à Venise on montait aussi beaucoup à cheval, avant que les rues fussent pavées et que les ponts de bois fussent changés en ponts de pierre voûtés. Pétrarque (*Epist. seniles*, IV, 3, Fracassetti, vol. I, p. 227 ss., et les notes de Fr., p. 235 ss.) décrit en 1364 un magnifique tournoi de cavaliers, qui eut lieu sur la place Saint-Marc; vers 1400, le doge Steno avait des écuries aussi belles que celles de n'importe quel prince italien. Pourtant, depuis 1291, il était généralement défendu de circuler à cheval aux alentours de cette place. — Dans la suite les Vénitiens passèrent naturellement pour être de mauvais cavaliers. Comp. l'Arioste, *Sat.*, V, v. 208.

[2] Voir à l'appendice n° 2.

Mais, à côté de la musique flamande, il y avait déjà une musique italienne, qui se rapprochait certainement davantage de l'art actuel. Un demi-siècle plus tard paraît Palestrina, dont le puissant génie nous subjugue encore aujourd'hui. Nous apprenons aussi qu'il a été un grand novateur; mais est-ce lui, sont-ce d'autres maîtres qui ont fait entrer définitivement la musique dans les voies modernes? c'est une question que les auteurs du temps n'éclaircissent pas assez pour que les profanes puissent se faire une opinion bien nette à cet égard. Nous n'insisterons donc pas sur l'histoire de la composition musicale, et nous nous bornerons à étudier le rôle de la musique dans la société du temps.

Ce qui caractérise surtout la Renaissance italienne, c'est la richesse et la variété des orchestres, l'invention de nouveaux instruments, et — conséquence toute naturelle — le nombre des virtuoses, c'est-à-dire des artistes qui jouent parfaitement d'un instrument donné.

Parmi les instruments qui peuvent remplacer tout un orchestre, c'est non-seulement l'orgue qui a été répandu et perfectionné de bonne heure, mais encore l'instrument à cordes appelé *gravicembalo* ou *clavicembalo*. Certains morceaux d'instruments de ce genre, remontant au quatorzième siècle, se sont conservés jusqu'à nos jours, parce qu'ils sont ornés de peintures faites par les plus grands artistes. Parmi les instruments légers, le violon tenait le premier rang, et déjà les bons violonistes arrivaient à la célébrité. A la cour de Léon X, qui, avant son pontificat, avait toujours eu sa maison pleine de chanteurs et de musiciens, et qui lui-même avait une haute réputation comme connaisseur et comme exécutant, le Juif Giovan Maria et Jacopo Sansecondo se firent un nom illustre; le premier reçut du Pape le titre de comte et une petite ville [1]; on croit retrouver les traits du second dans l'Apollon du Parnasse de Raphaël. Dans le cours du seizième siècle se forment des virtuoses pour tous les genres d'instruments; Lomazzo cite (vers 1580) trois artistes renommés qui excellaient dans le chant et dans l'art de jouer de l'orgue, du luth, de la lyre, du violoncelle, de la harpe, de la cithare, du cor et du trombone; il voudrait voir figurer leurs portraits sur les instruments dont ils tiraient un si merveilleux parti [2]. Trouverait-on de pareils jugements hors de l'Italie, en supposant que les mêmes instruments eussent existé partout à cette époque?

Ce qui prouve mieux que tout le reste quelle variété d'instruments l'Italie possédait, ce sont les collections que les amateurs se plaisaient à faire. A Venise, dans cette ville si passionnée pour la musique [3], il y avait plusieurs collections de ce genre; il suffisait que le

[1] *Leonis vita anonyma,* dans Roscoe, éd. Bossi, XII. p. 171. Est-ce peut-être le violoniste de la galerie Sciarra? Dans la méthode de luth de Gerdes (1552) il y a quatorze numéros de Giovan Maria. — Un certain Giovan Maria de Cornetto est cité avec éloge dans l'*Orlandino* (Milano, 1584, III, 27).

[2] Lomazzo, *Trattato dell' arte della pittura,* p. 347 ss. Dans le texte il n'est pas question de ce désir. Est-ce peut-être une interprétation inexacte de la phrase qui termine le traité : *Et insieme vi si possono gratiosamente rappresentar convitti et simili abbell menti, che il pittore leggendo i poeti et gli historici può, trovare copiosamente et anco essendo ingenioso et ricco d'invenzione può per se stesso imaginare?* En parlant de la lyre, l'auteur nomme Léonard de Vinci, ainsi qu'Alphonse (duc?) de Ferrare. Il réunit en général les célébrités du siècle. Il y a dans le nombre plusieurs Juifs. — La plus grande énumération de musiciens du seizième siècle, formant une génération plus ancienne et une autre plus récente, se trouve dans Rabelais; voir le « nouveau prologue » du livre IV. — Un virtuose, l'aveugle Francesco de Florence (mort en 390), reçoit la couronne de laurier des mains du roi de Chypre, présent à Venise.

[3] Sansovino, Venezia, fol. 138 : *è vera cosa, che la musica ha la sua propria sede in questa città.* (Comp. aussi *Sabellico* dans le passage qui sera cité dans la note 3, page 180). Naturellement les mêmes amateurs collectionnaient aussi des recueils de musique.

nombre d'artistes nécessaire se trouvât réuni pour qu'on improvisât immédiatement un concert. (Dans une de ces collections on voyait aussi une foule d'instruments fabriqués d'après des dessins et des descriptions antiques ; seulement on ne dit pas si quelqu'un savait en jouer et quel effet ils produisaient.) Il ne faut pas oublier que ces instruments, avec leurs formes élégantes ou bizarres, constituaient de véritables curiosités et se laissaient grouper de manière à flatter les yeux. C'est pour cela que souvent ils trouvent place dans les collections d'autres objets d'art.

Outre les virtuoses proprement dits, les exécutants sont, ou bien des amateurs isolés, ou bien des orchestres entiers d'amateurs, qui forment une sorte de corporation, une « académie[1] ». Il y avait aussi de nombreux peintres et sculpteurs qui étaient bons musiciens et qui égalaient souvent les maîtres de l'art. — Aux personnes de condition on déconseillait les instruments à vent pour les raisons[2] qui, à ce qu'on prétend, ont arrêté autrefois Alcibiade et Minerve elle-même ; la société élégante aimait le chant, soit seul, soit avec accompagnement de violon ; elle cultivait aussi les quatuors d'instruments à cordes[3] et le piano, à cause des ressources qu'il offre ;

---

[1] L'*Accademia de' filarmonici* de Vérone est déjà citée par VASARI, XI, 133, dans la *Vie de Sanmichele*. — Dès 1480 s'était réunie autour de Laurent le Magnifique une « école d'harmonie », composée de quinze membres, parmi lesquels se trouvait le célèbre organiste et facteur d'orgues Antonio Squarcialupi. Comp. DELÉCLUZE, *Florence et ses vicissitudes*, vol. II, p. 256, et, pour les détails, REUMONT, *Lorenzo di Medici*, I, p. 177 ss.; II, p. 471-473. Marsile Ficin, par ex., prenait part à ces exercices, et il donne dans ses lettres (*Epist.* I, 73, III, 52, V, 15) de remarquables préceptes relativement à la musique. Léon X semble avoir hérité de son père, Laurent, la passion de la musique. Pierre, le fils aîné de Laurent, paraît aussi avoir eu beaucoup de goût pour cet art.

[2] *Il cortigiano*, fol. 56; comp. fol. 41.

[3] *Quattro viole da arco*, ce qui prouvait certainement un haut

mais elle ne voulait pas du chant à plusieurs voix, « parce qu'on pouvait bien mieux entendre, goûter et juger une seule voix ». En d'autres termes, comme malgré la modestie conventionnelle que tout le monde professe, le chant n'est, en définitive, que l'exhibition de l'individu dans la société (p. 134), il vaut mieux qu'on entende (et qu'on voie) chacun à part. On suppose les auditrices sous l'empire des plus doux sentiments, et c'est pour cela qu'on veut que l'artiste cesse de se faire entendre quand il est vieux, eût-il d'ailleurs le plus beau talent du monde. On tenait beaucoup à ce que le chanteur ou l'instrumentiste charmât son auditoire par le talent et par la grâce réunis. Dans ces cercles il n'est pas question de la composition comme d'une œuvre d'art ayant une valeur indépendante de l'exécution. Mais, si le compositeur s'effaçait, le chanteur se faisait souvent valoir en prenant pour texte ses malheurs ou ses aventures personnelles [1].

Il est évident que ce dilettantisme des classes élevées et des classes moyennes était plus répandu en Italie, et qu'en même temps il se rapprochait plus de l'art proprement dit que dans n'importe quel autre pays Dès qu'il est question de la société, la musique figure au premier rang, comme un des principaux éléments de la vie sociale; il y a des centaines de portraits dont les originaux, soit seuls, soit réunis en groupe, font de la musique ou du moins tiennent un luth ou un autre

degré de culture musicale, qu'on trouvait rarement à l'étranger vers la même époque.

[1] BANDELLO, parte I, nov. 26. Le chant d'Antonio Bologna dans le palais d'Hippolyte Bentivoglio. Comp. III, 26. Dans notre siècle si chatouilleux on appellerait cela une profanation des sentiments les plus sacrés. — (Comp. le dernier chant de Britannicus, TACITE, *Annales.*, XIII, 15.) — La récitation avec accompagnement de luth ou de viole n'est pas facile à distinguer du chant proprement dit, d'après ce que disent les auteurs.

instrument; même dans les tableaux religieux, on voit par les concerts des anges combien les peintres étaient habitués à voir des musiciens dans la vie réelle. On voit déjà, par exemple, un joueur de luth, Antonio Rota, de Padoue (mort en 1549), qui est devenu riche à force de donner des leçons et qui a fait imprimer une méthode de luth [1].

A une époque où le génie musical ne s'était pas encore concentré et en quelque sorte monopolisé dans les opéras, cette liberté dans l'art a dû produire des œuvres d'une variété et d'une originalité merveilleuses. Une autre question est celle de savoir combien ces productions nous intéresseraient encore s'il nous était donné de les entendre.

[1] SCARDEONIUS, *alias*.

CHAPITRE VI

SITUATION DE LA FEMME

Enfin, pour comprendre la société à l'époque de la
Renaissance dans ce qu'elle a d'élevé, il est essentiel de
savoir que la femme était considérée à l'égal de l'homme [1].
Il ne faut pas se laisser dérouter par les recherches subtiles
et souvent méchantes auxquelles on s'est livré sur la
prétendue infériorité du beau sexe, par celles qu'on rencontre, par exemple, chez les auteurs de dialogues [2];
il ne faut pas non plus prendre à la lettre une satire

[1] *Biographies de femmes*; voir plus haut, t. I, p. 186, 362 et 363 Comp.
le remarquable travail d'Attilio HORTIS, *Le donne famose descritte da
Giovanni Boccacci*. Trieste, 1877.

[2] Par ex. dans CASTIGLIONE, *Il Cortigiano*. — Il convient de rappeler ici des écrits analogues, comme celui de Francesco Barbaro :
De re uxoria, celui du Pogge *An seni sit uxor ducenda*, écrits dans lesquels on dit beaucoup de mal des femmes ; les moqueries de Codro
Urceo, surtout son remarquable discours : *An uxor sit ducenda*,
Opera, 1506, fol. XVIII-XXI, et les mots piquants d'une foule
d'auteurs d'épigrammes qui écrivaient en latin. Marcellus Palingenius (t. I, p. 304 ss.) ne cesse de vanter le célibat : aux gens mariés
il recommande ce moyen de ramener les femmes à l'obéissance :

Tu verbera misce
Tergaque tunc duro resonent pulsata bacillo.

Écrits italiens en faveur des femmes : BENEDETTO DA CESENA, *De honore
mulierum*. Venise, 1500 ; DARDANO, *La difesa della donna*. Venise, 1554 ;
Per donne Romane, éd. MANFREDI, Bol., 1575. — Le même thème
(attaques contre les femmes ou défense des femmes, avec citation
des femmes célèbres en bien ou en mal jusqu'à leur époque) a
été aussi traité par les Juifs en Italie, soit en hébreu, soit en italien ; ces ouvrages font partie d'une littérature judaïque qui commence avec le treizième siècle. Citons Abr. Sarteano et Eliah
Gennazzano, qui défend le premier contre les attaques d'Abigdor.

comme la troisième de l'Arioste[1], qui considère la femme comme un grand enfant difficile à gouverner, que l'homme doit savoir conduire et qui est séparé de lui par un abîme. Sans doute, ce dernier point est vrai dans un certain sens; c'est précisément *parce que* la femme cultivée était l'égale de l'homme, que ce qu'on appelle l'union de deux intelligences et de deux âmes n'a pu se généraliser dans le mariage comme plus tard dans le monde civilisé du Nord.

D'abord l'éducation de la femme dans les classes élevées est la même que celle de l'homme. Les Italiens de la Renaissance n'hésitent pas le moins du monde à faire faire à leurs fils et à leurs filles les mêmes études littéraires et même philologiques (t. I, p. 272); comme on voyait dans cette culture mêlée d'éléments modernes et d'éléments antiques le bien le plus précieux de la vie, on ne voulait pas la refuser aux filles. Nous avons vu même des filles de maisons princières arriver à manier la langue latine avec une remarquable perfection (t. I, p. 290)[2]. Les femmes étaient obligées de partager au moins les lectures des hommes afin de pouvoir suivre la conversation, dans laquelle l'antiquité jouait un rôle important. En outre, elles s'intéressaient à la poésie italienne, elles faisaient des *canzone,* des sonnets et des improvisations. Bien des dames se rendirent célèbres par là, à commencer par la Vénitienne Cassandra Fedele

(Ceux de leurs poëmes qui traitent ce sujet ont paru vers 1500 sous forme de manuscrit à Florence; comp. STEINSCHNEIDER, *Bibliogr. hébr.,* VI, p. 48.)

[1] Adressée à Annibal Maleguccio, désignée ordinairement aussi comme la cinquième et la sixième satire.

[2] Lorsque la reine de Hongrie, Béatrix, princesse napolitaine, vint à Vienne en 1485, elle fut accueillie par une harangue latine et : *Arrexit dil gentissime aures domina regina sæpe, cum placida audierat, subridendo.* ASCHBACH, t. II, p. 10, note.

(à la fin du quinzième siècle)[1]; on peut même dire que Vittoria Colonna s'est immortalisée ainsi (p. 129). Si quelque chose peut prouver la vérité de ce que nous avons dit plus haut, c'est cette poésie d'un caractère tout viril. Les sonnets amoureux aussi bien que les poëmes religieux des femmes ont une allure si franche, sont écrits dans un style si ferme et si précis, si éloignés de ce mysticisme vague et de ces inégalités qu'on trouve ordinairement dans la poésie féminine, qu'on les croirait composés par des hommes, si les noms des auteurs, des renseignements positifs et des indications formelles n'affirmaient pas le contraire.

C'est qu'avec la culture l'individualisme des femmes de haute condition se développe absolument de la même manière que chez les hommes, tandis qu'en dehors de l'Italie la personnalité des femmes est insignifiante jusqu'à l'époque de la Réforme. Des exceptions comme Isabeau de Bavière, Marguerite d'Anjou, Isabelle de Castille, etc., ne se produisent que par suite de circonstances extraordinaires, et l'on est tenté de dire que ces apparitions ne sont pas tout à fait naturelles. Déjà pendant tout le quinzième siècle, les femmes des souverains italiens et surtout celles des condottieri ont presque toutes une physionomie particulière qui les distingue de la foule; elles prennent leur part de notoriété et de gloire (t. I, p. 172). Peu à peu surgissent en grand nombre des femmes célèbres à différents titres (t. I, p. 186, 362, 363), quand même leur distinction n'aurait consisté qu'à réunir dans leur personne le talent, la beauté, l'éduca-

---

[1] Par contre, les femmes restent à peu près étrangères aux arts plastiques. Nommons du moins la savante Isotta Nogarola; sur ses relations avec Guarino, comp. ROSMINI, II, 67 ss.; avec *Pie II*, G. VOIGT, III, 515 ss.

tion, la pureté des mœurs, la piété, dont la réunion formait un tout parfaitement harmonieux[1]. Il n'est et ne peut être question d'une « émancipation » particulière, voulue, parce qu'elle existait naturellement. La femme de condition devait, absolument comme l'homme, tendre à une personnalité distincte et complète à tous les égards Les mêmes idées, les mêmes sentiments qui font la perfection de l'homme, devaient aussi faire celle de la femme. On ne lui demande pas l'activité littéraire effective, et, si elle est poëte, on attend bien d'elle des accents profonds et puissants, mais non des épanchements intimes et particuliers sous forme de journaux et de romans. Ces femmes ne pensaient pas au public; elles devaient avant tout imposer à des hommes de valeur[2] et contenir dans de justes limites les tendances autoritaires du sexe fort.

Le plus bel éloge qu'on pût faire des Italiennes remarquables de cette époque consistait à dire qu'elles avaient un esprit viril, une âme virile. On n'a qu'à considérer l'attitude toute virile de la plupart des héroïnes épiques, surtout de celles de Bojardo et de l'Arioste, pour savoir qu'il s'agit ici d'un idéal bien défini. Le titre de « *virago* », que notre siècle regarde comme un compliment très-équivoque, était alors la plus flatteuse des distinctions; Jacques de Bergame, par exemple, l'applique aux femmes qu'il a le plus vantées. Il fut porté avec éclat par Catherine Sforza, femme, puis veuve de Girolamo Riario, qui défendit avec la plus grande vigueur la ville de Forli,

---

Voir appendice n° 3.

[2] Ant. GALATEO, *Epist.* III, à la jeune Bonne Sforza, qui devint plus tard la femme de Sigismond de Pologne : *Incipe aliquid de viro sapere, quoniam ad imperandum viris nata es... Ita fac, ut sapientibus viris placeas, ut te prudentes et graves viri admirentur, et vulgi et mulicularum studia et judicia despicias,* etc. Voir une autre lettre remarquable dans MAI (*Spicileg. Rom.,* VIII, p. 532).

qui formait la succession de son époux, d'abord contre le parti de ses meurtriers, plus tard contre César Borgia ; elle succomba, mais il lui resta l'admiration de tous ses compatriotes et le nom de « *prima donna d'Italia*[1] » On retrouve encore de ces fibres héroïques chez d'autres femmes de la Renaissance, bien qu'aucune d'entre elles n'ait eu plus l'occasion de faire preuve d'héroïsme. Isabelle de Gonzague (t. I, p. 55) est une de ces vaillantes natures ; Clarice, de la maison de Médicis, femme de Philippe Strozzi[2], ne lui est pas inférieure.

Sans doute, des femmes de cette trempe pouvaient laisser raconter en leur présence des nouvelles comme celles de Bandello, sans que la société fût compromise pour cela. Ce qui domine dans cette dernière, ce n'est pas l'élément féminin tel que nous l'entendons aujourd'hui, c'est-à-dire le respect de certaines convenances, une réserve un peu mystérieuse, mais la conscience de l'énergie, de la beauté et d'un présent plein de vicissitudes redoutables. C'est pourquoi l'on trouve à côté de la décence et de la gravité dans les formes quelque chose que notre siècle est bien tenté d'appeler impudeur[3] : notre erreur vient de ce que nous ne pouvons plus nous figurer le contre-poids naturel de ce défaut de retenue apparent, savoir la puissante personnalité des femmes supérieures de l'Italie d'alors.

[1] C'est le nom que lui donne la chronique : *Chron. Venetum*, dans MURAT., XXIV, col. 121, dans le récit de la grande lutte qu'elle a soutenue (*ibid.*, col. 128 ss.), on la désigne comme une *virago*. Comp. *Infessura*, dans ECCARD, *Script.*, II, col. 1981. *Arch. stor.*, *Append.*, II, p. 250, et la notice qui se trouve dans GREGOROVIUS, VII. p. 437, note 1.

[2] Des chroniqueurs du temps parlent de son esprit et de son éloquence comme étant supérieurs à ceux d'une femme ordinaire. Comp RANKE, Philippe STROZZI, dans les *Études historico-biographiques*, Lpz., 1878, p. 371, note 2.

[3] Et qu'il l'est parfois. — Le *Cortigiano* apprend, l. III, fol. 107, comment les dames ont à se comporter quand elles entendent

Il est facile de comprendre que tous les traités et dialogues dans leur ensemble ne disent rien de formel et de décisif à cet égard, malgré les longues discussions auxquelles les auteurs se livrent sur le rôle de la femme dans la société, sur ses aptitudes et sur l'amour.

Ce qui semble, en général, avoir manqué à cette société, c'est la présence des jeunes filles[1] : on les tenait fort à l'écart, même quand elles n'étaient pas élevées au couvent. Il est difficile de dire si leur absence a eu pour effet de donner à la conversation une plus grande liberté ou si c'est l'inverse qui a lieu.

Parfois les Italiens semblent se passionner pour la société des courtisanes, comme s'ils voulaient imiter les Athéniens de l'antiquité dans leurs rapports avec les hétaïres. La célèbre courtisane romaine Impéria était une femme d'esprit et de bon ton; elle avait appris à faire des sonnets chez un certain Domenigo Campana, et elle était aussi musicienne[2]. La belle Isabelle de Luna,

---

des récits de ce genre. Le passage qui se trouve, par ex., l. II, fol. 100, montre que les dames qui assistaient à ses dialogues, devaient savoir à l'occasion prendre un air réservé. — Ce qu'on dit du pendant du *Cortigiano*, la *Donna di palazzo*, savoir qu'elle ne doit ni fuir une société légère ni tenir des propos inconvenants, n'est pas décisif, parce que cette dame du palais est bien plus la servante de la princesse que le courtisan n'est le serviteur du prince. — Dans BANDELLO, I, *Nov.* 44, Blanche d'Este raconte l'histoire dramatique des amours de son propre aïeul Niccolò de Ferrare et de la Parisina. — Les récits que, dans le *Décaméron*, Boccace met dans la bouche des dames, peuvent aussi être considérés comme des exemples de ce manque de retenue. Pour Bandello (plus haut, p. 128) et sur le parallèle fait par Landau, voir *Étude sur l'hist. des nouv. ital.*, Vienne, 1875, p 101, note 32.

[1] SANSOVINO, *Venezia*, fol. 152 ss. Bandello (II, *Nov.* 42, et IV, *Nov.* 27) montre quel cas les Italiens qui avaient voyagé savaient faire de la liberté des relations avec les jeunes filles, telle qu'elle existait en Angleterre et dans les Pays-Bas. — Sur les femmes vénitiennes et italiennes en général, voir le livre d'Yriarte, cité plus haut, 1874, p. 50 ss.

[2] Paul. Jov., *De Rom. piscibus*, cap. V. — BANDELLO, parte III,

qui était d'origine espagnole, avait au moins la réputation d'être amusante; du reste, elle avait à la fois bon cœur et mauvaise langue, et plus d'une fois sa médisance, qui ne respectait rien, lui attira de fâcheuses aventures[1]. A Milan, Bandello a connu la majestueuse Catherine di San Celso[2], qui était une musicienne remarquable et qui déclamait à ravir. Il résulte de tout ce que nous savons, que les hommes d'esprit et les personnages considérables qui voyaient ces dames et parfois vivaient plus ou moins longtemps avec elles, voulaient qu'elles eussent en même temps l'intelligence et la beauté, et que l'on traitait avec les plus grands égards les courtisanes en renom; même après avoir rompu avec elles, on comptait avec leur opinion[3], parce que la passion, même éteinte, laissait une impression profonde dans l'âme. Mais, en somme, ces rapports ne peuvent se comparer aux relations sociales permises, officielles, et les traces qu'ils laissent dans la littérature et dans la poésie sont, en général, d'une nature passablement scandaleuse. On peut s'étonner à bon droit que sur les six mille huit cents courtisanes que Rome comptait en 1490, par conséquent avant l'apparition de la syphilis[4], il y eût à peine une femme supérieure; celles que nous avons nommées plus haut appartiennent à une époque postérieure. La manière de vivre, la morale et la philosophie des femmes publiques, notamment les

---

Nov. 42. (GREGOROVIUS, VIII, 278 ss.) — Arétin, dans le *Ragionamento del Zoppino*, p. 327, dit d'une courtisane : Elle sait par cœur tout Pétrarque et tout Boccace, sans parler d'une quantité innombrable de beaux vers latins de Virgile, d'Horace, d'Ovide et de mille autres auteurs.

[1] BANDELLO, II, 51 ; IV, 16.

[2] BANDELLO, IV, 8.

[3] On en trouve un exemple très-caractéristique dans GIRALDI, *Hecatommithi*, VI, *Nov.* 7.

[4] Voir appendice n° 4.

brusques alternatives de sensualité bestiale, d'âpre cupidité et de passion sérieuse qu'elles traversent, ainsi que l'hypocrisie et la perversité diabolique des courtisanes sur le retour, n'ont peut-être jamais été mieux décrites que par Giraldi, dans les Nouvelles qui forment l'introduction de ses *Hecatommithi*; Pierre Arétin, dans ses *Ragionamenti*, fait plutôt sa propre monographie que celle de cette classe malheureuse.

Les maîtresses des princes, ainsi que nous l'avons montré plus haut à propos des grandes maisons régnantes (t. 1, p. 66, 67), parlent à l'imagination des poëtes et des artistes; c'est ainsi que leurs contemporains apprennent à les connaître et qu'elles passent à la postérité, tandis qu'on ne se rappelle plus guère que le nom d'une Alice Perries, d'une Clara Dettin (maîtresse de Frédéric le Victorieux), et qu'il ne reste d'Agnès Sorel qu'une sorte de légende amoureuse. Il n'en est pas de même des maîtresses des rois de la Renaissance, François Ier et Henri II.

CHAPITRE VII

LA VIE D'INTÉRIEUR

Après la société italienne, la vie d'intérieur mérite aussi d'être étudiée. On est généralement porté à croire que, vu le relâchement des mœurs, l'intérieur des Italiens de cette époque était un foyer de corruption ; ce côté de la question sera traité dans la partie suivante. Nous nous bornerons à rappeler, en attendant, qu'en l'Italie l'infidélité conjugale a été loin d'avoir sur la famille une action aussi dissolvante que dans le Nord, tant que certaines bornes sont respectées.

La constitution de la famille au moyen âge était un produit des mœurs régnantes ou, si l'on veut, la conséquence naturelle des instincts nés du développement des peuples et le résultat de la manière de vivre, telle qu'elle était déterminée par la condition et la fortune. La chevalerie dans son plus beau temps laissa la famille intacte ; la vie des chevaliers se passait dans les cours et sur les champs de bataille ; leurs hommages appartenaient de droit à une autre femme qu'à l'épouse légitime ; chez eux, dans leur château, les choses se passaient comme elles pouvaient[1]. C'est la Renaissance qui la première essaye de modifier et de régulariser la famille. Une éco-

---

[1] Y avait-il réellement des chevaliers errants mariés ?

nomie savante (t I, p. 101) et une architecture rationnelle
facilitent sa tâche; mais ce qui favorise surtout cette
réforme, c'est un retour intelligent sur toutes les questions relatives à la vie commune, à l'éducation, à l'installation et au service.

Le document le plus précieux à cet égard, c'est le dialogue d'Agnolo Pandolfini (L. B. Alberti) sur l'art de
conduire une maison[1]. L'auteur met en scène un père
qui parle à ses fils déjà adultes et qui les initie à toute
sa manière de faire. On voit tous les détails d'un grand
train de maison; l'intelligente économie et la simplicité
relative qui règnent partout promettent à de nombreuses générations le bien-être et le bonheur matériel.
Une fortune considérable en biens-fonds dont les produits suffisent à entretenir la table de la maison, forme la
base de l'ensemble; à la richesse en terre vient s'ajouter
une affaire industrielle, un tissage de soie ou de laine.
Tout ce qui fait partie de l'installation du ménage doit
être grand, durable, soigné dans les moindres détails,
mais la vie de tous les jours doit être aussi simple que
possible. Toutes les dépenses, depuis les plus grandes
dépenses de luxe, jusqu'à l'argent de poche des plus
jeunes fils, sont dans un rapport rationnel avec le reste.
Mais ce qu'il y a de plus important, c'est l'éducation
que le maître de la maison donne non-seulement aux
enfants, mais à toute la famille. Il forme d'abord son
épouse, qui n'était à l'origine qu'une jeune fille timide,
élevée sous l'aile de sa mère, et il lui apprend à diriger les
domestiques, il en fait une maîtresse de maison; ensuite

---

[1] *Trattato del governo della famiglia.* Comp. plus haut, t. I, p. 167,
et la note 3, même page. Pandolfini mourut en 1446, L. B Alberti,
qui est le véritable auteur de l'ouvrage, en 1472. Comp. aussi p. 26,
note 2.

il élève les fils avec une fermeté mêlée de douceur[1], il les surveille avec soin, et les gouverne par la persuasion, employant « plutôt l'autorité que la force » ; enfin il choisit et traite les employés et les serviteurs d'après des principes tels qu'ils s'attachent à la maison.

Relevons encore un trait qui, à vrai dire, n'est nullement particulier à ce petit livre, mais sur lequel l'auteur insiste avec une certaine complaisance : c'est l'amour de la vie champêtre[2]. Dans le Nord, c'étaient les nobles et les moines appartenant aux ordres les plus considérables qui habitaient la campagne ; les premiers se confinaient dans leurs châteaux, les autres dans leurs couvents ; quant aux bourgeois, même les plus riches, ils vivaient toute l'année à la ville. En Italie, au contraire, du moins en ce qui concerne les environs de certaines villes[3], la sécurité politique et la sécurité de la vie privée étaient plus grandes, d'autre part, l'amour du grand air était si vif qu'on aimait mieux s'exposer aux hasards de la guerre en vivant en pleine campagne que de rester en sûreté derrière les murs d'une cité. C'était ainsi que le citadin aisé en vint à construire sa villa. C'est encore un souvenir précieux de la Rome antique qui revit, dès que la prospérité matérielle et la culture de l'esprit ont fait des progrès suffisants dans le peuple.

Notre auteur trouve dans sa villa le bonheur et la paix ;

[1] Voir appendice n° 5.

[2] Pourtant il y a aussi des opinions contraires. J. A. CAMPANUS (*Epist.* IV, 4, ed. MENKEN) se prononce contre la vie champêtre et la villa. Sans doute il dit : *Ego si rusticus natus non essem, facile tangerer voluptate.* Mais comme il est né paysan, *Quod tibi deliciæ mihi satietas est.*

[3] Giovanni VILLANI, XI, 93 . Sur la construction des villas des Florentins avant le milieu du quatorzième siècle; leurs villas étaient plus belles que les maisons qu'ils avaient à la ville; aussi dit-on qu'ils y dépensaient plus qu'il n'était raisonnable de le faire

mais il faut l'entendre lui-même. « Tandis que tous les autres biens condamnent au labeur, exposent à des dangers, font naître la crainte et les regrets, la villa présente de grands, de nobles avantages ; la villa vous est toujours fidèle, elle est toujours riante ; pourvu que vous l'habitiez en temps opportun et que vous vous y plaisiez, non-seulement elle vous suffira, mais encore elle vous récompensera par des biens sans nombre. Au printemps, elle vous remplit de joie et d'espérance par la verdure des arbres et par le chant des oiseaux ; en automne, elle vous offre pour une modique somme de travail les fruits les plus abondants et les plus variés ; grâce à elle, vous passez toute l'année sans connaître la mélancolie. Elle est le rendez-vous des gens honnêtes et bons : ici point de mystère, rien qui trompe ; tous vivent comme dans une maison de verre ; il ne faut ici ni juges ni témoins, car cette villa est l'asile de la paix et de la concorde. Accourez ici pour fuir l'orgueil des riches et la perversité des méchants ; venez chercher dans la villa une vie de délices, un bonheur inconnu. » Le côté économique de la chose, c'est que la même propriété doit, autant que possible, produire de tout : du blé, du vin, de l'huile, du fourrage et du bois, et que l'on consent à payer cher des propriétés de ce genre parce qu'ensuite on n'a plus besoin de rien acheter au marché. C'est dans l'introduction de son petit livre que l'auteur trahit sa passion pour les plaisirs champêtres. « Florence est entourée de villas sans nombre, où l'air est pur comme le cristal, le paysage riant, la vue admirable ; là, peu de brouillards, point de vents pernicieux ; tout y est bon, l'eau elle-même y est pure et saine, et, parmi ces innombrables constructions, il y en a beaucoup qui sont comme des châteaux, comme des palais, tant elles sont riches et somptueuses. » Il veut parler de ces maisons de campagne, véritables modèles du genre, dont la plupart ont été sacrifiées en 1529 par les Florentins eux-mêmes, qui essayèrent vainement de préserver ainsi la ville[1].

Dans ces villas comme dans celles de la Brenta, des collines de la Lombardie, du Pausilippe et du Vomero, la société prenait un caractère plus simple et plus libre que dans les palais et dans les salons de la ville. On trouve çà et là des descriptions gracieuses de la vie des invités réunis sous le même toit, de leurs chasses et de leur existence en plein air[2]. Quelquefois les travaux intellectuels les plus sérieux et les plus belles œuvres poétiques sont le fruit de ces séjours à la campagne.

[1] *Trattato del governo della famiglia* (Torino, 1829), p. 84, 88.

[2] Comp. plus haut 4ᵉ part., 2ᵉ chap. Déjà Pétrarque déteste la ville et aime la campagne, ce qui lui fait donner le nom de SILVANUS, *Epp. fam.*, ed FRAC., vol. II, p. 87 ss. — Voir la description d'une villa, par GUARINO, adressée à Giambatista Candrata, dans ROSMINI, II, p. 13 ss., 157 ss. — Le Pogge, dans une lettre à Facius (voir *De vir. ill.*, p. 106, de cet auteur), dit : *Sum enim deditior senectutis gratia rei rusticæ quam antea.* Voir d'autres exclamations et descriptions de ce genre dans le Pogge (*Opp.*, 1513, p. 112 ss.) et dans SHEPHERD-TONELLI, I, 255 et 261. — Maffeo Veggio (*De lib. educ.*, VI. 4) et B. Platina, au commencement de son dalogue, *De vera nobilitate*, s'expriment de même. — Description d'une maison de campagne, d'un festin rustique et d'une chasse dans la *Venatio* du cardinal Adrien (Strasb., 1512). Aa. 5 ss. — Voir les descriptions de villas appartenant aux Médicis, par Politien, dans REUMONT, *Laurent*, II, p. 73 et 87. — *La Farnesina*, GREGOROVIUS, VIII, 114 ss.

CHAPITRE VIII

LES FÊTES

Si nous rattachons l'étude des fêtes à celle de la vie sociale, ce n'est point par caprice d'auteur[1]. L'art et la magnificence que l'Italie de la Renaissance déploie dans les fêtes qu'elle donne[2], n'ont pu se produire que grâce à la vie en commun de toutes les classes, qui d'ailleurs forme aussi la base de la société italienne. Dans le Nord, les couvents, les cours et les populations des villes avaient leurs fêtes particulières comme en Italie, mais elles différaient les unes des autres par le style et par les détails, tandis qu'ici elles arrivent à une perfection générale par suite de la diffusion de la culture et du sentiment de l'art. L'architecture décorative, qui prêtait son concours à ces fêtes, mérite un chapitre spécial dans l'histoire du beau, bien qu'elle ne nous apparaisse plus que comme une image de fantaisie, que nous sommes réduits à reconstituer d'après les descriptions de l'époque. Ici la fête elle-même nous intéresse comme un moment solennel de l'existence du peuple, où l'idéal moral, religieux et poétique qu'il s'est formé, prend une forme

[1] On peut comparer à la partie suivante J. BURCKHARDT, *Histoire de la Renaissance en Italie* (Stuttgart, 1868), p. 320-332.

[2] Comp. p. 41 où ce luxe de mise en scène est attaqué comme un obstacle au développement du drame dans le sens élevé du mot.

visible. Les fêtes italiennes sous leur forme la plus parfaite marquent le passage de la vie ordinaire dans le
domaine de l'art.

A l'origine, les deux formes principales des fêtes
publiques sont, en Italie comme dans tout l'Occident, le
mystère, c'est-à-dire l'histoire sainte ou la légende dra-
matisée et la procession, c'est-à-dire le cortége pompeux
auquel donne lieu une solennité religieuse.

En Italie, les représentations des mystères étaient plus
brillantes, plus nombreuses et, grâce au développement
parallèle de l'art plastique et de la poésie, plus élégantes
qu'ailleurs. Peu à peu s'en dégagent, non-seulement la
farce, comme dans le reste de l'Occident, et ensuite le
drame profane, mais encore la pantomime, qui fut de
bonne heure accompagnée de tout ce qui pouvait la
rendre intéressante et variée, et à laquelle s'ajoutèrent
le chant et les ballets.

Dans les villes italiennes au sol uni, aux rues larges [1]
et bien pavées, la procession donne naissance au triomphe,
c'est-à-dire au cortége de personnages costumés, en voiture et à pied, dont la signification, surtout religieuse
d'abord, devient ensuite de plus en plus profane. La
procession de la Fête-Dieu [2] et les mascarades de carnaval se ressemblent pour la pompe extérieure, qui se
retrouve plus tard dans les cortéges des princes entrant
dans les villes. Il est vrai que les autres peuples déployaient
parfois la plus grande magnificence dans les fêtes de ce
genre, mais ce n'est qu'en Italie que se forme une sorte
de science des fêtes, qui faisait de ces cortéges de
savantes allégories.

---

[1] Comparativement aux villes du Nord.
[2] A Venise, la procession de la Fête-Dieu n'est instituée qu'en
1407 : CECCHETTI, *Venezia e la corte di Roma*, I, 108.

Ce qui reste aujourd'hui de ces brillantes manifestations est bien peu de chose. Les solennités religieuses
et mondaines se sont dépouillées presque entièrement
de l'élément dramatique, c'est-à-dire du costume, parce
qu'on a peur de la moquerie et que les classes culti-
vées, qui autrefois s'intéressaient si vivement à ces
choses, ne peuvent plus, pour différentes raisons, y
trouver aucun plaisir. Même le carnaval a perdu l'usage
des grandes mascarades d'autrefois. Ce qui survit
encore, comme par exemple les personnages religieux
qui figurent aux processions de certaines confréries,
même la pompeuse fête de sainte Rosalie à Palerme,
fait bien voir jusqu'à quel point la partie élégante
de la société est devenue indifférente à ces solennités.

L'âge d'or des fêtes ne commence qu'avec le triomphe
de l'esprit moderne, c'est-à-dire au quinzième siècle [1],
à moins que Florence n'ait devancé le reste de l'Italie,
en cela comme en bien d'autres choses. Du moins on
sait que les Florentins s'étaient de bonne heure organisés par quartiers pour les fêtes publiques, qui supposent
chez eux le déploiement d'un luxe et d'un art considérables. Telle est cette représentation de l'enfer sur un
échafaudage et sur des barques disposées sur l'Arno
(1er mai 1304), où l'on vit le pont alla Carraja s'écrouler
sous le poids des spectateurs [2]. Plus tard on vit des Florentins parcourir le reste de l'Italie comme organisateurs

---

[1] Les fêtes célébrées à l'occasion de l'élévation de Visconti au
trône ducal de Milan (1395) (Corio, fol. 274) ont, à côté de la plus
grande magnificence, quelque chose qui rappelle la grossièreté
du moyen âge, et l'élément dramatique y fait encore entièrement
défaut. Comp. aussi la mesquinerie relative des cortéges et des
fêtes de Pavie pendant le quatorzième siècle (*Anonymus de laudibus
Papiæ*, dans Murat., XI, col. 34 ss.).

[2] Giov. Villani, VIII, 70.

de fêtes, *festaiuoli*[1], ce qui prouve une fois de plus que sous ce rapport les Italiens étaient arrivés de bonne heure à une grande perfection.

Si nous voulons remonter aux principales causes de la supériorité de l'Italie sur celle des autres pays, nous trouverons en première ligne le goût de l'individu cultivé pour la représentation de tout ce qui est individuel, c'est-à-dire l'aptitude à inventer un masque complet, à en jouer et en soutenir le rôle. Les peintres et les sculpteurs ne contribuaient pas seulement à la décoration des rues ou des places ; ils s'occupaient aussi des questions relatives aux personnages et leur indiquaient la manière de se costumer et de se farder (p. 111 ss.), ainsi que tous les autres détails. Ensuite vient la parfaite intelligibilité de la poésie qui formait la base de ces fêtes. En ce qui concerne les mystères, cette intelligibilité se rencontrait à un égal degré dans tout l'Occident, attendu que les histoires bibliques et légendaires étaient connues de tout le monde. Mais pour tout le reste l'avantage appartenait à l'Italie. Pour les déclamations de personnages, soit sacrés soit profanes, elle avait une poésie lyrique ample et sonore, qui était capable d'entraîner également les grands et les petits[2]. Ensuite la plus grande partie des spectateurs (des villes) comprenait les figures mythologiques et devinait, du moins plus facilement qu'ailleurs, les figures allégoriques et historiques, parce que la culture générale des Italiens était supérieure à celle des autres peuples.

Ceci demande une explication. Tout le moyen âge

[1] Comp., par ex., *Infessura,* dans ECCARD, *Script.,* II, col. 1896. — CORIO, fol. 417, 121.

[2] Le dialogue des mystères aimait les octaves, le monologue, les tercets. Pour les mystères, voir J. L. KLEIN, *Histoire du drame italien,* t. I, p. 153 ss.

avait vu l'allégorie régner en maîtresse; sa théologie
et sa philosophie traitaient leurs catégories comme des
êtres réels [1], au point que c'était, en apparence, une
tâche facile pour la poésie et pour l'art de leur donner
ce qui leur manquait encore pour constituer de véritables personnalités. Sous ce rapport, tous les pays de
l'Occident sont sur la même ligne; leur monde idéal
peut produire des figures concrètes, seulement leurs
attributs seront, en général, énigmatiques et impopu-
laires. C'est ce qui arrive fréquemment, même en Italie,
avant, pendant et après la Renaissance. Il suffit pour
cela qu'une qualité passagère de la figure allégorique soit
changée à tort en attribut définitif. Dante lui-même
n'est pas exempt de ces fausses interprétations [2]; on sait,
du reste, qu'il s'est fait un véritable honneur de l'obscurité de ses allégories [3]. Pétrarque, dans ses triomphes,
veut du moins décrire nettement, quoique brièvement,
les figures de l'Amour, de la Chasteté, de la Mort, de la
Renommée, etc. D'autres, par contre, surchargent à
plaisir leurs allégories d'attributs manqués. Dans les
satires de Vinciguerra [4], par exemple, l'Envie est repré-

---

[1] Il n'est pas même nécessaire, à ce propos, de penser au réalisme des scolastiques. Déjà vers 970, l'évêque Wibold de Cambrai
prescrivait à ses clercs de remplacer le jeu de dés par quelque
chose comme un jeu d'échecs religieux, qui ne comprenait pas
moins de cinquante-six noms de personnages abstraits et de
positions diverses. Comp. *Gesta episcoporum Camerac. in Mon. Germ.
SS.*, VII, p. 433.

[2] Par ex., quand il ajoute des images à ses métaphores, quand il
veut que le degré brisé du milieu de la porte du purgatoire
signifie la contrition du cœur (*Purgat.*, IX, 97), bien qu'en se bri-
sant la dalle de pierre perde sa valeur comme degré; ou bien
quand (*Purgat.*, XVIII, 94) ceux qui étaient paresseux sur la terre
expient leur paresse en courant éternellement dans l'autre monde,
bien que l'action de courir puisse être aussi un signe de fuite, etc.

[3] *Inferno*, IX, 61. *Purgat.*, VIII, 19.

[4] *Poesie satiriche*, ed. Milan, 1808, p. 70 ss. — De la fin du quatorzième siècle.

sentée « avec d'horribles dents de fer » ; la Gourmandise
se mord les lèvres, elle a les cheveux emmêlés et ébou-
riffés, etc. Ce dernier trait est sans doute destiné à
montrer qu'elle est indifférente à tout et qu'elle ne
songe qu'à manger. Nous ne pouvons pas examiner ici
combien ces erreurs étaient fâcheuses dans l'art plastique. Celui-ci pouvait, ainsi que la poésie, s'estimer heureux quand à l'allégorie répondait une figure mythologique, c'est-à-dire par une forme léguée par l'antiquité
et garantie contre l'absurdité par cela même, quand on
pouvait faire de Mars l'image de la guerre, de Diane
celle de la chasse [1], etc.

Disons cependant que dans l'art et dans la poésie il y
avait aussi des allégories plus heureuses, et l'on admettra
bien, à propos des figures de ce genre qui paraissaient
dans les fêtes italiennes, que le public voulait qu'elles
fussent parlantes, puisque sa culture générale le mettait
à même de comprendre les formes allégoriques. A
l'étranger, surtout à la cour de Bourgogne, on se contentait encore à la même époque de figures très-énigma-
tiques, et même de simples symboles, parce qu'il était
encore de bon ton d'être ou de paraître initié à ces mystères. Dans la cérémonie du fameux vœu du faisan (1453) [2],
la belle et jeune écuyère qui représente la reine des
plaisirs est la seule allégorie vraiment agréable ; les
gigantesques surtouts de table avec des automates et
des personnages vivants sont des ornements de pure

---

[1] Cette dernière personnification se trouve dans la *Venatio* du
cardinal Adriano da Corneto, qui a été souvent réimprimée, même
en Allemagne, par ex. à Strasbourg, en 1512. Ce poëme a pour but
de consoler Ascanio de la ruine de sa maison par le plaisir de la
chasse. — Comp. plus haut, t. I, p. 325.

[2] Qui date, à vrai dire, de 1454. Comp. Olivier DE LA MARCHE,
Mémoires, chap. XXIX.

fantaisie, ou bien ils n'ont qu'une signification vague que l'esprit a peine à démêler. Dans une statue de femme nue, qui se tient près du buffet et qui est gardée par un lion, on doit voir Constantinople et son futur sauveur, le duc de Bourgogne. Le reste, à l'exception d'une pantomime (Jason en Colchide), paraît ou très-profond ou tout à fait insignifiant; celui qui a décrit la fête, Olivier lui-même, arrive costumé en « Église »; il est enfermé dans une tour qu'un éléphant conduit par un géant porte sur son dos, et il chante une complainte interminable sur le triomphe des infidèles [1].

Quoique, sous le rapport du goût et de l'enchaînement, les allégories qui figurent dans la poésie, dans les œuvres d'art et dans les fêtes, soient plus remarquables en Italie qu'ailleurs, ce n'est pas là ce qui constitue la vraie supériorité des Italiens. Voici plutôt ce qui leur donnait l'avantage [2] : outre les allégories générales, ils connaissaient un grand nombre de figures historiques qui joignaient l'individualité à la généralité; ils étaient habitués à voir une foule d'individus célèbres énumérés par les poëtes ou immortalisés par les artistes. La Divine Comédie, les Triomphes de Pétrarque, la Vision amoureuse de Pétrarque, œuvres dans lesquelles ne figurent

---

[1] Pour d'autres fêtes françaises, voir par ex. *Juvénal des Ursins* (Paris, 1614) *ad* a. 1389 (Entrée de la reine Isabeau); — Jean de Troyes (réimprimé très-souvent) *ad* a. 1461 (Entrée de Louis XI). Ici les machines à voler, les statues vivantes, etc., ne manquent pas non plus tout à fait, mais tout est plus confus et plus décousu, et les allégories sont généralement indéchiffrables. — Une grande animation et une extrême variété régnèrent dans les fêtes prolongées qui furent célébrées en 1452, à Lisbonne, lors du départ de l'infante Éléonore, qui allait épouser l'empereur Frédéric III. Voir FREHER STRUVE, *Rer. Germ. Scriptores*, II, fol. 51, la relation de Nicolas Lauckmann.

[2] C'est-à-dire un avantage pour de très-grands poëtes et artistes qui savaient en tirer parti.

que des personnages de ce genre, et, de plus, l'immense
extension de la culture basée sur l'antiquité, avaient
familiarisé la nation avec cet élément historique. Ces
figures reparaissaient dans les fêtes, ou bien tout à fait
individualisées sous forme de masques faciles à reconnaître, ou du moins groupées savamment autour de la
figure allégorique principale. On apprenait ainsi l'art
de former des groupes, à une époque où les plus belles
fêtes du Nord n'étaient qu'un mélange confus de
symboles inintelligibles et de divertissements dépourvus
de signification.

Nous commencerons par le genre de fêtes le plus
ancien peut-être, par les mystères[1]. Ils ressemblent, en
somme, à ceux du reste de l'Europe; en Italie comme
dans les autres pays, on dresse sur les places publiques,
dans les églises, dans les vastes corridors des couvents,
de grands échafaudages au sommet desquels se trouve
un paradis qui se ferme à volonté, et qui parfois ont à
leur base un enfer; entre ces deux extrémités se trouve
la scène proprement dite, qui figure les différents lieux
où se passe le drame, disposés les uns à côté des autres;
souvent aussi la pièce biblique ou légendaire commence
par un dialogue théologique entre des apôtres, des pères
de l'Église, des prophètes, des sibylles et des vertus, et,
suivant les circonstances, elle se termine par une sorte
de ballet. Il est facile de comprendre que les intermèdes
semi-comiques, remplis par des personnages secondaires,
se retrouvent en Italie comme dans le Nord; seulement
cet élément est moins grossier en deçà qu'au delà des

---

[1] Comp. Bartol. GAMBA, *Notizie intorno alle opere di Feo Belcari*,
Milano, 1808, et surt. l'introduction de l'écrit intitulé : *Le rappre-
sentazioni di Feo Belcari ed altre di lui poesie*, Firenze, 1833. — Rapprocher l'introduction mise par le bibliophile Jacob en tête de
son édition de Pathelin (Paris, 1859).

Alpes [1]. L'art de traverser l'espace par des procédés
mécaniques, qui produit des effets si goûtés du public,
était probablement plus répandu chez les Italiens que
chez les autres peuples; dès le quatorzième siècle, les
Florentins avaient leurs plaisanteries stéréotypées quand
tout ne marchait pas à souhait [2]. Bientôt après Brunellesco inventa pour la fête de l'Annonciation, célébrée
sur la place San Felice, cet appareil extraordinairement
ingénieux d'une sphère céleste autour de laquelle volaient
deux groupes d'anges et d'où l'on vit descendre l'ange
Gabriel dans une machine ayant la forme d'une amande;
Cecca fournit des idées et des machines pour des fêtes du
même genre [3]. Les confréries religieuses ou les quartiers
qui se chargeaient de l'organisation de ces fêtes et en
partie de l'exécution elle-même, faisaient appel, du moins
dans les grandes villes, à toutes les ressources de l'art,
quand toutefois leurs moyens pécuniaires le permettaient.
On peut supposer que la même chose avait lieu lorsque,
dans les grandes fêtes données par les princes, on jouait
des mystères à côté du drame profane ou de la pantomime.
La cour de Pietro Riario (t. I, p. 135), celle de Ferrare, etc., déployaient certainement dans ces occasions
toute la magnificence imaginable [4]. Qu'on se représente

---

[1] Un mystère ayant pour sujet le *Massacre des enfants à Bethléhem*,
et représenté dans une église de Sienne, se terminait par une
scène de mères éplorées qui se prenaient aux cheveux. DELLA
VALLE, *Lettere sanesi*, III, 53. — Feo Belcari (mort en 1481), qui
vient d'être nommé, travaillait de toutes ses forces à purger la
scène de pareils hors-d'œuvre.

[2] Franco SACCHETTI, *Nov* 72.

[3] VASARI, III, 232 ss. *Vita di Brunellesco*, V, 36 ss. *Vita del Cecca.*
Comp. V, 52. *Vita di Don Bartolommeo.*

[4] *Arch. stor. Append.* II, p. 310. Le mystère de l'Annonciation de
la Vierge, à Ferrare, lors du mariage d'Alphonse, avec d'ingé-
nieuses machines à voler et un feu d'artifice. Voir sur la représentation de Suzanne, de saint Jean-Baptiste et d'une légende,

le talent scénique et les riches costumes des acteurs, les localités figurées par de merveilleux décors où se retrouvait le style de l'architecture du temps, les guirlandes de feuillage et les tapis sans nombre, enfin, comme fond de la scène, les somptueux édifices qui encadrent la place d'une grande ville, ou les colonnades de la cour d'un palais ou d'un couvent, et l'on aura un tableau d'une richesse inouïe. Mais, de même que cette magnifique mise en scène a été funeste au drame profane, de même l'essor du mystère, considéré comme œuvre poétique, a été arrêté par le développement excessif de la partie matérielle du spectacle. Dans les textes parvenus jusqu'à nous on trouve généralement une action très-pauvre avec quelques beaux passages lyriques et quelques belles tirades d'éloquence, mais rien qui rappelle la grandeur et l'élan qui distinguent les « *Autos sagramentales* » d'un Calderon.

Il est possible que parfois, dans les petites villes où la mise en scène était moins magnifique, la représentation de ces drames religieux ait agi plus fortement sur les âmes. On voit[1], par exemple, le grand prédicateur Roberto da Lecce, dont il sera question dans la dernière partie, terminer la série des sermons de carême qu'il prononça pendant que sévissait la peste (1448), par une représentation de la Passion, qui reproduisait avec une fidélité scrupuleuse les détails racontés dans le Nouveau Testament ; malgré la pauvreté de la mise en scène et le

représentation qui eut lieu chez le cardinal Riario, CORIO, fol. 417. Sur le mystère de Constantin le Grand, représenté dans le palais pontifical, pendant le carnaval de 1484, voir dans Jac. VOLATERRAN., MURAT., XXIII, col. 194. Le principal rôle était joué par un Génois né et élevé à Constantinople.

[1] GRAZIANI, *Cronaca di Perugia, Arch. stor.*, XVI, I, p. 598 ss. Au moment de la mise en croix, le personnage vivant était remplacé par un mannequin.

petit nombre de personnages qui figuraient dans le drame, le peuple entier sanglotait tout haut. Sans doute on employait dans ces occasions des moyens d'émouvoir empruntés au naturalisme le plus grossier. On croirait voir un pendant aux tableaux d'un Matteo da Siena, aux groupes en terre cuite d'un Guido Mazzoni quand l'auteur qui représente le Christ paraît sur la scène portant des traces de meurtrissures, ayant l'air de suer du sang, le flanc percé d'une large blessure saignante[1].

Indépendamment de certaines grandes fêtes religieuses, de mariages entre des princes, etc., les circonstances particulières qui donnaient lieu à des représentations de mystères sont très-diverses. Lorsque, par exemple, saint Bernardin de Sienne fut canonisé par le Pape (1450), il y eut, probablement sur la grande place de sa ville natale une sorte de tableau dramatique (*rappresentazione*) de sa canonisation[2]. Durant deux jours on célébra dans la ville des fêtes pendant lesquelles on ne cessa de distribuer gratuitement à tout le monde des aliments et des boissons. Ou bien un moine savant fêtait sa promotion au grade de docteur en théologie par la mise en scène de la légende du patron de la ville[3]. A peine le roi Charles VIII était-il descendu en Italie, que la duchesse douairière Blanche de Savoie fit jouer

---

[1] Sur ce dernier point, voir GRAZIANI, ainsi que PII II *Comment.*, l. VIII, p. 383, 386. — Même la poésie du quinzième siècle donne parfois de ces exemples de crudité. Une chanson d'Andrea da Basso décrit jusque dans les moindres détails la décomposition du corps d'une femme qui avait été cruelle pour son amant. Dans un drame joué au douzième siècle dans un couvent, on avait même vu le roi Hérode en train d'être mangé par les vers. *Carmina Burana*, p. 80 ss. On trouverait bien des scènes de ce genre dans les drames allemands du dix-septième siècle.

[2] ALLEGRETTO, *Diarii sanesi*, MURAT., XXIII, col. 767.

[3] MATARAZZO, *Arch. stor.*, XVI, II, p. 36 ss. Le moine avait fait d'abord un voyage à Rome, afin de faire des études pour sa fête.

devant lui, à Turin, une sorte de pantomime semi-religieuse[1], qui était censée représenter d'abord une scène pastorale, « la loi de la nature », ensuite une scène de la vie des patriarches, « la loi de la grâce »; vinrent ensuite l'histoire de Lancelot du Lac et celle « d'Athènes ». Quand le Roi arriva à Chieri, on le régala encore d'une pantomime, qui représentait une accouchée recevant la visite de quelques nobles amies.

S'il était une fête religieuse remarquable entre toutes par l'éclat de la mise en scène, c'était la Fête-Dieu, qu'embellissait en Espagne le genre particulier de poésie dont nous avons parlé (p. 164). Pour l'Italie, nous possédons du moins la pompeuse description de la Fête-Dieu célébrée par Pie II à Viterbe, en 1462[2]. Le cortége lui-même, partant d'une tente colossale, richement décorée, qu'on avait dressée devant San Francesco, traversant la rue principale et se dirigeant vers la place de la cathédrale, en était la partie la moins importante; les cardinaux et les prélats riches s'étaient chargés de décorer l'espace à parcourir; non-seulement ils avaient fait tendre des toiles pour abriter la procession, orner les murs de somptueux tapis[3], placer partout des guirlandes de fleurs, etc., mais encore ils avaient fait construire des théâtres en plein air, où l'on joua, pendant la procession, de courtes scènes historiques et allégoriques. La description que nous possé-

---

[1] Extraits du Vergier d'honneur dans Roscoe, *Leone X*, ed. Bossi, I, p. 220, et III, p. 263.

[2] Pii II *Comment*. l. VIII, p. 382 ss. — Bursellis, *Annal. Bonon.*, dans Murat., XXIII. col. 911, sur l'année 1492, mentionne une procession de la Fête-Dieu dont l'éclat fut particulièrement remarquable. — Les scènes étaient tirées de l'Ancien et du Nouveau Testament.

[3] Dans ces occasions on disait sans doute : *Nulla di muro si potea vedere.*

dons ne dit pas bien nettement s'il n'y avait que des
acteurs en chair et en os, ou s'il y parut aussi des manne-
quins drapés[1]; mais ce qui est certain, c'est qu'on n'avait
rien négligé pour rendre la fête aussi brillante que possible. On y voyait un Christ souffrant la Passion au milieu
d'anges qui chantaient des chœurs; une scène où figurait
saint Thomas d'Aquin; le combat de l'archange Michel
avec les démons; des fontaines d'où jaillissait du vin,
avec des orchestres d'anges; un tombeau du Seigneur
avec toute la scène de la résurrection; enfin, sur la
place de la cathédrale, le tombeau de Marie, qui s'ouvrait
après la grand'messe et la bénédiction; portée par des
anges, la Mère de Dieu s'élevait vers le paradis, où le
Christ la couronnait et la conduisait au Père Éternel.

Parmi ces scènes qui se jouaient dans la rue, celle du
cardinal vice-chancelier Roderigo Borgia, plus tard
Alexandre VI, se distingue particulièrement par la
pompe et par l'obscurité des allégories[2]. De plus, elle est
la première qui soit accompagnée de ces salves d'artil-
lerie[3] pour lesquelles la maison de Borgia avait un goût
si prononcé.

---

[1] On peut en dire autant de bien des descriptions de ce genre.

[2] Il y avait cinq rois avec des hommes armés, un homme sau-
vage qui luttait contre un lion (apprivoisé?); cette dernière
figure devait peut-être former une allusion au nom du Pape,
Sylvius.

[3] Il y en a des exemples sous Sixte IV; voir Jac. VOLATERRAN.,
dans MURAT., XXIII, col. 135. (*Bombardarum et sclopulorum crepitus*).
Il y eut aussi des salves sans fin lorsque Alexandre VI monta sur
le trône pontifical. — Les feux d'artifice, inventés pour embellir
les fêtes italiennes, rentrent, ainsi que les détails de la décoration,
dans l'histoire de l'art plutôt que dans notre sujet. — Il en est
de même des illuminations (comp. p. 44; l'exaltation de Jules II
est célé rée à Venise par une illumination qui se renouvelle
trois jours de suite. BROSCH, *Jules II*, p. 325, note 17), qui augmentent
l'éclat de bien des fêtes, ainsi que des surtouts de table et des
trophées de chasse.

Pie II parle moins longuement de la procession qui eut
lieu la même année à Rome, à l'occasion du crâne de
saint André qui venait d'être rapporté de la Grèce.
Roderigo Borgia s'y distingua aussi par une magnificence
extraordinaire ; mais, quant au reste, la fête avait un
caractère profane, attendu que les inévitables chœurs
d'anges étaient encore accompagnés d'autres masques,
et même d' « hommes forts », c'est-à-dire d'hercules qui
exécutaient probablement toutes sortes de tours.

Les représentations exclusivement ou surtout profanes, particulièrement celles qui avaient lieu dans les
grandes cours princières, avaient pour but principal
d'éblouir les yeux par la magnificence alliée au bon
goût ; il y avait entre les divers éléments de ces spectacles un enchaînement mythologique et allégorique qui
était parfois facile et agréable à saisir. Mais le baroque
n'y manquait pas non plus : on voyait apparaître de
gigantesques figures d'animaux d'où sortaient tout à coup
des légions de masques ; c'est ainsi que, lors de la réception d'un prince à Sienne [1], on vit tout à coup un ballet
entier composé de douze personnes sortir des flancs d'une
louve en or ; d'autres fois c'étaient des surtouts de table
renfermant des personnages vivants, mais qui n'avaient pas
toujours, il est vrai, les absurdes dimensions du surtout du
duc de Bourgogne (p 160 et 161). Il faut dire cependant
qu'il y avait de l'art et de l'invention dans la plupart des détails. Nous avons déjà parlé, à propos de la poésie, du mélange du drame et de la pantomime, tel qu'il se rencontrait
à la cour de Ferrare (p. 43). Rien n'est fameux comme les

---

[1] *Allegretto*, dans Murat., XXIII, col. 772. — Comp. en outre,
col. 770, la réception faite à Pie II en 1459 ; on représenta un
chœur d'anges ou un paradis, d'où descendit un ange qui salua le
Pape par des chants, *in modo che il Papa si commosse a lagrime per
gran tenerezza di si dolci parole.*

fêtes que le cardinal Pietro Riario fit célébrer à Rome, en 1473, lors du passage de la princesse Léonore d'Aragon, qui allait épouser le prince Hercule de Ferrare[1]. Ici les drames proprement dits ne sont encore que des mystères dont le sujet est entièrement religieux; les pantomimes, par contre, sont mythologiques: on voyait Orphée charmant les bêtes sauvages, Persée et Andromède, Cérès dans un char attelé de dragons, Bacchus et Ariane traînés par des panthères; puis l'éducation d'Achille; ensuite un ballet dansé par les amants célèbres de l'antiquité et par une troupe de nymphes, lequel divertissement fut interrompu par l'invasion d'une bande de centaures, qu'Hercule vainquit et mit en fuite. Voici un détail peu important, mais qui atteste le sentiment de la réalité dans les formes qui régnait alors: s'il y avait dans toutes les fêtes des personnages vivants qui figuraient des statues dans des niches, sur ou contre des piliers, sur ou contre des arcs de triomphe, ce qui ne les empêchait pas de chanter et de déclamer des vers à un moment donné, ils avaient du moins leur couleur ordinaire et leur costume naturel, qui justifiaient ces manifestations de la vie; dans les salles de Riario, au contraire, on vit, entre autres choses, un enfant vivant et pourtant doré des pieds à la tête, qui prenait de l'eau dans une fontaine et la faisait jaillir autour de lui[2].

A Bologne, il y eut d'autres pantomimes, tout aussi brillantes, à l'occasion du mariage d'Annibal Bentivoglio avec Lucrèce d'Este[3]; la musique de l'orchestre fut rem-

---

[1] Voir l'appendice n° 6.

[2] VASARI, XI, p. 37, *Vita di Puntormo*, raconte qu'en 1513 un de ces enfants qui figuraient dans les fêtes florentines, mourut des suites de la fatigue, ou peut-être de la dorure. Le pauvre petit avait figuré l'« âge d'or ».

[3] Phil. BEROALDI *Nuptiæ Bentivolorum* dans les *Orationes*, Ph. I.

placée par des chœurs de chanteurs, exécutés pendant que la plus belle des nymphes de Diane s'enfuyait auprès de Junon Pronuba et que Vénus, conduisant un lion figuré par un homme admirablement déguisé, allait et venait au milieu d'un ballet dansé par des hommes sauvages; le décor représentait un bois qui faisait illusion, tant il ressemblait à la nature. A Venise, on fêta, en 1491, la présence des princesses Léonore et Béatrice d'Este [1] par des manifestations brillantes : on envoya le Bucentaure à leur rencontre, on organisa des régates en leur honneur, et l'on joua devant elles une grande pantomime, « Méléagre », dans la cour du palais des doges. A Milan, c'était Léonard de Vinci [2] qui dirigeait les fêtes du duc ainsi que celles d'autres grands seigneurs ; une de ses machines, destinée sans doute à rivaliser avec celle de Brunellesco (p. 163), représentait, sous la forme d'une sphère colossale, les corps célestes avec les mouvements propres à chacun d'eux ; chaque fois qu'une planète s'approchait d'Isabelle, la fiancée du jeune duc, le dieu dont elle portait le nom sortait de la sphère [3] et chantait des vers composés par Bellincioni, le poëte de la cour (1489). Dans une autre fête (1493), on vit le modèle de la statue équestre de François Sforza faire des évolutions à cheval, sous un arc de triomphe élevé sur la place du château. D'autre part, Vasari nous apprend quels ingénieux auto-

---

Paris, 1492, e 8 ss. La description des autres fêtes auxquelles ce mariage donna lieu est aussi très-remarquable.

[1] M. Anton. SABELLICI, *Epist.*, l. III.

[2] AMORETTI, *Memorie, etc., su Lionardo da Vinci*, p. 38 ss.

[3] Dans ce siècle l'astrologie se mêle aux fêtes elles-mêmes; c'est ce que prouvent les planètes (décrites d'une manière vague) qui, lors de la réception, figuraient des princesses qui venaient se marier à Ferrare. *Diario Ferrarese*, dans MURATORI, XXIV, col. 248, *ad* a. 1473, *ad* a. 1491. — Les mêmes exhibitions avaient lieu à Mantoue. *Arch. stor.*, append. II, p. 233.

mates Léonard construisit dans la suite pour embellir les réceptions faites aux rois de France comme seigneurs de Milan. Même des villes moins considérables se distinguaient parfois par l'éclat de leurs fêtes. Lorsque le duc Borso (t. I, p. 62) vint à Reggio [1] pour recevoir l'hommage de cette ville (1453), il trouva aux portes une grande machine au-dessus de laquelle semblait planer saint Prosper, le patron de la cité; le saint était abrité par un baldaquin tenu par des anges; à ses pieds se trouvait une plaque tournante portant huit anges; deux de ces derniers montèrent vers le saint pour lui demander les clefs de la ville et le sceptre, qu'ils remirent ensuite au duc, et, pendant que cela se passait, les anges et le saint prononcèrent des discours où ils louaient l'illustre visiteur. Ensuite venait un échafaudage mis en mouvement par des chevaux invisibles, qui portait un trône vide; derrière ce siége se tenait la Justice avec un génie destiné à la servir; aux quatre coins de l'échafaudage on voyait quatre vieux législateurs, entourés de six anges portant des drapeaux; sur les deux côtés figuraient des cavaliers revêtus d'armures complètes, ayant aussi des drapeaux à la main. Il est inutile de dire que le génie et la déesse ne laissèrent point passer le duc sans lui adresser leurs harangues. Une deuxième voiture, qui semblait traînée par une licorne, portait une Charité qui tenait un flambeau allumé; on n'avait pas voulu se refuser l'antique plaisir de faire figurer entre ces deux allégories une voiture en forme de vaisseau, qui était mise en mouvement par des hommes cachés. Ces trois machines prirent la tête du cortége; mais devant l'église de Saint-Pierre il

---

[1] *Annal. Estens.*, dans MURAT., XX, col. 468 ss. La description n'est pas claire; de plus, elle a été imprimée d'après une copie incorrecte.

fallut s'arrêter de nouveau : un saint Pierre escorté de deux anges, qui planait au-dessus de la façade de l'église, descendit vers le duc, lui posa une couronne de lauriers sur la tête et remonta dans les airs [1]. Le clergé avait veillé à ce qu'il y eût encore une autre allégorie, toute religieuse celle-là : au sommet de deux hautes colonnes se dressaient l'« Idolâtrie » et la « Foi »; après que cette dernière, qui était figurée par une belle jeune fille, eut débité son compliment au duc, on vit l'autre colonne s'écrouler avec l'image qu'elle portait. Plus loin le cortége rencontra « un César » avec sept belles femmes que l'illustre Romain présenta au duc comme les sept vertus qu'il devait s'efforcer d'acquérir. Enfin l'on arriva à la cathédrale ; mais, après le service divin, Borso dut prendre place sur un trône d'or, du haut duquel il entendit encore une fois les compliments des masques énumérés plus haut. Pour la clôture, trois anges descendirent d'un édifice voisin pour lui présenter, au milieu de chants harmonieux, des palmes en guise de symbole de paix.

Examinons maintenant les fêtes où le cortége lui-même est l'élément principal.

Il est certain que dès le commencement du moyen âge les processions religieuses furent des prétextes à mascarades, soit qu'on fît escorter le Saint Sacrement, les images des saints et les reliques par des enfants vêtus en anges, soit que des personnages de la Passion fissent partie du cortége et qu'on y introduisît le Christ avec la croix, les mauvais larrons, les licteurs ou les saintes femmes. Mais on voit de bonne heure figurer dans les grandes fêtes religieuses des cortéges ayant un caractère local, qui, suivant l'esprit naïf du moyen âge, contien-

---

[1] On apprend que les cordes à l'aide desquelles ces machines fonctionnaient, étaient masquées par des guirlandes.

nent une foule d'éléments profanes. Ce qui est surtout remarquable, c'est la voiture en forme de vaisseau, *carrus navalis,* qui est empruntée au paganisme [1] et qui, ainsi que nous l'avions déjà fait remarquer, figurait dans des fêtes de nature très-diverse, mais dont le nom est surtout resté attaché au « carnaval ». Un vaisseau de ce genre pouvait plaire aux spectateurs comme œuvre d'art, comme emblème gracieux, sans qu'on se rappelât sa signification primitive; lorsque, par exemple, Isabelle d'Angleterre se rencontra à Cologne avec son fiancé, l'empereur Frédéric II, un grand nombre de voitures en forme de vaisseaux, portant des prêtres qui chantaient des chœurs, et traînées par des chevaux invisibles, vinrent au-devant de la princesse.

La procession religieuse pouvait non-seulement être embellie par des additions de tout genre, mais encore être remplacée purement et simplement par un cortége de personnages travestis. Cette dernière coutume s'appuyait peut-être sur l'exemple du défilé des acteurs qui, avant de jouer dans un mystère, traversaient les principales rues de la ville; mais il est aussi possible qu'un genre de cortége composé de personnages religieux se soit formé spontanément. Dante décrit [2] le « *trionfo* » de Béatrice avec les vingt-quatre anciens de l'Apocalypse, les quatre animaux mystiques, les trois vertus chrétiennes et les quatre vertus cardinales, saint Luc, saint Paul et

---

[1] C'est le vaisseau d'Isis, qu'on lance le 5 mars comme symbole de la reprise de la navigation maritime. On trouve quelque chose d'analogue dans le culte allemand; voir dans Jacq. Grimm, *Mythologie allemande.*

[2] *Purgatorio.* XXIX, 43 jusqu'à la fin, et XXX, au commencement. — D'après les vers 115 ss., le char est plus magnifique que le char triomphal de Scipion, d'Auguste, et même que celui du dieu du Soleil. (Le traducteur italien de l'ouvrage de Burckhardt, D. Valbusa, dit : *Il carro occupa* 115 *versi ed è,* etc.)

d'autres apôtres, de telle façon qu'on est presque forcé
de faire remonter l'existence de pareils cortéges à une
époque très-ancienne. C'est ce que semble prouver surtout
le char qui porte Béatrice, char qui serait inutile dans
la forêt magique et qui peut même paraître singulier.
Ou bien Dante n'a-t-il considéré le char que comme le
symbole essentiel du triomphe? est-ce son poëme qui a
donné l'idée de ce genre de fêtes, dont la forme était
empruntée aux triomphes des empereurs romains? Quoi
qu'il en soit, il est certain que la poésie et la théologie
ont tenu à conserver ce symbole. Savonarole, dans son
« Triomphe de la croix », représente[1] le Christ sur un
char triomphal; au-dessus de lui brille le globe de la
Trinité; dans sa main gauche il a la croix, dans sa main
droite les deux Testaments; plus bas se trouve la vierge
Marie; devant le char marchent des prophètes, des
apôtres, des patriarches et des prédicateurs; de chaque
côté s'avancent les martyrs et les docteurs avec leurs
livres ouverts; derrière vient toute la foule des conver-
tis; à une certaine distance se pressent en masses innombrables les ennemis, les empereurs, les puissants, les
philosophes, les hérétiques, tous vaincus, avec leurs
idoles detruites et leurs livres brûlés. (Une grande composition de Titien, connue sous la forme d'une gravure
sur bois, se rapproche assez de cette description.) Parmi
les treize élégies composées par Sabellico (t. I, p. 79 ss.)
en l'honneur de la Sainte Vierge, la neuvième et la
dixième contiennent la relation détaillée d'un triomphe
de la Mère de Dieu, triomphe embelli de nombreuses
allégories et surtout intéressant par ce caractère positif

---

[1] Pillari, *Savonarole*, traduction de M. Berduschek, 1868, II,
p. 181-191. Comp. Ranke, *Histoire des peuples de race germanique et de
race latine*, 2ᵉ édit. (1874), p. 95.

et réaliste que la peinture du quinzième siècle savait donner à des scènes de ce genre.

Les triomphes profanes étaient bien plus fréquents que ces triomphes religieux ; c'était une imitation directe des antiques triomphes romains tels qu'on les connaissait d'après des reliefs antiques et qu'on pouvait les reconstituer d'après les auteurs [1]. Nous avons parlé plus haut (t. I, p 171, 237 ss.) du sens historique des Italiens de la Renaissance, auquel se rattachaient les faits de cette nature.

D'abord il y avait de temps à autre de véritables entrées triomphales de princes victorieux, que l'on cherchait à rapprocher le plus possible du modèle antique, quelque fois contrairement au goût du triomphateur lui-même. En 1450, François Sforza eut assez de force d'âme pour ne pas vouloir, lors de son entrée dans Milan, du char triomphal qu'on avait apprêté pour lui, disant que de telles pratiques avaient été imaginées par la superstition des rois [2]. Lors de son entrée [3] dans Naples (1443), Alphonse le Grand eut le bon goût de refuser la couronne de laurier, que Napoléon ne dédaigna pas lors de son couronnement à Notre-Dame. Au reste, le triomphe d'Alphonse (qui entra par une brèche pratiquée dans les murs et qui ensuite traversa la ville jusqu'à la cathédrale) fut un singulier mélange d'éléments antiques, d'éléments allégoriques et d'au-

---

[1] *Fazio degli Uberti, Il Dittamondo*, contient un chapitre particulier (lib. II, cap. III) *del modo del triumphare.*

[2] CORIO, fol. 401 : *Dicendo, tali cose essere superstizioni de' Re.* — Comp. CAGNOLA, *Arch. stor.*, III, p. 127, qui dit que le duc a décliné cette démonstration par modestie.

[3] V. plus haut, t. I, p. 279 ss. — Comp. *ibid.*, p. 12. — *Triumphus Alphonsi*, qui forme le supplément des *Dicta et Facta Alphonsi*, par Ant. PANORMITANUS, éd. 1538, p. 129-139, 256 ss. — On trouve déjà chez les vaillants Comnène une répugnance pour les triomphes par trop brillants. Comp. CINNAMUS, *Epitome rer. ab Comnenis gestarum*, I, 5; VI. 1

tres simplement burlesques. Le char traîné par quatre chevaux blancs, sur lequel il trônait, était d'une hauteur démesurée et tout doré; vingt patriciens portaient le dais de brocart d'or à l'ombre duquel il s'avançait. La partie du cortége dont s'étaient chargés les Florentins présents à Naples, se composait d'abord de jeunes et élégants cavaliers qui agitaient leurs lances avec grâce, d'un char portant la Fortune et de sept Vertus à cheval. Conformément aux inexorables lois de l'allégorie que les artistes eux-mêmes étaient parfois obligés de subir, la déesse de la Fortune [1] n'avait des cheveux que sur le devant de la tête; par derrière elle était chauve; le génie placé sur un rebord inférieur du char, qui devait représenter la fragilité du bonheur, avait les pieds dans un bassin rempli d'eau. Puis venait une troupe de cavaliers portant des costumes de différents pays, figurant aussi des princes et de grands seigneurs étrangers; enfin apparaissait sur un char élevé au-dessus d'un globe terrestre qui tournait sur lui-même, un Jules César couronné de lauriers [2]; celui-ci expliqua au Roi, en vers italiens, toutes les allégories précédentes et se mêla ensuite au cortége. Soixante Florentins, tous vêtus de pourpre et d'écarlate, complétaient cette magnifique exhibition. Ensuite s'avançait une troupe de Catalans à pied, ayant entre leurs jambes de petits chevaux factices attachés par devant et par derrière, qui

---

[1] C'est une des naïvetés de la Renaissance que d'assigner une place pareille à la Fortune. Lors de l'entrée de Maximilien Sforza à Milan (1512) elle formait la figure principale d'un arc de triomphe; elle était au-dessus de la *Fama*, de la *Speranza*, de l'*Audacia* et de la *Penitenza*; tous ces personnages étaient figurés par des personnes vivantes. Comp. PRATO, *Arch. stor.*, III. p. 305.

[2] L'entrée de Borso d'Este à Reggio, décrite plus haut, p. 171 ss., montre quelle impression le triomphe d'Alphonse avait faite dans toute l'Italie. — Sur l'entrée de César Borgia à Rome, en 1500, comp. GREGOROVIUS, VII, 439.

livrèrent un simulacre de combat à une troupe de Turcs;
on eût dit qu'ils voulaient parodier le brillant défilé des
cavaliers florentins. Puis on vit s'avancer une tour
énorme, dont la porte était gardée par un ange armé
d'un glaive; au sommet se trouvaient encore quatre
Vertus qui saluèrent chacune le Roi d'un chant particulier. Les autres détails du cortége n'avaient rien qui pré-
sentât un caractère spécial.

Lors de l'entrée de Louis XII à Milan (1507)[1], il y eut,
outre l'inévitable char portant des Vertus, un tableau
vivant, composé de Jupiter, de Mars et d'une Italie enve-
loppée d'un grand filet, image du pays qui se soumettait
entièrement à la volonté du Roi; ensuite venait une voiture chargée de trophées, etc.

Quand il n'y avait pas de triomphes réels à célébrer,
la poésie dédommageait amplement les princes. Pétrarque et Boccace (p. 159) avaient indiqué les représentants
de tous les genres de gloire comme devant servir de
cortége et d'entourage aux figures allégoriques. Maintenant ce sont les célébrités de tout le passé qui forment
la suite des princes. C'est dans ce sens que la poëtesse
Cleofe Gabrielli de Gubbio chanta[2] Borso de Ferrare.
Elle lui donne pour escorte sept reines (les arts libéraux),
avec lesquelles il monte sur un char; ensuite des légions
de héros qui, pour qu'on ne les confonde pas, portent
leurs noms inscrits sur le front; puis viennent tous les
poëtes illustres; les dieux, montés sur des chars, sont
aussi de la fête. Vers cette époque, en général, on ne se
lasse pas de promener des figures mythologiques et
allégoriques; l'œuvre d'art la plus remarquable du temps

---

[1] PRATO, *Arch. stor.*, III, p. 260 ss. L'auteur dit formellement : *Le
quali cose da li triumfanti Romani se soliano anticamente usare.*
[2] Les trois chapitres en tercets, *Anecdota litt.*, IV, p. 461 ss.

de **Borso** qui soit parvenue jusqu'à nous, les fresques du palais Schifanoja, renferme toute une frise où sont retracés des détails de ce genre[1]. Lorsque Raphaël eut à peindre la *camera della segnatura,* ce genre de sujet était bien tombé. Son génie le releva ; il lui donna une nouvelle et dernière consécration en peignant ces fresques merveilleuses qu'on ne se lassera pas d'admirer.

Les entrées triomphales proprement dites n'étaient que des exceptions. Mais tout le cortége solennel, soit qu'il eût pour objet de fêter quelque brillante victoire, soit qu'il fût une simple manifestation sans signification particulière, prenait plus ou moins le caractère et presque toujours le nom d'un triomphe. Il y a lieu de s'étonner que cette manie des démonstrations pompeuses ne se soit pas étendue jusqu'aux enterrements[2].

On commença par reproduire à l'époque du carnaval et dans d'autres occasions les triomphes de certains généraux romains de l'antiquité. C'est ainsi que Florence vit le triomphe de Paul-Émile (sous Laurent le Magnifique) et celui de Camille (lors de la visite de Léon X), tous deux organisés sous la direction du peintre François Granache[3]. A Rome, la première fête complète de ce

---

[1] On trouve assez souvent des tableaux traitant le même sujet ; c'est certainement le souvenir de mascarades réelles. Bientôt les grands s'habituent à user du char triomphal dans toutes les fêtes. Annibal Bentivoglio, le fils aîné du podestat de Bologne, juge du camp dans une joute ordinaire, retourne à son palais *cum triumpho more Romano. Bursellis,* dans MURAT., XXIII, col. 909, *ad a* 1490.

[2] Les célèbres funérailles de Malatesta Baglioni, empoisonné à Pérouse, en 1437 (GRAZIANI. *Arch stor .* I, xvi, p. 413), rappellent presque les pompes funèbres de l'antique Étrurie. Quoi qu'il en soit, les cavaliers qui accompagnent le convoi et d'autres usages se trouvent chez la noblesse d'Occident en général. Comp., par ex. : Les funérailles de Bertrand Duguesclin, dans *Juvénal des Ursins, ad a.* 1389. — V. aussi GRAZIANI, *l. c.,* p. 360.

[3] VASARI, IX, p. 218, *Vita di Granacci.* Sur les triomphes et les

genre fut le triomphe d'Auguste après sa victoire sur Cléopâtre[1]; elle eut lieu sous Paul II. Outre les personnages comiques et mythologiques (qui ne manquaient pas non plus dans les triomphes de l'antiquité), on y retrouvait tous les éléments consacrés par la tradition : des rois enchaînés, des bannières de soie portant des textes de plébiscites et de sénatus-consultes, un sénat costumé à l'antique avec des édiles, des questeurs, des préteurs, etc.; quatre voitures pleines de masques chantants, et sans doute aussi des chars ornés de trophées. D'autres exhibitions représentaient d'une manière plus générale l'antique puissance de Rome maîtresse du monde, et, en présence des dangers réels dont les Turcs menaçaient l'Occident, on aimait sans doute aussi à faire défiler une troupe de Turcs prisonniers, montés sur des chameaux Plus tard, pendant le carnaval de 1600, César Borgia, par une allusion hardie à sa personne, fit célébrer le triomphe de Jules César, où figurèrent onze chars magnifiques[2]; il voulait certainement faire pièce aux pèlerins qui se rendaient au jubilé. (T. I, p. 147.) — L'exaltation de Léon X donna lieu à deux triomphes remarquables par la magnificence et par le bon goût qu'y déployèrent deux sociétés rivales de Florence (1513)[3] : l'un représentait les trois âges de la vie humaine, l'autre les âges du monde, ingénieusement figurés par cinq tableaux empruntés à l'histoire romaine et par deux allégories, qui rappelaient l'âge d'or de Saturne et son retour. La richesse de la décoration des chars, due quelquefois à l'imagination féconde des grands artistes florentins, fai-

cortéges solennels à Florence, comp. REUMONT, *Laurent*, II, 433 ss.

[1] Mich. CANNESIUS *Vita Pauli II*, dans MURAT., III, II, col. 118 ss.

[2] TOMMASSI, *Vita di Cesare Borgia*, p. 251.

[3] VASARI, XI, p. 34 ss. *Vita di Puntormo*. C'est un passage important dans son genre.

sait une telle impression sur les esprits qu'on aurait voulu voir se renouveler périodiquement d'aussi merveilleux spectacles. Jusqu'alors les villes sujettes s'étaient contentées de remettre purement et simplement les présents symboliques qu'elles devaient à titre d'hommage annuel (des étoffes précieuses et des cierges); mais, à partir de ce moment [1], la corporation des marchands fit construire dix chars (qui plus tard devaient être suivis de beaucoup d'autres), moins pour porter les tributs que pour les symboliser; André del Sarto, qui décora quelques-uns de ces chars, en fit sans doute des merveilles. Ces chars portant des tributs et des trophées étaient l'accessoire obligé de toutes les fêtes, même les moins pompeuses. En 1477, les Siennois fêtèrent l'alliance conclue entre Ferrante et Sixte IV par l'exhibition d'un char qui portait un individu vêtu en déesse de la paix, le pied posé sur une cuirasse et sur des armes diverses [2].

Dans les fêtes vénitiennes les embarcations remplaçaient les chars; l'étrange, le fantastique venaient ainsi se joindre à la magnificence. Une sortie du Bucentaure allant au-devant des princesses Léonore et Béatrice de Ferrare, en 1491 (p. 170), est décrite par les auteurs du temps comme un spectacle vraiment féerique [3] : le navire était précédé d'innombrables embarcations ornées de tentures et de guirlandes, et montées par des jeunes gens admirablement costumés; soutenus par d'ingénieux appareils, des génies volaient autour de la flottille, por-

---

[1] VASARI, VIII, p. 264, *Vita di A. del Sarto.*

[2] *Allegretto,* dans MURAT., XXIII, col. 783. Le fait d'une roue qui se brisait était considéré comme un mauvais présage.

[3] M. Anton SABELLICI *Epist.*, l. III. Lettre à M. Ant. Barbavarus, qui dit : *tetus est mos civitatis in illustrium hospitum adventu eam navim euro et purpura insternere.*

tant les attributs des dieux; plus bas il y en avait d'autres, qui formaient des groupes de tritons et de nymphes; partout des chants, des parfums et des drapeaux brodés d'or qui flottaient au vent. Le Bucentaure était suivi d'une telle quantité d'embarcations de tout genre qu'à la distance d'un mille (*octo stadia*, dit le savant auteur) on ne voyait plus l'eau. Parmi les autres fêtes, qui furent célébrées quelques jours plus tard, la plus remarquable et la plus nouvelle fut, indépendamment de la pantomime dont il a été parlé plus haut, une régate de cinquante jeunes filles. Au seizième siècle[1], la noblesse était partagée en corporations spéciales qui se chargeaient d'organiser les fêtes dont le principal élément était quelque machine immense montée sur un vaisseau. C'est ainsi qu'en 1541, lors d'une fête des *Sempiterni*, on vit circuler sur le grand canal un globe immense figurant l' « univers », dans l'intérieur duquel eut lieu un bal magnifique. Le carnaval de Venise était célèbre par des bals, des cortéges et des représentations de tout genre. Parfois même on trouvait la place Saint-Marc assez grande pour y donner des tournois (p. 83, 103, 104) et même pour y célébrer des triomphes à l'instar de ceux de la terre ferme. Dans une fête de la paix[2], les confréries religieuses (*scuole*) se chargèrent des différents détails d'un cortége de ce genre et rivalisèrent entre elles de luxe et de magnificence. On vit à ce propos, entre deux rangées de candélabres portant des cierges rouges, au milieu de troupes de musiciens et d'enfants ailés qui tenaient dans leurs mains des coupes en or et des cornes d'abon-

---

[1] SANSOVINO, Venezia, fol. 151 ss. Ces sociétés s'appellent : *Pavoni, Accesi, Eterni, Reali, Sempiterni;* ce sont sans doute celles qui se transformèrent ensuite en académies.

[2] Probablement en 1495. Comp. M. Anton. SABELLICI *Epist.*, I. V. Cette dernière lettre est adressée à M. Anton. Barbavarus.

dance, un char sur lequel Noé et David trônaient côte à côte; puis venait Abigaïl, conduisant un chameau chargé de trésors; ensuite s'avançait un autre char portant un groupe politique : c'était l'Italie entre Venise et la Ligurie, ces deux dernières avec leurs armes, la première avec une cigogne, emblème de la concorde; sur une estrade se trouvaient trois génies femelles avec les armes des trois princes alliés, le pape Alexandre VI, l'empereur Maximilien et le roi d'Espagne. Ce char était suivi entre autres d'un globe terrestre entouré de constellations. Sur d'autres voitures venaient les princes indiqués ci-dessus, figurés par des personnages richement costumés, avec leurs serviteurs et leurs armes, si toutefois nous comprenons bien ce que dit l'auteur[1]. La musique ne manquait pas de jouer son rôle dans les cortéges de ce genre.

Le carnaval proprement dit n'avait peut-être, au quinzième siècle, nulle part une physionomie aussi variée qu'à Rome[2]. Là c'étaient peut-être les courses qui présentaient le plus de variété : il y avait des courses de chevaux, de buffles et d'ânes; de vieillards, de jeunes gens, de Juifs, etc. Le pape Paul II faisait distribuer des aliments au peuple devant le palazzo di Venezia, où il demeurait. Les jeux qui avaient lieu sur la piazza Navona, jeux qui peut-être n'avaient jamais entièrement disparu depuis l'antiquité, imposaient par leur caractère

---

[1] *Terræ globum socialibus signis circunquaque figuratum : quinis pegmatibus, quorum singula fœderatorum regum, principumque suas habuere effigies et cum his ministros signaque in auro affabre cæ atn*

[2] *Infessura,* dans ECCARD, *Scriptt.,* II, col. 1893. 2000. — Mich. CANNESIUS, *Vita Pauli II,* dans MURAT., II, III. col. 1012. — PLATINA, *Vitæ pontiff.,* p. 318. — Jac. VOLATERRAN., dans MURATORI, XXIII, col. 163, 194. — Paul. Jov., *Elogiar.,* p. 98, *sub Juliano Caesurino.* — Ailleurs il y avait aussi des courses de femmes : *Diario Ferrarese,* dans MURAT., XXIV, col. 384. Comp. aussi GREGOROVIUS, VI, 690 ss.; VII, 219, 616 ss.

guerrier; c'était un simulacre de combat entre des cavaliers et une revue de la bourgeoisie en armes. D'autre part, les masques jouissaient d'une grande liberté, et l'on avait parfois, pendant des mois entiers, le droit de se travestir[1]. Sixte IV ne craignait pas de passer au milieu des masques, même dans les quartiers les plus populeux de la ville, au Campo Fiore et aux Banchi; seulement il fuyait les masques qui se présentaient à dessein au Vatican pour lui faire des visites. Sous Innocent VIII, un usage assez singulier, qui s'était déjà introduit auparavant, dégénéra en véritable abus : lors du carnaval de l'année 1491, les cardinaux s'envoyèrent réciproquement des chars remplis de masques, de bouffons, de chanteurs, escortés par des cavaliers, tous admirablement costumés; ces personnages récitaient des vers scandaleux[2]. — Les Romains semblent aussi avoir été les premiers à mettre en honneur les grandes marches aux flambeaux. Lorsque Pie II revint, en 1459, du congrès de Mantoue[3], tout le peuple lui offrit le spectacle d'une cavalcade aux flambeaux, dont les personnages firent des évolutions et décrivirent des cercles lumineux devant le palais. Une fois, cependant, Sixte IV jugea à propos de décliner une démonstration de ce genre, et le peuple dut renoncer à défiler devant lui avec des flambeaux et des branches d'olivier[4].

Le carnaval de Florence surpassait celui de Rome par un certain genre de cortége qui a laissé des souvenirs

---

[1] Sous Alexandre VI, cela dura une fois depuis le mois d'octobre jusqu'au carême. Comp. TOMMASI, I, p. 322.

[2] BALLUZE, *Miscell.*, IV, 517. (Comp. GREGOROV., VII, 288 ss.)

[3] PII II *Comment.*, l. IV, p. 211.

[4] *Nantiporto*, dans MURAT., II, III, col. 1080. Ils voulaient le remercier d'avoir conclu la paix; mais ils trouvèrent les portes du palais fermées et des détachements de soldats sur toutes les places.

dans la littérature [1]. Au milieu d'une nuée de masques à pied et à cheval apparaît un char immense ayant une forme de fantaisie; il porte une figure allégorique à la mode ou bien un groupe avec les accessoires qu'il comporte, par exemple, la Jalousie avec une tête qui a quatre visages armés de lunettes, les quatre Tempéraments (p. 30) avec les planètes correspondantes, les trois Parques, la Prudence trônant au-dessus de l'Espérance et de la Crainte, qui sont enchaînées devant elle, les quatre éléments, les quatre âges de la vie, les quatre vents, les quatre saisons, etc.; c'est parfois même le célèbre char de la Mort avec des cercueils qui s'ouvrent à un moment donné. Ou bien c'était quelque scène mythologique, telle que Bacchus et Ariane, Pâris et Hélène, etc., ou enfin un chœur de gens qui formaient une classe, une catégorie, par exemple, les mendiants, les chasseurs avec des nymphes, les âmes qui pendant la vie avaient appartenu à des femmes au cœur dur, les ermites, les vagabonds, les astrologues, les diables, les marchands qui vendaient certaines marchandises déterminées, même *il popolo,* enfin les gens de toute espèce, qui tous s'accusent de leurs méfaits dans leurs chants. Ceux de ces chants qu'on a recueillis et qui sont parvenus jusqu'à nous expliquent le cortége d'une façon tantôt émouvante, tantôt humoristique, tantôt obscène. On en attribue quelques-uns des plus épicés à Laurent le Magnifique, probablement parce que le véritable auteur n'avait pas osé se nommer;

---

[1] *Tutti i trionfi, carri, mascherate, o canti, carnascialeschi,* Cosmopoli, 1760. — MACCHIAVELLI, *Opere minori,* p. 505. — VASARI, VII, p. 115 ss. *Vita di Piero di Cosimo;* on attribue à ce dernier une grande part au développement de ces éléments. — Comp. B. Loos (appendice n° 2), p. 12 ss. REUMONT, *Laurent,* II, 443 ss., où se trouvent surtout réunis les passages qui attestent qu'on mit de bonne heure un frein à la licence du carnaval. Comp. aussi *ibid.,* II, p. 24.

il est certain toutefois qu'il a composé le magnifique
chant qui accompagne la scène de Bacchus et d'Ariane,
dont le quinzième siècle nous envoie le refrain comme
un mélancolique pressentiment de la courte splendeur
de la Renaissance elle-même :

> Quanto è bella giovinezza,
> Che si fugge tuttavia!
> Chi vuol esser lieto, sia :
> Di doman non c'è certezza.

SIXIÈME PARTIE

MŒURS ET RELIGION

CHAPITRE PREMIER

LA MORALITÉ

Les idées des différents peuples sur les questions les
plus élevées, c'est-à-dire sur Dieu, la vertu et l'immortalité, peuvent bien être déterminées jusqu'à un certain
point, mais ne se prêtent jamais à un rapprochement
exact. Plus les données semblent positives, plus il faut
se garder de les accueillir d'une manière absolue et de
les généraliser.

Cela est vrai surtout du jugement à porter sur la
moralité.

On pourra indiquer beaucoup de contrastes et de res-
semblances de détail entre les peuples; mais l'esprit
humain est trop faible pour embrasser un aussi vaste
ensemble. Il est impossible de déterminer d'une manière
absolue la valeur morale des peuples, ne serait-ce que
parce que les défauts d'une nation ont une seconde face
qui les fait paraître des qualités, voire même des vertus

nationales. Il faut laisser faire les auteurs qui aiment à
condamner les peuples en masse et à prendre parfois à
leur égard le ton le plus acerbe. Des peuples occidentaux
peuvent se malmener les uns les autres, mais heureusement ils ne peuvent pas se juger. Une grande nation
dont la vie se trouve mêlée à celle de tout le monde
moderne par suite de sa culture et de son histoire, ne
prête pas l'oreille aux accusations ni même aux critiques
bienveillantes; elle poursuit sa carrière avec ou sans
l'approbation des théoriciens.

Aussi ce qui suit n'est-il pas un jugement, mais
simplement une série d'observations qui sont le résultat
naturel de plusieurs années d'études sur la Renaissance
italienne. La valeur de ces notes est d'autant plus
modeste que la plupart du temps elles se rapportent à
la vie des classes élevées de la société italienne, que nous
connaissons infiniment mieux, en bien comme en mal,
que l'histoire intime d'autres peuples européens. Mais
parce que la gloire et la honte sont plus éclatantes ici
qu'ailleurs, nous n'en sommes pas plus avancés pour
dresser le bilan général de la moralité.

Quel œil pourrait sonder les profondeurs où se forment
les caractères et les destinées des peuples, où les qualités naturelles et les qualités acquises composent un
tout nouveau, où le caractère primordial se refond deux
ou trois fois, où même des dons intellectuels qu'à première vue on serait tenté de regarder comme primitifs
ne sont qu'une acquisition relativement tardive et nouvelle? Par exemple, l'Italien d'avant le treizième siècle
avait-il déjà cette vivacité, cette aisance, cette sûreté
de l'homme accompli, cette faculté d'animer en se jouant
tous les objets, soit par la parole, soit par la forme, qui
l'a distingué depuis? — Et si nous ignorons ces choses,

comment ferons-nous pour démêler ces mille courants
où l'intelligence et la moralité se mêlent et se confondent
sans cesse? Sans doute, il y a une appréciation personnelle
qui a pour guide la conscience; mais qu'on fasse grâce
aux peuples de sentences générales. Le peuple le plus
malade en apparence peut être près de la guérison, et
un peuple sain d'apparence peut renfermer dans son
sein un puissant germe de mort, dont le moment du
danger seul révèle l'existence.

Au commencement du seizième siècle, lorsque la
culture de la Renaissance était arrivée à son apogée,
et qu'en même temps la ruine politique de la nation
était irrévocablement décidée, il ne manquait pas de penseurs sérieux qui rattachaient cet abaissement au relâchement des mœurs. Ce ne sont pas de ces prédicateurs
fanatiques qui, chez tous les peuples et à toutes les
époques, se croient obligés de tonner contre la corruption du siècle; c'est un Machiavel, qui dit sans détour[1] :
Oui, nous autres Italiens, nous sommes profondément
irréligieux et dépravés. — Un autre aurait dit peut-être :
Nous sommes remarquablement développés au point de
vue individuel; la race nous a affranchis des mœurs et
de la religion, et nous méprisons les lois extérieures,
parce que nos princes sont illégitimes et que leurs fonctionnaires et leurs juges sont des hommes abjects. — Machiavel lui-même ajoute : parce que l'Église, dans la personne de ses ministres, donne l'exemple le plus funeste.

Devons-nous dire encore : « parce que l'antiquité a
exercé une influence fâcheuse »? En tout cas, une pareille
hypothèse comporterait de nombreuses restrictions. Tout

---

[1] *Discorsi*, l. I, c. xii. Voir aussi c. lv : L'Italie, dit l'auteur, est
plus corrompue que tous les autres pays; après elle viennent les
Français et les Espagnols.

d'abord le fait est vrai en ce qui concerne les humanistes
(t. I, p. 341 ss.), surtout si l'on considère le déréglement
de leurs mœurs. Chez les autres classes il est peut-être
arrivé que, grâce à la connaissance de l'antiquité (t. I,
p. 186, 362), l'idéal de la vie chrétienne, la sainteté,
ait été remplacé par celui de la grandeur historique.
Il en résultait que, par suite d'une erreur assez naturelle, on regardait comme indifférentes les fautes en
dépit desquelles les grands hommes sont devenus grands.
Si l'on veut invoquer des théories à l'appui de cette
aberration, c'est encore dans les humanistes qu'il faut
les chercher, dans Paul Jove, par exemple, qui excuse le
parjure de Jean-Galéas Visconti, en tant qu'il rendit possible la création d'un empire, par l'exemple de Jules
César [1]. Les grands historiens et les grands politiques
florentins ne professent jamais ces doctrines serviles, et
ce qui apparaît d'antique dans leur jugement et dans
leurs actions tient à ce que le système politique du
temps avait nécessairement fait naître des idées jusqu'à
un certain point analogues à celles des anciens.

Quoi qu'il en soit, au commencement du seizième
siècle l'Italie traversait une crise morale redoutable,
inquiétante pour l'avenir du pays.

Commençons par indiquer la force morale qui résis-
tait le mieux aux progrès du mal. Les hommes éminents
qui avaient échappé à la corruption générale croyaient
trouver cet agent dans le sentiment de l'honneur, c'est-
à-dire dans ce mélange de conscience et d'égoïsme que
l'homme moderne garde encore, même quand il a, par
sa faute ou non, perdu tout le reste, foi, espérance et
charité. Ce sentiment de l'honneur se concilie avec une

---

[1] Paul Jov., *Viri illustres; Jo. Ga., Vicecomes.* Comp. t. I, p. 14 ss.
et la note 2, même page.

forte dose d'égoïsme et de grands vices; il est capable de produire de singulières illusions; mais aussi tous les nobles sentiments qui sont restés dans le cœur d'un individu peuvent s'y rattacher et puiser à cette source des forces nouvelles. Dans un sens plus étendu qu'on ne se le figure d'ordinaire, il est devenu pour les Européens actuels, dont le développement porte le caractère de l'individualisme, la règle souveraine de leurs actions; même beaucoup de ceux qui restent fidèles aux traditions morales et religieuses prennent sans en avoir conscience les résolutions les plus importantes en s'inspirant du sentiment en question [1].

Nous n'avons pas à faire voir que l'antiquité connaissait déjà une nuance particulière de ce sentiment et qu'ensuite le moyen âge a fait de l'honneur, pris dans un sens spécial, le principal mobile d'une classe d'individus déterminée. Nous ne discuterons pas non plus avec ceux qui regardent la conscience seule, au lieu du sentiment de l'honneur, comme l'agent moral par excellence; sans doute il vaudrait bien mieux qu'il en fût ainsi; mais dès qu'on est obligé d'avouer que les bonnes résolutions émanent d'une « conscience plus ou moins troublée par l'égoïsme », il vaut mieux appeler ce mélange par son nom [2]. Il est vrai que chez les Italiens de la Renaissance il est parfois difficile de distinguer ce sentiment de l'honneur, de l'ambition proprement dite, avec laquelle il se confond souvent; mais ces deux éléments n'en subsistent pas moins avec leur diversité relative.

---

[1] Sur l'importance du point d'honneur dans le monde actuel, comp. la sérieuse étude de PRÉVOST-PARADOL, *la France nouvelle*, liv. III, chap. II. (Ouvrage écrit en 1868.)

[2] Il est intéressant de comparer ce que Darwin, dans l' « expression des sentiments », dit, à propos de la « rougeur », du sentiment de la honte opposé à la conscience.

Sur ce point, les témoignages abondent. Nous n'en citerons qu'un, que sa netteté recommande à l'attention plus que tous les autres; il est emprunté aux *Aphorismes* de Guichardin, qui viennent d'être livrés à la publicité[1]. « Celui qui fait grand cas de l'honneur réussit en tout, parce qu'il ne craint ni la peine, ni le danger, ni la dépense; je l'ai vu par moi-même, et je puis le dire et l'écrire : les actions des hommes qui n'ont point pour principe ce puissant mobile sont stériles et sans portée. » Sans doute il faut ajouter que, d'après ce que nous savons de la vie de l'auteur, il ne peut être question ici que du sentiment de l'honneur, et non de la gloire proprement dite. Le témoignage de Rabelais est peut-être encore plus formel que celui des écrivains italiens. C'est à regret que nous mêlons ce nom à notre étude; l'œuvre de ce génie puissant, mais baroque, nous donne à peu près l'idée de ce que serait la Renaissance sans la forme et la beauté[2]. Mais le tableau qu'il fait d'une vie idéale, telle qu'elle convient aux habitants de l'abbaye de Thélème, est décisif comme fragment de l'histoire de la culture, à tel point que l'image du seizième siècle serait incomplète sans lui. En parlant des messieurs et des dames de l'ordre du bon plaisir, il raconte entre autres ce qui suit[3] :

« En leur reigle nestoit que ceste clause : *Fay ce que vouldras.* Parce que gens liberes, bien nayz[4], bien

---

[1] Franc. GUICCIARDINI, *Ricordi politici e civili*, n. 118. (*Opere inedite*, vol. 1.)

[2] Son pendant est Merlin Coccaie (Teofilo Folengo), dont Rabelais a connu et souvent cité l'*Opus macaronicorum*, dont il a été plusieurs fois question plus haut (*Pantagruel*, l. II, ch. I et ch. VII, fin). Peut-être même Gargantua et Pantagruel ont-ils été inspirés par Merlin Coccaie.

[3] *Gargantua*, l. 1, ch. LVII.

[4] C'est-à-dire bien nés dans le sens élevé du mot, car Rabelais,

instruictz, conversans en compeignies honnestes, ont
par nature ung instinct et aguillon qui tousjours les
poulse à faictz vertueux, et retire de vice : lequel ilz
mommoyent *honneur*. »

C'est la même croyance en la bonté de la nature
humaine qui animait la seconde moitié du dix-huitième
siècle et qui aida à frayer les voies à la Révolution française. Chez les Italiens aussi, chacun en appelle indivi-
duellement à ce noble instinct qui lui est propre, et si
les jugements et les sentiments sont, en somme, plus
pessimistes, surtout sous l'impression du malheur national, il n'en faut pas moins tenir grand compte de ce
sentiment de l'honneur. Si le développement illimité de
l'individu a été un fait général, s'il a été plus fort que la
volonté de l'individu lui-même, la manifestation de cette
force réactive qui se révèle dans l'Italie d'alors est, elle
aussi, un phénomène considérable. Nous ne savons pas
combien de fois et de quelles violentes attaques de
l'égoïsme elle a triomphé, et c'est pour cela qu'il nous
est impossible d'apprécier exactement la valeur morale
absolue de la nation.

L'élément le plus important qui modifie la moralité de
l'Italien remarquable par sa haute culture intellectuelle,
c'est l'imagination. C'est elle avant tout qui prête à ses
vertus et à ses vices leur couleur particulière, c'est sous
son empire que son égoïsme déchaîné porte tous ses fruits.

C'est elle qui le passionne pour les jeux de hasard, en
lui montrant la richesse future et les jouissances qu'elle

le fils d'un aubergiste de Chinon, n'a aucune raison d'accorder un
privilé e à la simple noblesse de la naissance. — Le sermon de
l'Évangile, dont il est question dans l'inscription du couvent, ne
s'accorderait guère avec la vie habituelle des Thélémites; aussi
faut-il l'interpréter plutôt dans un sens négatif, comme manifeste
contre l'Église romaine.

lui promet sous des couleurs tellement vives qu'il sacrifie tout à l'espoir de gagner. Il est certain que les peuples mahométans l'auraient précédé dans cette voie si, dès le début, le Coran n'avait fait de l'interdiction du jeu la sauvegarde de l'islamisme, et s'il n'avait poussé l'imagination des musulmans vers la découverte de trésors cachés. En Italie, la fureur du jeu devint générale, et plus d'une fois elle compromit ou ruina l'existence des individus. Dès la fin du quatorzième siècle, Florence a son Casanova, un certain Buonaccorso Pitti qui, en voyageant continuellement comme marchand, partisan, spéculateur, diplomate et joueur de profession, gagna et perdit des sommes énormes, et qui ne pouvait plus avoir pour partenaires que des princes, tels que les ducs de Brabant, de Bavière et de Savoie [1]. La grande urne de loterie qu'on appelait la curie romaine habituait aussi son monde à un besoin d'excitation qui, dans les intervalles de repos que lui laissaient les grandes intrigues de la cour pontificale, ne trouvait à se satisfaire que par le jeu de dés. Franceschetto Cybo, par exemple, perdit un jour en deux coups, en jouant contre le cardinal Raphaël Riario, la somme de 14,000 ducats, et se plaignit ensuite au Pape que son adversaire eût triché [2]. On sait que l'Italie devint dans la suite la patrie de la loterie.

C'est encore l'imagination qui, en Italie, donna à la vengeance son caractère particulier. Sans doute le sentiment du droit a dû être de tout temps le même dans tout l'Occident, et chaque fois que la justice était violée impunément, il a dû se manifester de la même manière

---

[1] Voir son Journal sous forme d'extrait dans DELÉCLUZE, *Florence et ses vicissitudes,* vol. 2.

[2] *Infessura,* ap. ECCARD, *Script.,* II, col. 1992. Sur F. C. voir plus haut, t. I, p. 137 ss.

Mais d'autres peuples, quand même ils ne pardonnent pas plus facilement, peuvent du moins oublier plus vite, tandis que l'imagination italienne garde dans toute sa vivacité l'impression de l'injure reçue [1]. En même temps, dans la morale du peuple, la vengeance est considérée comme un devoir, et cette idée barbare est souvent la cause première d'horribles représailles. Les gouvernements et les tribunaux des villes reconnaissent l'existence et la légitimité de cette passion, et se bornent à en prévenir les excès par trop monstrueux. Même parmi les paysans, on trouve des festins de Thyeste et des meurtres sans fin; un seul témoignage suffira pour le prouver [2].

Dans la campagne d'Acquapendente trois jeunes pâtres gardaient le bétail. L'un d'eux dit : Nous allons essayer comment on pend les gens. Pendant que l'un était assis sur l'épaule de l'autre et que le troisième, après avoir passé le nœud coulant autour du cou de ce dernier, attachait la corde à un chêne, un loup vint à déboucher; aussitôt les deux s'enfuirent, laissant leur camarade pendu. En revenant, ils le trouvèrent mort et l'enterrèrent. Le dimanche, le père du malheureux vint pour lui apporter du pain; un des enfants lui raconta ce qui s'était passé et lui montra la tombe. Mais le père tua le jeune pâtre à coups de couteau, lui ouvrit le corps, en arracha le foie, et le servit au père de sa victime; ensuite il lui dit à qui appartenait ce foie qu'il avait mangé. Là-dessus les deux familles se mirent à s'entr'égorger, et, dans l'espace d'un mois, trente-six personnes, tant hommes que femmes, périrent assassinées.

[1] Ce raisonnement du spirituel Stendhal, qui a si bien peint l'époque de la Renaissance (*la Chartreuse de Parme*, éd. Delahays, p. 355), me semble reposer sur une profonde observation psychologique.

[2] GRAZIANI, *Cronaca di Perugia*, année 1437. (*Arch. stor.*, XVI, I, p. 415.)

Ces vendettes, qui se prolongeaient souvent pendant plusieurs générations, dans lesquelles intervenaient même les parents éloignés et les amis des familles ennemies, s'étendaient jusqu'aux classes les plus élevées. Les chroniques, aussi bien que les recueils de nouvelles, fourmillent d'exemples; ce qui y domine, ce sont des actes de vengeance accomplis par des maris outragés. Le terrain classique pour cela était surtout la Romagne, où la vendette se mêlait à toutes les divisions, quelle qu'en fût l'origine. La légende fait parfois un tableau terrible des passions féroces qui s'étaient déchaînées parmi ce peuple jadis si fier et si généreux. Telle est, par exemple, l'histoire de ce Ravennate de haute condition qui tenait ses ennemis réunis dans une tour et qui aurait pu les brûler; au lieu de leur ôter la vie, il les laissa sortir de leur prison, les embrassa et les traita magnifiquement; mais la honte et la fureur les rendirent encore plus acharnés à la perte de leur généreux vainqueur[1]. Des moines d'une piété exemplaire ne cessaient de prêcher la réconciliation, mais tout au plus parvenaient-ils à diminuer le nombre des assassinats, sans pouvoir empêcher absolument de nouvelles querelles et de nouveaux meurtres. Les nouvelles nous représentent souvent cette intervention salutaire de la religion, ces transports de générosité, ces retours de fureur provoqués par un passé que rien n'efface. Le Pape lui-même n'était pas toujours heureux dans ses tentatives de réconciliation : « Paul II voulait mettre fin à la querelle qui avait éclaté entre Antonio Caffarello et la maison Alberino. Il fit venir Giovanni Alberino et Antonio Caffarello, leur ordonna de s'embrasser et leur défendit, sous peine de deux cents ducats d'a-

____

[1] GIRALDI, *Hecatommithi,* I, nov. 7.

mende, de renouveler leurs attentats l'un contre l'autre. Deux jours après, Antonio reçut un coup de poignard du même Giacomo Alberino, fils de Giovanni, qui auparavant l'avait déjà frappé. Le pape Paul entra dans une violente colère ; il fit confisquer tous les biens d'Alberino, raser toutes ses maisons et bannir de Rome le père ainsi que le fils [1]. » Les serments et les cérémonies par lesquels les ennemis réconciliés cherchent à s'assurer contre une rechute, ont parfois un caractère tout à fait terrible : lorsque, le soir de la Saint-Sylvestre de l'année 1494, les Nove et les Popolari durent s'embrasser deux à deux dans la cathédrale de Sienne [2], on leur lut une formule de serment vraiment effrayante : celui qui violerait sa promesse devait être damné dans ce monde et dans l'autre ; « jamais on n'avait encore entendu un serment aussi formidable » ; même les consolations par lesquelles on adoucit la dernière heure des mourants devaient se changer en malédictions pour celui qui manquerait à sa parole. Il est évident que ces formules exprimaient le découragement des médiateurs aux abois plutôt qu'elles n'étaient une garantie réelle de paix, et que c'était précisément la réconciliation la plus sincère qui avait le moins besoin de cet appareil terrifiant.

Chez l'homme cultivé ou puissant le besoin de vengeance, reposant sur une base telle que la tradition populaire, se manifeste naturellement sous mille formes différentes et est approuvé sans réserve par l'opinion publique, dont les nouvellistes sont l'écho fidèle [3]. Tout le monde est d'accord sur un point : c'est que la victime

[1] *Infessura*, dans ECCARD, *Script.*, II, col. 1892, année 1464.
[2] ALLEGRETTO, *Diari Sanesi*, dans MURAT., XXIII, col. 807. Le chroniqueur, All., était lui-même présent quand ce serment fut prêté ; il ne doute pas que la paix ne soit assurée.
[3] Ceux qui remettent à Dieu le soin de punir l'injure sont ridi-

d'une de ces offenses contre lesquelles le Code italien du temps est désarmé, et, en général, d'un de ces affronts contre lesquels il n'y a eu jamais et nulle part de loi suffisante, a le droit de se faire justice elle-même. Seulement il faut que la vengeance soit ingénieuse et que la satisfaction résulte du dommage effectif causé à l'offenseur et de l'humiliation qu'il subit; aux yeux de l'opinion publique, la vengeance qui n'est que le triomphe de la force brutale n'équivaut pas à une satisfaction. Il faut que l'individu tout entier triomphe, et non pas seulement le droit du plus fort.

L'Italien de cette époque est capable d'une grande dissimulation pour atteindre un but déterminé, mais il est incapable d'hypocrisie en matière de principes. Aussi reconnaît-on avec une parfaite naïveté la vengeance comme un besoin. Des gens tout à fait de sang-froid l'admirent surtout quand la passion n'y est pour rien et qu'on l'exerce simplement « pour se faire respecter par les autres[1] ». Pourtant ces cas ont dû être très-rares comparativement à ceux où la passion dominait. Ce genre de vengeance se distingue nettement de la vendette; tandis que cette dernière n'est qu'une espèce de compensation, une application du *jus talionis,* la première va nécessairement au delà, attendu que non-seulement elle veut avoir le droit pour elle, mais qu'elle veut encore avoir les admirateurs ou, suivant les circonstances, les rieurs de son côté.

C'est là aussi ce qui explique le long intervalle qui sépare souvent la vengeance de l'outrage. Pour une « *bella vendetta* » il faut, en général, un concours parti-

culisés entre autres par Pulci, *Morgante,* canto XXI, str. 88 ss., 104 ss.

[1] Guicciardini, *Ricordi,* l. c., n° 74.

culier de circonstances qu'il faut savoir attendre. C'est avec un vrai plaisir que les nouvellistes décrivent parfois le travail souterrain qui doit amener l'heure de la réparation.

Il n'y a pas lieu de porter un jugement sur la moralité d'actions où la même personne est à la fois juge et partie. Si ce caractère vindicatif des Italiens était susceptible d'être justifié, on ne pourrait le faire qu'en lui opposant une vertu nationale correspondante, savoir la reconnaissance ; il faudrait que la même imagination qui ravive et grossit l'injure subie, rendit toujours présent le souvenir du bienfait reçu [1]. Il ne sera jamais possible de prouver que cette sorte de contre-poids se rencontre chez le peuple tout entier ; pourtant le caractère actuel du peuple italien ne laisse pas de présenter des traces de ce genre de compensation. Citons, pour les gens du commun, la vive reconnaissance qu'ils témoignent pour les bons traitements dont ils sont l'objet, et, pour les classes élevées, le bon souvenir qu'elles gardent des services rendus.

Ce rapport de l'imagination avec les qualités morales des Italiens se retrouve partout. Si l'Italien obéit en apparence à un froid calcul, dans des cas où l'homme du Nord écoute plutôt la passion, cela tient à ce que son développement individuel est plus fréquent, plus précoce et plus fort. Quand ce fait se produit en dehors de l'Italie, on trouve aussi des résultats analogues : l'habitude de s'éloigner temporairement de la maison et de l'autorité paternelle, par exemple, est également propre à la jeunesse italienne et aux jeunes gens de l'Amérique

---

[1] C'est ainsi que Cardanus (*De propria vita,* cap. xiii) se représente comme extrêmement vindicatif, mais aussi comme *verax, memor beneficiorum, amans justitiæ.*

du Nord. Plus tard s'établissent entre les enfants et les parents des rapports de tendresse et de respect tempérés par une certaine liberté.

En général, il est très-difficile de se prononcer sur la question des sentiments chez d'autres nations. La sensibilité peut être très-développée chez un peuple, mais elle peut avoir des caractères si particuliers que l'étranger ne saura ni la reconnaître ni même la deviner. Peut-être toutes les nations occidentales sont-elles également bien partagées sous ce rapport.

Mais c'est surtout dans les relations illicites entre les deux sexes que l'influence de l'imagination sur la moralité a été souveraine. On sait qu'en général le moyen âge aimait assez les amours faciles jusqu'au moment où la syphilis fit son apparition; nous n'avons pas d'ailleurs à faire ici la statistique comparée de la prostitution de tout genre telle qu'elle existait à cette époque. Mais ce qui paraît être particulier à l'Italie de la Renaissance, c'est que le mariage et ses droits y sont foulés aux pieds plus impudemment qu'ailleurs. Il n'est pas question des jeunes filles des classes élevées, qu'on isole soigneusement du monde; ce sont les femmes mariées seules qui recherchent les plaisirs de l'amour défendu.

Ce qui est digne de remarque, c'est que le nombre des mariages ne diminua pas pour cela, et que la famille ne fut pas, à beaucoup près, atteinte comme elle l'aurait été dans le Nord sous l'empire de circonstances semblables. On voulait vivre entièrement selon son bon plaisir, sans renoncer le moins du monde à la famille, même quand il était à craindre qu'elle ne fût souillée par des éléments étrangers. Aussi la race ne dégénéra-t-elle ni physiquement ni intellectuellement, car l'amoindrissement intellectuel apparent que l'on constate vers le milieu du seizième

siècle est dû à certaines causes extérieures tant politiques
que religieuses, causes qu'on peut déterminer exactement, même si l'on ne veut pas admettre que le cercle
des phénomènes possibles de la Renaissance ait été par-
couru à cette époque. Malgré leurs excès, les Italiens
continuèrent de figurer au nombre des populations les
plus saines, les plus fortes, les plus intelligentes de l'Europe[1], et, grâce à l'épuration des mœurs, elles ont gardé
ces avantages jusqu'à ce jour.

Si maintenant on examine de près la morale amoureuse de la Renaissance, on est frappé du singulier contraste que présentent les assertions des auteurs. A en
juger d'après les nouvellistes et les poëtes comiques,
l'amour ne consisterait que dans la jouissance, et, pour
y arriver, tous les moyens, tragiques ou comiques, seraient non-seulement permis, mais encore intéressants à
mesure qu'ils seraient plus hardis et plus plaisants. Si,
par contre, on lit les bons poëtes lyriques et les auteurs
de dialogues, on y trouve la plus noble spiritualisation
de la passion; ils vont même jusqu'à chercher l'expression la plus haute de l'amour dans l'idée antique de l'u
nion primitive des âmes au sein de la Divinité. Ces deux
manières de concevoir l'amour sont vraies à cette époque et peuvent se rencontrer dans un seul et même individu. C'est un fait positif que chez l'homme cultivé des
temps modernes les sentiments existent à l'état latent,
avec les différents degrés qu'ils comportent, et qu'il est
capable de leur donner une expression raisonnée, et
même artistique, suivant les circonstances. L'homme

---

[1] Quand la domination espagnole fut bien assise, le pays commença à se dépeupler. Si ce dépeuplement avait été la conséquence de la démoralisation, il se serait nécessairement produit
plus tôt.

moderne seul est, ainsi que l'homme de l'antiquité, un microcosme sous ce rapport, ce que l'homme du moyen âge n'était pas et ne pouvait pas être.

Ce qu'il faut remarquer tout d'abord dans les nouvelles, c'est la morale. Comme nous l'avons fait observer, il s'agit, dans la plupart de ces récits, de femmes mariées et, par conséquent, d'adultère.

L'idée que nous avons rappelée plus haut (p. 142 ss.), savoir que la femme était considérée comme l'égale de l'homme, est de la plus haute importance. La femme cultivée et développée sous le rapport individuel dispose d'elle-même avec une liberté bien plus grande que dans le Nord, et l'infidélité n'aboutit pas pour elle à une catastrophe dès qu'elle peut s'assurer contre les suites matérielles de sa faute. Le droit du mari à sa fidélité n'a pas cette base solide qu'elle doit, chez les hommes du Nord, à la poésie et à la passion qui se déploie à l'occasion de la recherche en mariage et des fiançailles. La fiancée n'a pas le temps de faire la connaissance de son époux futur; elle sort de la maison paternelle ou du couvent pour entrer brusquement dans le monde, mais à partir de ce moment son individualité se développe avec une rapidité extraordinaire. C'est surtout pour cette raison que le droit du mari à la fidélité de sa femme est très-conditionnel; même celui qui le considère comme un *jus quæsitum* ne le rapporte qu'au fait extérieur et non aux sentiments. La belle jeune femme d'un vieillard, par exemple, repousse les cadeaux et les messages d'un jeune amant, avec la ferme intention de garder son honneur (*honestà*). « Mais elle a vu pourtant avec plaisir l'amour du jeune homme à cause de ses grandes qualités, et elle a reconnu qu'une femme pure et généreuse peut aimer un homme distingué sans forfaire à l'honneur[1]. » Malheureusement, quand on est capable de faire une pareille distinction, on est bien près de se donner tout entière!

L'infidélité de la femme est regardée comme légitime quand elle est provoquée par celle du mari. La femme dont l'individualité a été développée considère la violation du devoir conjugal par le mari non pas seulement comme la cause d'une blessure douloureuse, mais encore comme un affront, comme une tromperie humiliante pour elle, et dès lors elle tire de son époux la vengeance qu'il a méritée, et cela froidement, sans passion. La mesure du châtiment à infliger est une question qu'il appartient à son tact de décider. L'offense la plus grave peut, par exemple, être suivie de la réconciliation et ne pas nuire à la paix future du ménage, si elle reste tout à fait secrète. Les nouvellistes, qui sont pourtant au courant de cette sorte de scandales ou qui en inventent en s'inspirant de l'esprit de leur époque, s'extasient quand la vengeance est parfaitement proportionnée à l'outrage, quand elle est savante. Il est bien entendu qu'au fond le mari ne reconnaît jamais cette loi du talion, et qu'il ne consent à la subir que par peur ou par des raisons de prudence. Quand il n'est pas guidé par des considérations de ce genre, quand, à la suite de l'infidélité de sa femme, il se sent menacé de devenir la risée des tiers, l'aventure tourne au tragique. Il n'est pas rare alors de voir la femme coupable devenir la victime d'une vengeance sanglante. Ce qui est caractéristique au plus haut point, c'est qu'outre le mari, les frères[2] et le père de la femme

---

[1] GIRALDI, *Hecatommithi*, III, nov. 2. — On trouve des idées tout à fait semblables dans *Cortigiano*, l. IV, fol. 180.

[2] On trouve l'exemple de la vengeance monstrueuse d'un frère (Pérouse, 1455) dans la chronique de Graziani, *Arch. stor.*, XVI, I, p. 629. Le frère force l'amant à crever les yeux à sa sœur, et le

se croient autorisés et même obligés à punir l'épouse
adultère. Dans ces cas la jalousie n'entre plus pour rien
dans le châtiment, et le sentiment moral est presque
hors de cause; ce qui domine, c'est le désir de faire
passer aux tiers l'envie de rire et de se moquer. « Aujour-
d'hui, dit Bandello, on voit une femme empoisonner son
mari pour assouvir librement des désirs criminels, comme
si, devenue veuve, elle pouvait faire tout ce qu'il lui plaît
Une autre fait assassiner son mari par son amant, parce
qu'elle a peur que sa faute ne se découvre. Puis surgissent
pères, frères et maris, armés du poison, du fer et d'autres
moyens; ils font disparaître l'objet qui cause leur honte,
ce qui n'empêche pas bien des femmes de continuer, au
mépris de leur vie et de leur honneur, à se livrer à leurs
passions[1]. » Une autre fois il s'écrie avec moins de violence : « Ah! s'il ne fallait pas tous les jours entendre
dire : Un tel a tué sa femme parce qu'il la soupçonnait
d'infidélité, tel autre a poignardé sa fille parce qu'elle
s'était mariée secrètement, celui-là enfin a fait tuer sa
fille parce qu'elle ne voulait pas accepter l'époux qu'il
lui avait choisi! C'est bien cruel à nous de vouloir faire
tout ce qui nous passe par la tête et de ne pas reconnaître aux pauvres femmes le même droit. Se permet-
tent-elles de faire quelque chose qui nous déplait, vite
nous recourons à la corde, au poignard ou au poison.
Quelle folie, de la part des hommes, de supposer que leur
honneur et celui de toute la maison dépendent des désirs
d'une femme! » Malheureusement il était parfois si facile
de prévoir l'issue d'une intrigue d'amour, que le nouvel-

chasse en l'accablant de coups. Il faut dire que la famille était
une branche des Oddi, et que l'amant n'était qu'un cordier.

[1] BANDELLO, parte I, nov. 9 et 26. On voit le confesseur de la
femme se laisser gagner par le mari et révéler l'adultère.

liste pouvait exploiter l'histoire d'un amant menacé de
la vengeance d'un mari jaloux avant que celle-ci eût
éclaté. Le médecin (et joueur de luth) Antonio Bologna [1]
s'était marié secrètement avec la duchesse douairière de
Malfi, de la maison d'Aragon; déjà les frères de la
duchesse s'étaient emparés d'elle et de ses enfants, et les
avaient assassinés dans un château. Antonio, qui ne connaissait pas encore l'événement, et que les meurtriers
leurraient de vaines espérances, se trouvait à Milan, où
le guettaient déjà des sicaires. Un jour, il chanta son aventure dans une société réunie chez Hippolyte Sforza. Un
ami de la maison, Delio, « raconta à Scipione Atellano
l'histoire telle qu'elle s'était passée jusque-là, en ajoutant
qu'il la reproduirait dans une de ses nouvelles, et qu'il
savait de source certaine qu'Antonio serait assassiné ».
La manière dont le meurtre fut commis, presque sous
les yeux de Delio et d'Atellano, a été décrite d'une
manière saisissante par Bandello.

Mais, en attendant, les nouvellistes prennent toujours
parti pour les finesses, les ruses et les tours plaisants
auxquels l'adultère a recours : ils s'étendent avec complaisance sur ces scènes de cache-cache qui se jouent
dans les maisons, sur les gestes convenus, sur les messages secrets, sur les coffres pourvus de coussins et de
provisions de pâtisserie, dans lesquels l'amant peut être
caché et emporté. Là, suivant les circonstances, le mari
trompé est dépeint comme un personnage naturellement
ridicule, ou bien comme un vengeur redoutable; il n'y a
pas de troisième type de mari, à moins qu'on ne veuille
représenter la femme comme étant méchante et cruelle,
et le mari ou l'amant comme une victime innocente. On

---

[1] Voir plus haut, p. 140, note 1.

remarquera que des récits de ce dernier genre ne sont pas des nouvelles proprement dites, mais seulement des exemples terribles pris dans la vie réelle [1].

A mesure que l'influence espagnole se fit sentir davantage dans la vie italienne au seizième siècle, la jalousie augmenta peut-être encore de violence, ainsi que les moyens qu'elle employait; pourtant il faut la distinguer de la punition de l'infidélité telle qu'elle existait auparavant et qu'elle dérivait de l'esprit même de la Renaissance italienne. La jalousie, montée à son comble sous l'empire de la culture espagnole, décrut avec elle, et, à la fin du dix-septième siècle, elle fit place à cette indifférence qui considérait le sigisbée comme une figure indispensable dans la maison, et qui, de plus, acceptait encore un ou plusieurs soupirants (*patiti*).

Qui pourrait entreprendre de comparer la somme énorme d'immoralité que renferment les intrigues dont parlent les auteurs, avec ce qui se passait dans d'autres pays? Le mariage en France, par exemple, était-il réellement plus sacré au quinzième siècle que le mariage en Italie? Les fabliaux et les farces font naître des doutes sérieux à cet égard, et l'on est fondé à croire que les infidélités étaient aussi fréquentes; seulement elles avaient moins souvent une issue tragique, parce que l'individualisme était moins développé. On trouverait plutôt en faveur des peuples germaniques un témoignage décisif dans la liberté plus grande dont les femmes et les jeunes filles jouissaient dans leurs relations sociales, liberté que les Italiens furent si agréablement surpris de trouver en Angleterre et dans les Pays-Bas. (Voir p. 147, note 1.) Et pourtant il ne faudrait pas attacher une grande impor-

---

[1] On en trouve un exemple dans BANDELLO, parte I, nov. 4.

tance à ce fait. L'infidélité était certainement aussi très-fréquente dans ces pays, et l'homme dont l'individualité est plus développée s'y laisse souvent entraîner aux vengeances les plus tragiques. On n'a qu'à se rappeler comment à cette époque les princes du Nord traitaient parfois leurs femmes sur un simple soupçon.

Chez les Italiens de la Renaissance l'amour coupable ne comprenait pas seulement la sensualité banale, l'aveugle désir de l'homme vulgaire; il s'élevait parfois à la passion la plus noble et la plus élevée, non parce que les jeunes filles non mariées étaient placées en dehors de la société, mais parce que l'homme accompli était plus fortement attiré par la femme développée par le mariage que par toute autre. Ce sont ces hommes qui ont fait entendre les plus sublimes accents de la poésie lyrique et qui, dans des traités et des dialogues, ont essayé de tracer le tableau idéal de la passion qui les consumait, de leur *amor divino*. Quand ils se plaignent de la cruauté du petit dieu ailé, ils ne songent pas seulement à la dureté de celle qu'ils aiment ou à sa réserve, ils sont aussi tourmentés par la conscience de l'illégitimité de la passion qu'ils éprouvent. Ils cherchent à oublier leur malheur au moyen de cette spiritualisation de l'amour qui se rattache à la doctrine platonique et qui a trouvé dans Bembo son apôtre le plus célèbre. On l'apprend directement par le troisième livre de ses *Asolani* et indirectement par l'ouvrage de Castiglione, qui lui met dans la bouche le magnifique discours qui termine le quatrième livre du *Cortigiano*. Ces deux auteurs n'étaient nullement des stoïciens dans la vie ordinaire, mais de leur temps c'était déjà quelque chose que d'être à la fois un homme célèbre et un homme respectable, et l'on ne saurait leur refuser ces deux épithètes. Leurs contemporains regardaient leurs paroles comme l'expression fidèle de leurs sentiments; il ne nous est donc pas non plus permis de les traiter de pures déclamations. Celui qui voudra prendre la peine de lire dans le *Cortigiano* le discours dont nous avons parlé, reconnaîtra combien il serait difficile d'en donner une idée par un extrait. En ce temps-là vivaient en Italie quelques femmes distinguées qui ont dû leur célébrité surtout à des relations de ce genre, telles que Julie de Gonzague, Véronique de Coreggio et, par-dessus toutes, Vittoria Colonna. Le pays des libertins les plus effrénés et des plus grands moqueurs respectait cette espèce d'amour et cette sorte de femmes : c'est ce qu'on peut dire de plus fort en leur faveur. Y avait-il un grain de vanité chez Vittoria? aimait-elle à entendre les hommes les plus illustres de l'Italie lui répéter l'expression raffinée d'un amour sans espoir? Qui pourrait le dire? Si parfois cela devint une mode, c'est du moins un fait considérable que Vittoria resta toujours la beauté à la mode, et que même à la fin de sa carrière elle inspirait encore les plus fortes passions. Il fallut bien du temps avant que d'autres pays pussent produire des phénomènes de ce genre.

L'imagination, qui gouverne ce peuple plus que tout autre, est généralement cause que toute passion devient violente et, suivant les circonstances, criminelle dans les moyens qu'elle emploie. On connaît une certaine violence de la faiblesse qui ne sait pas se dominer; ici, au contraire, il s'agit d'une dégénérescence de la force. Parfois s'y rattache un développement qui atteint des proportions colossales; le crime prend une consistance particulière, personnelle.

Il ne reste plus que peu de freins. Tout le monde, jusqu'aux gens du peuple, se sent, dans son for intérieur, peu de respect pour un état illégitime fondé sur la violence, et en général on ne croit plus à la justice des tribunaux. Quand un meurtre est commis, on se déclare involontairement pour le meurtrier, même avant de connaître les détails du crime [1]. Une contenance virile et fière avant et pendant le supplice excite une telle admiration que ceux qui racontent l'exécution oublient facilement de dire le motif de la condamnation[2]. Mais quand au mépris de la justice et aux vendettes sans fin vient s'ajouter encore l'impunité, l'État et la société civile semblent parfois près de se dissoudre. Naples traversa des crises de cette espèce en passant de la domination aragonaise sous celle de la France et de l'Espagne ; Milan connut aussi des phases pareilles sous les Sforza tour à tour exilés et restaurés. Alors on voit surgir ces hommes qui, au fond, n'ont jamais reconnu l'État et la société, et qui se livrent sans frein à leurs instincts rapaces et meurtriers. Cherchons un exemple de ce genre dans un cercle restreint.

Lorsqu'en 1480, après la mort de Galéas-Marie Sforza, le duché de Milan était agité par des crises intérieures (voir plus haut, t. I, p. 51 ss.), il n'y avait plus de sécurité dans les villes de la province. Il en fut de même à Parme[3], où le gouverneur milanais, effrayé par des projets de meurtre dirigés contre lui, essaya d'abord

---

[1] *Piaccia al Signore Iddio che non si ritrovi*, disent dans GIRALDI, III, nov. 10, les femmes de la maison, quand on leur raconte que le crime peut coûter la tête au meurtrier.

[2] C'est ce qui arrive, par exemple, à Jovianus Pontanus. (*De fortitudine*, l. II.) Ses héroïques Ascolans, qui passent leur dernière nuit à danser et à chanter, la mère abruzze qui encourage son fils marchant au supplice, etc. appartiennent probablement à des familles de brigands, ce qu'il passe toutefois sous silence.

[3] *Diarium Parmense*, dans MURAT., XXII, col. 330 à 349 *passim*. Le bonne col. 340.

de découvrir les criminels en offrant des récompenses aux dénonciateurs, et se laissa ensuite arracher l'ordre de mettre en liberté des hommes de l'espèce la plus dangereuse. Alors les vols avec effraction, les démolitions de maisons, les assassinats en plein jour, le pillage des riches et surtout des Juifs, les faits d'immoralité les plus révoltants passèrent à l'état d'habitude; on vit des scélérats masqués circuler pendant la nuit, d'abord isolément, bientôt en troupes nombreuses; les plaisanteries criminelles, les satires, les lettres de menaces se multiplièrent; il parut un sonnet satirique contre les autorités, qui s'en irritèrent plus encore que de l'état moral que révélaient de pareils excès. Dans beaucoup d'églises le tabernacle fut volé avec les hosties qu'il contenait, ce qui donne une couleur particulière à la perversité générale. En présence de pareils faits, il est impossible de dire ce qui arriverait même de nos jours dans n'importe quel pays du monde, si le gouvernement et la police restaient inactifs, tout en empêchant par leur présence la création d'un régime provisoire; mais ce qui se passait alors en Italie dans de telles circonstances prend un caractère à part, grâce à la vengeance qui joue un grand rôle dans les violences commises.

En général, dans l'Italie de la Renaissance les grands crimes paraissent avoir été, même en temps ordinaire, plus fréquents que dans d'autres pays. Sans doute nous pourrions être induits en erreur par le fait qu'ici les données particulières sont plus abondantes qu'ailleurs, et que la même imagination dont l'influence se fait sentir dans le crime effectif, invente celui qui n'a pas été commis. Peut-être retrouverait-on ailleurs la même somme de violences. Il est difficile de dire, par exemple, si la riche et vigoureuse Allemagne de 1500, avec ses hardis vagabonds, ses mendiants insolents et ses chevaliers rapaces, offrait en somme plus de sécurité, si la vie humaine y était mieux garantie qu'en Italie. Mais ce qui est certain, c'est que dans ce dernier pays le crime prémédité, payé, accompli par des tiers, érigé à l'état de profession, avait pris une grande et terrible extension.

Si nous considérons le brigandage, nous voyons qu'en ce temps-là l'Italie n'a peut-être pas été plus affligée de cette plaie que la plupart des pays du Nord; nous constatons même que certaines contrées privilégiées, telles que la Toscane, en ont moins souffert. Mais le brigandage a produit des figures essentiellement italiennes. On ne trouvera guère ailleurs le type du prêtre égaré par la passion et tombé de chute en chute jusqu'au rang de chef de brigands, dont cette époque nous fournit entre autres l'exemple suivant [1]. Le 12 août 1495, le prêtre don Nicolo de' Pelegati, de Figarolo, fut enfermé dans une cage de fer au pied de la tour de S. Giuliano, à Ferrare. Il avait dit deux fois sa première messe; pour débuter il avait, le même jour, commis un meurtre, dont il était allé se faire absoudre à Rome; dans la suite il tua quatre personnes et épousa deux femmes, avec lesquelles il courut le monde. Ensuite il assista à des meurtres sans nombre, viola des femmes, en enleva d'autres, vola et pilla sans trêve, tua encore nombre de personnes et parcourut le pays de Ferrare avec une bande armée et vêtue de l'uniforme, rançonnant tout le monde et mettant à mort ceux qui hésitaient à lui donner de la nourriture et un gîte. Si par la pensée on ajoute à ces méfaits tous ceux

---

[1] *Diario Ferrarese*, dans MURAT., XXIV, col. 312 ss. On se rappelle à ce propos la bande du prêtre qui, quelques années avant 1837, inquiétait les populations de l'est de la Lombardie.

que la chronique ne mentionne pas, on arrive à un effroyable total de crimes. Partout en ce temps-là les assassins et d'autres malfaiteurs se recrutaient de préférence parmi les prêtres et les moines, qui échappaient si facilement à la surveillance et jouissaient de toutes les immunités; pourtant un Pelegati constituait une monstrueuse exception. Parfois le brigand se faisait moine afin d'échapper à la justice, témoin ce corsaire dont Massuccio fit la connaissance dans un couvent de Naples [1]. Il y avait eu dans la vie du pape Jean XXIII une transformation de ce genre; mais on ne sait rien de précis à cet égard [2].

Du reste, l'époque des chefs de brigands célèbres ne commence que plus tard, au dix-septième siècle, alors que les partis politiques, les Guelfes et les Gibelins, les Espagnols et les Français n'agitent plus le pays; le brigand succède au partisan.

Dans certaines régions de l'Italie où ne pénétrait pas la culture, les gens de la campagne tuaient régulièrement tout étranger qui tombait entre leurs mains. Cette coutume existait notamment dans des parties reculées du royaume de Naples, qui étaient restées à l'état barbare depuis le temps des Romains et pour lesquelles les mots

---

[1] MASSUCCIO, nov. 29, ed. Settembr., p. 314. Il va sans dire que le personnage en question est extraordinairement heureux en amour. Massuccio l'a-t-il réellement connu? Il dit : *Un frate, del nome e abito del quale come che non me ricordo pure so che era un esperto e famoso corsalo.*

[2] Si dans sa jeunesse il a été corsaire dans la guerre que se faisaient les deux lignes de la maison d'Anjou pour la possession de Naples, il a pu le faire comme partisan politique, ce qui n'était pas infamant selon les idées d'alors. Toutefois, des contemporains et des chroniqueurs qui ont vécu après lui, par exemple Léon Arétin et le Pogge, ont rapporté sur son compte des faits bien plus graves; comp. GREGOROVIUS, VI, p. 600. L'archevêque Paolo Fregoso de Gênes était doge, corsaire et cardinal; comp. plus haut, t. I, p. 110, note 2.

« étranger » et « ennemi », *hospes* et *hostis,* pouvaient bien être synonymes. Ces gens-là n'étaient pas irréligieux; il arrivait qu'un pâtre se présentait tout contrit au confessionnal pour s'accuser d'avoir avalé quelques gouttes de lait pendant le carême, tandis qu'il faisait des fromages. Le confesseur, qui connaissait les mœurs de ses paroissiens, interrogeait le pénitent, et celui-ci lui avouait sans se faire prier que souvent, de concert avec ses compagnous, il avait détroussé et tué des voyageurs, mais qu'il n'en avait pas de remords, attendu que c'était un usage du pays [1]. Nous avons déjà fait voir plus haut (p. 87, note 3) avec quelle facilité les paysans redevenaient barbares aux époques d'agitation politique.

Un autre signe des mœurs du temps, signe plus fâcheux que le brigandage, c'était la fréquence des crimes payés, commis par des tiers. On s'accorde à reconnaître que, sous ce rapport, Naples surpassait toutes les autres villes. « Ici rien ne coûte moins cher que la vie d'un homme », dit Pontanus [2]. Mais il est d'autres contrées où les crimes de cette espèce se multiplient d'une manière épouvantable. Naturellement il est difficile de classer les actes en question d'après les motifs qui les inspirent, vu que les raisons politiques, les haines de parti, les inimitiés personnelles, la vengeance et la crainte arment tour à tour le bras de l'assassin. Ce qui fait le plus d'honneur

---

[1] POGGIO, *Facetiæ,* fol. 164. Celui qui connaît le Naples d'aujourd'hui a peut-être entendu raconter une farce semblable, dont les personnages étaient d'une autre condition.

[2] Jovian. Pontani ANTONIUS. *Nec est quod Neapoli quam hominis vita minoris vendatur.* Sans doute il veut dire que les choses ne se passaient pas ainsi sous les princes d'Anjou : *Sicam ab iis* — des Aragonais — *accepimus.* BENV. CELLINI, I, 70, nous fait connaître la situation en 1534. — L'assassinat politique payé joue encore un rôle de nos jours, c'est ce qu'atteste le procès Sonzogno. Comp. *Mon journal dans le procès Sonzogno,* par W. WYL, Zurich, 1876.

aux Florentins, c'est que chez cette population, la plus
éclairée de l'Italie, la proportion de ce genre de crimes
est moindre qu'ailleurs [1]; cela tient peut-être à ce que
Florence avait encore une justice qui faisait droit à
des plaintes fondées, ou qu'une culture intellectuelle
plus avancée lui faisait voir sous un autre jour ce prétendu droit de condamner et de frapper un ennemi.
A Florence plus qu'ailleurs on savait calculer les suites
l'un meurtre, et l'on reconnaissait combien peu l'insti-
gateur d'un crime soi-disant utile est sûr d'obtenir un
avantage réel et durable. Après la ruine de la liberté
florentine, les assassinats, particulièrement les assassinats payés, se multiplièrent rapidement, jusqu'au moment où le gouvernement et la police [2] de Côme Ier
furent assez forts pour réprimer toutes les sortes de
méfaits.

Dans le reste de l'Italie, les crimes payés ont dû être
plus fréquents ou plus rares selon qu'il y avait beaucoup ou peu d'instigateurs riches et puissants. Il ne saurait venir à l'idée de personne de faire cette statistique;
mais si de toutes les morts qualifiées de violentes par
l'opinion publique, quelques-unes seulement étaient le
résultat d'un crime, cela suffirait pour faire un chiffre
considérable. Les princes et les gouvernements étaient
les premiers à donner l'exemple : ils ne se faisaient
aucun scrupule de regarder le meurtre comme un moyen
d'assurer leur toute-puissance. Il n'était pas besoin pour
cela de s'appeler César Borgia ; même les Sforza, la

---

[1] Personne ne pourra donner des preuves positives à cet égard ;
mais il est rarement question de meurtre, et l'imagination des
écrivains florentins de la bonne époque n'est pas remplie de
soupçons de ce genre.

[2] Voir là-dessus la relation de Fedeli dans ALBERI, *Relazioni*, série
II, vol. I, p. 353 ss.

maison d'Aragon, la république de Venise et plus tard
les agents de Charles-Quint se permettaient tout ce qui
paraissait utile à leurs desseins.

L'imagination des Italiens se familiarisa peu à peu
avec les faits de ce genre, au point qu'on n'admettait plus
guère qu'un personnage puissant pût mourir de sa belle
mort [1]. Sans doute on se faisait parfois une idée exagérée
de la puissance des poisons. Nous voulons bien croire
que la terrible poudre blanche des Borgia (t. I, p. 146)
pouvait être administrée de manière à donner la mort
dans un délai fixé d'avance; de même il est possible que
le prince de Salerne se soit servi d'un *venenum attermi-
natum* contre le cardinal d'Aragon, lorsqu'il lui versa le
breuvage mortel en lui disant : « Tu mourras dans
quelques jours, parce que ton père, le roi Ferrante, a
voulu nous écraser tous [2]. » Mais nous doutons fort que
la lettre empoisonnée que Catherine Riario envoya au
pape Alexandre II [3] eût coûté la vie à ce pontife, même
s'il l'avait lue; et lorsque Alphonse le Grand reçut de
ses médecins le conseil de ne pas lire dans le Tite-Live que
lui avait donné Côme de Médicis, il leur répondit certainement avec raison : Cessez de parler aussi sottement [4].
Enfin le poison dont le secrétaire de Piccinino voulai'

[1] M. Brosch a tiré des archives vénitiennes (voir *Revue hist.*, XXVII,
p. 295 ss.) des nouvelles où il est question de cinq propositions,
approuvées par le Conseil, d'empoisonner le sultan (1471-1504), du
projet d'assassiner Charles VIII (1495), et de la mission confiée au
provéditeur de Faenza de faire tuer César Borgia (1504).

[2] *Infessura*, dans ECCARD, *Scriptores*, II, col. 1956.

[3] *Chron. Venetum*, dans MURAT., XXIV, col. 131. — Dans le Nord
on se faisait une idée encore plus extraordinaire de l'art d'empoisonner chez les Italiens; voir dans JUVÉNAL DES URSINS, ad a. 1382
(ed. Buchon, p. 336), la lancette de l'empoisonneur que le roi
Charles de Duras prit à son service; il suffisait de la regarder
fixement pour tomber foudroyé.

[4] Petr. CRINITUS, *De honesta disciplina*, l. XVIII, cap. IX.

enduire la chaise à porteurs du pape Pie II, n'aurait pu
agir que par sympathie [1]. On ne sait pas jusqu'où allait
en général la connaissance des poisons minéraux et
végétaux ; le liquide au moyen duquel le peintre Rosso
Florentino s'ôta la vie (1541), était évidemment un acide
violent [2], qu'on n'aurait pu administrer à une autre personne sans qu'elle s'en doutât. Quant à l'emploi des
armes, surtout du poignard, les grands de Milan, de
Naples et des autres villes avaient malheureusement
l'occasion d'y recourir sans cesse pour se débarrasser
secrètement de leurs ennemis, attendu que parmi les
troupes d'hommes armés dont ils avaient besoin pour
leur défense personnelle, la soif du meurtre était bien
souvent la conséquence naturelle et fatale de l'inaction
et de l'oisiveté. Bien des forfaits n'auraient pas été
commis si le maître n'avait pas su qu'il lui suffisait d'un
signe pour armer la main de l'un ou de l'autre des
hommes de sa suite.

Parmi les moyens secrets de destruction, figure aussi
— du moins comme acte intentionnel — la magie [3];
mais elle ne joue qu'un rôle très-secondaire. Quand les
auteurs citent des *maleficii,* des *malie,* etc., il s'agit
presque toujours de cas où l'on veut faire peur à un

---

[1] Pii II *Comment.,* l. XI, p. 562. — Jo. Ant. Campanus, *Vita Pii II,*
dans Murat., III, ii, col. 988.

[2] Vasari, IX, 82, *Vita di Rosso.* — On ne saurait dire si les
mariages malheureux donnaient lieu plus souvent à des empoisonnements réels qu'à des craintes d'empoisonnement. Comp.
Bandello. II, nov. 5 et 54. On trouve un fait très-bizarre, II,
nov. 40. Deux empoisonneurs vivent dans une ville de la Lombardie occidentale qui n'est pas autrement désignée : un mari
qui veut se convaincre de la sincérité du désespoir de sa femme,
lui fait boire un prétendu breuvage empoisonné, qui n'est autre
chose que de l'eau colorée, et là-dessus les deux époux se récon-
cilient. Dans la famille de Cardanus seul il y avait eu quatre
empoisonnements. *De propria vita,* cap. xxx, L.

[3] Voir à l'appendice n° 1.

ennemi. Au quatorzième et au quinzième siècle, le charme funeste et mortel a une tout autre importance dans les cours de France et d'Angleterre que parmi les hautes classes italiennes.

Enfin l'Italie, ce pays où l'individualisme arrive sous tous les rapports à son extrême limite, a produit quelques hommes d'une scélératesse absolue, qui commettent le crime pour le crime même, qui le regardent comme un moyen d'arriver, non plus à un but déterminé, mais à des fins qui échappent à toute règle psychologique.

A cette classe de monstres semblent appartenir d'abord quelques condottieri [1], un Braccio de Mantoue, un Tiberto Brandolino, un Werner d'Urslingen, dont l'écusson d'argent portait cette inscription : « Ennemi de Dieu, de la pitié et de la charité. » Il est certain que cette espèce d'hommes comprend, en somme, les criminels qui les premiers se sont complétement émancipés. Toutefois on sera plus circonspect dans son jugement si l'on songe que le plus grand crime qu'ils pussent commettre — d'après les chroniqueurs — consiste dans le mépris des foudres de l'Église, et que c'est là le secret de cette couleur sinistre sous laquelle ils nous apparaissent. Chez Braccio, la haine de tout ce qui tenait à la religion était poussée si loin qu'un jour, par exemple, il entra en fureur parce qu'il entendit des moines qui chantaient des psaumes, et qu'il les fit précipiter du haut d'une tour [2] ; « d'autre part, ses soldats trouvaient

[1] On pourrait nommer en tête Ezzelino da Romano, si celui-ci n'avait été dominé par l'ambition et n'avait eu une foi aveugle dans l'astrologie.

[2] *Giornali napoletani*, dans MURATORI, XXI, col. 1092, ad. a. 1425. D'après le récit du chroniqueur, cet acte de violence semble avoir été commis par pure cruauté. Sans doute Br. ne croyait ni à Dieu ni aux saints, méprisait les prescriptions et les usages de l'Église, et n'assistait jamais à la messe.

en lui un chef loyal et un grand capitaine ». En général, les crimes des condottieri ont dû la plupart du temps être commis par intérêt, sous l'influence de leur situation, qui était démoralisante au plus haut point; même les cruautés qu'ils semblaient quelquefois commettre de gaieté de cœur ont dû être le plus souvent calculées, n'eussent-ils eu d'autre but que d'intimider les gens. Les cruautés des princes de la maison d'Aragon avaient, ainsi que nous l'avons vu, leur principale source dans la vengeance et la peur. La soif du sang instinctive, la rage diabolique de détruire et de tuer se trouveront surtout chez l'Espagnol César Borgia, dont les crimes dépassent considérablement le but qu'il veut atteindre ou qu'on lui suppose (t. I, p. 140 ss.). On reconnaît l'amour inné du mal chez Sigismond Malatesta, le tyran de Rimini (t. I, p. 41 et 282 ss.); ce n'est pas seulement la curie romaine[1], mais c'est aussi la voix de l'histoire qui l'accuse de meurtre, de viol, d'adultère, d'inceste, de sacrilége, de parjure et de trahison; mais son crime le plus horrible, la tentative de viol qu'il fit sur son propre fils Robert, et que ce jeune homme repoussa en menaçant son père du poignard[2], pourrait bien être moins le résultat de sa dépravation que l'effet d'une superstition astrologique ou magique. C'est ainsi qu'on a essayé d'expliquer la violence faite à l'évêque de Fano[3] par Pierluigi Farnèse de Parme, fils de Paul III.

Si l'on nous permet de résumer les principaux traits du caractère italien tel que la vie des classes élevées

[1] Pii II *Comment.*, l. VII, p. 338.

[2] Jovian. Pontan., *De immanitate*, cap. xvii, *Opp.*, II, 968, où il est question aussi de Sigismond rendant mère sa propre fille, et d'autres monstruosités semblables.

[3] Varchi, *Storie fiorentine*, à la fin. (Si l'ouvrage est entier, comme, p. ex., dans l'édition de Milan.)

nous le fait connaître, nous arrivons au résultat suivant. Le défaut capital de ce caractère est en même temps ce qui en fait la grandeur : nous voulons parler du développement de l'individualisme. L'individu commence par se détacher moralement de l'État, qui la plupart du temps est tyrannique et illégitime ; dès lors tout ce qu'il veut et fait lui est imputé, à tort ou à raison, comme trahison. A la vue de l'égoïsme triomphant, il entreprend lui-même de défendre son droit ; il se venge et devient la proie des plus funestes passions, tandis qu'il croit rendre la paix à son cœur. Son amour se tourne de préférence vers un autre individualisme également développé, c'est-à-dire vers la femme de son prochain. En face des pouvoirs et des lois qui tendent à l'arrêter, il a le sentiment de sa supériorité personnelle ; il ne consulte que lui-même en toute circonstance et se décide à agir selon que l'honneur et l'intérêt, la prudence et la passion, la crainte et la vengeance se concilient dans son âme.

Or, si l'égoïsme, dans le sens le plus large comme dans le sens le plus étroit du mot, était la racine de tout mal, l'Italien cultivé de la Renaissance aurait été par là même plus près du mal que d'autres peuples.

Mais chez lui ce développement individuel a été fatal et non volontaire ; c'est surtout grâce à la culture italienne qu'il s'est étendu aux autres peuples de l'Occident et qu'il est devenu depuis le milieu supérieur dans lequel ils vivent. Il n'est ni bon ni mauvais par lui-même, mais il est nécessaire ; il est la condition du bien et du mal moderne, qui ont pour nous une tout autre valeur que pour le moyen âge.

C'est l'Italien qui a eu le premier à soutenir le choc puissant de cette révolution dans l'histoire du monde.

Avec ses qualités et ses passions, il est devenu le représentant le plus remarquable des grandeurs et des petitesses de cet âge nouveau : à côté d'une dépravation profonde se développent la plus noble harmonie des éléments personnels et un art sublime qui ennoblit la vie individuelle, comme l'antiquité ni le moyen âge n'avaient pu ou voulu le faire.

CHAPITRE II

LA RELIGION DANS LA VIE JOURNALIÈRE

A la moralité d'un peuple se rattache étroitement la question de l'idée qu'il se fait de Dieu, c'est-à-dire de sa croyance plus ou moins ferme à l'intervention divine dans le gouvernement du monde ; peu importe d'ailleurs qu'il se figure l'humanité comme étant destinée au bonheur ou au malheur, et à une destruction prochaine[1]. Or, l'incrédulité italienne est chose avérée; celui qui voudra en chercher la preuve n'aura pas de peine à réunir des centaines de témoignages et d'exemples. Ici encore notre tâche est de trier et de choisir ; quant à porter un jugement général et définitif sur cette question, nous n'en avons pas la prétention.

L'idée religieuse avait eu primitivement sa source et son point d'appui dans le christianisme et dans la forme puissante qu'il avait revêtue. Lorsque l'Église dégénéra, l'humanité aurait dû distinguer et rester fidèle à sa religion. Mais cela est plus facile à dire qu'à faire. Tous les peuples ne sont pas assez apathiques ou assez inintelligents pour supporter une contradiction permanente

---

[1] Il s'est produit bien des opinions différentes à cet égard, suivant les lieux et les personnes. La Renaissance a eu des villes et des époques où l'on ne songeait qu'à jouir franchement de l'existence. Ce n'est qu'au seizième siècle, alors que la domination étrangère s'est établie en Italie, que les idées s'assombrissent.

entre un principe et l'être concret qui le symbolise. C'est
à l'Église dégénérée qu'incombe la plus lourde responsabilité dont l'histoire ait jamais fait mention : elle a
imposé comme une vérité absolue, en employant pour
cela tous les moyens que donne la puissance, une doctrine altérée et défigurée au profit de son omnipotence,
et, forte de son inviolabilité, elle s'est livrée à l'immoralité la plus scandaleuse ; pour se maintenir envers et
contre tout, elle a porté des coups mortels à l'esprit et
à la conscience des peuples, et elle a jeté dans les bras
de l'incrédulité et de la révolte beaucoup d'hommes
supérieurs qui l'ont répudiée moralement.

Ici se pose la question suivante : Pourquoi l'Italie, ce
pays si grand par l'intelligence, n'a-t-elle pas réagi plus
fortement contre la hiérarchie ? Pourquoi n'a-t-elle pas,
comme l'Allemagne et plus tôt qu'elle, accompli une
réforme religieuse ?

Il y a une réponse spécieuse à faire : c'est que l'Italie
n'est pas allée au delà de la négation de la hiérarchie,
tandis que l'origine et la force invincible de la Réforme
allemande sont dues à des doctrines positives, surtout
à celle de la justification par la foi et de l'inefficacité
des bonnes œuvres.

Il est certain que ces doctrines n'ont influé sur l'Italie
qu'après avoir changé la face de l'Allemagne, et qu'elles
se sont propagées beaucoup trop tard au delà des
monts, alors que la puissance espagnole était bien assez
grande pour les étouffer, soit en agissant directement,
soit en ayant recours à la papauté et à ses suppôts[1]. Mais

[1] Ce que nous appelons l'esprit de la contre-réformation s'était
développé en Espagne bien longtemps avant la Reforme elle-
même, et cela grâce à la rigoureuse surveillance exercée par
Ferdinand et Isabelle, et à la réorganisation partielle qu'ils avaient
faite des institutions ecclésiastiques. Consulter surtout GOMEZ,

dans les mouvements religieux qui dans le passé s'étaient produits en Italie, depuis les mystiques du treizième siècle jusqu'à Savonarole, on avait vu percer nombre de croyances positives, auxquelles il ne manquait pour mûrir et pour triompher que de la chance, comme il en a été des doctrines réformées, qui sont très-positivement chrétiennes. Sans doute, un événement colossal comme la Réforme du seizième siècle se dérobe, pour ce qui concerne les faits particuliers, tels que l'explosion de la révolution et la marche qu'elle suit, à toute déduction philosophique, quelque facile qu'il soit d'ailleurs de démontrer la nécessité du fait. Les mouvements de l'esprit, leur soudaineté, leur transmission, leur ralentissement restent une énigme pour notre intelligence, du moins en tant que nous ne connaissons jamais que telles ou telles forces particulières qui ont agi, sans pouvoir les embrasser toutes dans leur ensemble.

Les sentiments que les classes élevées et les classes moyennes de l'Italie nourrissent à l'égard de la religion au moment où la Renaissance est dans tout son éclat, sont un mélange de colère et de mépris, de résignation à la hiérarchie, en tant qu'elle se trouve mêlée de toutes les manières à la vie extérieure, et d'un sentiment d'indépendance vis-à-vis de tout ce qui s'appelle sacrements, consécrations et bénédictions. Comme fait qui caractérise spécialement l'Italie, nous pouvons citer encore la grande influence individuelle de certains orateurs sacrés.

Nous trouvons dans des ouvrages spéciaux et très-complets des détails sur l'animosité des Italiens contre

Vie du cardinal Ximénès, dans Rob. BELUS, *Rer. Hispan. scriptores,* t. II, Fft., 1851.

le clergé, telle qu'elle se révèle depuis Dante dans la littérature et dans l'histoire. Nous-mêmes avons dû parler plus haut (t. I, p. 129 ss., 274) de la situation de la papauté vis-à-vis de l'opinion publique; celui qui veut connaître ce qu'on a dit de plus fort sur ce sujet, n'a qu'à lire les passages célèbres de Machiavel et de Guichardin. En dehors de la curie romaine, les membres du clergé qui inspirent encore quelque respect moral[1], sont des évêques vraiment recommandables et un assez grand nombre de curés; par contre, tous les simples prébendiers, les chanoines et les moines presque sans exception sont suspects, et souvent ils donnent bien lieu aux propos les plus malveillants et à des accusations qui atteignent le corps tout entier.

On a prétendu que le corps des moines est devenu le bouc émissaire de tout le clergé, parce que les moqueries dirigées contre eux restaient seules impunies[2]. Rien n'est moins exact. Dans les nouvelles et dans les comédies ils figurent surtout parce que ces deux genres littéraires aiment des types permanents, connus, que l'imagination complète à peu de frais. Ensuite la nou-

---

[1] Il faut remarquer que les nouvellistes et les satiriques ne parlent presque jamais des évêques, et cependant ils auraient pu les tourner en ridicule comme les autres, en changeant les noms de lieu, bien entendu. C'est ce que fait, p. ex., BANDELLO, II, nov. 45; pourtant il fait aussi le portrait d'un évêque vertueux (II, 40). Jovianus Pontanus montre, dans son « Charon », un évêque à la mine réjouie qui s'en vient « en marchant comme un canard ». Sur le peu de valeur des évêques italiens en général à cette époque, comp. JANUS, p. 387.

[2] FOSCOLO, *Discorso sul testo del Decamerone* : *Ma de' preti in dignità niuno poteva far motto senza pericolo; onde ogni frate fu l'irco delle iniquità d'Israeli*, etc. Timotheus Malfeus dédie au pape Nicolas V un livre contre les moines; voir FACIUS, *De vir. ill.*, p. 24. On trouve des passages particulièrement virulents contre les prêtres et les moines dans l'ouvrage de Palingenius, cité plus haut, IV, 289; V, 184 ss., 586 ss.

velle ne ménage pas non plus le clergé séculier[1]. En troisième lieu, tout le reste de la littérature offre des témoignages sans nombre qui montrent avec quelle hardiesse le public parlait de la curie romaine et la jugeait ; mais dans les libres créations de la fantaisie il ne faut s'attendre à rien de pareil. Enfin les moines eux-mêmes savaient parfois se venger d'une manière terrible.

Ce qui est positif, c'est que les moines surtout étaient détestés, et qu'on les considérait comme la preuve vivante des tristes effets de la vie religieuse, du néant de l'Église, des croyances répandues, de la religion en général, suivant qu'on se plaisait à étendre ses déduc- tions. On peut bien admettre, pour expliquer ce fait, que l'Italie avait un souvenir plus net que d'autres pays de la naissance des deux grands ordres mendiants, qu'elle se rappelait encore qu'ils avaient été à l'origine les fauteurs de la réaction contre[2] ce qu'on appelle l'hérésie du treizième siècle, c'est-à-dire contre une des premières manifestations de l'esprit italien moderne. Quant à la police ecclésiastique, qui est restée confiée surtout aux Dominicains, elle n'a certainement jamais inspiré d'autres sentiments que la haine et le mépris.

Quand on lit le *Décaméron* et les *Nouvelles* de Franco

---

[1] BANDELLO, II. nov. 1, entre ainsi en matière : Chez personne le vice de la cupidité n'est plus odieux que chez les prêtres. (Voir *De avaritia* dans le traité du Pogge, où il est surtout question des prêtres, particulièrement des moines mendiants, qui n'ont pas de famille à soutenir, etc.) C'est par ce raisonnement qu'il justifie l'attaque scandaleuse d'un presbytère par un jeune seigneur qui envoie deux soldats ou deux bandits voler un mouton à un curé avare, il est vrai, mais paralytique. Une seule histoire de ce genre fait mieux connaître que tous les traités les idées qui régnaient en ce temps-là.

[2] Giov. VILLANI, IV, 29, le dit très-nettement un siècle plus tard.

Sacchetti, on dirait, à voir ces attaques violentes contre les moines et les nonnes, que le sujet est épuisé. Mais vers l'époque de la Réforme, la virulence des écrivains grandit encore. Nous renonçons volontiers à citer Arétin, parce que, dans les *Ragionamenti,* la vie monacale n'est pour lui qu'un prétexte à développer librement des idées toutes personnelles; mais nous invoquerons le témoignage que Massuccio nous fournit dans les dix premières de ses cinquante nouvelles. Ces récits ont été écrits sous l'influence de la plus profonde indignation et dans un but de propagande; l'auteur les a dédiés aux plus grands personnages, même au roi Ferrante et au prince Alphonse de Naples. Quant aux histoires elles-mêmes, elles sont anciennes pour la plupart, et quelques-unes ont été déjà racontées par Boccace; mais il en est qui sont d'une terrible actualité. L'exploitation des masses populaires par de faux miracles, jointe à la conduite scandaleuse du clergé, a de quoi révolter le spectateur qui raisonne. En parlant de minorités qui parcourent le pays, l'auteur dit : « Ils trompent, volent et paillardent, et, quand ils sont à bout d'expédients, ils prennent des airs de saints et font des miracles, l'un montrant l'habit de saint Vincent, l'autre un écrit[1] de saint Bernardin, un troisième la bride de l'âne de Capistrano. » ...D'autres « s'adjoignent des comparses qui font semblant d'être aveugles ou malades à la mort, et qui tout à coup guérissent au milieu de la foule, en touchant le bord de leur froc ou les reliques qu'ils ont apportées; là-dessus, tout le monde crie au miracle, on sonne les cloches et l'on rédige des procès-verbaux solennels qui n'en finissent pas ». Souvent on voit

---

[1] *L'Ordine.* Il s'agit probablement de son tableau portant l'inscription IHS.

paraître en chaire un moine, qu'un compère mêlé à
l'assistance traite hardiment de menteur; mais tout à
coup l'interpellateur se sent possédé du démon; le prédicateur le convertit, le guérit, et là se termine cette
scandaleuse comédie. Aidé de son complice, le moine
amassait assez d'argent pour pouvoir acheter à un cardinal un évéché où tous deux allaient vivre grassement.
Massuccio ne fait pas de différence particulière entre les
Franciscains et les Dominicains, attendu que les uns et
les autres se valent. « Et l'on voit le public épouser sottement leurs haines et leurs querelles, remplir de ses
disputes les places et les carrefours [1], et se partager en
Franciscains et en Dominicains! » Les nonnes appartiennent exclusivement aux moines; dès qu'elles entretiennent des relations avec des laïques, on les emprisonne
et on les persécute; quant aux autres, elles se marient
ouvertement avec des moines, et l'on fête ces unions en
chantant des messes et en banquetant joyeusement.
« Moi-même, dit l'auteur, j'ai assisté à la chose, non pas
une fois, mais plusieurs; je l'ai vue et touchée au doigt.
Les nonnes ainsi accouplées mettent au monde de gen-
tils moinillons, ou bien elles se font avorter. Et si quelqu'un était tenté de soutenir que cela n'est pas vrai,
il n'a qu'à fouiller dans les cloaques des couvents de
nonnes, et il y trouvera quantité d'ossements d'enfants,
à peu près comme à Bethléhem, au temps d'Hérode [2]. »
Voilà, sans compter le reste, quelles sont les turpitudes
que cache la vie claustrale. Quand ils se confessent, les

---

[1] Il ajoute (nov. X, ed. Settembrini, p. 132) : et dans les *seggi*,
c'est-à-dire les sections dont se composait la noblesse napolitaine. — La rivalité des deux Ordres est fréquemment tournée en
ridicule; voir, p. ex., BANDELLO, III, nov. 14.

[2] NOV. 6, ed. Settembrini, qui rappelle que dans l'Index de
1564 un livre est intitulé : *Matrimonio delli preti e delle monache.*

moines ne sont pas bien sévères les uns pour les autres, et ils s'imposent comme pénitence un *Pater noster* dans des cas où ils refuseraient l'absolution à un laïque, tout comme s'il était coupable d'hérésie. « C'est pourquoi la terre devrait s'ouvrir pour engloutir tout vivants ces scélérats, avec ceux qui les soutiennent. » Dans un autre passage, Massuccio, considérant qu'après tout la puissance des moines repose principalement sur la crainte de l'autre monde, exprime ce vœu bien curieux : « Il n'y aurait pas de meilleur châtiment pour eux que si Dieu allait supprimer le purgatoire; alors ils ne pourraient plus vivre d'aumônes et seraient forcés de reprendre la bêche. »

Si l'on pouvait se permettre d'écrire ainsi sous Ferrante, en s'adressant à lui-même, cela tenait peut-être à ce que le Roi était irrité à la suite d'un faux miracle par lequel on avait voulu lui en imposer [1]. On lui avait présenté une table de plomb avec une inscription, qu'on avait trouvée dans la terre, près de Tarente, et l'on avait voulu le forcer, au nom de saint Cataldus, à persécuter les Juifs, ainsi que l'avaient fait les Espagnols et les papes [2]; mais il découvrit la supercherie et brava la colère des mystificateurs. Il avait aussi fait démasquer un faux jeûneur, suivant ainsi un exemple donné autre-

[1] Pour ce qui suit, comp. Jovian. PONTAN., *De sermone*, l. II, cap. XVII, *Opp.*, II, p. 1623, et BANDELLO, parte I, nov. 32 La fureur du *Frater Franciscus*, qui avait voulu frapper l'esprit du Roi par une apparition de S. Cataldus, fut si grande après l'échec qui suivit sa tentative, et l'on en jasa tant, *ut Italia ferme omnis ipseque in primis Romanus pontifex de tabula hujus fuerit inventione sollicitus atque anxius.*

[2] Alexandre VI et Jules II, dont les cruelles mesures sont désignées par les ambassadeurs vénitiens Giustiniani et Soderini, non comme étant inspirées par le sentiment religieux, mais comme des moyens d'extorquer de l'argent aux Juifs. Comp. M. BROSCH, *Revue histor.*, t. XXXVII.

fois par le roi Alphonse, son père[1]. La cour du moins n'était pas complice de ceux qui entretenaient le peuple dans ses grossières superstitions[2].

Nous avons entendu un auteur sérieux; il s'en faut de beaucoup qu'il soit le seul de son espèce. Les railleries mordantes et les sorties contre les moines fourmillent dans toute la littérature[3]. Il est à peu près certain que la Renaissance n'aurait pas tardé à balayer tous ces ordres religieux, si la Réforme allemande et la contre-réforme n'étaient survenues. Ils auraient eu de la peine à sauver leurs prédicateurs populaires et leurs saints. Pour les chasser, on n'aurait eu qu'à s'entendre en temps et lieu avec un pape méprisant les ordres mendiants, tel que Léon X, par exemple. Si l'esprit du siècle ne les trouvait plus que ridicules ou odieux, ils n'étaient plus autre chose pour l'Église qu'un réel embarras. Qui sait ce qui menaçait la papauté elle-même à cette époque, si la Réforme ne l'eût sauvée?

A la fin du quinzième siècle, l'autorité que le père inquisiteur d'un couvent de Dominicains s'arrogeait à titre permanent sur la ville où il résidait, était encore juste assez grande pour gêner et pour révolter les gens éclairés, mais elle était trop faible pour être vraiment redoutable et pour forcer à la piété extérieure[4]. Il

---

[1] *Panormita de dictis et factis Alphonsi*, lib. II. Enea Silvio, dans le commentaire qui accompagne ce livre, parle (*Opp.*, ed. 1651, p. 79) d'un imposteur démasqué à Rome, qui voulait faire croire qu'il était resté quatre ans sans manger.

[2] Aussi pouvait-on librement déjouer ces supercheries. Comp. aussi Jovian. Pontan., Antonius et Charon. Une des histoires qui y sont racontées est la même que celle de Massuccio, nov. II.

[3] Citons comme exemple le huitième chant de la *Macaronéide*.

[4] L'histoire qui se trouve dans VASARI, V, p. 120, *Vita di Sandro Botticelli*, montre qu'on se moquait parfois de l'Inquisition. Sans doute le vicaire dont il s'agit ici peut avoir été celui de l'arche-

n'était plus possible, comme jadis, de punir de simples opinions (p. 8 ss.), et il était facile d'éviter l'hétérodoxie tout en usant de la plus grande liberté de parole à l'égard du clergé. A moins de l'intervention d'un parti puissant (comme pour Savonarole) ou de la répression du crime de maléfice (cas qui se présenta souvent dans les villes de la haute Italie), les bûchers ne se dressaient plus que par exception à la fin du quinzième et au commencement du seizième siècle. Plusieurs fois, les inquisiteurs se contentèrent, paraît-il, d'une rétractation toute superficielle; d'autres fois même, il arrivait qu'on leur arrachait le condamné des mains pendant qu'on le conduisait au supplice. A Bologne (1452), le prêtre Nicolo da Verona avait été dégradé sur une estrade en bois élevée devant l'église San Domenico, comme nécromant, exorciste et sacrilége, et l'on allait le conduire au bûcher dressé sur la *piazza,* lorsqu'en chemin il fut délivré par une troupe de gens qu'avait envoyés le Johannite Achille Malvezzi, qui était connu comme un grand ami des hérétiques et un intrépide violateur de nonnes. Le légat (cardinal Bessarion) ne put faire arrêter dans la suite qu'un seul des auteurs de ce coup de main, et celui-là

vêque aussi bien que celui de l'inquisiteur dominicain. Vasari dit : *Raccontasi ancora, che Sandro accusò per burla un amico suo di eresia al vicario ; e colui, comparendo dimandò chi l'aveva accusato e diche. Perchè essendogli detto, che Sandro era stato, il quale diceva, che egli teneva l'opinione degli epicurei, e che l'anima morisse col corpo; volle vedere l'accusatore dinanzi al giudice : onde, Sandro comparso, disse : Egli è vero che io ho questa opinione dell' anima di costui, che è una bestia. Oltre ciò, non pare a voi che sia eretico, poichè, senza avere lettere o appena saper leggere, comenta Dante e mentova il suo nome invano?* (Il paraît que Vasari commet ici une légère inexactitude. La spirituelle défense de l'accusé montre que Sandro ne reprochait pas à ce dernier de croire à l'anéantissement de l'âme avec le corps, mais de croire à la métempsycose. L'accusation ne pouvait porter sur les deux hérésies à la fois, attendu que l'une est en contradiction avec l'autre.)

fut pendu; quant à Malvezzi, il ne fut pas inquiété[1].

Fait digne d'être remarqué, les ordres considérables, tels que les Bénédictins avec leurs ramifications, étaient bien moins détestés que les ordres mendiants, malgré leurs grandes richesses et leur sensualité; sur dix nouvelles qui parlent de *frati,* il y en a tout au plus une qui prend pour objet et pour victime un *monaco.* Ce qui contribuait singulièrement à faire épargner ces ordres, c'est qu'ils étaient plus anciens, qu'ils n'avaient pas été fondés dans un but de police, et qu'ils ne s'immisçaient pas dans la vie privée des gens. Il y avait dans le nombre des hommes pieux, instruits et intelligents; mais, en moyenne, ils sont tels que les peint un des leurs, Firenzuola[2] : « Ces religieux, bien nourris, drapés dans leurs amples frocs, ne passent point leur vie à courir le monde nu-pieds et à prêcher, mais, chaussés d'élégantes pantoufles en cuir de Cordoue, ils se prélassent dans leurs belles cellules lambrissées de bois de cyprès, et se croisent les mains sur le ventre. Et si jamais ils sont obligés de se déplacer, ils circulent commodément assis sur des mulets ou sur des chevaux bien doux et bien luisants. Ils ne se fatiguent pas trop l'esprit par l'étude et par la lecture, afin que la science ne vienne pas mettre à la place de leur simplicité monacale l'orgueil de Lucifer. »

Quiconque est versé dans la littérature de ce temps reconnaîtra que nous n'avons cité que ce qui est indispensable pour l'intelligence du sujet[3]. Il est évident que

---

[1] BURSELLIS, *Ann. Bonon.,* ap. MURAT., XXIII, col. 886 ss., c. 896. (Malv. mourut en 1468; son bénéfice passa à son neveu.)

[2] Comp. p. 77 ss. Il était abbé des Vallombrosans. Le passage, traduit librement ici, se trouve dans les *Opere,* vol. II, p. 209, dans sa dixième nouvelle. Une agréable description de l'heureuse existence que mènent les Chartreux se trouve dans le *Commentario d'Italia,* fol. 32 ss., cité p. 74.

[3] Pie II était, par principe, favorable à la suppression du célibat :

la réputation que s'étaient faite le clergé séculier et les moines a dû ébranler les convictions religieuses d'une foule innombrable de gens.

Quels jugements terribles ne trouve-t-on pas chez les auteurs! Pour finir, nous n'en reproduirons qu'un, parce qu'il vient seulement d'être publié et qu'il est encore peu connu.

Guichardin, l'historien et le secrétaire des papes de la famille de Médicis, dit (1529) dans ses *Aphorismes*[1] : « Personne n'est plus choqué que moi de l'ambition, de la cupidité et de l'inconduite des prêtres, autant parce que chacun de ces vices est haïssable en lui-même, que parce que chacun isolément ou tous réunis sont peu convenables chez des gens dont la vie devrait être tout entière consacrée à Dieu ; enfin, parce qu'ils sont tellement contraires les uns aux autres, qu'ils ne peuvent se trouver réunis que chez des individus extraordinairement dépravés. Pourtant la position que j'occupais à la cour de plusieurs papes m'a forcé, dans mon propre intérêt, de travailler à la grandeur de mes maîtres. Autrement, j'aurais aimé Martin Luther comme moi-même, non pas pour m'affranchir des lois que nous impose le christianisme tel qu'on le définit et qu'on le comprend généralement, mais pour voir remettre à leur place cette foule de misérables (*questa caterva di scelerati*), de manière qu'ils fussent obligés de vivre sans vices ou sans puissance. »

Le même Guichardin croit aussi[2] qu'en matière de choses surnaturelles nous sommes toujours dans une

Sacerdotibus magna ratione sublatas nuptias majori restituendas videri, était une de ses sentences favorites. PLATINA, *Vitæ Pontiff.*, p. 811.

[1] RICORDI, n. 28, *Opere inedite*, VOL. I.

[2] RICORDI, n. 1, 123, 125.

ignorance profonde, que les philosophes et les théologiens ne font que radoter sur ces questions, que toutes les religions ont leurs miracles, mais que ces miracles ne prouvent rien, et que, finalement, on peut les ramener à des phénomènes naturels qui nous sont encore inconnus. Quant à la foi qui transporte les montagnes, telle qu'elle se manifestait alors chez les successeurs de Savonarole, il la constate comme un phénomène curieux, toutefois sans faire aucune réflexion méchante.

En présence de cette disposition des esprits, le clergé et les moines avaient un grand avantage : c'est qu'on était habitué à eux, et que leur existence se mêlait à l'existence de tout le monde. C'est l'avantage que toutes les institutions anciennes et puissantes ont eu de tout temps ici-bas. Chacun avait quelque parent sous la soutane ou sous le froc; chacun espérait plus ou moins trouver des protecteurs dans le clergé ou puiser un jour dans le trésor de l'Église; chacun voyait au centre de l'Italie la curie romaine, qui parfois enrichissait tout à coup ses affidés. Pourtant il faut faire ressortir ce fait que toutes ces considérations n'enchaînaient ni la langue ni la plume de personne. Les joyeux conteurs satiriques sont pour la plupart des moines, des prébendiers, etc. : le Pogge, l'auteur des *Facéties,* était ecclésiastique; Francesco Berni, le satirique, avait un canonicat; Teofilo Folengo, qui a écrit l'*Orlandino,* était Bénédictin, quoique Bénédictin irrégulier; Matteo Bandello, qui, dans ses *Nouvelles,* ridiculise l'Ordre même auquel il appartient, était Dominicain, et, de plus, neveu d'un général de cet Ordre. Est-ce un excès de sécurité qui leur met la plume à la main? est-ce le besoin de se soustraire à la réprobation qui s'attache à leurs pareils? ou bien est-ce cet égoïsme pessimiste qui prend pour devise : « Après nous le déluge »? Peut-être y avait-il de tout cela. Cependant, chez Folengo, on reconnaît déjà l'influence du luthéranisme [1].

La haute valeur qu'on attache aux bénédictions et aux sacrements, et dont il a été question (t. I, p. 131) à propos de la papauté, se comprend très-bien chez la partie croyante du peuple; chez ceux qui sont émancipés intellectuellement, elle atteste la force des impressions de la jeunesse et la puissance magique de symboles consacrés par le temps. Le désir qu'éprouve le mourant, quel qu'il soit, de recevoir l'absolution du prêtre, prouve un reste de crainte de l'enfer, même chez un homme comme Vitellozzo. On trouverait difficilement un exemple plus instructif que le sien. La théorie religieuse du *character indelebilis* du prêtre, à côté duquel sa personnalité devient indifférente, a si bien fructifié, qu'on peut détester réellement le prêtre et pourtant désirer ses secours spirituels. Sans doute, il y avait aussi de mauvaises têtes, comme le prince Galeotto de Mirandole [2], par exemple, qui mourut après être resté excommunié pendant seize ans (1499). Pendant tout ce temps, la ville entière avait été en interdit comme lui, de sorte que, pendant seize ans, on n'y célébra ni messe ni enterrement religieux.

Constatons enfin l'action des grands prédicateurs sur la nation. Tout le reste de l'Occident se laissait émouvoir de temps en temps par la parole d'un moine éloquent; mais qu'était-ce, à côté de ces commotions qui agitaient périodiquement les villes et les campagnes italiennes? Encore faut-il dire que le seul prédicateur qui, dans le cours du quinzième siècle, ait produit un effet

---

[1] Comp. l'*Orlandino,* cap. VI, str. 40 ss.; cap. VII, str. 57; cap. VIII, str. 3 ss., surt. 75.

[2] *Diario Ferrarese,* dans MURAT., XXIV, col. 362.

semblable en Allemagne[1], était originaire des Abruzzes; c'était Giovanni Capistrano. En ce temps-là, les esprits qui joignent à tant de puissance une aussi forte vocation religieuse sont contemplatifs et mystiques dans le Nord; dans le Sud, ils sont expansifs et pratiques. Le Nord produit une *Imitatio Christi* qui n'agit d'abord que dans l'ombre des couvents, mais qui vivra des siècles; le Sud voit naître des hommes qui produisent sur d'autres hommes une impression extraordinaire, mais momentanée.

C'est surtout à la conscience que s'adressent les prédicateurs. Ils traitent des questions de morale sans aucun caractère abstrait; leurs sermons sont pleins d'applications spéciales; la parole de l'orateur est soutenue par le caractère sacré dont sa personne est revêtue. L'imagination populaire, surexcitée par tant de prestige, lui attribue naturellement un pouvoir surnaturel, même contre son gré[2]. L'argument le plus puissant du prédicateur était moins la menace du purgatoire et de l'enfer, que le vivant tableau de la *maledizione* temporelle, agissant sur la personne du coupable qui s'attache au mal. L'affliction du Christ et des saints a ses conséquences dans la vie. Ce n'est qu'en raisonnant ainsi qu'on pouvait amener à la pénitence et à l'expiation des hommes égarés par la passion, par la vengeance et par le crime, ce qui était le but le plus important à atteindre.

[1] Il avait auprès de lui un interprète allemand et un interprète slave. Autrefois saint Bernard avait aussi eu besoin de ce moyen dans les pays rhénans.

[2] Capistrano, p. ex., se contentait de faire le signe de la croix pour guérir les milliers de malades qu'on lui amenait, et de les bénir au nom de la Trinité et de son maître saint Bernardin; il se produisait bien de temps à autre une guérison véritable, comme il arrive parfois dans des cas pareils. Le chroniqueur de Brescia (dans MURAT., XXI; voir plus bas, p. 238, note 1) s'exprime ainsi : « Il fit de beaux miracles; toutefois on lui en a attribué bien plus qu'il n'en a fait réellement. »

Ainsi prêchaient au quinzième siècle Bernardino **da**
Siena et ses deux élèves, Alberto da Sarteano et Jacopo
della Marca, Giovanni Capistrano, Roberto **da** Lecce
(p. 164 et 165) et d'autres; enfin Girolamo Savonarole. Il
n'y avait pas de préjugé plus puissant que celui qui s'attaquait aux moines mendiants; ils en triomphèrent. L'or-
gueilleux humanisme avait beau les accabler de critiques
et de railleries [1], ils n'avaient qu'à élever la voix pour le
faire oublier. La chose n'était pas nouvelle, et un peuple
moqueur comme les Florentins avait appris dès le quatorzième siècle à faire la caricature des moines qui osaient
affronter la chaire [2]; pourtant, lorsque Savonarole parut,
il les entraîna si loin, qu'ils furent sur le point de faire
dévorer par le bûcher qu'il alluma les trésors de leur
culture et les merveilles d'un art dont ils étaient si fiers.
Même la plus odieuse profanation de l'éloquence par des
moines hypocrites, qui savaient émouvoir à volonté leurs
auditeurs en se faisant aider par des compères (comp.
p. 227), ne diminua en rien l'influence des vrais orateurs.
On continua de rire des moines sans talent qui assai-
sonnaient leurs sermons de miracles imaginaires et de

[1] Voir le POGGE, *De avaritia*, dans les *Opera*, fol. 2. Il trouve que
leur besogne était facile, ou qu'ils répétaient la même chose dans
toutes les villes et qu'ils laissaient le peuple plus bête qu'avant, etc.
Il est vrai que le même auteur (*Epistolæ*, ed. TONELLI, vol. I,
p. 281) fait l'éloge d'Albert de Sarteano comme d'un homme
doctus et *perhumanus*. — Fr. Filelfo (voir, p. ex., *Satyræ*, II, 3, et VI, 5)
fit l'apologie de Bernardin de Sienne et d'un certain Nicolas,
mais moins par sympathie pour les prédicateurs que par haine
contre le Pogge. Filelfo était en correspondance avec A. de
Sarteano. Le même auteur fait aussi l'éloge de Robert (da Lecce),
mais il lui reproche de n'avoir pas toujours un jeu de physionomie convenable et de ne pas rencontrer toujours l'expression
juste, de paraître triste quand il devrait paraître gai, de trop
pleurer et de choquer par là les sentiments de l'auditoire. FILELFO,
Epistolæ, Venet., 1502, fol. 96b.

[2] Franco SACCHETTI, nov. 73. Les prédicateurs manqués fournissent aux nouvellistes un thème assez riche.

l'exhibition de fausses reliques [1], et d'admirer les grands, les véritables orateurs chrétiens. Ceux-ci constituent en Italie une réelle spécialité du quinzième siècle.

L'Ordre — c'était généralement celui de Saint-François, et particulièrement celui qu'on appelle l'Ordre de l'Observance — les envoie partout où on les demande. C'est ce qui arrive principalement quand il y a des villes ou des particuliers divisés par de violentes discordes, quand l'immoralité augmente, que les crimes se multiplient ou qu'une épidémie désole une contrée. Mais dès que la gloire d'un prédicateur s'est bien répandue, les villes le demandent même sans motif particulier; il va partout où l'envoient ses supérieurs. Une branche spéciale de cette activité, c'est la prédication de la croisade contre les Turcs [2]; mais nous n'en dirons rien, car nous devons nous borner à parler des exhortations à la pénitence.

Les sermons, quand on observait un ordre méthodique, traitaient simplement des péchés mortels, ainsi que l'Église les énumère; mais plus la circonstance est solennelle, plus le prédicateur se hâte d'arriver à l'objet principal de son sermon. Il commence à parler dans une de ces vastes églises comme en possédaient les Ordres

---

[1] Comp. la farce du *Decamerone*, VI, nov. 10. Le frère Cipolla promet à quelques villageois de leur montrer une plume de l'ange Gabriel, et, comme au lieu de plumes il ne trouve dans sa cassette que des charbons, il leur fait accroire que ce sont les charbons sur lesquels a été grillé saint Laurent.

[2] Ces exhibitions prenaient en Italie une couleur toute particulière. Comp. MALIPIERRO, *Ann. Venet., Arch. stor.*, VII, 1, p. 18. — *Chron. Venetum*, dans MURAT., XXIV, col. 114. — *Storia Bresciana*, dans MURAT., XXI, col. 898. Dans le premier passage, les prédicateurs promettent l'indulgence plénière à ceux qui iront guerroyer contre les Turcs, comme s'ils avaient assisté au jubilé, à Rome; dans le second passage, ils promettent à ceux qui payeront pour la guerre contre les Turcs des indulgences proportionnées à l'importance des sommes versées; le don de 20,000 ducats entraîne l'indulgence plénière.

religieux, ou dans la cathédrale ; bientôt la plus grande place ne suffit plus à contenir cette foule qui accourt de toutes parts, et ces allées et venues d'auditeurs peuvent devenir dangereuses pour la vie de l'orateur lui-même [1]. Généralement le sermon se termine par une immense procession ; mais les premiers fonctionnaires de la ville, qui entourent le prédicateur pour le protéger, ont grand'peine à le défendre contre l'empressement des femmes, qui veulent lui baiser les mains et les pieds, et couper des morceaux de son froc [2].

Les résultats les plus directs de ces sermons, ceux qui s'obtiennent le plus facilement, après que l'orateur a prêché contre l'usure ou contre des modes indécentes, sont l'ouverture des prisons, ou du moins la mise en liberté de pauvres prisonniers pour dettes, et la destruction par le feu d'objets de luxe ou d'amusement, tels que des dés, des cartes, des jeux de toute espèce, des « masques », des instruments de musique, des recueils de chansons, des formules magiques [3], de faux tours de cheveux, etc. Tout cela était sans doute groupé artistement sur un échafaudage (*talamo*) ; on surmontait le tout d'une figure du diable, et l'on y mettait ensuite le feu. (Comp. p. 110 et 111.)

Puis c'est le tour des cœurs endurcis : des gens qui, depuis longtemps, n'allaient plus à confesse, reprennent

---

[1] *Stor. Bresciana*, dans MURAT., XXIII, col. 865 ss. Le premier jour, dix mille personnes s'étaient réunies ; deux mille étrangers étaient accourus de tous les points ; le chroniqueur n'a pas indiqué le nombre des fidèles rassemblés pendant les derniers jours.

[2] ALLEGRETTO, *Diari Sanesi*, dans MURAT., XXIII, col. 819 ss., 13-18 juillet 1486 ; le prédicateur est Pietro dell' Osservanza di S. Francesco.

[3] INFESSURA (dans ECCARD, *Scriptores*, II, col. 1874) dit : *Canti, brevi, sorti*. Le mot *canti* pourrait s'appliquer à des recueils de chansons, dont Savonarole au moins a fait brûler un grand nombre. Mais

le chemin du confessionnal; on voit des restitutions de biens injustement détenus, des rétractations de calomnies criminelles. Des orateurs comme Bernardino da Siena [1] étudiaient assidûment et de près la manière de vivre des gens, leurs relations journalières et leurs mœurs. Il est probable que bien peu de nos théologiens actuels seraient tentés de prêcher « sur des contrats, des restitutions, des rentes sur l'État (*monte*), des dotations de filles », comme il le fit un jour dans la cathédrale de Florence. En traitant des sujets de cette espèce, des prédicateurs imprudents se laissaient parfois entraîner à tonner si fort contre certaines classes d'hommes, de métiers, de fonctionnaires, que les auditeurs se révoltaient et répondaient par des violences de fait à ces violences de langage [2]. Un sermon prononcé à Rome par Bernardino da Siena (1424) eut pour effet de faire brûler au Capitole une foule d'objets de toilette, d'amulettes et de formules magiques, mais il eut encore une autre conséquence : « Ensuite, dit le chroniqueur [3], on brûla aussi la sorcière

GRAZIANI (*Cron. di Perugia, Arch. stor.*, XVI, I, p. 314; comp. *ibid.*, la note de l'éditeur) dit à ce même propos : *brieve incante;* il faut lire certainement : *brevi e incanti;* il faut peut-être admettre une correction semblable pour Infessura, dont les *sorti* désignent d'ailleurs quelque pratique superstitieuse, une sorte de divination par les cartes. — A l'époque où les livres se multiplièrent, grâce à l'imprimerie, on réunit aussi tous les exemplaires de Martial pour les jeter au feu. BANDELLO, III, nov. 10.

[1] Voir sa remarquable biographie dans *Vespasiano fiorent.*, p. 244ss., et celle de SYLVIUS ÆNÉAS, *De viris illustr.*, p. 24-27. On y lit entre autres : *Is quoque in tabella pictum nomen Jesus deferebat, hominibusque adorandum ostendebat multumque suadebat ante ostia domorum hoc nomen depingi.* C'était une sorte d'idolâtrie moderne.

[2] ALLEGRETTO, *l. c.*, col. 823; un prédicateur ameute le peuple contre les juges (à moins qu'il ne faille lire *giudei* au lieu de *giudici*), sur quoi ceux-ci faillirent être brûlés dans leurs maisons. Par contre, le parti adverse, qui est puissant, menace la vie du prédicateur.

[3] INFESSURA, *l. c.* La date de la mort de la sorcière paraît n'être pas exacte. — Le même saint fit abattre aux portes d'Arezzo un

Finicella, parce qu'elle avait usé de moyens diaboliques pour faire mourir beaucoup d'enfants et ensorceler nombre de personnes; toute la ville de Rome alla voir ce spectacle. »

Mais, comme nous l'avons fait remarquer plus haut, le but le plus important du sermon, c'est d'amener des réconciliations entre des ennemis déclarés. Il est probable qu'en général ce résultat ne s'obtenait qu'à la fin d'une série de sermons, quand l'esprit de pénitence avait gagné peu à peu toute la ville, quand l'air retentissait[1] du cri de tout le peuple : *Misericordia!* On voyait alors des familles se réconcilier et s'embrasser solennellement, même quand il y avait eu du sang versé. On permettait aux bannis de rentrer dans la ville pour un motif aussi louable, aussi sacré. Il paraît qu'en somme ces « *paci* » étaient observées même quand l'exaltation du moment était tombée, et il en résultait que des générations entières bénissaient le souvenir du moine qui avait mis fin à de sanglantes querelles. Mais il y avait des inimitiés terribles, comme celle qui divisait les familles della Valle et Croce à Rome (1482), contre lesquelles la voix du grand Roberto da Lecce lui-même était impuissante[2]. Peu de temps avant la semaine sainte, il avait

petit bois mal famé, comme le raconte VASARI, III, 148; v. *di Parri Spinelli*. Il est probable que souvent l'esprit de pénitence a dû s'exercer aux dépens d'objets inanimés, de symboles et d'instruments.

[1] *Pareva che l'aria si fendesse*, lit-on quelque part.

[2] JAC. VOLATERRAN., dans MURAT., XXIII, col. 166 ss. On ne dit pas formellement qu'il se soit occupé de ces querelles (*Sermo de eleemosyna fuit*, lit-on), mais nous ne pouvons pas en douter. — Jacopo della Marca aussi avait à peine quitté Pérouse (1445) après avoir obtenu un succès colossal, qu'un meurtre épouvantable fut commis dans la famille Ranieri. Comp. GRAZIANI, *l c.*, p. 565 ss. — A ce propos, il faut rappeler que les grands prédicateurs venaient bien plus souvent à Pérouse que dans les autres villes; comp. p. 597, 626, 631, 637, 647.

encore prêché sur la place du temple de Minerve, en présence d'une foule innombrable; tout à coup, dans la nuit qui précéda le jeudi saint, ces deux familles se livrèrent une bataille épouvantable devant le palais della Valle, près du Ghetto; le lendemain, le pape Sixte donna l'ordre de raser ce palais, et les cérémonies habituelles furent supprimées; le vendredi saint, Roberto fit un nouveau sermon, en tenant un crucifix à la main; mais lui et ses auditeurs ne surent que pleurer.

Souvent des esprits aigris et mécontents de tout, et surtout d'eux-mêmes, prenaient, sous l'influence des exhortations à la pénitence, la résolution d'entrer au couvent. Il y avait dans le nombre des brigands, des criminels de toute espèce, parfois aussi des soldats sans pain [1]. Ce qui contribue en partie à ces conversions, c'est le désir de se rapprocher, au moins par la vie extérieure, du moine dont l'éloquence et la piété produisent de si merveilleux résultats.

La conclusion de ces sermons n'est qu'une simple bénédiction, qui se résume par ces mots : *La pace sia con voi!* Une foule nombreuse escorte le prédicateur jusqu'à la ville voisine, et là elle écoute pour la seconde fois toute la série de ses sermons.

Vu la puissance énorme qu'exerçaient ces saints personnages, le clergé et les gouvernements avaient intérêt

---

[1] A la suite d'un sermon de Capistrano, cinquante soldats prirent le froc; *Stor. Bresciana, l. c.* — GRAZIANI, *l. c.*, p. 565 ss. Roberto da Lecce remporta un succès semblable. (598 ss. ; voir plus haut, p. 164.) Pourtant le chroniqueur fait remarquer qu'un des six néophytes s'enfuit du couvent, se maria *e fu magiore ribaldo, che non era prima.* — SYLVIUS ÆN. (*De viris illustr.*, Stuttg., 1842, p. 25) fut un jour, alors qu'il était jeune encore, sur le point d'entrer dans l'Ordre de Saint-Bernardin à la suite d'un sermon de ce prédicateur.

à vivre en bons termes avec eux, du moins à ne pas les
avoir pour adversaires. Pour y arriver, on ne reconnaissait le caractère sacerdotal qu'à des moines [1] ou à des
prêtres qui avaient reçu au moins les ordres mineurs, de
sorte que l'ordre ou la corporation répondait d'eux
jusqu'à un certain point. Mais il n'était pas possible
d'établir à cet égard une ligne de démarcation rigoureuse, attendu que l'église et, par conséquent, la chaire
étaient depuis longtemps un organe de publicité, qu'on
y lisait des actes judiciaires, qu'on y faisait des cours et
que parfois même, pendant des sermons proprement
dits, on laissait la parole à l'humaniste et au laïque.
(T. I, p. 291 ss.) De plus, il y avait une classe d'hommes
hybride [2], d'hommes qui n'étaient ni moines ni prêtres
et qui pourtant avaient renoncé au monde : c'étaient les
ermites, fort nombreux en Italie, qui apparaissaient
quelquefois sans mission aucune et qui entraînaient les

---

[1] Les frottements ne manquaient pas entre les célèbres prédicateurs de l'Ordre des Observants et les Dominicains jaloux de
leur réputation; c'est ce que montre la discussion sur le sang du
Christ, tombé de la croix sur la terre. (1462; comp. G. Voigt,
Silvius Æneas, III, 591 ss.) Dans son récit détaillé (*Comment.*, l. XI,
p. 511), Pie II parle avec une ironie charmante de Fra Jacopo della
Marca, qui, dans cette discussion, ne voulait pas céder à l'inquisiteur dominicain; il dit : *Pauperiem pati et famem et sitim et corporis
cruciatum et mortem pro Christi nomine nonnulli possunt; jacturam nominis
vel minimam ferre recusant, tanquam sua deficiente fama Dei quoque gloria
pereat.*

[2] En ce temps-là déjà leur réputation flottait entre les deux
extrêmes. Il faut les distinguer des moines ermites. — En général,
les lignes de démarcation n'étaient pas bien nettes à cet égard.
Les Spolétins qui parcouraient les campagnes en faisant des
miracles, invoquaient le patronage de saint Antoine, et, à cause de
leurs serpents, celui de l'apôtre Paul. Dès le treizième siècle ils
rançonnaient les paysans au moyen de leurs jongleries demi-reli-
gieuses; leurs chevaux étaient dressés à s'agenouiller quand on
prononçait le nom de saint Antoine. Ils disaient quêter pour des
hôpitaux. Massuccio, nov. 18. Bandello, III, nov. 17. Firenzuola,
dans son *Asino d'oro* (*Opere*, vol. IV), leur fait jouer le rôle des
prêtres mendiants d'Apulée.

populations. Un cas de ce genre se présenta à Milan après la deuxième conquête française (1516), c'est-à-dire à une époque de désordre et d'agitation violente : un ermite toscan, Jérôme de Sienne, qui appartenait peut-être au parti de Savonarole, occupa pendant plusieurs mois la chaire de la cathédrale, fulmina contre la hiérarchie, fit mettre un nouveau lustre et ériger un autel dans le dôme, opéra des miracles et ne céda la place qu'après des luttes très-vives [1]. Pendant cette période, qui fut décisive pour le sort de l'Italie, se réveille partout la manie des prédictions, et, quand elle se montre, elle n'est pas particulière à une classe de gens déterminée. On sait, par exemple, qu'avant le sac de Rome les ermites se signalèrent par une véritable fureur de prédiction. (T. I, p. 154 et 155.) A défaut de véritable éloquence, ces gens-là envoient à l'occasion des messagers avec des symboles, comme, par exemple, l'ascète Filippo de Mancini près de Sienne, qui expédia dans la ville anxieuse (1496) un « petit ermite » (*romitello*), c'est-à-dire un élève, avec une tête de mort au bout d'un bâton et un billet contenant une sentence menaçante, tirée de la Bible [2].

Mais souvent les moines eux-mêmes s'attaquaient directement aux princes, aux autorités, au clergé et à leurs propres confréries. Il est vrai qu'un sermon subversif prononcé contre une maison princière, tel que celui qu'au quatorzième siècle Fra Jacopo Bussolaro avait débité à Pavie [3], ne se retrouve pas dans les âges

---

[1] PRATO, *Arch. stor.*, III, p. 357 ss. BURIGOZZO, *ibid.*, p. 431 ss.

[2] ALLEGRETTO, dans MURAT., XXIII, col. 856 ss. La phrase tirée de la Bible était ainsi conçue : *Ecce venio cito et velociter. Estote parati.*

[3] Matteo VILLANI, VIII, cap. II ss. Il commença par prêcher contre la tyrannie en général, puis, la famille régnante des Beccaria ayant voulu le faire assassiner, il changea du haut de la

suivants; mais ce qui est fréquent, ce sont des critiques
hardies, dirigées contre le Pape et formulées dans la
propre chapelle du pontife (t. I, p. 295, note 3); ce
sont de naïfs conseils politiques donnés en présence de
princes qui ne croient pas en avoir besoin [1]. Sur la place
du château de Milan, un prédicateur aveugle de l'Incoro-
nata (par conséquent un Augustin) se permettait (1494)
de dire du haut de la chaire à Ludovic le More :
« Seigneur, ne montre pas le chemin aux Français, car tu
t'en repentiras [2]! » Il y avait des moines prophètes
qui, sans s'occuper directement de politique, faisaient
de l'avenir des tableaux si terribles que leurs auditeurs
en étaient épouvantés. Peu de temps après l'élection de
Léon X (1513), douze Franciscains parcoururent l'Italie,
qu'ils s'étaient partagée par régions : celui d'entre eux
qui prêcha à Florence [3], Fra Francesco di Montepul-
ciano, répandit parmi le peuple une terreur toujours
croissante, vu que sa parole arrivait, plutôt renforcée
qu'affaiblie, jusqu'à ceux que la trop grande multitude
empêchait d'approcher de sa personne. Après avoir prononcé un sermon de ce genre, il mourut subitement
« d'un mal de poitrine »; tout le monde vint baiser

chaire la constitution et les autorités elles-mêmes, et força les
Beccaria de s'enfuir (1357). Comp. Petrarca, *Epp. fam.*, XIX, 18, et
A. Hortis, *Scritti inediti di F. P.*, p. 174 à 181.

[1] Parfois aussi la famille régnante payait des moines dans les
circonstances difficiles pour prêcher la loyauté au peuple. Ainsi
firent les Este de Ferrare, qui, pendant la guerre contre Venise
(1481), chargèrent un prédicateur de Bologne de rappeler à leurs
sujets les bienfaits de leurs maîtres, et de leur peindre les malheurs qu'ils encourraient si les Vénitiens étaient victorieux.
Comp. Sanudo, dans Murat., XXII, col. 1218.

[2] Prato, *Arch. stor.*, III, p. 251. — On trouve dans Burigozzo la
nomenclature de prédicateurs antifrançais remarquables par leur
fanatisme, qui surgirent après l'expulsion des Français; voir
Burigozzo, *ibid.*, p. 443, 449, 485, ad. a. 1523, 1526, 1529.

[3] Jac. Pitti, *Storia Fior.*, l. II, p. 112.

les pieds du cadavre; aussi fallut-il l'enterrer dans le silence de la nuit. Quant à la fureur de prédire qui s'était étendue jusqu'à des femmes et des paysans, elle ne put être réprimée qu'à grand'peine. « Pour ramener les gens à des sentiments moins tristes, les Médicis Julien (frère de Léon) et Laurent organisèrent pour le jour de la fête de Saint-Jean (1514) ces magnifiques fêtes, chasses, cortéges et tournois auxquels se rendirent quelques grands seigneurs de Rome et même six cardinaux en costume laïque. »

Le plus grand prédicateur et prophète avait été brûlé à Florence en 1498 : c'était Fra Girolamo Savonarole de Ferrare [1]. Nous ne pouvons lui consacrer que quelques lignes.

Le puissant instrument au moyen duquel il a transformé et dominé Florence (1494-1498), c'est sa parole; malheureusement ceux de ses sermons qui sont parvenus jusqu'à nous et que des fidèles ont écrits tant bien que mal sur place, pendant qu'il les prononçait, ne peuvent nous donner qu'une idée imparfaite de son éloquence. Ce n'est pas que les moyens extérieurs dont il disposait aient été très-considérables, car son organe, sa diction, ses effets de rhétorique, etc., formaient plutôt la partie faible de ses sermons, et ceux qui voulaient entendre un orateur artiste, un homme de style,

---

[1] PERRENS, *Jérôme Savonarole*, 2 vol. Parmi les ouvrages spéciaux sur ce sujet, c'est peut-être le plus méthodique et le plus impartial. — Après lui on trouve P. VILLARI, *La storia di Girol. Savonarola* (2 vol. in-8. Firenze, Lemonnier). Traduit aussi en allemand par Maur. Berduschek, 2 vol. Leipzig, 1868. Les idées de Villari diffèrent en plus d'un point de celles qui sont exprimées ici. Comp. aussi RANKE, *Savonarole et la république florentine vers la fin du quinzième siècle*, dans les *Études historiques et biographiques*, Leipzig, 1878, p. 181-358. Sur *Gennaz.* voir VILL., I, 57 ss.; II, 343 ss. et ailleurs; REUMONT, *Laurent*, II, 522-526, 583 ss., avec des lettres manuscrites.

allaient écouter son rival Fra Mariano da Genazzano ; mais la parole de Savonarole était empreinte de cette haute puissance personnelle qu'on n'a plus retrouvée jusqu'à Luther. Lui-même appelait cela de l'illumination ; aussi ne craignait-il pas de placer la prédication très-haut : dans la grande hiérarchie des esprits, disait-il, le prédicateur vient immédiatement après le dernier des anges.

Ce personnage extraordinaire fait quelque chose qui est encore plus étonnant que ses prodigieux sermons : il anime du même esprit le couvent dominicain de Saint-Marc et tous les couvents dominicains de la Toscane, et à sa voix tous entreprennent spontanément une grande réforme. Si l'on sait ce qu'étaient les couvents d'alors et quelles énormes difficultés présentait le moindre changement à introduire chez des moines, on sera doublement frappé d'une transformation aussi complète que celle dont nous parlons. Lorsque l'œuvre de la réforme fut commencée, elle prit de la consistance par le fait que l'Ordre de Saint-Dominique fit de nombreux prosélytes. Les fils des premières familles entrèrent comme novices au couvent de Saint-Marc.

Cette réforme de l'Ordre, accomplie dans un pays déterminé, était le premier pas vers l'établissement d'une Église nationale, qui aurait été la conséquence inévitable de la prolongation d'un pareil état de choses. Sans doute Savonarole lui-même rêvait une réformation de l'Église tout entière ; dans ce but il adressa, même vers la fin de sa carrière, des exhortations pressantes aux potentats pour les décider à réunir un concile. Mais son Ordre et son parti étaient déjà devenus pour la Toscane le seul organe possible de son esprit, tandis que les contrées voisines restaient fidèles au passé. L'esprit de renoncement et l'imagination créent une situation qui tend à faire de Florence un royaume de Dieu sur la terre.

Les prédictions, dont la réalisation partielle faisait apparaître Savonarole comme un être surhumain, surexcitèrent l'ardente imagination italienne et eurent raison des esprits les plus rebelles. Au début, les Franciscains de l'Observance, fiers de la gloire que leur avait léguée saint Bernardin de Sienne, se figurèrent qu'ils pourraient venir à bout de l'illustre Dominicain en lui faisant concurrence. Ils procurèrent à l'un des leurs l'accès de la chaire de la cathédrale, et celui-ci renchérit encore sur les sinistres prédictions de Savonarole, jusqu'au moment où Pierre de Médicis, qui à cette époque régnait encore sur Florence, imposa silence à tous deux jusqu'à nouvel ordre. Bientôt après, lorsque Charles VIII vint en Italie et que les Médicis furent chassés, ainsi que Savonarole l'avait nettement annoncé, on n'eut plus foi qu'en lui. Il faut bien avouer ici qu'il est très-indulgent pour ses pressentiments et ses visions à lui, et qu'il est passablement sévère pour ceux des autres. Dans l'oraison funèbre de Pic de la Mirandole, il traite son ami défunt avec une certaine dureté. Voyant, dit-il, que Pic ne voulait pas entrer dans l'Ordre des Dominicains malgré une voix intérieure qui venait du ciel, il a prié lui-même Dieu de le châtier ; mais il n'a pas souhaité sa mort ; maintenant, à force d'aumônes et de prières, il a obtenu que son âme se trouve provisoirement dans le purgatoire. Relativement à une vision consolante que Pic avait eue sur son lit de douleur (la Madone lui était apparue et lui avait promis qu'il ne mourrait pas), Savonarole avoue qu'il l'a prise longtemps pour une illusion du démon, jusqu'à ce qu'il lui eût été révélé que la Madone avait entendu parler de la seconde mort, c'est-à-dire de la mort éternelle [1]. — Si ces faits et d'autres semblables avaient pour cause première l'orgueil de Savonarole, il a du moins expié ces erreurs aussi cruellement qu'il pouvait le faire; dans ses derniers jours l'illustre réformateur semble avoir reconnu le néant de ses visions et de ses prédictions, et pourtant il lui resta assez de calme pour marcher au supplice avec la résignation d'un martyr. Pendant une trentaine d'années, ses partisans restèrent fidèles à sa doctrine et confiants dans ses prédictions.

Il ne s'était posé en réorganisateur de l'État que parce qu'à défaut de lui-même des esprits hostiles à ses idées se seraient emparés de cette tâche. On serait injuste en le jugeant d'après la constitution semi-démocratique (t. I, p. 106 et note 1, même page) du commencement de l'année 1495. Elle ne vaut ni plus ni moins que d'autres constitutions florentines [2].

Au fond, personne n'était moins fait que lui pour une mission pareille. Son véritable idéal, c'est une théocratie où tout le monde se courbe devant le Dieu invisible et où tous les conflits des passions sont supprimés d'emblée. Toute sa théorie est renfermée dans cette inscription du palais des seigneurs dont il avait fait sa devise dès la fin de l'année 1495 [3], et qui fut reprise en 1527 par ses sectateurs : « *Jesus Christus Rex populi Florentini S. P. Q. decreto creatus.* » Pour ce qui concernait la vie maté-

---

[1] Sermons sur Haggai, fin du sixième sermon; VILLARI (traduct. allem.), I, 180.

[2] Savonarole avait peut-être été le seul qui eût pu rendre la liberté aux villes et aux sujets tout en maintenant la cohésion de l'État toscan. Mais il n'en eut pas l'idée. Quant à Pise, il la haïssait comme un Florentin.

[3] Contraste frappant avec les Siennois, qui, en 1483, avaient solennellement voué à la Madone leur ville agitée par les dissensions. *Allegretto*, ap. MURAT., XXIII, col. 815 ss.

rielle, il poussait l'indifférence et la rigueur envers lui-même jusqu'à l'ascétisme. D'après lui, l'homme ne doit s'occuper que de ce qui intéresse directement le salut de l'âme.

Il le fait entendre nettement dans ses réflexions sur la littérature antique. « Le seul bien, dit-il dans un de ses sermons, que Platon et Aristote aient fait, c'est d'avoir produit beaucoup d'arguments dont on peut se servir contre les hérétiques. Eux et d'autres philosophes n'en sont pas moins en enfer. Une vieille femme en sait plus long que Platon en matière de foi. Il serait bon pour la foi qu'on détruisît une foule de livres qui paraissent d'ailleurs utiles. Lorsqu'il n'y avait pas encore tant de livres, tant d'arguments (*ragioni naturali*) et tant de disputes, la foi grandissait plus vite qu'elle n'a grandi depuis. Il veut que dans les écoles on ne lise qu'Homère, Virgile et Cicéron, et que l'on complète ces lectures par celle de saint Jérôme et de saint Augustin; par contre, non-seulement Catulle et Ovide, mais encore Tibulle et Térence doivent être bannis. Une pareille sévérité ne prouve chez Savonarole qu'un zèle exagéré pour la pureté des mœurs; mais dans un écrit spécial il va jusqu'à dire que la science en général est chose funeste. Il veut qu'un petit nombre de gens seulement la cultivent, afin que la tradition des connaissauces humaines ne périsse pas, afin qu'il y ait toujours quelques athlètes prêts à combattre les sophismes de l'hérésie; tous les autres doivent se borner à l'étude de la grammaire, de la morale, et à l'instruction religieuse (*sacræ litteræ*). » Ainsi le privilége de la culture reviendrait aux moines seuls, et, comme le gouvernement des États appartient de droit aux « hommes les plus savants et les plus pieux », ce sont encore les moines qui doivent être les souverains de la terre. La pensée de l'auteur allait-elle aussi loin? c'est une question que nous n'examinerons pas.

On ne saurait raisonner d'une manière plus enfantine. Le brave homme n'a pas même l'idée de se dire que la résurrection de l'antiquité et l'extension colossale de l'horizon intellectuel pourraient, suivant les circonstances, tourner au triomphe de la religion. Il aimerait bien défendre ce qu'on ne peut plus supprimer. En général, il n'était rien moins que libéral; aux astrologues impies, par exemple, il réserve le bûcher sur lequel il devait finir lui-même [1].

Combien a dû être puissante l'âme qui habitait à côté de cet esprit étroit! Quel feu ne fallait-il pas pour amener les Florentins, ce peuple si passionné pour la culture, à subir le joug de pareilles doctrines!

A sa voix, Florence était prête à sacrifier ses œuvres d'art et ses souvenirs mondains, témoin ces holocaustes célèbres à côté desquels tous les *talami* de Bernardin de Sienne et d'autres étaient chose insignifiante.

Sans doute Savonarole n'obtenait pas ces résultats sans recourir à des mesures tyranniques et vexatoires. En général, il a peu respecté la liberté de la vie privée, si chère aux Italiens; c'est ainsi qu'il voulait que les domestiques se fissent les espions de leurs maîtres, afin d'arriver par ce moyen à réformer les mœurs. Ce que plus tard le farouche Calvin ne put faire qu'à grand'-peine à Genève, grâce à un état de siége permanent, devait fatalement échouer à Florence; le changement radical de la vie publique et privée y devait rester à l'état d'essai, et cette tentative devait irriter jusqu'à la fureur

---

[1] Il dit des *impii astrologi : Non è da disputar (con loro) altrimenti che col fuoco.*

les adversaires d'un pareil système. A ce propos il convient de rappeler surtout cette troupe de jeunes gens organisée par Savonarole, qui pénétrait dans les maisons et qui exigeait les objets nécessaires pour le bûcher. Parfois ils étaient renvoyés et battus; aussi, pour appuyer la fiction d'une bourgeoisie régénérée par la vertu, leur adjoignit-on des adultes chargés de les protéger.

C'est ainsi que les grands auto-da-fé de la place des Seigneurs purent avoir lieu le dernier jour du carnaval de 1497 et de 1498. On voyait se dresser au milieu de la place une pyramide à gradins qui ressemblait au *rogus* sur lequel on avait coutume de brûler les corps des empereurs romains. Au pied de la pyramide étaient amoncelés des masques, de fausses barbes, des costumes de fantaisie, etc.; puis venaient les livres des poètes latins et italiens, entre autres le *Morgante* de Pulci, Boccace, Pétrarque, des parchemins précieux et des manuscrits ornés de miniatures; ensuite c'étaient des parures de femme et des objets de toilette, des parfums, des miroirs, des voiles, de fausses nattes; plus haut on voyait des luths, des harpes, des échiquiers, des trictracs, des cartes à jouer; enfin les deux gradins supérieurs étaient couverts de tableaux qui représentaient surtout des femmes, soit des beautés portant les noms classiques de Lucrèce, de Cléopâtre, de Faustine, soit des beautés célèbres du jour, telles que Bencina, Lena Morella, Bina et Maria de Lenzi; tous les tableaux de Bartolomeo della Porte, qui en fit le sacrifice volontaire, et, paraît-il, aussi quelques têtes de femmes, chefs-d'œuvre de sculpteurs de l'antiquité. La première fois, un marchand de Venise qui se trouvait à Florence offrit à la Seigneurie 22,000 écus d'or pour tout ce que portait la pyramide;

on lui répondit en faisant faire son portrait, qui alla rejoindre ceux qui devaient être livrés aux flammes. Quand on alluma le bûcher, la Seigneurie parut sur le balcon, et l'air retentit de chants, de fanfares et du bruit des cloches qui sonnaient à toute volée. Ensuite on se rendit sur la place Saint-Marc, où tous les partisans de Savonarole dansèrent une triple ronde concentrique : la ligne intérieure était composée des moines du couvent, et de jeunes gens déguisés en anges; la seconde était formée d'ecclésiastiques et de laïques; enfin la ligne extérieure comprenait des vieillards, des bourgeois et des prêtres, ces derniers couronnés de branches d'olivier [1].

Toutes les railleries du parti contraire victorieux, qui avait quelque droit de rire des vaincus et à qui l'esprit ne manquait pas, furent dans la suite impuissantes à diminuer la mémoire de Savonarole. Plus la destinée de l'Italie fut lamentable, plus grandit dans le souvenir des survivants la figure de l'illustre moine prophète. Certaines de ses prédictions ont pu ne pas s'accomplir, mais les catastrophes qu'il avait annoncées ne furent que trop réelles.

Cependant l'influence des moines prédicateurs avait beau être considérable, et Savonarole avait beau revendiquer la chaire pour ses pareils [2], l'institution elle-même n'en fut pas moins victime de la réprobation générale. L'Italie faisait entendre qu'elle ne pouvait se passionner que pour les individus.

Si l'on veut vérifier la force de l'ancienne croyance,

---

[1] Comp. le tableau tracé par Villari et ses réflexions; traduct. allem., II, p. 105 ss.

[2] Voir le passage du quatorzième sermon sur Ézéchiel, dans PERRENS, *l. c.*, vol. I, p. 30, note.

abstraction faite du sacerdoce et du monachisme, on la trouvera tantôt dérisoire, tantôt immense, selon qu'elle apparaîtra par un certain côté et sous un certain jour. Nous avons déjà parlé des sacrements et des bénédictions considérés comme n'étant pas indispensables (t. Iᵉʳ, p. 131; t. II, p. 234); jetons maintenant un coup d'œil sur l'état de la foi et du culte dans la vie journalière. Sur ce point la masse et ses habitudes, ainsi que le compte que les puissants tiennent de l'une et des autres, sont d'un poids décisif. L'esprit de pénitence et l'aspiration au salut éternel par les bonnes œuvres existaient chez les paysans et dans les classes inférieures dans la même proportion que chez les peuples du Nord, et se rencontraient même quelquefois chez des hommes cultivés. Les côtés par lesquels le catholicisme populaire se rattache à l'antiquité, au paganisme, les invocations, les présents, les expiations subsistent chez le peuple en dépit de tout. La huitième églogue de Battista Mantovano, citée déjà dans une autre circonstance [1], contient entre autres la prière d'un paysan à la Madone; la Vierge y est invoquée comme protectrice spéciale de tous les intérêts de la vie champêtre. Quelles idées le peuple se faisait-il de la valeur de certaines madones dont on implorait le secours? que penser de la dévotion de cette Florentine [2] qui offrit à un saint un tonnelet de cire comme ex-voto, parce que son amant, un moine, avait pu vider un petit fût de vin sans que le mari absent s'en aperçût? De même certains saints étaient les patrons de corporations déterminées; c'est un fait qui subsiste encore aujourd'hui. On a souvent essayé de ramener à

---

[1] Avec le titre : *De rusticorum religione.* Comp. plus haut, p. 97.
[2] Franco SACCHETTI, nov. 109, où l'on trouve encore d'autres traits du même genre.

des cérémonies païennes une foule d'usages et de rites de l'Église catholique; d'autre part, un grand nombre d'usages locaux et populaires qui se sont rattachés à des fêtes religieuses, sont des restes inconscients du paganisme antique. Mais les campagnards italiens avaient conservé bien des pratiques qui accusent un reste de paganisme. Tels sont ces mets qu'on plaçait sur les tombeaux quatre jours avant la fête de Saint-Pierre ès Liens, par conséquent le jour des fêtes qu'on célébrait autrefois en l'honneur des mânes (18 février)[1]. Peut-être d'autres traditions de ce genre s'étaient-elles conservées et n'ont-elles disparu que depuis la Renaissance. Peut-être n'est-ce qu'un paradoxe apparent que de dire qu'en Italie les croyances populaires étaient d'autant plus tenaces qu'elles se rattachaient de plus près au paganisme.

Il serait assez facile d'indiquer jusqu'à quel point ces sortes de croyances étaient répandues dans les classes élevées. Ainsi que nous en avons fait la remarque à propos de l'influence du clergé, elles avaient pour elles la

---

[1] **Bapt.** MANTUAN., *De sacris diebus*, s'écrie :

Ista superstitio, ducens a Manibus ortum
Tartareis, sancta de religione facessat
Christigenûm! vivis epulas date, sacra sepultis.

Un siècle auparavant, lorsque l'armée de Jean XXII alla faire justice des Gibelins de la Marche, l'expédition eut pour motif l'accusation formelle d'*eresia* et d'*idolatria;* Recanati, qui se soumit volontairement, n'en fut pas moins brûlé, sous prétexte « qu'on y avait adoré des idoles », mais en réalité pour venger la mort de nombreuses victimes frappées par les habitants de la ville. Giov. VILLANI, IX, 139, 141. — Sous Pie II paraît un adorateur obstiné du soleil, Urbinate de naissance. SYLVII ÆN. *Opera*, p. 289, *Hist. rer. ubique gestar.*, ch. XII. — Le fait le plus extraordinaire se passa sous Léon X, ou plutôt dans l'intervalle qui sépare le pontificat de Léon de celui d'Adrien, juin 1552 (GREGOROVIUS, VIII, 388), en plein Forum, à Rome : à l'occasion d'une peste, on sacrifia solennellement un taureau à la manière des païens. Paul JOVIUS, *Hist.*, XXI, 8.

force de l'habitude et la puissance des premières impressions ; le goût de la pompe que l'Église déployait dans ses fêtes contribuait à les entretenir ; enfin de temps à autre venait une de ces grandes épidémies de pénitence qui avaient raison des cœurs même les plus endurcis.

Mais il n'est pas raisonnable, en pareille matière, de vouloir arriver à des résultats positifs et constants. Il semblerait, par exemple, que l'attitude des gens éclairés en présence des reliques de saints dût nous édifier, du moins en partie, sur leurs sentiments religieux. Dans la réalité on trouve des différences de degré, mais bien moins sensibles qu'on ne le voudrait. C'est tout d'abord Venise qui semble avoir, au quinzième siècle, pratiqué le culte des reliques qui régnait alors dans tout l'Occident. (T. I, p. 93.) Même des étrangers qui vivaient à Venise faisaient bien d'accepter ces idées[1]. Si nous pouvions juger la savante Padoue d'après son topographe Michel Savonarole (t. I, p. 184), nous dirions qu'elle suivait l'exemple de Venise. Michel nous raconte avec un sentiment de respect mêlé de terreur que dans les grands dangers on entend, pendant la nuit, les saints gémir par toute la ville, que le cadavre d'une sainte nonne du couvent de Santa-Chiara garde les apparences de la vie, que les ongles et les cheveux de la sainte ne cessent de pousser, que, dès qu'un danger menace, elle fait du bruit, lève les bras, etc.[2]. Quand il fait la description de la chapelle de Saint-Antoine, au Santo, l'auteur tombe tout à fait dans la rêverie et la divagation. A Milan, le

---

[1] C'est ce qu'a fait SABELLICO, *De situ Venetæ urbis.* Il cite, il est vrai, les noms des saints de l'Église, à l'exemple de plusieurs philologues, sans ajouter les mots *sanctus* ou *divus ;* mais il rappelle une foule de reliques, paraît leur vouer un saint respect, et se vante même, à propos de quelques-unes, de les avoir baisées.

[2] *De laudibus Patavii,* dans MURAT , XXIV, col. 1149 à 1151.

peuple du moins professait un culte fanatique pour les reliques; aussi, un jour, les moines de San Simpliciano, qui reconstruisaient le maître-autel, ayant imprudemment mis à découvert six corps de saints religieux (1517), et des pluies violentes ayant suivi cette profanation involontaire, les gens du pays [1] crurent voir la cause du mal dans ce sacrilége et se mirent à battre les moines coupables de ce crime partout où ils les rencontraient. Par contre, dans d'autres contrées de l'Italie, même chez les papes, l'enthousiasme pour les reliques est déjà plus équivoque, sans toutefois qu'on puisse tirer du fait une conclusion absolue. On sait combien l'acquisition de la tête de l'apôtre saint André par le pape Pie II fit de bruit parmi le peuple (1462), et avec quelle solennité le pontife fit transporter cette relique de Saint-Marc à l'église de Saint-Pierre; mais il résulte de sa propre relation qu'il n'a agi que par une sorte de respect humain, en voyant beaucoup de princes rechercher les reliques. A partir de ce moment seulement il eut l'idée de faire de Rome le refuge des restes des saints chassés de leurs églises [2]. Sous Sixte IV, la population de la ville était plus passionnée sous ce rapport que le pontife lui-même, à tel point que le conseil de la cité se plaignit amèrement (1483) lorsque Sixte céda à Louis XI, qui se mourait, quelques-unes des reliques de Latran [3]. A Bologne s'éleva vers cette époque

---

[1] Prato, *Arch. stor.*, III, p. 408 ss. — D'ordinaire il n'est pas au nombre des partisans de la lumière, toutefois il proteste contre cet enchaînement de causes et d'effets.

[2] Pii II *Comment.*, l. VIII, p. 352 ss. *Verebatur Pontifex, ne in honore tanti apostoli diminute agere videretur*, etc.

[3] Jac. Volaterran., dans Murat., XXIII, col. 187. Le Pape s'excuse en alléguant les grands services rendus par Louis au Saint-Siége et l'exemple d'autres papes, notamment de saint Grégoire, qui en ont fait autant. Louis put encore adorer la relique, mais il n'en mourut pas moins. — Les catacombes étaient alors tombées dans

une voix courageuse qui demanda qu'on vendît au roi d'Espagne le crâne de saint Dominique, et qu'avec le produit de la vente on fondât un établissement d'utilité publique[1]. Ce sont les Florentins qui sont le plus tièdes à l'endroit des reliques. Entre la résolution de donner un nouveau sarcophage à saint Zanobi, patron de la ville, et la commande définitive faite à Ghiberti, s'écoulent dix-neuf années (1409-1428), et même alors cet artiste n'est chargé qu'accidentellement d'exécuter le projet, parce qu'il avait déjà achevé un travail semblable, mais en petit[2]. Peut-être était-on légèrement dégoûté des reliques depuis qu'on avait été trompé (1352) par une abbesse peu délicate du pays de Naples, qui avait fait passer pour le bras authentique de la patronne de la cathédrale, sainte Reparata, une mauvaise imitation en bois et en plâtre[3]. Ou bien devons-nous admettre l'existence d'un sentiment esthétique qui ne veut plus des débris de cadavres, des vêtements et des objets à moitié détruits par le temps? ou bien serait-ce le sentiment moderne de la gloire, qui aurait mieux aimé offrir une magnifique sépulture aux restes d'un Dante et d'un Pétrarque qu'à ceux des douze apôtres réunis? Mais peut-être, sans parler de Venise et de Rome, qui constitue une exception unique, l'Italie avait-elle depuis longtemps sacrifié le culte des reliques[4] à

l'oubli; cependant Savonarole dit aussi (MURAT., XXIV, col. 1150) de Rome : *Velut ager Aceldama Sanctorum habita est.*

[1] BURSELLIS, *Annal. Bonon.*, dans MURAT., XXIII, col. 905. C'était un des seize patriciens, Bartol. della Volta, mort en 1485 ou 1486.

[2] VASARI, III, 111 ss. et note. *Vita di Ghiberti.*

[3] Matteo VILLANI, III, 15 et 16.

[4] Il faudrait en outre distinguer entre le culte rendu en Italie aux reliques de saints des derniers siècles qui n'ont pas de place dans l'histoire et qui sont peu connus, et l'habitude qu'a le Nord de rechercher et de réunir des restes de corps et de vêtements

celui de la Vierge plus que ne l'avait fait aucun autre
pays de l'Europe; ce fait affirmerait en même temps,
quoique d'une manière un peu vague, le triomphe précoce
du sentiment de la forme.

On se demandera si dans le Nord, où les plus vastes
cathédrales sont presque toutes consacrées à Notre-
Dame, où la poésie latine et les langues vulgaires célèbrent à l'envi la Mère de Dieu, il eût été possible de
rendre à la Vierge des hommages plus éclatants. Mais,
d'autre part, on trouve en Italie un nombre infiniment
plus considérable d'images miraculeuses de Marie, qui
jouent un rôle très-actif dans la vie journalière. Chaque
ville importante en possède une collection, depuis les
antiques ou soi-disant antiques « peintres de Saint-Luc »
jusqu'aux travaux de contemporains qui parfois vivaient
assez longtemps pour voir les miracles qu'opéraient
leurs images. Ici l'œuvre d'art n'est pas insignifiante
comme le croit Battista Montovano [1]; suivant les circonstances elle gagne tout à coup une puissance magique.
Le besoin de merveilleux qui se rencontre chez le peuple,

des saints d'autrefois. De ce genre étaient les nombreuses reliques
de Latran, qui avaient une valeur particulière, surtout pour les
pèlerins. Mais le sarcophage de saint Dominique et de saint Antoine
de Padoue, ainsi que le tombeau mystérieux de saint François,
sont célèbres par le caractère de sainteté des personnages qui
y sont ensevelis et par la gloire historique dont ils jouissent.

[1] Les paroles remarquables qu'il dit dans l'ouvrage qu'il a composé à la fin de sa vie, *De sacris diebus* (l. 1), se rapportent sans doute
à l'art profane et à l'art sacré à la fois. Les Hébreux, dit-il, con-
damnaient avec raison toutes les images, parce que sans cela ils
seraient retombés dans le culte des idoles et des démons, qui
régnait partout autour d'eux :

> Nunc autem, postquam penitus natura Satanum
> Cognita, et antiqua sine majestate relicta est,
> Nulla ferunt nobis statuæ discrimina, nullos
> Fert pictura dolos; jam sunt innoxia signa;
> Sunt modo virtutum testes monimentaque laudum
> Marmora, et æternæ decora immortalia famæ...

et surtout chez les femmes, a trouvé sans doute à se satisfaire ainsi, et c'est ce qui peut expliquer en partie la déchéance des reliques. Rappelons encore les railleries dirigées par les nouvellistes contre les fausses reliques, railleries qui ont certainement fait du tort aux autres[1].

Chez les esprits éclairés le culte de Marie est plus franc et plus positif que le culte des reliques. Tout d'abord on est frappé de voir que, dans la littérature, Dante, avec son *Paradis*[2], est à proprement parler le dernier grand poëte qui ait chanté Marie, tandis que le peuple n'a pas cessé jusqu'à nos jours de produire des chants en l'honneur de la Madone. On serait peut-être tenté de citer Sannazar, Sabellico[3], et d'autres poëtes latins; mais leur exemple manquerait d'autorité, attendu qu'ils sont avant tout des littérateurs purs. Les poëmes italiens du quinzième siècle[4] et du commencement du seizième qui contiennent l'expression directe du sentiment religieux, pourraient la plupart avoir été écrits par des protestants : tels sont les hymnes, etc., de Laurent le Magnifique, les sonnets de Vittoria Colonna, de Michel-Ange, de Gaspara Stampa, etc. Abstraction faite

---

[1] C'est ainsi que Battista Mantovano (*De sacris diebus*, l. V) se plaint de certains *Nebulones*, qui ne voulaient pas croire à l'authenticité du sang du Christ qu'on voyait à Mantoue. La critique qui s'attaquait à la donation de Constantin était certainement aussi défavorable aux reliques, bien qu'elle fût muette à cet égard.

[2] Surtout la célèbre prière de saint Bernard (*Paradiso*, XXXIII, 1) : *Vergine madre, figlia del tuo figlio.*

[3] Peut-être aussi Pie II, dont l'élégie sur la Sainte Vierge se trouve dans les *Opera*, p. 964, et qui dès sa jeunesse se croyait sous la protection particulière de Marie. Jac. Card. PAPIENS., *De morte Pii. Opera*, p. 656.

[4] Par conséquent des écrivains de l'époque où Sixte IV préconisait l'Immaculée Conception. *Extravag. commun.*, l. III, tit. XII. Il créa aussi la fête de la Présentation de Marie au temple, celle de sainte Anne et de saint Joseph. Comp. TRITHEM. *Ann. Hirsaug.*, II, p. 518.

de l'expression lyrique du déisme, ce qu'on trouve surtout dans ces œuvres, c'est le sentiment du péché, la conscience de la rédemption par la mort du Christ, le désir d'un monde meilleur; l'intercession de la Vierge n'y figure [1] qu'à titre tout à fait exceptionnel. C'est le même phénomène qui se reproduit à l'époque de la culture classique des Français, dans la littérature du siècle de Louis XIV. Ce n'est que la contre-réforme qui fait rentrer le culte de Marie dans le domaine de la poésie italienne. Sans doute dans l'intervalle les arts plastiques avaient créé des merveilles pour la glorification de la Madone. Enfin chez les esprits cultivés le culte des saints prenait fréquemment (t. I, p. 73, 331 ss.) une couleur essentiellement païenne.

Nous pourrions examiner ainsi différents autres côtés du catholicisme italien de cette époque et retrouver jusqu'à un certain point le sentiment religieux tel qu'il existait chez les gens éclairés, sans toutefois arriver à un résultat définitif et concluant. Il y a des contrastes difficiles à expliquer. Pendant qu'on bâtit, qu'on sculpte et qu'on peint sans relâche pour élever ou pour décorer des églises, nous entendons retentir au commencement du seizième siècle les plaintes les plus amères sur le relâchement des fidèles et sur la désertion des églises :

> Templa ruunt, passim sordent altaria, cultus
> Paulatim divinus abit [2]!...

Tout le monde sait combien Luther a été choqué de la

---

[1] Les rares et froids sonnets de Vittoria en l'honneur de la Madone sont instructifs à cet égard. (Édition de P. Visconti, Rome, 1840, n. 85 et ss.)

[2] Bapt. MANTUAN., *De sacris diebus*, l. V, et surtout le discours de Pic le jeune, qui devait être prononcé au concile de Latran; comp. plus haut, t. I, p. 163, note 4; voir dans ROSCOE, *Leone X*, ed. Bossi, vol. VIII, p. 115.

tenue scandaleuse des prêtres pendant la messe. A côté de cela, les fêtes de l'Église brillaient par une magnificence et par un bon goût dont le Nord n'avait aucune idée. On est sans doute obligé d'admettre que le peuple dans la vie duquel l'imagination joue un si grand rôle, négligeait volontiers les choses qu'il avait sans cesse sous les yeux pour courir à l'extraordinaire.

C'est aussi par l'imagination que s'expliquent ces épidémies de pénitence sur lesquelles il faut que nous revenions ici. Il faut bien les distinguer de l'effet produit par les grands prédicateurs : ce qui les provoque, c'est la présence ou la crainte de calamités générales.

Au moyen âge, on voyait de temps à autre un fléau de ce genre se déchaîner sur l'Europe, et il en résultait parfois chez les masses des mouvements singuliers, tels que les croisades et les pérégrinations de flagellants. L'Italie prit part aux unes et aux autres; les premières légions de flagellants se montrèrent aussitôt après la chute d'Ezzelino et de sa maison, dans la région de cette même ville de Pérouse[1] que nous avons appris à connaître (p. 240, note 2) comme une des stations principales des prédicateurs qui devaient apparaître dans la suite. Puis vinrent les flagellants[2] de 1310 et de 1334, et enfin la grande pénitence sans flagellation, dont parle Corio[3] à propos de l'année 1399. Il est permis de sup-

---

[1] *Monach. Paduani chron.*, l. III, au commencement. (MURATORI, vol. XIV.) On lit à propos de cet acte de pénitence : *Invasit primitus Perusinos, Romanos postmodum, deinde fere Italiæ populos universos.* Par contre, Guill. Ventura (*Fragmenta de gestis Astensium*, dans *Monum. hist. Patr. SS.*, III, col. 701) appelle cette flagellation *admirabilis Lombardorum commotio*; il dit que des ermites sont venus du fond de leurs grottes, et qu'ils ont appelé les villes à faire pénitence.

[2] Giv. VILLANI, VIII, 122; XI, 23. Les premiers ne furent pas admis dans Florence, mais ceux qui vinrent plus tard furent accueillis avec d'autant plus d'empressement.

[3] CORIO, fol. 281. — Un esprit soudain de pénitence fut provoqué

poser que les jubilés furent institués en partie pour
régulariser et rendre inoffensif autant que possible cet
étrange besoin de locomotion; aussi les pèlerinages
italiens qui étaient devenus célèbres dans l'intervalle,
comme Loreto, par exemple, cherchèrent et réussirent-
ils à attirer une partie des voyageurs [1].

Mais sous l'empire de certaines circonstances terribles
on voit parfois se réveiller cette fureur de pénitence qui
caractérisait le moyen âge; le peuple effrayé, surtout
quand des prodiges viennent se joindre au malheur public,
veut apaiser le ciel par des flagellations, des supplications,
des jeûnes extraordinaires, des processions solennelles et
des édits sur la réforme des mœurs. C'est ce qui eut lieu à
Bologne [2], lors de la peste et du tremblement de terre de
1457 [3], et à Sienne, lors des troubles de 1496, pour ne
citer que deux exemples entre mille. Ce qui est vraiment
émouvant, ce sont les scènes qui se passèrent à Milan en

par les processions des *Dealbati;* il dura presque deux mois,
s'étendant des Alpes à Lucques, de là à Florence et même plus
loin; c'est ce que constate Léon. ARETINUS, *Hist. Flor.*, lib. XII;
l'auteur s'exprime presque dans les mêmes termes dans ses *Rer.
Ital. hist.* (Ed. Argent., 1610, p. 252.)

[1] Des pèlerinages ayant pour but des endroits éloignés deviennent déjà fort rares. Ceux des princes de la maison d'Este à Jérusalem, à Sant-Yago et à Vienne sont énumérés dans le *Diario Ferrarese.* (Voir MURAT., XXIV, col. 182, 187, 190, 279.) Voir celui de
Rinaldo Albizzi en Terre Sainte dans MACHIAVELLI, *Stor. fior.*, l. V.
Parfois c'est aussi le désir de la gloire qui les fait entreprendre;
à propos de Lionardi Frescobaldi, qui voulait aller avec un compagnon faire un pèlerinage au saint Sépulcre (vers 14 0), le chroniqueur Giov. Cavalcanti dit (*Ist. fiorentine,* ed. Polidori, 1838, II,
p. 478): *Stimarono di eternarsi nella mente degli uomini futuri.* — Le
poëme de Pontanus : *Ad amicos Hierosolymam proficiscentes Opp.*, IV,
3446 ss.), se rapporte-t-il à un pèlerinage ou à une tentative faite
pour conquérir la Terre Sainte?

[2] BURSELLIS, *Annal. Bon.*, dans MURAT., XXIII, col. 890.

[3] ALLEGRETTO, dans MURAT., XXIII, col. 855 ss Le bruit s'était
répandu qu'il était tombé une pluie de sang aux portes de Sienne.
Tout le monde se précipita hors de la ville; *tamen gli huomini di
giudizio non lo credono.*

1529, alors que la guerre, la famine et la peste, jointes à la rapacité espagnole, avaient réduit le pays au désespoir [1]. C'était un moine espagnol, Fra Tommaso Nieto, qui avait alors le don d'attirer la foule; dans les processions, que jeunes et vieux suivaient nu-pieds, il faisait porter le Saint Sacrement d'une manière toute nouvelle, c'est-à-dire fixé sur une caisse recouverte de draperies, qui reposait sur les épaules de quatre prêtres en surplis; c'était une imitation de l'arche d'alliance [2] telle que le peuple d'Israël la porta jadis autour des murs de Jéricho. C'est ainsi que le malheureux peuple de Milan rappelait au Dieu antique l'alliance qu'il avait conclue autrefois avec les hommes, et, lorsque la procession rentrait dans la cathédrale et que la foule criait : *Misericordia!* de manière à faire trembler l'édifice, plus d'un pouvait croire que le ciel allait faire violence aux lois de la nature et de l'histoire, et sauver le pays par un miracle.

Il y eut même en Italie un gouvernement qui alla jusqu'à se mettre à la tête de ce mouvement des esprits qui prescrivit et réglementa les actes de pénitence : ce fut celui du duc Hercule Ier de Ferrare [3]. Pendant que Savonarole était puissant à Florence, que ses prédictions se répandaient au loin et franchissaient même les Apennins, que l'esprit de pénitence faisait d'incessants progrès, tout Ferrare se mit volontairement au pain et à l'eau (au commencement de l'année 1496); un Lazariste annonçait du haut de la chaire la guerre la plus horrible

---

[1] BURIGOZZO, *Arch. stor.*, III, 486. Relativement à la misère qui désolait alors la Lombardie, Galeazzo Capello (*De rebus nuper in Italia gestis*) est la source classique; en somme, Milan n'eut guère à souffrir moins que Rome lors du sac (1527).

[2] On l'appelait aussi *l'arca del testimonio*, et l'on savait que la chose était *conzado* (arrangée) *con gran misterio*.

[3] *Diario Ferrarese*, dans MURAT., XXIV, col. 317, 322, 323, 326, 386, 401.

et la plus affreuse famine que la terre eût jamais vues; ceux qui jeûneraient, disait-il, pourraient échapper à ce malheur, car ainsi l'avait prédit la Madone à de pieux et saints personnages [1]. La cour ne put échapper à l'obligation de jeûner; elle prit même la direction du mouvement. Le 3 avril (jour de Pâques), parut un édit contre ceux qui blasphémeraient le nom de Dieu et de la Sainte Vierge, contre les jeux défendus, la sodomie, le concubinage, les maisons publiques; il fut défendu à tous les marchands, excepté aux boulangers et aux fruitiers, d'ouvrir leurs boutiques les jours de fête, etc.; les Juifs et les Maures, qui étaient venus en grand nombre de l'Espagne pour se réfugier à Ferrare, ne devaient se montrer qu'avec leur O en étoffe jaune cousu sur la poitrine. Les contrevenants furent menacés non-seulement des peines édictées par les lois antérieures, mais encore des peines plus graves que le duc trouverait bon de décréter; l'initiative de ces décrets devait appartenir pour un quart au duc, pour les trois autres quarts à l'accusateur et aux autorités. Pendant quatre jours de suite le duc, avec toute sa cour, assista au sermon; le 10 avril, tous les Juifs de Ferrare furent obligés de s'y rendre [2]. Mais le 3 mai, le directeur de la police, ce fameux Gregorio Zampante dont il a été question déjà plus haut (t. I, p. 64), fit publier l'ordre suivant : celui qui avait donné de l'argent aux estafiers pour ne pas être dénoncé comme blasphémateur, devait se présenter pour être remboursé, sans préjudice des dommages et intérêts qu'il aurait à toucher; en effet, ces misérables avaient

---

[1] *Ad uno santa homo o santo donna,* dit le chroniqueur; il était défendu aux *maritati* d'avoir des concubines.

[2] Le sermon tait surtout à l'adresse des Juifs. Après le sermon, on baptisa un Juif, *ma non di quelli,* ajoute le chroniqueur, *che erano stati a udire la Predica.*

extorqué à des innocents jusqu'à deux ou trois ducats en les menaçant de la dénonciation, puis ils s'étaient dénoncés les uns les autres, ce qui fit qu'on les jeta eux-mêmes en prison. Mais comme on n'avait payé que pour ne pas avoir maille à partir avec Zampante, il est probable que personne n'osa tenir compte de son invitation. — En 1500, après la chute de Ludovic le More, lorsqu'on vit de nouveau se manifester les mêmes sentiments, Hercule décréta de son propre chef [1] une série de neuf processions, auxquelles assistèrent plus de quatre mille enfants vêtus de blanc, qui portaient la bannière de Jésus ; lui-même y figura à cheval, parce qu'il marchait difficilement. Ensuite parut un édit semblable en tout point à celui de 1496. On sait combien ce gouvernement fit bâtir de couvents et d'églises ; Hercule alla jusqu'à faire venir une sainte en chair et en os, la sœur Colomba [2], peu de temps avant d'être obligé de marier son fils Alphonse avec Lucrèce Borgia (1502). Un courrier de cabinet [3] alla chercher la sainte à Viterbe avec quinze autres nonnes, et, à leur arrivée à Ferrare, le duc en personne les conduisit au couvent qu'on avait disposé pour les recevoir. Avons-nous tort d'attribuer cette piété exagérée à de hautes raisons politiques? L'idée que la maison d'Este se faisait du souverain pouvoir (voir t. I, p. 59 ss.) comportait naturellement cette exploitation du sentiment religieux.

---

[1] *Per buono rispetto a lui noto e perchè sempre è buono a star bene con Iddio,* dit le chroniqueur. Puis, après avoir relaté l'arrêté, il ajoute avec résignation : *La cagione perchè sia fatto et si habbia a fare non s'intende; basta che ogni bene è bene.*

[2] Probablement celle dont il est question t. I, p. 36. — Dans la chronique on dit qu'elle fut cherchée à Viterbe.

[3] La source l'appelle un *messo de' cancellieri del Duca.* Pour le public, la chose devait émaner de la cour, et non des supérieurs d'Ordres religieux ou d'autres autorités ecclésiastiques.

CHAPITRE III

Pour arriver à des conclusions décisives sur le sentiment religieux chez les hommes de la Renaissance, il faut que nous suivions une autre voie. C'est par leur culture intellectuelle qu'il faut l'expliquer.

Ces hommes modernes, qui représentent la civilisation italienne du temps, sont nés religieux comme les Occidentaux du moyen âge, mais leur puissant individualisme les rend tout à fait *subjectifs* sous ce rapport comme sous d'autres, et le charme extraordinaire qu'ils trouvent dans la découverte du monde extérieur et du monde de la pensée les rend avant tout *mondains*. Dans le reste de l'Europe, au contraire, la religion subsiste plus longtemps comme une tradition ·objective, et dans la vie de tous les jours l'égoïsme et la sensualité alternent sans cesse avec la piété et la pénitence; cette dernière n'a pas encore de concurrence intellectuelle comme en Italie, ou du moins elle en a une infiniment moindre.

D'autre part, le contact fréquent et intime avec des Byzantins et des mahométans avait de tout temps maintenu une *tolérance*, une neutralité devant laquelle s'effaçait jusqu'à un certain point l'idée ethnographique d'une chrétienté d'Occident privilégiée. Et lorsque enfin l'antiquité classique, avec ses hommes illustres et ses grandes institutions, devint l'idéal de la vie parce qu'elle était le plus glorieux souvenir de l'Italie, la spéculation, l'*idée* antique régna parfois en souveraine dans l'esprit des Italiens.

Comme, d'un autre côté, les Italiens étaient les premiers Européens modernes qui discutaient hardiment les idées de liberté et de fatalité, comme ils le faisaient sous un régime politique où la force primait le droit et qui ressemblait souvent au triomphe éclatant et durable du mal, l'idée qu'ils se faisaient de la Divinité perdit de sa consistance, et ils tournèrent au *fatalisme* Et, si leur caractère passionné ne voulait pas s'en tenir à l'incertain, beaucoup d'entre eux se contentaient de compléter leurs croyances en adoptant certaines *superstitions* de l'antiquité, de l'Orient et du moyen âge; ils crurent à l'astrologie et à la magie.

Mais enfin les esprits puissants qui sont les promoteurs de la Renaissance, ont souvent, sous le rapport religieux, une qualité toute juvénile : ils savent trèsbien faire la distinction entre le bien et le mal, mais le péché n'existe pas pour eux; quand l'harmonie intérieure de leur être est troublée, ils la rétablissent grâce à leur force plastique; aussi ne connaissent-ils point le repentir; il en résulte que le besoin du salut devient moins impérieux, pendant que l'ambition et la tension journalière de l'esprit font disparaitre la pensée d'une autre vie ou lui font revêtir une forme poétique au lieu de la forme dogmatique.

Si l'on se figure cet état des esprits où l'*imagination* altère ou confond tout, on aura une idée plus exacte de cette époque que si l'on accueille sans contrôle les accusations de paganisme moderne. En creusant davantage la question, on découvrira que sous l'apparence de l'incrédulité ou de la superstition le sentiment religieux subsistait dans toute sa force.

Nous ne citerons à l'appui de nos assertions que les preuves les plus importantes.

En présence de la doctrine dégénérée que l'Église défendait avec tous les moyens dont dispose la tyrannie, il était inévitable que chaque individu tendît à se faire une religion à lui; or ce fait prouvait en même temps que l'esprit européen vivait encore. Sans doute ce phénomène apparaît sous des formes très-différentes; pendant que les sectes mystiques et ascétiques du Nord créaient une nouvelle discipline à l'usage du nouveau monde intellectuel et moral, en Italie chacun suivait sa propre voie, et des milliers d'individus, lancés sur la haute mer de la vie, se perdaient dans l'indifférence religieuse. Il faut admirer d'autant plus ceux qui parvinrent à se faire une religion individuelle et surent y rester fidèles. Car s'ils s'étaient détachés de l'ancienne Église, telle qu'elle existait et qu'elle s'imposait alors, ce n'était pas leur faute; quant à demander que l'individu fît l'immense travail intellectuel qui était réservé aux réformateurs allemands, c'eût été aussi peu juste que peu sensé. Nous tâcherons de montrer à la fin de ce livre quelles étaient les tendances de cette religion individuelle des esprits supérieurs.

Le caractère mondain par lequel la Renaissance semble former un contraste frappant avec le moyen âge, provient d'abord de cette masse d'idées et de vues nouvelles qui ont pour objet la nature et l'humanité, et dont le débordement caractérise cette époque. Considéré en lui-même, il n'est pas plus hostile à la religion que ce qui le remplace aujourd'hui, savoir ce qu'on appelle les intérêts de la culture; seulement ceux-ci, tels que nous les comprenons, ne nous donnent qu'une faible idée de la surexcitation que provoquait partout la découverte de tant de choses nouvelles. C'est là le côté sérieux de ce caractère mondain; c'est lui qu'ont exalté la poésie et l'art. Par une sublime fatalité, l'esprit moderne est condamné à garder ce caractère; il est poussé par une force invincible à étudier les hommes et les choses, et regarde cette étude comme sa plus noble mission [1]. Quand et comment cette étude le ramènera-t-elle à Dieu? comment se conciliera-t-elle avec les sentiments religieux de l'individu? ce sont des questions qui ne peuvent pas se résoudre au moyen de formules générales. Le moyen âge, qui en somme s'était épargné l'expérience et le libre examen, ne saurait être appelé à donner la solution d'aussi graves problèmes.

A l'étude de l'homme, mais aussi à bien d'autres choses encore, se rattachaient la tolérance et l'indifférence avec lesquelles on traitait le mahométisme. La connaissance et l'admiration de la haute culture des peuples musulmans, surtout avant l'invasion des Mongols, étaient certainement, depuis les croisades, l'apanage exclusif des Italiens; qu'on ajoute à cela les allures semi-mahométanes de leurs propres princes, l'aversion secrète et même le mépris que leur inspirait l'Église telle qu'elle était, les voyages en Orient, le commerce dont les centres préférés sont toujours les ports de l'est et du sud de la Méditerranée [2]. Dès le treizième siècle, on peut constater chez les Italiens la reconnais-

---

[1] Comp. la citation empruntée au discours de Pie sur la dignité de l'homme, p. 90 ss., appendice n° 4 (quatrième partie).

[2] Sans compter qu'on pouvait parfois rencontrer chez les Arabes eux-mêmes une tolérance ou une indifférence semblable.

sance d'un idéal mahométan de générosité, de dignité
et de fierté généreuse; cet idéal, on le rattache de préférence à la personne d'un sultan, généralement à celle
d'un prince eyoubide ou d'un sultan mameluck d'Égypte;
quand on cite un nom, c'est tout au plus celui de Saladin [1].
Même les Turcs Osmanlis, dont les instincts destructeurs
n'étaient un mystère pour personne, n'inspirent aux
Italiens, ainsi que nous l'avons montré plus haut (t. I,
p. 116 ss.), qu'une demi-terreur, et des populations
entières se font à l'idée d'une entente avec eux. Mais à
côté de cette tolérance se montre aussi la farouche into-
lérance du chrétien à l'égard du musulman; c'est aux
prêtres, dit Filelfo, qu'il appartient de lever l'étendard
contre l'islamisme, parce que, dominant dans une grande
partie du monde, il est plus dangereux pour la religion
chrétienne que le judaïsme [2]; à côté de l'idée de négo-
cier avec les Turcs se manifeste le désir de faire la
guerre aux Turcs, désir que Pie II réalisa pendant son
pontificat et qui provoqua chez bien des humanistes des
déclamations furibondes.

L'expression la plus vraie et la plus caractéristique de
l'indifférence religieuse est la célèbre histoire des trois

---

[1] Boccace, dans le *Décaméron*, par exemple; voir aussi l'éloge de
Saladin dans le *Commento di Dante*, I, 293. On trouve dans Massuccio
des sultans sans nom particulier, l'un désigné comme le *Re de Fes*,
l'autre comme le *Re de Tunisi*, nov. 46, 48, 49. — Dans FAZIO DEGLI
UBERTI, *Il Dittamondo*, II, 25, on lit aussi : *el buono Saladin*. — On
peut aussi rappeler ici la (célèbre) alliance de Venise avec le
sultan d'Égypte, en 1202; comp. G. HANOTAUX, dans la *Revue historique*, IV (1877), p. 74-102. — Naturellement les attaques contre
l'islamisme ne font pas défaut. EGNATIUS, *De ex. ill. vir. Ven.*, fait
(fol. 6ᵃ) l'éloge de Venise parce qu'il ne s'y trouve point de trace
de *Maumetana superstitio*, et se sert (fol. 103ᵇ) des expressions les
plus terribles en parlant de Mahomet lui-même. — Notice sur une
Turque qui se fait baptiser d'abord à Venise, puis une seconde
fois à Rome, dans CECHETTI, I, 487.

[2] PHILELPHI *Epistolæ*, Venet., 1502, fol. 90ᵇ ss.

anneaux, que Lessing entre autres a mise dans la bouche de son Nathan, après que, bien des siècles auparavant, elle avait été racontée plus timidement dans les *Cent vieilles Nouvelles* (nouv. 72 ou 73), et un peu plus librement par Boccace [1]. On ne découvrira jamais dans quel coin de la Méditerranée et dans quelle langue elle a vu le jour; il est probable qu'à l'origine elle était encore bien plus nette que dans les deux rédactions italiennes. La restriction secrète qui en fait le fond, c'est-à-dire le déisme, reparaîtra plus bas. La phrase connue sur « les trois individus qui ont trompé le monde », savoir Moïse, le Christ et Mahomet, reproduit la même idée sous une forme brutale et méchante [2]. Si l'empereur Frédéric II, à qui l'on attribue le propos, pensait de la sorte, il a dû s'exprimer d'une manière plus spirituelle. On trouve de semblables crudités dans l'islamisme de cette époque.

[1] *Decamerone*, I, nov. 3. C'est lui qui le premier nomme la religion chrétienne, tandis que les cent *Antiche Nov.* la passent sous silence. Sur une vieille source française du treizième siècle, voir TOBLER. *Li di dou vrai aniel*, Leipzig, 1871; sur le récit en hébreu d'Ab. Abulafia (né en Espagne en 1241, qui, vers 1290, se trouvait en Italie, où il voulait convertir le Pape au judaïsme), dans lequel deux serviteurs prétendent posséder la pierre précieuse enfouie pour le fils, voir STEINSCHNEIDER, *Littérature polémique et apologétique en langue arabe* (Lpz., 1877), p. 319 et 360. Il résulte de ce récit et d'autres du même genre qu'à l'origine l'histoire était moins nette (dans Abul., p. ex., ce n'est positivement qu'une polémique contre le christianisme), et que la doctrine de l'égalité des trois religions est une addition postérieure. — Comp. aussi REUTER (note 2 ci-dessous) II. p. 302 ss., 390.

[2] *De tribus impostoribus*, ce qui est aussi, on le sait, le titre d'un des nombreux écrits attribués à Frédéric II; écrit qui ne répond nullement à l'attente que ce titre fait naître. Dernière édition d'E. WELLER, Heilbronn, 1876. La nationalité de l'auteur (Allemand, Français ou Italien) est discutée aussi vivement que l'époque de la composition (treizième et dix-septième siècle). Sur le point discuté, notamment sur ce qui concerne Frédéric II, voir la très-remarquable étude de H. REUTER, *Histoire de la culture religieuse au moyen âge* (Berlin, 1877, II, p. 273-302).

Au moment de l'apogée de la Renaissance, vers la fin du quinzième siècle, les mêmes idées se retrouvent chez Luigi Pulci, dans le *Morgante maggiore*. Le monde imaginaire où ses histoires se déroulent, se partage, comme dans tous les poëmes de ce genre, en deux camps, celui des chrétiens et celui des infidèles. Suivant l'esprit du moyen âge, la victoire et la réconciliation entre les combattants étaient fréquemment accompagnées du baptême des musulmans vaincus ; les improvisateurs qui avaient traité ce genre de sujets avant Pulci ne se sont sans doute pas fait faute d'exploiter ce motif. Or, Pulci s'applique à parodier ses devanciers, et encore ne choisit-il pas les meilleurs ; cela se voit aux invocations à Dieu, au Christ et à la Vierge, par lesquelles débutent les chants de son poëme. Mais ce qu'il reproduit surtout, ce sont les conversions subites suivies de baptême, conversions dont l'absurdité doit sauter tout d'abord aux yeux de l'auditeur ou du lecteur. Mais il va plus loin et confesse qu'il croit à la bonté relative de toutes les religions [1] ; malgré ses protestations d'orthodoxie [2], il est déiste au fond. De plus, il dépasse le moyen âge dans un autre sens. Les siècles passés avaient dit : Il faut être orthodoxe ou hérétique, chrétien ou païen, ou encore chrétien ou musulman. Pulci crée la figure du géant Margutte [3], qui se rit de toutes les religions, professe joyeusement l'égoïsme le plus matériel, se livre à tous les vices et ne se targue que d'une chose, c'est qu'il n'a jamais commis une seule trahison. Peut-être, en imaginant ce monstre honnête à sa manière, Pulci avait-il un but élevé, peut-être voulait-il inspirer l'amour

[1] Sans doute dans la bouche du démon Astaroth, ch. **XXV**, str. **831** et ss. Comp. str. 141 et ss.
[2] Ch. **XXVIII**, str. 38 et ss.
[3] Ch. **XVIII**, str. 112 jusqu'à la fin.

du bien en montrant le repoussant Morgante ; mais il se dégoûte bientôt de cette figure, et, dans le chant suivant, il donne une fin comique à son héros [1]. On a déjà montré que la création de Margutte était la preuve de la frivolité de Pulci ; mais ce poëme doit tenir sa place dans le tableau de la poésie du quinzième siècle. Il caractérise, sous un air de grandeur grotesque, l'égoïsme brutal qui n'a gardé qu'un reste de sentiment d'honneur. Il est encore d'autres poëmes dans lesquels les auteurs mettent dans la bouche des géants, des démons, des païens et des mahométans, des paroles qu'un chevalier chrétien n'a pas le droit de prononcer.

Tout autre fut l'influence de l'antiquité ; elle n'agit pas par sa religion, qui n'avait que trop de rapport avec le catholicisme de cette époque, mais par sa philosophie. La littérature antique, que l'on admirait comme quelque chose d'incomparable, était toute pleine du triomphe de la philosophie sur la croyance aux dieux ; quantité de systèmes et de fragments de systèmes s'offraient à l'esprit italien, non plus comme des curiosités ou même comme des hérésies, mais comme des dogmes, pour ainsi dire, qu'on s'efforçait moins de distinguer que de concilier ensemble. Dans presque toutes ces opinions et doctrines philosophiques perçait l'idée de Dieu, mais elles n'en formaient pas moins, dans leur ensemble, un contraste frappant avec la théorie chrétienne du gouvernement du monde par un Dieu unique. Or, il y a une question vraiment centrale, que la théologie du moyen âge avait déjà cherché à résoudre, sans arriver à un

[1] Pulci reprend un thème analogue, mais sans s'y arrêter ; il montre la figure du prince Chiaristante (ch. xxi, str. 101, 121 ss., 145, 163 ss.), qui ne croit à rien et qui se fait adorer avec sa femme comme s'ils étaient des divinités. Cela rappelle presque Sigismond Malatesta. (T. I, p. 41, 282 ; II, p. 218.)

résultat satisfaisant, et dont on demandait alors la solution à la sagesse antique de préférence à toute autre : c'était celle de la Providence considérée dans ses rapports avec la liberté de l'homme et la fatalité. Il faudrait écrire un volume, même si l'on ne voulait qu'effleurer l'histoire de cette question depuis le quatorzième siècle. Nous nous bornerons donc à quelques courtes indications.

A entendre Dante et ses contemporains, la philosophie antique aurait commencé par former en Italie des épicuriens, c'est-à-dire par y répandre des idées qui faisaient le contraste le plus violent avec le christianisme. Or, on ne possédait plus les écrits d'Épicure, et même l'antiquité avait fini par n'avoir plus qu'une idée plus ou moins vague de sa doctrine; quoi qu'il en soit, l'épicurisme, tel qu'on pouvait l'étudier dans Lucrèce et surtout dans Cicéron, suffisait pour apprendre à connaître un monde d'où la Divinité était exclue. Il est difficile de dire jusqu'à quel point on prenait à la lettre la doctrine du philosophe grec, et si le nom de ce sage énigmatique ne devint pas un signe parlant et commode pour la foule; il est probable que l'inquisition dominicaine s'est servie, elle aussi, du mot d'épicurisme, contre ceux qu'elle ne pouvait attaquer d'aucune autre manière. C'étaient surtout des ennemis de l'Église qu'il était difficile de convaincre d'hérésie; pour provoquer cette accusation, il suffisait peut-être alors d'avoir une certaine réputation de viveur. C'est dans ce sens conventionnel que Giovanni Villani, par exemple, emploie déjà le mot en question, quand il appelle les incendies qui éclatèrent à Florence en 1115

---

[1] Giov. VILLANI, IV, 29; VI, 46. Ce nom apparaît de très-bonne heure dans le Nord; on le trouve déjà en 1150 à propos d'une histoire terrible (celle des deux prêtres de Nantes) qui s'était passée

et en 1117 une punition du ciel, le châtiment des hérésies, et « notamment des débauches et de la corruption de la damnable secte des épicuriens ». Il dit de Manfredi : « Sa vie est celle d'un pourceau d'Épicure, car il ne croit ni à Dieu ni aux saints, et ne vit que pour les plaisirs du corps. »

Dante s'exprime plus nettement dans le neuvième et dans le dixième chant de l'*Enfer*. Le terrible champ des tombeaux, sur lequel courent des feux étranges, ce champ, avec ses sarcophages entr'ouverts d'où s'échappent des plaintes et des cris de désespoir, est l'asile des deux grandes catégories de gens que l'Église du treizième siècle a vaincus ou répudiés. Les uns étaient hérétiques et combattaient l'Église par de fausses doctrines, qu'ils répandaient à dessein; les autres étaient des épicuriens, et leur tort envers l'Église consistait dans un ensemble de sentiments et d'opinions qui se résument dans la proposition suivante : c'est que l'âme périt avec le corps[1]. Or, l'Église savait fort bien que cette seule proposition, si elle gagnait du terrain, serait plus funeste à sa puissance que le manichéisme lui-même, parce qu'elle annulait l'effet de son intervention dans la destinée de

environ soixante-dix ans auparavant. La définition de Guill. MALMESBUR., 1. III, p. 237, ed. Londin., 1840, p. 405 : *Epicureorum... qui opinantur animam corpore solutam in aerem evanescere, in auras effluere.*

[1] Que l'on compare les arguments qui se trouvent dans le troisième livre de Lucrèce. Quoi qu'il en soit, plus tard on se servit du nom d'épicuriens contre tous ceux auxquels on en voulait à cause de leurs opinions antérieures ou de leur hardiesse. Comp. surtout les accusations dirigées par Fra Antonio da Bitonto et par ses amis contre Lorenzo Valla, accusation dont parle celui-ci dans l'*Antidoton in Poggium*, lib. IV, *Opp.* (Bâle, 1543), p. 356 ss. et *Apologia pro se et contra calumniatores ad Eugenium IV, Opp.* Dans ce dernier passage se trouve une remarquable apologie d'Épicure : *Quis eo parcior, quis continentior, quis modestior, et quidem in nullo philosophorum omnium minus invenio fuisse vitiorum plurimique honesti viri cum Græcorum tum Romanorum Epicurei fuerunt.*

l'homme après sa mort. Naturellement, elle n'admettait pas qu'elle eût elle-même jeté les esprits les plus émiments dans le désespoir et dans l'incrédulité par les moyens qu'elle employait dans ses luttes.

L'horreur de Dante contre Épicure, ou contre ce qu'il regardait comme sa doctrine, était certainement sincère; le poëte de l'autre vie devait détester celui qui niait l'immortalité de l'âme, et l'idée d'un monde qui n'a pas Dieu pour créateur et pour arbitre, ainsi que le but méprisable que le système de ce philosophe semblait assigner à notre existence, étaient aussi antipathiques que possible à l'esprit de Dante. Mais en y regardant de plus près, on voit que certaines théories philosophiques des anciens ont fait sur le grand poëte lui-même une impression devant laquelle s'efface la doctrine biblique du gouvernement du monde. Ou bien avait-il une idée toute personnelle, subissait-il l'influence de l'opinion du jour, parlait-il sous l'empire de l'horreur du mal qui domine dans le monde, quand il niait la Providence[1]? Il voit que son Dieu abandonne tous les détails du gouvernement de l'univers à une divinité capricieuse, à la Fortune, qui n'a d'autre mission que de changer et de bouleverser les choses de la terre, et qui, dans sa béatitude indifférente, peut rester sourde aux plaintes des hommes. Par contre, il maintient de toutes ses forces la théorie de la responsabilité de l'homme : il croit au libre arbitre.

La croyance populaire au libre arbitre règne de tout temps dans l'Occident; du reste, on a toujours rendu chacun responsable de ses actes, comme si c'était une

---

[1] *Inferno*, VII, 67 à 96. Sans doute il faut remarquer à ce propos que les vers dont il s'agit sont dits par Virgile, et qu'ils combattent en partie l'opinion formulée par Dante.

chose toute naturelle. Il n'en est pas de même de la doctrine religieuse et philosophique, qui est appelée à mettre la nature de la volonté humaine en harmonie avec les lois qui régissent le monde. Ici l'on constate des résultats plus ou moins décisifs, selon que la moralité est en progrès ou non. Dante a payé son tribut aux rêveries astrologiques qui, de son temps, troublaient les imaginations ; mais il fait de vaillants efforts pour arriver à comprendre toute la dignité de la nature humaine. « Les astres, fait-il [1] dire à son Marco Lombardo, sont bien la cause première de vos actions, mais vous avez reçu une lumière qui vous permet de distinguer le bien du mal, et une volonté libre qui, après avoir commencé à lutter contre les astres, triomphe de tout si elle est bien dirigée. »

D'autres cherchaient ailleurs que dans les étoiles la fatalité, cette puissance qui se dresse en face de la liberté humaine ; dans tous les cas, la question était posée, il n'était plus possible de l'éluder. En tant qu'elle a été agitée dans les écoles ou étudiée par un petit nombre de penseurs isolés, elle rentre dans le domaine de l'histoire de la philosophie. Mais du moment que l'intérêt qui s'attache au problème se généralise, il est de notre devoir d'examiner les solutions qu'il a reçues.

Le quatorzième siècle s'inspira de préférence des écrits philosophiques de Cicéron, qui passait, comme on le sait, pour éclectique, mais qui agit en sceptique, parce qu'il exposa les théories de différentes écoles sans en tirer des conclusions satisfaisantes. En seconde ligne

---

[1] *Purgatorio*, XVI, 73. Comparer la théorie de l'influence des planètes dans le *Convito*. — Le démon Astaroth, dans Pulci (MORGANTE, XXV, str. 150), atteste aussi le libre arbitre de l'homme et la justice divine.

viennent Sénèque et le petit nombre des écrits d'Aristote qui avaient été traduits en latin. Le fruit de cette étude fut, en attendant mieux, la faculté de réfléchir sur les plus grandes choses et d'appliquer l'esprit à d'autres études qu'à celle des dogmes religieux.

Au quinzième siècle, ainsi que nous l'avons vu, les écrits de l'antiquité se répandirent partout; enfin, tous les philosophes grecs qui existaient encore furent connus, du moins sous la forme de traductions latines. Or, il est très-remarquable que quelques-uns des plus ardents promoteurs de ce mouvement intellectuel pratiquent la piété la plus scrupuleuse, et tombent même dans l'ascétisme, (T. I, p. 341.) Le Camaldule Fra Ambrogio, qui, en sa qualité de grand dignitaire de l'Église, paraît occupé exclusivement d'affaires religieuses, mais qui, en sa qualité d'humaniste passionné, emploie tout son temps à traduire les Pères de l'Église grecque, ne parvient pas à étouffer l'ambition littéraire qui le consume : cédant plus à un besoin intérieur qu'à une impulsion venue du dehors, il commence à traduire Diogène Laërce [1]. Ses contemporains, Niccolo Niccoli, Giannozzo Mannetti, Donato Acciajuoli, le pape Nicolas V, joignent [2] à une vaste érudition la connaissance approfondie de la Bible et une piété exemplaire. Nous avons eu occasion d'en dire à peu près autant de Vittorino da Feltre. (T. I, p. 261 ss.) Le même Maffeo Vegio qui composa le treizième chant de l'*Énéide,* avait pour la mémoire de saint Augustin et

----

[1] Comp. le remarquable exposé de VOIGT, *Renaissance,* p. 165-170. — Rappelons incidemment les admirateurs d'Ambr. Camald. Hieronymus Aliotti, ces hommes épris d'humanisme, un peu bornés, mais très-sincères; comp. les *Opuscula* d'Aliotti, *cura G. M. Scarmalii,* 2 vol. Arezzo, 1769.

[2] *l'espasiano fiorent.,* p. 26, 320, 345, 626, 651. — MURAT , XX, col. 532, sur G. M.

de sa mère, sainte Monique, un enthousiasme dont il faut peut-être rechercher la cause plus haut. Le résultat de ces aspirations à la fois païennes et chrétiennes fut que l'Académie platonicienne de Florence se proposa formellement pour but de fondre ensemble l'esprit du paganisme et celui du christianisme : heureuse et louable tentative de l'humanisme d'alors [1].

En somme, ce dernier était profane, et il le devint davantage à mesure que l'étude de l'antiquité se généralisa au quinzième siècle. Les humanistes, que nous avons appris à connaître plus haut comme les types de l'individualisme développé à l'excès, avaient presque tous un caractère tel, que même leurs sentiments religieux, qui parfois s'affirment d'une manière très-positive, peuvent nous être indifférents. Ils se faisaient une réputation d'athées quand ils poussaient le mépris de la religion jusqu'à proférer des propos impies contre l'Église; mais aucun d'eux n'a professé [2] ni osé professer un athéisme raisonné, philosophique. Leur système, s'ils en ont eu un, aura été plutôt une sorte de rationalisme superficiel, un mélange confus, formé des mille idées contradictoires des anciens, dont ils étaient forcés de s'occuper, et du mépris de l'Église et de sa doctrine.

---

[1] L'influence de la Renaissance sur les sentiments religieux se remarque fort bien dans l'introduction de Platina à sa vie de Jésus-Christ (*Vitæ Paparum,* au commencement). Le Christ, dit-il, réalise entièrement l'idée platonicienne de la quadruple *nobilitas,* en vertu de son *genus : Quem enim ex gentilibus habemus qui gloria et nomine cum David et Salomone quique sapientia et doctrina cum Christo ipso conferri merito debeat et possit.* — De même qu'on cherchait à pénétrer l'esprit de l'antiquité, de même on s'efforçait de comprendre celui de l'ancien judaïsme et celui du christianisme; Pic, mais surtout Pietro Galatino, cherchèrent à montrer que les dogmes chrétiens sont pressentis et formulés dans la doctrine secrète des Juifs et dans les écrits talmudiques.

[2] Sur Pomponazzo, comp. les ouvrages spéciaux, entre autres RISSER, *Histoire de la philosophie,* t. IX.

C'étaient sans doute des principes de ce genre qui faillirent conduire au bûcher Galeottus Martius [1], si le pape Sixte IV, son ancien élève, attendri peut-être par les prières de Laurent de Médicis, ne l'avait arraché aux mains de l'inquisition de Venise. Galeotto avait écrit ceci : Celui qui se conduit bien et qui agit d'après la loi naturelle entrera au ciel, à quelque peuple qu'il appartienne.

Examinons, par exemple, au point de vue religieux, la conduite d'un des membres les moins illustres de la grande légion, de Codrus Urceus [2], qui a débuté par être précepteur du dernier Ordelaffo, prince de Forli, et qui ensuite a été pendant de longues années professeur à Bologne. Il ne ménage pas au clergé séculier et aux moines les attaques obligées; il pousse, en général, la hardiesse jusqu'au cynisme; de plus, il se permet de mêler constamment sa personne à ses récits, sans préjudice d'histoires locales et de farces grossières Mais il sait aussi parler en termes édifiants de l'Homme-Dieu et se recommander aux prières d'un saint prêtre [3]. Une fois entre autres il a l'idée, après avoir énuméré toutes les absurdités de la religion païenne, de continuer ainsi :

---

[1] Paul. Jovii *Elogia litt.*, p. 90. Toutefois, G. M. fut obligé de faire amende honorable sur une place publique de Venise. Voir la lettre de G. M. à Laurent de Médicis, Venise, 1478, 17 mai, avec prière d'intercéder auprès du Pape. *Satis enim pœnarum dedi*, dans C. MALAGOLA, *Codro Urceo*, Bologne, 1878, p. 432.

[2] *Codri Urcei Opera*, au commencement de sa vie, par Bart. BIANCHINI, ensuite dans ses deux leçons philologiques, p. 65, 151, 278, etc.

[3] Il dit quelque part, *In laudem Christi :*

> Phœbum alii vates musasque Jovemque sequuntur,
> At mihi pro vero nomine Christus erit.

A l'occasion (fol. X[b]), il prend aussi à partie les sectaires de Bohême. Ceux-ci, du moins Jean Huss et Jérôme de Prague, n'ont peut-être été défendus que par le Pogge dans sa célèbre lettre à Léon Arétin, dans laquelle il les compare à Mucius Scévola et à Socrate.

« Nos théologiens aussi radotent souvent et discutent à perte de vue *de lana caprina,* sur l'Immaculée Conception, l'Antechrist, les sacrements, la prédestination et d'autres choses dont on ferait mieux de ne pas parler. » Un jour, pendant qu'il était absent, un incendie se déclara dans sa chambre, et plusieurs manuscrits entièrement achevés furent consumés par le feu ; en l'apprenant, il se planta en pleine rue devant une image de la Vierge et l'apostropha ainsi : « Écoute ce que je vais te dire ; je n'ai pas l'esprit à l'envers et je sais ce que je dis. Dans le cas où je t'invoquerais à l'heure de ma mort, tu n'auras pas besoin d'exaucer ma prière et de me recevoir parmi les tiens, car je veux demeurer avec le diable pendant l'éternité[1] ! » Après ce bel exploit, il jugea pourtant prudent de s'éclipser et de rester caché pendant six mois chez un bûcheron. Mais il était, avec cela, tellement superstitieux qu'il avait l'imagination sans cesse remplie de présages et de prodiges ; par contre, il niait l'immortalité de l'âme. Ses auditeurs lui demandaient un jour quelle destinée attend l'homme après sa mort, ce que devient son âme *ou* son esprit ; il répondit qu'on n'en savait rien, et que tout ce qu'on racontait de l'autre monde n'était autre chose que des contes imaginés pour effrayer les vieilles femmes. Cependant, à sa dernière heure, il recommanda dans son testament son âme *ou* son esprit[2] au Dieu tout-puissant, exhorta ses disciples en pleurs à craindre l'Éternel, et surtout à croire à l'immortalité de l'âme, aux peines et aux récompenses d'une vie future, et reçut les sacrements avec les apparences de la plus grande piété. —

---

[1] *Audi virgo ea quæ tibi mentis compos et ex animo dicam. Si forte cum ad ultimum vitæ finem pervenero supplex accedam ad te spem oratum, ne me audias neve inter tuos accipias oro, cum infernis diis in æternum vitam agere decrevi.*

[2] *Animum meum seu animam,* distinction par laquelle la philologie aimait, en ce temps-là, à embarrasser la théologie.

Rien ne garantit que des humanistes bien plus célèbres, même après avoir professé les doctrines les plus hardies, aient été beaucoup plus conséquents dans la vie ordinaire. La plupart ont dû flotter entre le libertinage d'esprit et les souvenirs du catholicisme, dans lequel ils avaient été élevés ; du reste, la simple prudence les empêchait de se brouiller avec l'Église.

Comme leur rationalisme se rattachait aux débuts de la critique historique, il est possible qu'il ait surgi de temps à autre une critique timide de l'histoire biblique. La chronique a enregistré un mot de Pie II[1], qu'il a dit comme avec l'intention de prévenir les objections : « Lors même que le christianisme n'aurait pas pour lui l'autorité des miracles, il aurait fallu l'adopter, rien qu'à cause de son caractère profondément moral. » Quand Lorenzo Valla appelle Moïse et les évangélistes de simples historiens, il ne veut nullement les rabaisser, il est vrai, mais il sait fort bien qu'en leur donnant cette dénomination, il heurte les traditions séculaires de l'Église, de même que lorsqu'il se refuse à voir dans le Symbole des Apôtres l'œuvre de tous les apôtres à la fois et qu'il conteste l'authenticité de la lettre d'Abgarus au Christ[2]. On ne se faisait pas faute de se moquer des légendes, en tant qu'elles contiennent des variantes fantaisistes des miracles relatés par la Bible[3], et ces moqueries avaient

---

[1] PLATINA, *Vitæ pontiff.*, p. 311 : *Christianam fidem, si miraculis non esset approbata, honestate sua recipi debuisse.* Il faut considérer pourtant que les paroles que Platina prête au Pape ne peuvent pas être réputées comme parfaitement authentiques.

[2] *Præfatio, Historia Ferdinandi*, I (*Revue histor.*, XXXIII, p. 61), et *Antid. in Pogg.*. lib. IV, *Opp.*, p. 256 ss. D'après Pontanus, *De sermone*. lib. I, cap. xviii, Valla *ne dubitaverit quidem dicere profiterique palam habere se quoque in Christum spicula;* toutefois, il faut se rappeler que Pontanus était lié avec les adversaires de Valla.

[3] Surtout quand les moines fabriquaient des légendes de toutes

leur contre-coup. S'il est question d'hérétiques judaïsants, leur crime était sans doute d'avoir nié la divinité du Christ; tel était peut-être le cas de Giorgio da Novara, qui fut brûlé à Bologne en 1500[1]. Mais à la même époque (1497) et dans la même ville de Bologne, l'inquisiteur dominicain dut se priver d'envoyer au bûcher le médecin Gabriel da Salo, qui avait de puissants protecteurs; Gabriel en fut quitte pour faire amende honorable[2], bien qu'il eût l'habitude de tenir des propos impies : il disait, par exemple, que Jésus-Christ n'avait pas été Dieu, mais qu'il avait été simplement fils de Joseph et de Marie, qui l'avait conçu dans les conditions ordinaires; que par ses artifices il avait conduit le monde à sa perte; qu'il se pouvait bien qu'il fût mort sur la croix pour expier des crimes qu'il avait commis; que sa religion périrait bientôt; que son véritable corps n'était pas dans l'hostie consacrée; qu'il n'avait pas fait ses miracles en vertu d'une force divine, mais qu'ils s'étaient accomplis sous l'influence des astres. Ce dernier point est éminemment caractéristique : la foi a disparu, mais on se réserve la magie[3]. Un certain nombre d'années auparavant (1459), un chanoine de Bergame, Zanino de Solcia, avait été moins heureux : il avait également soutenu

pièces; mais on attaquait même les légendes qui avaient cours depuis longtemps. Firenzuola (*Opere*, vol. II, p. 208), dans la dixième nouvelle, se moque des Franciscains de Novare, qui veulent ajouter une chapelle à leur église avec l'argent extorqué aux fidèles, *dove fusse dipinta quella bella storia, quando S. Francesco predicava agli uccelli nel deserto; e quando ei fece la santa zuppa, e che l'agnolo Gabriello gli portò i zoccoli.*

[1] On trouve quelques détails sur lui dans Bapt. MANTUAN., *De patientia*, l. III, cap. XIII.

[2] BURSELLIS, *Ann. Bonon.*, dans MURAT., XXIII, col. 915.

[3] GIESELER (*Histoire de l'Église*, II, IV, § 154, note) a montré par quelques exemples frappants jusqu'où allait parfois l'audace de la critique.

que le Christ avait souffert, non par amour de l'humanité, mais sous l'influence des étoiles; de plus, il se permettait d'exprimer des idées bizarres en matière de sciences naturelles et de morale; il dut abjurer ses erreurs, et il les expia au fond d'un cloître, dans une détention perpétuelle [1].

Relativement au gouvernement du monde, les humanistes n'arrivent généralement qu'à envisager avec une froide résignation ce qui se passe autour d'eux sous le règne de la violence et du despotisme. C'est ce sentiment négatif qui a produit tant de livres « sur la destinée » ou portant d'autres titres de ce genre. Ces ouvrages se bornent la plupart du temps à constater les évolutions de la roue de la Fortune, l'inconstance des choses humaines, et surtout des choses politiques; on ne fait intervenir la Providence que parce qu'on a honte du fatalisme brutal, parce qu'on rougit de renoncer à distinguer les causes et les effets ou de se contenter de vaines jérémiades. Jovianus Pontanus construit avec assez d'esprit l'histoire naturelle de cette puissance capricieuse qu'on nomme la Fortune; les matériaux qu'il emploie pour cela sont en grande partie des traits de sa propre vie [2]. Sylvius Æneas traite le même sujet d'une manière plaisante, sous la forme d'un songe [3]. Le Pogge, au contraire, s'applique, dans un écrit qui est le fruit de sa vieillesse [4], à représenter le monde comme une

[1] G. Voigt, Sylvius Ænéas, III, 581. — On ne sait pas ce qui arriva à l'évêque Petro d'Aranda qui, en 1500, avait nié la divinité du Christ, déclaré les indulgences nulles et sans valeur, les avait appelées une invention intéressée des papes, et qui avait contesté l'existence de l'enfer et du purgatoire. Voir sur ce sujet Buchardi *Diarium*, éd. Leibnitz, p. 63 ss.

[2] Jov. Pontanus, *De fortuna libri tres*, Opera, I, p. 792-921. Voir son genre de théodicée, *Opera*, II, p. 286.

[3] Sylvii Æn. *Opera*, p. 611.

[4] Poggius, *De miseriis humanæ conditionis.*

vallée de larmes et à coter aussi bas que possible le bonheur des différentes conditions. Tel est, en somme, le ton qui domine dans son livre; il passe en revue une foule de gens considérables, établit le doit et avoir de leur bonheur et de leur malheur, et trouve que les jours heureux sont infiniment moins nombreux que les autres. Tristan Caracciolo[1] retrace avec beaucoup d'élévation en même temps qu'avec une certaine teinte de mélancolie le sort de l'Italie et des Italiens, autant qu'on pouvait en embrasser toutes les vicissitudes en 1510. C'est dans le même esprit que Pierio Valeriano écrivit plus tard sa célèbre dissertation.(T. I, p.345-347.) Il y eut dans ce genre des chroniques particulièrement intéressantes, telles que le livre qui retrace la fortune de Léon X. Ce qu'on peut dire de favorable sur cet ouvrage au point de vue politique, Francesco Vettori l'a exprimé avec une concision magistrale; Paul Jove et la biographie d'un inconnu[2] retracent la vie de plaisir du pontife; quant aux côtés sombres de sa brillante existence, Pierio, que nous venons de nommer, les fait ressortir avec une inexorable fidélité.

Après de tels exemples, on éprouve presque un sentiment d'épouvante quand on trouve certaines inscriptions latines où des hommes se vantent publiquement de leur bonheur. C'est ainsi que Giovanni II Bentivoglio, souverain de Bologne, avait osé faire inscrire sur la tour nouvellement construite près de son palais que « son mérite et sa bonne étoile lui avaient donné tous les biens désirables[3]... », et cela peu d'années avant qu'il

---

[1] CARACCIOLO, *De varietate fortunæ*, dans MURAT., XXII. C'est un des écrits les plus curieux de cette période si féconde en ouvrages intéressants. Comp. p. 62. — Sur la Fortune dans les cortèges solennels, voir p. 176 et note 1, même page.

[2] *Leonis X Vita anonyma*, dans ROSCOE, ed. Bossi, XII, p. 153.

[3] BURSELLIS, *Ann. Bonon.*, dans MURAT., XXIII, col. 909 : *Mont-*

fût chassé. Les anciens, quand ils parlaient dans ce sens, avaient du moins le sentiment de l'envie des dieux. En Italie, c'étaient probablement les condoltieri (t. I, p. 26) qui avaient donné le premier exemple de ces imprudentes vanteries.

La plus forte influence de l'antiquité retrouvée sur la religion ne tenait pas, du reste, à un système philosophique, à une doctrine ou à une opinion des anciens, mais à un jugement qui dominait toute la vie. On préférait les hommes et en partie aussi les institutions de l'antiquité aux hommes et aux institutions du moyen âge, on voulait imiter les anciens de toutes les manières, et l'on devint ainsi complétement indifférent à la pureté de l'idée religieuse. L'admiration de la grandeur historique du passé absorbait tout le reste. (Comp. t. I, p. 361 ; appendice n° 2, p. 362; appendice n° 3, t. II, p. 190.)

Les philologues avaient, de plus, maints travers particuliers qui attiraient sur eux l'attention du monde. Sans doute on ne saurait déterminer bien exactement jusqu'à quel point le pape Paul II était fondé à reprocher leur paganisme à ses secrétaires et à leurs consorts, attendu que Platina, sa principale victime et son biographe (t. I, p. 285; t. II, p. 61), s'est admirablement entendu à

mentum hoc conditum a Joanne Bentivolo secundo Patriæ rectore, cui virtus et fortuna cuncta quæ optari possunt bona affatim præstiterunt. D'après les paroles du chroniqueur, cette inscription ne peut pas s'être trouvée sur la tour nouvellement construite, bien qu'on ne puisse dire exactement où on l'avait mise. Il dit : *In fundamento turris.. quædam vasa... cum literis incisis,* reproduit une inscription après ce qu'il écrit à titre d'introduction : *Inter alia insculptum est tale epitaphium infra terram incultum,* et dit ensuite : *In alio angulo hujus verba sculpta sunt memoriæ apud posteros diuturnioris ergo.* Puis vient l'inscription que nous donnons ici. Était-elle visible ou cachée? Dans le dernier cas, il s'y rattacherait une idée nouvelle : on voulait assurer magiquement l'existence de l'édifice au moyen de l'inscription secrète, que peut-être le chroniqueur seul connaissait encore.

faire croire que sa vengeance tenait à d'autres motifs et
à le présenter sous des traits ridicules. L'accusation d'incrédulité, de paganisme [1], de négation de l'immortalité
de l'âme, etc., ne fut formulée que lorsque le procès de
haute trahison intenté aux inculpés n'eut donné aucun
résultat; du reste, si nous sommes bien informé, Paul
n'était pas homme à porter un jugement sur les choses
de l'esprit; ignorant la langue latine et se servant de
l'italien dans les consistoires et dans les négociations
secrètes, il engageait les Romains à ne faire apprendre
à leurs enfants que la lecture et l'écriture. Ses vues sont
étroites comme celles de Savonarole (p. 248, 249); seu-
'ement on aurait pu répondre au pape Paul que si la
culture éloignait les hommes de la religion, la faute en
était surtout à lui et à ses pareils. Toutefois, il est certain
que les tendances païennes qui se manifestaient dans
son entourage lui inspiraient de réelles appréhensions.
Mais quelle a dû être la licence des humanistes de la
cour de l'impie Sigismond Malatesta? Certainement
ces hommes, qui manquaient absolument de tenue et de
dignité, allaient aussi loin que leur entourage le leur permettait. Et dès qu'ils touchaient au christianisme, ils le
paganisaient. (T. I, p. 323, 330.) Il faut voir jusqu'où Jovianus Pontanus, par exemple, pousse le mélange des deux
religions; il appelle un saint non-seulement *divus*, mais
Deus; il regarde les anges et les génies de l'antiquité
comme absolument identiques [2], et l'idée qu'il se fait de

---

[1] *Quod nimium gentilitatis amatores essemus.* — Sans doute les
emprunts faits au paganisme étaient parfois excessifs. Des inscriptions récemment découvertes dans les catacombes prouvent que
les membres de l'Académie se désignaient sous le nom de *sacer-
dotes,* et qu'ils nommaient Pomponius Lætus *pontifex maximus;* on
donna même un jour à Platina le titre de *pater sanctissimus.* GRE-
GOROVIUS, VII, p. 578, note.

[2] Tandis que les arts plastiques faisaient du moins une distinc-

l'immortalité se rapproche du royaume des ombres des
anciens. On trouve souvent de singulières aberrations
sous ce rapport. Lorsqu'en 1526 Sienne[1] fut attaquée
par le parti des bannis, le bon chanoine Tizio, qui nous
raconte lui-même le fait, se leva de son lit le 22 juillet,
se rappela ce qui est écrit dans le troisième livre de
Macrobe[2], dit une messe et lança ensuite contre les
ennemis la formule d'anathème qui se trouve dans cet
auteur; seulement, au lieu de dire : *Tellus mater teque
Jupiter obtestor*, il dit : *Tellus teque Christe Deus obtestor.*
Il répéta cette malédiction les deux jours suivants, et vit
ensuite les ennemis se retirer. D'un côté, ces choses-là
ont l'air d'être une innocente question de style et de
mode, mais, de l'autre, elles font l'effet d'une véritable
apostasie.

tion entre les anges et les génies, et ne donnaient aux premiers
que des attributions dignes d'eux. — *Ann. Estens.*, dans MURAT.,
XX, col. 468. Amorin ou Putto est appelé naïvement : *Instar Cupi-
dinis angelus.* Comp aussi le discours fait par un anonyme en présence de Léon X (1521), dans lequel se trouve ce passage : *Quare
et te non jam Jupiter, sed Virgo Capitolina Dei parens quæ hujus urbis et
collis reliquiis præsides, Romamque et Capitolium tutaris.* GREG., VIII,
294, 1.

[1] DELLA VALLE, *Lettere Sanesi*, III, 18.

[2] MACROB., *Saturnal.*, III, 9. Sans doute il accompagna ses paroles
des gestes prescrits par Macrobe. Une invocation peut-être aussi
forte, dont s'est servi Bembo, se trouve dans GREGOROVIUS, VIII,
294, 1. — Voir d'autres passages très-remarquables sur le paganisme dans la Rome d'alors, dans RANKE, *les Papes*, I, 73 ss. —
Comp. surt. le rapprochement fait par GREGOROVIUS, VIII, 268 ss.

CHAPITRE IV

MÉLANGE DE SUPERSTITIONS ANTIQUES ET DE SUPERSTITIONS MODERNES

Cependant l'antiquité eut, au point de vue dogmatique, des conséquences d'un caractère bien autrement dangereux : elle communiqua à la Renaissance son genre de superstition. Quelques-unes des superstitions antiques s'étaient conservées pendant le moyen âge ; l'ensemble eut d'autant moins de peine à revivre. Il n'est pas besoin de dire que l'imagination italienne contribua puissamment à cette résurrection. Elle seule pouvait réprimer à ce point l'esprit curieux et chercheur des Italiens.

La croyance à un Dieu arbitre du monde était, ainsi que nous l'avons dit, ébranlée chez les uns par la vue de l'injustice triomphante et du mal partout répandu ; les autres, comme Dante, par exemple, livraient du moins la vie terrestre au hasard et à ses surprises, et si malgré tout ils gardaient une foi robuste, cela tenait à ce qu'i s croyaient fermement à la haute destinée de l'homme dans une autre vie. Mais dès que cette conviction vint à faiblir à son tour, le fatalisme prédomina, ou, si cette doctrine prit le dessus, ce fut la conséquence de l'affaiblissement de la croyance à l'immortalité.

Ce fut l'astrologie antique ou même l'astrologie arabe

qui combla cette lacune. Elle se basait sur la position des planètes à un moment donné, et sur leur éloignement par rapport aux signes du zodiaque, pour deviner les événements futurs et même le cours d'une existence entière, et elle déterminait ainsi les résolutions les plus graves. Il est possible que dans bien des cas la conduite dictée par les astres n'ait pas été moins morale que celle qu'on aurait tenue sans cette influence, mais très-souvent elle a dû être décidée dans un sens contraire à la conscience et à l'honneur. Chose étrange et instructive à la fois, longtemps la culture et les lumières furent impuissantes contre cette aberration de l'esprit, et cela parce qu'elle trouvait son appui dans une imagination sans règle, dans l'ardent désir de connaître d'avance l'avenir, et parce qu'elle avait pour elle l'autorité de l'exemple des anciens.

Au treizième siècle, l'astrologie prend tout à coup une place considérable dans la vie italienne. L'empereur Frédéric II est suivi partout de son astrologue Théodore, et Ezzelino da Romano [1] a toute une cour d'astrologues, qu'il paye largement; dans le nombre se trouvent le célèbre Guido Bonatto et le Sarrazin à longue barbe, Paul de Bagdad. Dès qu'il méditait une entreprise importante, ils étaient obligés de lui indiquer le jour et l'heure favorables; les innombrables cruautés qu'il a fait commettre ont dû être souvent la conséquence de leurs prédictions. A partir de ce moment, personne n'hésite plus

---

[1] *Monach. Paduan.*, l. II, dans URSTISIUS, *Scriptores*, I, p. 598, 599, 602, 607. — Le dernier Visconti était aussi entouré (t. I, p. 47 ss.) d'un grand nombre d'astrologues; il n'entreprenait rien sans leur avoir demandé conseil; parmi eux se trouvait un Juif nommé Élias. Gasparino da Barzizzi lui dit un jour : *Magna vi astrorum fortuna tuas res reget.* G. B. *Opera*, ed. Furietto, p. 38 Comp. *Decembrio*, dans MURATORI, XX, col. 1017.

à faire interroger les astres : non-seulement les princes, mais même de simples villes[1] entretiennent des astrologues en titre, et, du quatorzième au seizième siècle, les universités[2] ont, même à côté d'astronomes proprement dits, des professeurs spéciaux qui sont chargés d'enseigner cette science mensongère. On savait bien que saint Augustin et d'autres Pères de l'Église avaient combattu l'astrologie, mais on riait de leurs convictions surannées, et l'on se mettait bravement au-dessus de leur autorité[3]. C'est ainsi que la plupart des papes[4] ne font pas mystère de l'habitude qu'ils ont d'interroger les étoiles; sans doute, Pie II constitue une honorable exception sous ce rapport; il professe aussi un mépris absolu pour l'interprétation des prodiges et pour la magie[5]; Jules II,

---

[1] Florence, par exemple, où Bonatto fut pendant quelque temps l'astrologue en titre. Comp. aussi Matteo VILLANI, XI, 3, où il veut parler évidemment d'un astrologue municipal qui est chargé de déterminer le moment favorable pour la guerre des Florentins contre les Pisans.

[2] LIBRI, *Hist. des sciences math.*, II, 52, 193. On dit qu'à Bologne il y avait dès 1125 une chaire de ce genre. — Comp. la liste des professeurs de Pavie dans CORIO, fol. 290. — Sur les professeurs de la Sapienza sous Léon X, comp. ROSCOE, *Leone X*, ed. Bossi, V, p. 283.

[3] J. A. Campanus fait ressortir la grande utilité et la haute valeur de l'astrologie, et termine par ces mots : *Quanquam Augustinus sanctissimus ille vir quidem ac doctissimus, sed fortassis ad fidem religionemque propensior negat quicquam vel boni vel mali astrorum necessitate contingere. Oratio initio studii Perugiæ habita 1455 in Campani Opp.* Rom. 1495.

[4] Dès 1260 le pape Alexandre IV force un cardinal qui professait en secret l'astrologie, Bianco, à faire des prédictions politiques. GIOV. VILLANI, VI, 81.

[5] *De dictis*, etc., ALPHONSI *Opera*, p. 493. Il trouvait que c'était *pulchrius quam utile*. PLATINA, *Vitæ Pont.*, p. 310. Dans l'*Europa*, c. XLIX, Pie II raconte que Baptiste Blasius, astronome de Crémone, a prédit la fâcheuse destinée de Fr. FOSCARO, *tanquam prævidisset.* — Sixte IV faisait déterminer par les *planetariis* le moment convenable pour les réceptions solennelles; un fonctionnaire pontifical se rend à son poste *hora a planetariis monstrata;* comp. *Jac. Volaterran.*, dans MURAT., XXIII, col. 173, 186.

par contre, fait déterminer par des astrologues le jour
de son couronnement et de son retour de Bologne[1];
Léon X lui-même semble tirer gloire du fait que l'astrologie fleurit sous son pontificat[2]; enfin Paul III n'a
jamais tenu de consistoire[3] sans que les astrologues lui
eussent désigné l'heure favorable.

Il est bien permis de supposer que de bons esprits ne
se sont pas laissé influencer par les étoiles au delà d'un
certain degré, et qu'il y avait une limite où la religion
et la conscience commandaient de s'arrêter. En effet,
on a vu des gens de valeur et des âmes pieuses non-
seulement partager l'erreur commune, mais encore s'en
faire les champions. Tel fut Maestro Pagolo de Florence[4], chez lequel on retrouve presque le désir de
réhabiliter l'astrologie comme une science morale, ainsi
que Firmicus Maternus de Rome l'a fait plus tard[5]. Sa
vie fut celle d'un ascète; il ne mangeait presque rien,
méprisait les biens temporels et ne songeait qu'à collec-
tionner des livres; savant médecin, il n'exerçait son art
qu'en faveur de ses amis, mais il leur imposait une condition, celle de se confesser. Sa société se bornait au
cercle peu nombreux, mais célèbre, qui se réunissait au
couvent des Anges, autour du moine camaldule Fra

---

[1] BROSCH, *Jules II* (Gotha, 1878), p. 97 et 323.

[2] Pier. VALERIANO, *De infelic. litterat.*, ed. Mencken, p. 318-324, à
propos de Franc. Priuli, qui écrivit sur l'horoscope de Léon et
qui dans ce livre *abditissima quæque anteactæ ætatis et uni ipsi cognita
principi explicuerat quæque incumberent quæque futura essent ad unguem
ut eventus postmodum comprobavit, in singulos fere dies prædixerat.*
F. P., qui n'avait pas encore vingt-huit ans, chercha à se tuer
par tous les moyens possibles et finit par mourir de faim, après
avoir vainement essayé tout le reste.

[3] RANKE, *les Papes*. I, p. 247.

[4] *Vespas. Fiorentino*, p. 660, comp. 341. — *Ibid.*, p. 121, il est
question d'un autre Pagolo, Allemand d'origine, qui était mathé-
maticien de la cour et astrologue de Frédéric de Montefeltro.

[5] *Firmicus Maternus, Matheseos* libri VIII, à la fin du second livre.

Ambrogio (p. 278); en outre, il s'entretenait quelquefois avec Côme l'aîné, surtout dans les dernières années de celui-ci; car Côme aussi faisait grand cas de l'astrologie et s'en servait, mais seulement pour des objets déterminés et probablement secondaires. A part cela, Pagolo ne causait astrologie qu'avec ses amis intimes. Mais, même sans professer une aussi grande austérité de mœurs, l'astrologue pouvait être un homme considéré et se montrer partout; aussi y avait-il infiniment plus d'astrologues en Italie que dans le reste de l'Europe, où on ne les trouve que dans certaines cours importantes. Tout Italien qui avait un grand train de maison, pour peu qu'il eût le feu sacré, entretenait un astrologue, qui parfois, il est vrai, risquait de mourir de faim[1]. De plus, grâce à la littérature astrologique, qui s'était bien répandue même avant la découverte de l'imprimerie, il s'était formé des amateurs, qui s'attachaient autant que possible aux maîtres de l'art. La pire espèce des astrologues était celle qui n'invoquait le secours des étoiles que pour faire de l'astrologie l'auxiliaire de la magie.

Mais, même sans ces aberrations, l'astrologie est un triste élément de la vie italienne d'alors. Quelle impression font tous ces hommes aux puissantes et nombreuses facultés, à la volonté énergique, quand l'aveugle désir de connaître et de gouverner l'avenir paralyse tout à coup leur volonté et les rend incapables d'une résolution virile! Parfois, quand les prédictions des étoiles sont par trop fâcheuses, ils se retrouvent eux-mêmes, agissent avec indépendance et se disent : *Vir sapiens*

---

[1] Dans BANDELLO, III, nov. 60, l'astrologue d'Alessandro Bentivoglio à Milan avoue devant toute la société de ce dernier qu'il est un pauvre diable.

dominabitur astris[1], le sage triomphe des étoiles; mais ils ne tardent pas à retomber dans leur erreur favorite.

D'abord, on tire l'horoscope de tous les enfants de familles considérables; il en résulte que des gens perdent la moitié de leur vie à se préoccuper de prédictions qui ne se réalisent jamais[2]. Ensuite on consulte des étoiles dès qu'un grand doit prendre une résolution importante; on veut surtout connaître l'heure favorable pour aborder une entreprise difficile. Voyages des princes, réception d'ambassadeurs étrangers[3], pose de la première pierre de grands édifices, ce sont les astres qui décident de tout cela. On trouve un exemple frappant de ce dernier genre

[1] Un semblable accès de résolution fut celui de Ludovic le More lorsqu'il fit faire la croix qui porte l'inscription que nous venons de citer, et qui se trouve actuellement dans la cathédrale de Côire. (Au bas de l'inscription sont les mots : *Ludovicus dux Bari.*) Sixte IV aussi dit un jour qu'il voulait voir si le dicton était vrai. — Sur ce dicton de l'astrologue Ptolémée, que B. Fazio prenait pour le fragment d'un vers de Virgile, comp. Laur. VALLÆ *Opp*, p. 461.

[2] Le père de Piero Capponi, qui était astrologue lui-même, associa son fils à l'opération pour qu'il évitât la grave blessure à la tête dont il était menacé. *Vita di P. Capponi, Arch. stor.* IV, II, 15 Voir l'exemple tiré de la vie de Cardanus, p. 65 ss. — Le médecin astrologue de Spolète croyait qu'il se noierait un jour; aussi évitait-il tous les cours d'eau et quitta-t-il Padoue et Venise pour revenir à Spolète, où il était loin de la mer. Il finit pourtant par se noyer, car dans le désespoir que lui causait la mort de Laurent, qui était en partie son œuvre, il se jeta à l'eau Paul. Jov., *Élog. littér.*, p. 67 ss. — On avait prédit à Jérôme Aliottus que dans sa soixante-deuxième année il serait en danger de mort; il n'osa rien entreprendre cette année-là (juillet 1473-74), et ne confia le soin de sa santé à aucun médecin: pourtant l'année se passa sans accident. *H. A. Opuscula* (Arezzo, 1769), II, 72. — Marsile Ficin, qui méprisait l'astrologie (*Epist.*, lib. IV. *Opp.*, p. 772), permet à un ami de lui écrire (*Epist.*, lib. XVII : *Præterea me memini a duobus vestrorum astrologis audivisse, te ex quadam syderum positione antiquas revocaturum philosophorum sententias.*

[3] Exemples tirés de la vie de Ludovic le More : *Senarega*, dans MURATORI, XXIV, col. 518, 524. *Benedictus*, dans ECCARD, II, col. 1623. Et pourtant son père, le grand François Sforza, avait méprisé les astrologues, et son grand-père, Giacomo, s'était du moins abstenu d'écouter leurs avertissements. *Corio*, fol. 321, 413.

de superstition dans la vie de Guido Bonatto, qui, par ses expériences aussi bien que par un grand ouvrage théorique [1], mérite d'être appelé le restaurateur de l'astrologie au treizième siècle. Pour mettre un terme aux querelles des Guelfes et des Gibelins à Forli, il persuada aux habitants de cette ville de construire un nouveau mur d'enceinte et de commencer solennellement ce travail sous une constellation qu'il indiqua; si des membres des deux partis, disait-il, jetaient chacun leur pierre au même moment dans les fondations, l'union serait rétablie pour toujours à Forli. On choisit un Guelfe et un Gibelin pour cette grande mission: le moment solennel vint, tous deux tenaient leurs pierres à la main, les ouvriers attendaient, prêts à se servir de leurs outils. Bonatto donna le signal; le Gibelin jeta aussitôt sa pierre; mais le Guelfe hésita d'abord, puis refusa nettement de suivre cet exemple, parce que Bonatto lui-même passait pour Gibelin et qu'il pouvait bien méditer quelque mauvais coup contre les Guelfes. Alors l'astrologue l'apostropha en ces termes : « Que Dieu te perde, toi et ton parti, avec votre méfiance et votre méchanceté! Cette constellation restera cinq cents ans sans reparaître au-dessus de notre ville! » Dieu perdit

---

[1] Voir sa vie d'abord dans Filippo VILLANI, *Vite*, puis l'ouvrage détaillé *Della vita e delle opere di Guido Bonati astrologo ed astronomo del secolo decimoterzo raccolte da B. Boncompagni*, Rome, 1851 (édition antérieure par Trotti, Bologne, 1844). Son grand ouvrage : *De astronomia tractatus X*, a été souvent réimprimé. Les différentes éditions ont été décrites bibliographiquement par Boncomp., p. 60 ss. Sur Bonatto, voir aussi STEINSCHNEIDER, dans sa *Revue*, ch. XVIII, p. 120 ss. Ce que nous disons ici est tiré des *Annal. Foroliviens.*, dont l'auteur anonyme invoque le témoignage de Benvenuto da Imola, dans MURAT., XXII, col. 233 ss. (Comp. *ibid.*, col. 150.) — Léon-Baptiste Alberti cherche à spiritualiser la cérémonie de la pose de la première pierre. *Opere volgari*, IV, p. 314 (ou *De re ædific. l. I*).

en effet les Guelfes de Forli; mais aujourd'hui (écrit le chroniqueur vers 1480), les Guelfes et les Gibelins de cette ville sont entièrement réconciliés, et l'on n'entend même plus citer les noms des deux partis [1].

Ce qu'on fait surtout dépendre des étoiles, ce sont les résolutions à prendre en temps de guerre. Le même Bonatto procura un grand nombre de victoires à l'illustre chef gibelin Guido de Montefeltro, en lui indiquant d'après les astres le véritable moment d'entrer en campagne [2]; quand Montefeltro ne l'eut plus auprès de lui [3], il perdit tout courage, n'osa plus soutenir ses prétentions à la tyrannie et alla s'enfermer dans un couvent de minorites; on le vit encore longtemps parcourir les campagnes en frère quêteur. Dans la guerre de 1362, dirigée contre Pise, les Florentins se firent indiquer par leur astrologue le moment de sortir de la ville [4]; ils faillirent manquer l'heure propice, parce qu'on fit faire un détour aux soldats. En effet, autrefois on était sorti par la Via di Borgo S. Apostolo, et chaque fois la campagne

[1] Dans les horoscopes de la deuxième fondation de Florence (Giov. VILLANI, III, 1 sous Charlemagne et de la première fondation de Venise (t. I, p. 79), un ancien souvenir se joint peut-être à la légende poétique de la fin du moyen âge.

[2] Sur une de ces victoires, comp. le très-remarquable passage tiré de l'ouvrage de Bonatto, t. VII, ch. v, reproduit dans la *Revue* de Steinschneider, XXV, p. 416.

[3] *Ann. Foroliv.*, 235-238. — Filippo VILLANI, *Vite* — MACCHIAVELLI, *Stor. fior.*, l. I. — Quand devaient apparaître des constellations favorables aux armes de Montefeltro, Bonatto montait avec son astrolabe et son livre sur la tour de San Mercuriale qui dominait la Piazza, et, dès que le moment venait, il faisait sonner la grande cloche pour inviter les soldats à se réunir. Pourtant on reconnaît qu'il s'est lourdement trompé parfois; qu'une fois, par exemple, il a eu le dessous avec un paysan à propos d'une prédiction météorologique, et qu'il n'a su prévoir ni le sort qui attendait Montefeltro, ni l'époque de sa propre mort. Il fut tué par des brigands non loin de Césène, lorsqu'il revenait de Paris et d'universités italiennes où il avait étudié, pour se rendre à Forli.

[4] Matteo VILLANI, XI, 3; voir plus haut, p. 291, note 1.

avait été malheureuse ; il était évident que c'était débuter
sous de fâcheux auspices, que de suivre ce chemin pour
marcher contre les Pisans. Aussi fit-on sortir l'armée
par la Porta Rossa ; mais parce qu'on n'avait pas enlevé
de ce côté les tentes dressées en face du soleil, il fallut
— autre présage fâcheux — porter les drapeaux inclinés.
En général, l'astrologie était inséparable de la guerre,
parce que la plupart des condottieri s'y adonnaient.
Jacopo Caldora ne perdait jamais courage dans les plus
graves maladies, parce qu'il savait qu'il tomberait sur le
champ de bataille, ce qui arriva en effet[1] ; Bartolommeo
Alviano était convaincu qu'il devait ses blessures à la
tête aussi bien que son commandement à l'influence
des astres[2] ; Nicolo Orsini-Pitigliano demande au physi-
cien astrologue Alessandro Benedetto[3] de lui indiquer
l'heure favorable pour conclure son marché avec Venise
(1495). Lorsque, le 1ᵉʳ juin 1498, les Florentins confé-
rèrent solennellement à Paolo Vitelli la dignité de condottiere, ils lui remirent, sur sa prière, un bâton de
commandement couvert d'images de constellations[4].
Pourtant, il y a aussi des hommes de guerre qui, dans
leurs campagnes, sont indifférents aux prédictions ; tel
fut Alphonse le Grand, de Naples[5].

---

[1] Jovian. PONTAN., *De fortitudine*, l. I. — Les premiers Sforza formaient d'honorables exceptions ; voir p. 294, note 3.

[2] Paul. Jov., *Elog.*, p. 219 ss., *sub. v. Barthol. Livianus*.

[3] Qui raconte lui-même le fait. *Benedictus*, dans ECCARD, II, col. 1617.

[4] C'est sans doute ainsi qu'il faut entendre ce que dit Jac.
NARDI, *Vita d'Ant. Giacomi*, p. 46, *li fu dato il bastone in ringhiera della
Signoria, com esi costuma e a punto di stelle, secondo che volle e domandò
egli medesimo che si facesse*. — Souvent on voit des constellations
figurées sur des vêtements ou des objets mobiliers. Lors de la
réception de Lucrèce Borgia à Ferrare, le mulet de la duchesse
d'Urbin portait une couverture en velours noir avec des signes
astrologiques brodés en or *Arch. stor. append.*, II, p. 305.

[5] Voir Sylvius Æneas, dans le passage cité plus haut, **p. 291,
note 5**, ainsi que dans *Opp.*, 481.

Parfois on ne sait pas bien exactement si, à propos de grands événements politiques, les astres furent consultés avant le fait, ou bien si les astrologues ne calculèrent qu'après coup et par simple curiosité la constellation qui avait dû présider au moment solennel. Lorsque, par un coup de maître, Giangaleazzo Visconti (T. I, p. 15) fit prisonnier son oncle Bernabo avec la famille de celui-ci (1385), Jupiter, Saturne et Mars se trouvaient dans le signe des Gémeaux, dit un contemporain [1]; mais l'auteur n'ajoute pas si c'est là ce qui décida Giangaleazzo à agir. Il est probable que souvent l'astrologue s'inspirait plutôt des calculs de la politique que de la marche des planètes [2].

Si pendant toute la fin du moyen âge l'Europe s'était laissé effrayer par des prédictions émanant de Paris et de Tolède, prédictions annonçant la peste, la guerre, des tremblements de terre, des inondations, etc., l'Italie ne resta pas sous ce rapport en arrière des autres pays. La funeste année de 1494, qui ouvrit pour toujours l'Italie aux étrangers, fut précédée certainement de prédictions sinistres [3]; seulement il faudrait savoir s'il n'existait pas depuis longtemps de ces prédictions toutes prêtes pour une année quelconque.

Mais le système se répand avec toutes ses conséquences dans des régions où l'on ne s'attendrait plus à le ren-

---

[1] AZARIO, dans *Corio*, fol. 258.

[2] On pourrait supposer qu'un fait semblable fut observé par cet astrologue turc qui, après la bataille de Nicopolis, conseilla au sultan Bajazet I de consentir à laisser racheter Jean de Bourgogne, disant « qu'il serait cause qu'il y aurait encore beaucoup de sang chrétien de versé ». Il n'était pas trop difficile de prévoir la suite de la guerre avec la France. *Magn. chron. Belgicum*, p. 358. *Juvénal des Ursins*, ad. a. 1396.

[3] *Benedictus*, dans ECCARD, II, col. 1579. On disait entre autres (1493) du roi Ferrante qu'il perdrait son trône, *sine cruore, sed sola fama,* ce qui arriva en effet.

contrer. Si toute la vie extérieure et intellectuelle de l'individu est déterminée par sa naissance, de grands groupes tels que des peuples et des religions se trouvent dans une semblable dépendance, et comme les constellations qui régissent leur existence sont changeantes, de même les peuples et les religions elles-mêmes sont sujets à varier. L'idée que chaque religion dépend des astres, entre ainsi dans la culture italienne ; ce sont des auteurs arabes et juifs qui sont les premiers à émettre cette théorie [1]. La conjonction de Jupiter avec Saturne, disait-on [2], avait produit la doctrine hébraïque, celle de Jupiter avec Mars avait donné naissance à la religion chaldéenne ; la religion égyptienne était le fruit de la conjonction de Jupiter avec le Soleil ; Jupiter en conjonction avec Vénus avait créé le mahométisme ; en conjonction avec Mercure, il avait enfanté le christianisme, et par sa conjonction avec la lune il finira par produire la religion de l'Antechrist. Déjà Checo d'Ascoli avait calculé la Nativité du Christ, et il en avait déduit qu'il mourrait sur la croix, impiété qui lui valut de périr sur le bûcher [3]. Des théories de ce genre avaient pour conséquence de jeter l'obscurité sur tout ce qui n'est pas du domaine des sens.

Il faut d'autant plus admirer la lutte soutenue par l'esprit italien, cet esprit si net et si clair, contre cette science mensongère. Si l'on voit l'art rendre de magnifiques hommages à l'astrologie, comme l'attestent les

---

[1] Comp. M. STEINSCHNEIDER, Apocalypses avec tendance politique, *Revue*, XXVIII, p. 627 ss., et XXIX, p. 261.

[2] Bapt. MANTUAN, *De patientia*, l. III, cap. XII.

[3] GIOV. VILLANI, X, 39, 40. Il y eut encore d'autres circonstances qui concoururent à sa perte, notamment l'envie de ses collègues — Déjà Bonatto avait professé des doctrines semblables et présenté, par exemple, le miracle de l'amour divin dans saint François comme étant l'effet de l'influence de la planète de Mars Comp. Jo. PICUS, *Adv. Astrol.*, II, 5.

fresques du Salone de Padoue[1] et celles du palais d'été de
Borso (Schifanoja) à Ferrare, si l'aîné des Béroalde [2] s'est
permis d'en faire un impudent panégyrique, on entend,
d'autre part, les nobles protestations de ceux qui n'ont
pas subi la contagion de l'erreur commune. Sous ce rapport aussi l'antiquité avait donné l'exemple ; pourtant les
Italiens ne répètent pas ce que les anciens ont dit, ils ne
s'inspirent que de leur bon sens et des observations
qu'ils ont faites. Quand Pétrarque parle des astrologues,
qu'il connaît pour les avoir fréquentés, il les poursuit de
ses sarcasmes [3] et étale au grand jour le néant de leur
science. Depuis sa naissance, depuis les *Cento Novelle
antiche,* la nouvelle est presque toujours hostile aux
astrologues [4]. Les nouvellistes florentins se défendent
énergiquement de croire à l'astrologie, même lorsqu'ils
sont obligés de lui faire une place dans leurs récits par
respect pour la tradition. Giovanni Villani le dit en plus
d'un endroit [5] : « Il n'y a pas de constellation qui puisse

[1] Ce sont celles qui ont été peintes par Miretto, au commencement du quinzième siècle ; d'après Scardeonius, elles étaient destinées *ad indicandum nascentium naturas per gradus et numeros.* C'était une
pratique plus commune que nous ne nous le figurons de nos jours.
On peut appeler cela de l'astrologie à la portée de tout le monde.

[2] Voici ce qu'il dit de l'astrologie (*Orationes,* fol. 35, *oratio nuptialis
habita Mediolani*) : *Astrologia ab rerum terrenarum contemplatu mentes
nostras evocat ad spectanda cælestia ad cursus syderum statos pensitandos ad
superas sedes noscitandas; hæc efficit ut homines parum a Diis distare
videantur!* — Un autre enthousiaste de la même époque, c'est
Jo. Garzonius, *De dignitate urbis Bononiæ,* dans Murat., XXI, col. 1163.

[3] Petrarca, *Epp. seniles,* III, ed. Fracas., I, 132 ss. La lettre en
question est adressée à Boccace, qui, sous ce rapport, était plus
crédule que son ami et qui avait besoin de ses sages avertissements. Sur la lutte soutenue constamment par Pétrarque contre
les astrologues, comp. L. Geiger, *Pétr.,* p. 87-91, et les passages
cités, *ibid.,* p. 267, note 11.

[4] Dans Franco Sacchetti, leur science est tournée en ridicule ;
voir la *Nouvelle* 151, dans laquelle l'écrivain se met lui-même en
scène et prend à partie un astrologue.

[5] Gio. Villani, III, 1 ; X, 39. Mais dans d'autres passages le même

faire plier la volonté de l'homme ou changer les décrets du Tout-Puissant »; Matteo Villani[1] appelle l'astrologie un vice que les Florentins ont hérité avec d'autres superstitions de leurs ancêtres, les Romains idolâtres. Mais on ne s'en tient pas à des discussions littéraires; les partis qui se formèrent se firent une guerre ouverte; lors des terribles inondations de 1333 et de 1345, la question de l'influence des étoiles et de la volonté divine fut discutée à fond par les astrologues et les théologiens[2]. Les protestations ne cessent pas de se faire entendre pendant tout le temps que dure la Renaissance[3], et l'on peut les regarder comme sincères, puisqu'il aurait été plus facile de se faire bien venir des grands en défendant l'astrologie qu'en se déclarant contre elle.

Dans l'entourage de Laurent le Magnifique, parmi ses platoniciens les plus éminents, les avis étaient partagés à cet égard. Paul Jove a dit[4], à tort il est vrai, que Marcile Ficin a défendu l'astrologie, qu'il a tiré l'horoscope des enfants de la maison de Médicis et qu'il a prédit au petit Giovanni qu'il serait pape — Léon X; — mais d'autres académiciens étaient adonnés à l'astrologie. Par contre, Pic de la Mirandole fait vraiment époque dans cette ques-

G. V. se plonge avec toute la ferveur d'un croyant dans des recherches astrologiques; voir X, 120; XII, 40.

[1] Dans le passage souvent cité, XI, 3.

[2] Gio. VILLANI, XI, 2; XII, 58.

[3] L'auteur des *Annales Placentini* (dans MURAT., XX, col. 931), Alberto di Ripalta, dont il a été question t. I, p. 299, note 3, s'engage aussi dans cette polémique. Mais le passage est remarquable à d'autres titres, parce qu'il contient les opinions du temps sur les neuf comètes connues, qui sont ici nommées en toutes lettres, leur couleur, leur apparition et leur signification. — Comp. Gio. VILLANI, XI, 67, qui, parlant d'une comète, dit qu'elle présage de grands événements, qui seront malheureux pour la plupart.

[4] Paul. Jov., *Vita Leonis X*, l. III, où l'on voit que Léon X croit du moins aux présages. Comp. plus haut, p. 292, note 2.

tion par sa réfutation des erreurs astrologiques[1]. Il montre
dans la croyance aux étoiles la source de toute impiété
et de toute immoralité : si l'astrologue, dit-il, croit à
quelque chose, il faut tout d'abord qu'il honore les planètes comme des divinités, puisque c'est d'elles qu'il fait
dériver tout ce qui est heureux ou funeste ; de plus,
toutes les superstitions trouvent dans l'astro'ogie un
organe complaisant, attendu que la géomancie, la chiromancie et la magie sous toutes ses formes s'adressent
de préférence à l'astrologie pour connaître l'heure favorable à leurs opérations. Relativement aux mœurs, il dit
que le meilleur moyen de faire triompher le mal, c'est
de l'attribuer au ciel lui-même, et qu'ainsi l'on détruit
entièrement la croyance à la vie éternelle et à la dam-
nation. Pic est allé jusqu'à prendre la peine de contrôler
les assertions des astrologues; il a constaté que les trois
quarts de leurs prédictions météorologiques étaient
fausses. Mais le fait capital, c'est que dans le quatrième
livre il exposa une théorie chrétienne positive sur le
gouvernement du monde et le libre arbitre, théorie qui
semble avoir fait une plus grande impression sur la partie
éclairée de la nation que les sermons, qui souvent manquaient leur effet sur le public intelligent.

Avant tout, il dégoûta les astrologues de continuer à
publier leurs systèmes [2], et ceux qui jusqu'alors avaient
fait imprimer leurs rêveries, durent y renoncer par respect humain. Jovianus Pontanus, par exemple, avait,
dans son livre *Du destin*, reconnu l'astrologie comme
une science légitime, et, dans un grand ouvrage spécial[3],

[1] Jo. Pici, *Mirand. adversus astrologos* libri XII.

[2] D'après Paul. Jov., *Elog. litt.*, p. 76 ss., *sub tit. Jo. Picus*, il obtint
le résultat suivant, *ut subtilium disciplinarum professores a scribendo
deterruisse videatur.*

[3] *De rebus cælestibus*, libri XIV (*Opp.*, III, 1962-2591). Dans le

dont il dédia les différentes parties à des amis haut placés et qui partageaient ses opinions, tels qu'Alde Manuce, Bembo, Sannazar, il en avait exposé la théorie à la manière du vieux Firmicus, il attribuait aux astres le développement de toute faculté intellectuelle et de toute aptitude physique. Son dialogue intitulé « Egidius » atteste un retour à des idées plus saines : il ne sacrifie pas l'astrologie, il est vrai, mais il combat certains astrologues menteurs plus énergiquement qu'il ne l'avait fait autrefois, et vante le libre arbitre par lequel l'homme est capable de connaître Dieu [1]. L'astrologie continua de vivre, mais pourtant elle paraît avoir perdu l'influence souveraine qu'elle avait exercée si longtemps. La peinture, qui, au quinzième siècle, avait glorifié l'erreur triomphante, exprime ce revirement dans la coupole de la chapelle Chigi [2]. Raphaël peint les planètes et les étoiles fixes, mais surveillées et conduites par des anges, et bénies par le Père éternel, qui les regarde du haut de son trône. Un autre élément semble avoir été hostile à l'astrologie chez les Italiens : les Espagnols n'en faisaient nul cas, non plus que leurs généraux, et quiconque voulait être bien vu d'eux [3] se déclarait ouvertement contre une

douzième livre, qui est dédié à Paolo Cortese, il combat les arguments employés par celui-ci pour combattre l'astrologie. — *Aegidius, Opp.*, II, 1455-1514. Pontanus avait dédié son petit livre, *De luna (Opp.*, III, 2592), au même ermite Egidio (de Viterbe).

[1] Voir ce dernier passage, p. 1486. Je n'ai pas trouvé que dans cet écrit Pontanus « limite l'influence des étoiles aux objets matériels », comme l'avait prétendu Burckhardt ; il fait constater par Franç. Pudericus, l'un des interlocuteurs, la différence qui existe entre lui et Pic (p. 1496) : *Pontanus non ut Johannes Picus in disciplinam ipsam armis equisque, quod dicitur, irrumpit, cum illam tueatur, ut cognitu maxime dignam ac pene divinam, sed astrologos quosdam, ut parum cautos minimeque prudentes insectetur et rideat.*

[2] A Sainte-Marie del Popolo, à Rome. — Les anges rappellent la théorie exposée par Dante au commencement du *Convito.*

[3] C'est bien le cas d'Antonio Galateo, qui, dans une lettre à

science considérée comme à moitié hérétique parce qu'elle était à moitié mahométane. Sans doute Guichardin dit encore en 1529 : « Heureux les astrologues, aux prédictions desquels on ajoute foi! Parmi cent mensonges, ils disent une vérité, tandis que d'autres perdent toute créance quand, parmi cent vérités, il leur échappe un seul mensonge [1]! » De plus, le mépris de l'astrologie ne conduisit pas nécessairement à la croyance à la Providence; il pouvait aussi bien aboutir à un fatalisme général et vague.

Sous ce rapport comme sous d'autres, l'Italie n'est pas sortie pure du mouvement intellectuel qui caractérise la Renaissance, parce qu'elle a été agitée par la conquête et la contre-réformation. Sans cela, elle aurait triomphé probablement toute seule des erreurs dont elle a pâti. Celui qui pense que l'invasion et la réaction catholique ont été la conséquence nécessaire des fautes du peuple italien, doit admettre aussi que le dommage intellectuel qui en est résulté pour lui a été le juste châtiment de ses aberrations. Seulement il est à regretter que du même coup l'Europe ait fait des pertes irréparables.

La croyance aux présages constituait une superstition bien plus inoffensive que l'astrologie. A cet égard le moyen âge avait hérité des souvenirs du paganisme, et l'Italie les avait exploités avec plus d'ardeur que n'importe quel autre pays. Mais ce qui donne une couleur particulière à la superstition italienne, c'est l'appui que

Ferdinand le Catholique (MAI, *Spicileg. Rom.*, vol. VIII, p. 226, de l'ann. 1510), nie de toutes ses forces le pouvoir de l'astrologie, et qui pourtant, dans une autre lettre adressée au comte de Potenza (*ibid.*, p. 539), conclut d'après les étoiles que cette année-là les Turcs s'empareraient de Rhodes.

[1] RICORDI, *loc. cit.*, n. 57.

l'humanisme prête à cette erreur populaire : aux traditions païennes il ajoute ses fictions littéraires.

Comme on le sait, les superstitions populaires des Italiens se rapportent à des pressentiments, à des conclusions tirées de certains présages[1]; il vient s'y ajouter encore une magie généralement inoffensive. Or, le pays ne manque pas d'humanistes instruits qui se moquent bravement de ces aberrations et qui les dénoncent à l'opinion publique. Le même Jovianus Pontanus qui a écrit un grand ouvrage astrologique (p. 301), énumère dans son « Charon » toutes les superstitions des Napolitains : la désolation des femmes quand une poule ou une oie prend la pépie ; les mortelles inquiétudes des grands seigneurs quand un faucon de chasse ne rentre pas ou qu'un cheval se foule le pied ; la formule magique que les paysans de la Pouille récitent pendant trois nuits de samedi, quand des chiens enragés menacent la sécurité du pays, etc. En général, les animaux avaient, tout comme dans l'antiquité, le privilége d'annoncer l'avenir; surtout les faits et gestes des lions, des léopards, etc. (p. 11 ss.), entretenus aux frais du public, parlaient d'autant plus à l'imagination du peuple qu'on s'était habitué involontairement à voir en eux le symbole vivant de l'État. Lorsque, pendant le siége de 1529, un aigle blessé vint s'abattre dans l'intérieur de

---

[1] Decembrio (Murat., XX, col. 1016 ss.) constate que le dernier Visconti avait l'esprit rempli de superstitions de ce genre. Odaxius dit, dans le discours qu'il prononça aux funérailles de Guidobaldo (Bembi *Opera*, I, 598 ss.), que les dieux avaient prédit la mort de G. : *Nam et hoc ipso anno ejus thalamus cum ipse in eo esset, tactus de cœlo est et paulo antea quam e vita exiret, terræmotus horribiles in regni finibus crebro fuisse nunciatum est : et ex altissimorum montium cacuminibus miræ ingentesque ab incolis voces multis in locis exauditæ sunt : et noctu supra templum hoc atque urbem longissimis ardere tractibus sereno cœlo max.mo clarissimosque ignes plurimi mortales conspexerunt. Ædes vero ubi nunc humatum ejus cadaver est, medio die a sacerdotibus aperire sese visa, vano illos metu atque pavore perterruit.*

Florence, la Seigneurie donna quatre ducats à celui qui
l'avait ramassé, parce que le fait était d'un bon augure[1].
Puis il y avait certains jours et certains endroits déterminés qui étaient favorables ou funestes pour des opérations données. Les Florentins croyaient, au dire de
Varchi, que le samedi était leur jour fatal, celui où arrivaient d'ordinaire tous les événements importants, soit
bons, soit mauvais. Nous avons déjà parlé du préjugé
qui leur faisait redouter la sortie des troupes par une
certaine porte (p. 297); chez les Pérugins, au contraire,
une de leurs portes, la Porta Eburnea, passe pour favorable aux soldats qui la franchissent; aussi les Baglioni
ne manquent-ils jamais de faire passer leurs hommes par
là[2]. Ensuite les météores et les signes célestes ont la
même importance que pendant tout le moyen âge; à
l'aspect de nuages aux formes bizarres, le peuple croit,
comme jadis, voir des armées qui s'entre-choquent et
entendre au haut des airs le bruit de la mêlée[3]. La superstition devient plus grave quand elle se mêle aux choses
saintes, quand, par exemple, elle croit voir des madones
qui pleurent ou qui tournent les yeux[4], et quand elle
rattache une calamité publique à quelque prétendu crime
dont le peuple demande l'expiation (p. 262 et 263).
En 1478, Plaisance souffrait de pluies violentes et conti-

---

[1] VARCHI, *Stor. fior.*, l. IV (p. 174). En ce temps-là les pressentiments et les prédictions jouaient à peu près le même rôle à
Florence qu'autrefois dans Jérusalem assiégée. Comp. *ibid.*, III,
143, 195; IV, 43, 177.

[2] MATARAZZO, *Arch. stor.*, XVI, II, p. 208.

[3] PRATO, *Arch. stor.*, III, p. 324, année 1514.

[4] Sur les mouvements que fit, en 1515, la madone dell' Arbore
dans le Dôme de Milan, comp. PRATO, *loc. cit.*, p. 327. Il est vrai
que le même chroniqueur raconte, p. 357, que, lorsqu'on creusa
les fondements de la chapelle funéraire des Trivulce, on trouva
un dragon mort, aussi gros qu'un cheval; on porta la tête du
monstre dans le palais Trivulce, et l'on jeta le reste.

nuelles; le peuple disait que le fléau ne cesserait pas tant qu'un certain usurier, enterré récemment à San Francesco. reposerait en terre sainte. Comme l'évêque refusait de laisser déterrer le corps, quelques jeunes gens allèrent le prendre de force, le promenèrent dans les rues au milieu d'un affreux tumulte, le laissèrent insulter par d'anciens débiteurs du mort et finirent par le jeter dans le Pô[1]. Il est triste de voir un Ange Politien déraisonner ainsi à propos de Giacomo, un des principaux membres de la conjuration qui fut tramée à Florence, la même année, par la famille des Pazzi. Avant d'être étranglé, il avait livré son âme à Satan. Après sa mort survinrent pluies qui menacèrent la récolte; alors une troupe d'hommes, composée surtout de paysans, déterra le cadavre dans l'église où il était enseveli, et aussitôt les nuages se dissipèrent et le soleil se mit à briller, « preuve évidente que le ciel donnait raison au peuple », ajoute le grand philologue[2]. Ensuite le corps fut enfoui en terre non bénie ; mais le lendemain il fut déterré de nouveau et, après avoir été promené à travers la ville par un horrible cortége, jeté dans l'Arno.

Des traits de ce genre sont essentiellement populaires ; ils pourraient s'être produits au dixième siècle aussi bien qu'au seizième. Mais ici intervint aussi l'antiquité littéraire. Les humanistes affirment d'une manière positive qu'ils croient très-sérieusement aux prodiges et aux

---

[1] *Et fuit mirabile quod illico pluvia cessavit. Diarium Parmense*, dans MURAT., XXII, col. 230. Cet auteur partage aussi la haine concentrée qui anime le peuple contre les usuriers Comp. col. 371.

[2] *Conjurationis Pactianæ commentarius*, dans les pièces justificatives de la *Vie de Laurent*, par ROSCOE. — D'ordinaire, Politien combattait les astrologues. — Naturellement les saints peuvent d'un mot faire cesser la pluie; comp. Silvius Æneas dans la vie de Bernardin de Sienne (*De vir. ill.*, p. 25) : *Jussit in virtute Jesu nubem abire ; quo facto solutis absque pluvia nubibus, prior serenitas rediit.*

augures, nous l'avons déjà montré par des exemples
(p. 277). S'il fallait une preuve du fait, on la trouverait dans
le Pogge. Ce même penseur radical qui nie la noblesse
et l'inégalité des hommes (p. 96 ss.), croit non-seulement
aux revenants et au diable du moyen âge (fol. 167, 179),
mais encore aux prodiges dans le genre antique, par
exemple à ceux qu'on raconte à l'occasion de la dernière visite d'Eugène IV à Florence[1]. « Le soir, on vit dans
le voisinage de Côme quatre mille chiens qui couraient
dans la direction de l'Allemagne; après eux venait un
immense troupeau de bétail, puis une foule d'hommes
armés, à pied et à cheval, les uns sans tête, les autres
avec des têtes à peine visibles, enfin un cavalier gigan-
tesque, qui était suivi d'une autre troupe de bestiaux. »
Le Pogge croit aussi à une bataille de pies et de choucas
(fol. 180) Il rapporte même, sans s'en douter peut-être,
un fait qui n'est autre chose qu'un fragment de la mythologie antique. Il fait apparaître sur la côte de Dalmatie
un triton barbu, au front armé de petites cornes; c'est
un véritable satyre de mer, dont le corps se termine en
queue de poisson; ce monstre enlève sur le rivage des
enfants et des femmes jusqu'à ce que cinq hardies lavan-
dières le tuent à coups de pierres et à coups de bâton[2].
Une figure en bois, qui est la reproduction de cet être
fantastique et qu'on fait voir à Ferrare, lui rend la chose

---

[1] Poggii *Facetiæ*, fol. 174. — Sylvius Æn., *De Europa*, ch. LIII,
LIV (*Opera*, p. 451, 455), raconte du moins des prodiges qui ont
réellement eu lieu, tels que des batailles d'animaux, des apparitions de nuages extraordinaires, etc.; il les signale surtout comme
des curiosités, quoiqu'il rapporte aussi les événements que ces
faits étaient censés annoncer. Antonio Ferrari rapporte des choses
semblables (*il Galateo*) *de situ Japigiæ* (Bâle, 1558), p 121, et essaye
d'en donner l'explication : *Et hæ, ut puto, species erant earum rerum
quæ longe aberant atque ab eo loco in quo species visæ sunt videri minime
poterant.*

[2] Poggii *Facetiæ*, fol. 160. Cf. Pausanias, IX, 20.

parfaitement croyable. Il est vrai qu'il n'y avait plus d'oracles et qu'on ne pouvait plus aller consulter des dieux, mais on se remettait à ouvrir Virgile au hasard, et l'on prétendait découvrir l'avenir dans le passage sur lequel on tombait (*sortes Virgilianæ*)[1]. En outre, la croyance aux démons telle qu'elle existait dans les derniers temps de l'antiquité, n'est certainement pas restée sans influence sur une croyance analogue de la Renaissance. L'écrit de Jamblique ou Abammon sur les mystères des Égyptiens, qui pouvait fournir des lumières à cet égard, a été imprimé dès la fin du quinzième siècle sous forme de traduction latine. Même l'Académie platonicienne de Florence, par exemple, n'a pas su se préserver des erreurs du néoplatonisme des Romains de la décadence. Nous allons parler de cette croyance aux démons et de la magie qui s'y rattache.

La croyance populaire à ce qu'on nomme le monde des spectres[2] a été sensiblement la même en Italie que dans le reste de l'Europe. D'abord l'Italie a aussi ses fantômes, c'est-à-dire des revenants, et, si ses idées à cet égard diffèrent légèrement de celles du Nord, cette différence se manifeste tout au plus par le nom antique *ombra*. S'il apparaît encore de nos jours une ombre de ce genre, on fait dire quelques messes pour son repos. Il est facile de comprendre que les âmes d'hommes mé-

---

[1] VARCHI, III, p. 195. Deux individus suspects se décident à s'exiler (1529), parce qu'ils ont ouvert l'Énéide de Virgile au ch. III, v. 44. Comp. RABELAIS, *Pantagruel*, III, 10.

[2] Nous ne parlerons pas de fantaisies de savants, telles que le *splendor* et le *spiritus* de Cardanus et le *Dæmon familiaris* de son père. Comp. CARDANUS, *De propria vita*, cap. IV, 38, 47. Lui-même était un adversaire de la magie, chap. XXXIX. Voir sur les prodiges et les fantômes qu'il a vus, chap. XXXVII, XLI. — Sur la question de savoir jusqu'où allait la peur que le dernier Visconti avait des fantômes, comp. *Decembrio*, dans MURATORI, XX, col. 1016.

chants se montrent sous une forme effrayante; pourtant il existe encore une opinion particulière, d'après laquelle les revenants seraient en général malfaisants. Les morts tuent les petits enfants, dit le chapelain dans Bandello[1]. Il est probable que l'auteur conçoit encore une ombre particulière, distincte de l'âme, car celle-ci expie ses fautes dans le purgatoire, et, quand elle apparaît, elle ne fait que gémir et pleurer. Pour se délivrer de ces apparitions, on ouvrait la tombe du mort, on mettait le cadavre en morceaux, on brûlait le cœur et l'on en jetait la cendre aux quatre vents[2]. D'autres fois le fantôme est moins l'ombre d'un individu déterminé que l'image d'un fait antérieur, d'un état passé. C'est ainsi que les voisins expliquent les bruits étranges qui se font entendre dans le vieux palais des Visconti près de S. Giovanni in Conca, à Milan; c'est là que Bernabo Visconti avait fait autrefois torturer et étrangler d'innombrables victimes de sa tyrannie; dès lors il n'était pas étonnant que le palais fût hanté[3]. L'économe infidèle d'un hospice de Pérouse comptait un soir de l'argent lorsqu'il vit apparaître une foule de pauvres qui portaient des lumières dans les mains et qui se mirent à danser autour de lui; une grande figure à l'air menaçant lui parla en leur nom : c'était S. Alo, le patron de

---

[1] *Molte fiate i morti guastano le creature.* BANDELLO, II, nov. 1. — Dans Galateo on lit (p. 117) : Les *animæ* des hommes méchants sortaient du tombeau, apparaissaient à des connaissances et à des amis, *animalibus vesci, pueros sugere ac necare, deinde in sepulchra reverti.*

[2] GALATEO, *passim.* Il parle aussi (p. 119) de la *Fata morgana* et d'apparitions analogues.

[3] BANDELLO, III, nov. 20. Il est vrai que ce n'était qu'un amant qui voulait faire peur au mari de sa dame, qui habitait le palais. Lui et ses gens se déguisèrent en diables; il avait même fait venir du dehors un individu qui savait contrefaire le cri de tous les animaux.

l'hospice [1]. — Ces idées étaient tellement naturelles que même des poëtes pouvaient y trouver des motifs populaires. C'est ainsi, par exemple, que Castiglione retrace avec beaucoup d'art l'apparition de Ludovic Pico, tué sous les murs de Mirandole assiégée [2]. Sans doute la poésie aime le mieux mettre en œuvre ces moyens poétiques quand le poëte lui-même est inaccessible à ces superstitions.

La croyance populaire aux démons était donc la même en Italie que chez les peuples du moyen âge. On était convaincu que Dieu accordait parfois aux mauvais esprits de tout rang une grande puissance de destruction, qu'ils pouvaient exercer contre certaines parties du monde extérieur et contre la vie humaine ; mais on admettait du moins que l'homme assiégé par les tentations des démons pouvait leur opposer la résistance de sa libre volonté [3]. En Italie surtout, l'intervention des démons dans les phénomènes de la nature prend facilement dans la bouche du peuple un caractère de grandeur poétique. Dans la nuit qui précéda la grande inondation de la vallée de l'Arno, en 1333, un des saints ermites qui habitaient au-dessus de Vallombrosa entendit dans sa cellule un bruit infernal ; il se signa, se mit sur le seuil de sa porte et aperçut des cavaliers noirs, à l'air terrible, aux armes menaçantes, qui passaient au galop. Il conjura ces fantômes, et l'un d'eux lui dit : « Nous allons noyer Florence en punition de ses péchés, si Dieu le permet. »[4] On peut comparer à cette apparition celle qui eut lieu à Venise,

---

[1] GRAZIANI, *Arch. stor.*, XVI, I, p. 640, ad a. 1467. L'économe mourut de frayeur.

[2] BALTH. CASTILIONII *carmina; Prosopopeja Lud. Pici.*

[3] Voir à l'appendice n° 2.

[4] GIOV. VILLANI, XI, 2. Il tenait le fait de l'abbé des Vallombrosans, à qui l'ermite l'avait révélé.

presque à la même époque (1340), et qu'un des grands maîtres de l'école vénitienne, probablement Giorgione, a retracée dans un tableau étrange : il montre une galère pleine de démons qui traverse, rapide comme une flèche, la lagune agitée par la tempête, pour aller détruire la ville coupable ; mais trois saints, qui étaient entrés sans être reconnus dans la barque d'un pauvre batelier, conjurent les démons, et leur galère s'engloutit dans l'abîme[1].

A cette croyance vient s'ajouter l'idée mensongère qu'au moyen des conjurations l'homme peut se mettre en contact avec les démons et obtenir leur secours pour satisfaire sa cupidité, son ambition et sa sensualité. A l'origine, le nombre des prétendus conjurateurs de démons était bien supérieur à celui des vrais coupables ; ce n'est que lorsqu'on brûla de soi-disant magiciens et de soi-disant sorcières que les conjurations réelles et la magie exercée avec intention commencèrent à se multiplier et à se répandre. C'est la mort d'une foule de victimes innocentes qui troubla les imaginations et qui suscita de véritables magiciens, sans compter tous les gens sans aveu qui voyaient dans la magie un moyen d'exploiter la crédulité publique.

---

[1] Une autre opinion sur les démons a été émise par Geor. Gemisthos Pletho, dans le grand ouvrage philosophique Οἱ νόμοι, dont il ne reste aujourd'hui que des fragme ts (ed. Alexandre, Paris, 1858), mais que les Italiens du quinzième siècle connaissaient d'une manière plus complète sous forme de copies peut-être ou par la tradition. Il a certainement exercé une grande influence sur la culture philosophique, politique et religieuse du temps. D'après lui, les démons, qui faisaient partie de la catégorie des dieux de troisième rang, étaient à l'abri de toute erreur et étaient « capables de suivre les traces des dieux placés au-dessus d'eux, des esprits qui apportent aux hommes les biens qui émanent de Jupiter et qui descendent jusqu'à eux en passant par les autres dieux; ils veillent sur l'homme, le purifient, élèvent et fortifient son âme ». Comp. surtout Frédéric SCHULTZE, *Histoire de la philosophie de la Renaissance*, t. I, Iéna, 1874.

La forme populaire et primitive sous laquelle cette science ténébreuse s'était peut-être perpétuée depuis les Romains [1], ce sont les pratiques des sorcières (*strege*). La sorcière est à peu près inoffensive tant qu'elle se borne à la divination [2]; seulement le passage de la simple prédiction à l'intervention effective est souvent imperceptible et peut être pourtant le premier degré du maléfice. Une fois qu'il s'agit d'opérations magiques, on attribue à la sorcière surtout le pouvoir de faire naître l'amour et la haine entre l'homme et la femme, mais on lui prête aussi une influence funeste et destructive : on croit notamment qu'elle peut faire dépérir et mourir les petits enfants, même quand c'est la négligence et la déraison des parents qu'il faut seules accuser. Après tout, il est une question qui reste entière : c'est de savoir quelle action la sorcière a exercée par de simples paroles et cérémonies magiques, par des formules inintelligibles ou par de réelles invocations de démons, sans parler des breuvages et des poisons qu'elle a pu administrer en pleine connaissance de cause.

Il est un terrain un peu moins scabreux, sur lequel les moines mendiants osent entrer en concurrence avec les sorcières; nous le connaissons par la sorcière de Gaëte, dont Pontanus [3] raconte l'histoire : son voyageur Suppatius entre dans la demeure de la magicienne juste au

[1] Il ne reste pourtant que fort peu de chose de ce que pouvaient les magiciennes de l'époque romaine. La dernière métamorphose d'un homme en âne est peut-être celle qu'on prétend avoir eu lieu au onzième siècle, sous Léon IX; voir dans *Giul Malmesbury* (vol. I, p. 282)

[2] Tel pourrait bien avoir été le cas de la remarquable possédée à laquelle des grands de la Lombardie venaient demander (vers 1513), à Ferrare et en d'autres lieux, la révélation de l'avenir; elle s'appelait Rodogine. Pour plus de détails, voir RABELAIS, *Pantagruel*, IV, 58.

[3] Jovian. PONTAN., *Antonius*.

moment où elle donne audience à une jeune fille et à une servante qui arrivent le troisième jour qui suit la nouvelle lune et qui apportent une poule noire, neuf œufs pondus un vendredi, un canard et du fil blanc; elle renvoie les deux visiteuses et leur dit de revenir à la tombée de la nuit. Il ne s'agit, suivant toute apparence, que de divination : la maîtresse de la servante est devenue grosse des œuvres d'un moine, l'amant de la jeune fille lui est devenu infidèle et est entré au couvent. La sorcière fait entendre les plaintes suivantes : « Depuis la mort de mon mari, je vis de ces pratiques et je pourrais avoir la vie assez facile, vu que les femmes de Gaëte ont une foi assez robuste dans la sorcellerie; mais les moines me coupent l'herbe sous le pied en expliquant les songes, en se faisant donner de l'argent pour apaiser la colère des saints, en promettant des maris aux jeunes filles, des garçons aux femmes enceintes, des enfants aux femmes stériles et, de plus, en allant voir la nuit, à l'heure où les maris sont à la pêche, les femmes auxquelles ils ont donné rendez-vous à l'église. » Suppatius la met en garde contre la malveillance du couvent; mais elle ne craint rien, parce qu'elle est depuis longtemps dans les meilleurs termes avec le père gardien [1].

Voici maintenant un genre de sorcières qui sont plus dangereuses : ce sont celles qui, par leurs maléfices, font perdre aux hommes la santé et la vie. C'est à propos d'elles qu'on a cru sans doute pour la première fois à l'intervention d'esprits puissants, quand le mauvais

---

[1] Pour montrer combien la croyance aux sorcières était répandue en ce temps-là, nous rappellerons qu'en 1483 Ange Politien fit une *Prælectio in priora Aristotelis analytica cui titulus Lamia* (trad. en italien par Isidore del Lungo, Florence, 1864). Comp. REUMONT, *Laurent II*, p. 75-77. D'après cela, on peut aussi considérer jusqu'à un certain point Fiesole comme un foyer de sorcellerie.

œil, etc., ne suffisait pas. Comme nous l'avons vu en parlant de la Finicella (p. 240), le supplice du bûcher était leur châtiment, et pourtant le fanatisme est encore traitable : à Pérouse, par exemple, elles peuvent, aux termes d'une loi locale, se racheter en payant 400 livres[1]. En ce temps-là la législation contre les sorcières était encore loin d'être régulière et uniforme. Sur le territoire des États de l'Église, dans la région du haut Apennin, dans la patrie de saint Benoît lui-même, à Norcia (Nursia), subsistait un véritable nid de sorcières et de magiciens. Le fait était de notoriété publique. C'est une des lettres les plus remarquables de la jeunesse de Sylvius Ænéas[2] qui nous renseigne à cet égard. Voici ce qu'il écrit à son frère : « Le porteur de la présente est venu chez moi pour me demander si je ne connaissais pas une montagne de Vénus en Italie, c'est-à-dire une montagne où l'on enseignait des secrets magiques que son maître, qui était Saxon d'origine et grand astronome[3], désirait connaître. Je répondis que je connaissais un Porto Venere non loin de Carrare, sur la côte ligurienne, où j'avais passé trois nuits lorsque j'allais à Bâle. Je savais aussi qu'il existait en Sicile une montagne consacrée à Vénus ; c'est le mont Éryx ; mais je ne sache pas qu'on y enseigne la magie. Toutefois au milieu de la conversation je me rappelai que dans l'Ombrie, dans l'ancien duché (de Spolète), non loin de la ville de Nursia, se trouve au pied d'un rocher escarpé une grotte que tra-

---

[1] GRAZIANI, *Arch. stor.*, XVI, i, p. 565, ad a. 1445, à propos d'une sorcière de Nocera qui n'offrit que la moitié de la somme et qui fut brûlée. La loi frappe celles qui *facciono le fature overo venefitie overo encantatione d'onmunde spirite a nuocere.* (Notes 1, 2, *ibid.*)

[2] Lib. I, ep. 46. *Opera*, p. 531 ss. Au lieu d'*umbra*, p. 532, il faut lire *Umbria*, et au lieu de *lacum, locum*.

[3] Plus tard il le nomme *medicus ducis Saxoniæ, homo tum dives tum potens*.

verse un cours d'eau. Je me souviens d'avoir entendu dire que cette grotte est hantée par des sorcières (*striges*), des démons et des fantômes; celui qui a le courage d'y pénétrer peut voir des esprits (*spiritus*), leur parler et apprendre des tours de sorcellerie[1]. Je n'ai pas vu l'endroit et n'ai point cherché à le voir, car ce qu'on n'apprend qu'en commettant un péché, on fait mieux de l'ignorer. » Puis il cite son auteur et prie son frère de mener le porteur de la lettre chez lui, s'il vit encore. Énéas pousse très-loin sa complaisance à l'égard d'un personnage haut placé; mais quant à lui, il est non-seulement plus affranchi de toute superstition que ses contemporains (p. 256, 291), mais encore il a subi sous ce rapport une épreuve à laquelle ne résisteraient pas les gens éclairés d'aujourd'hui. Lorsqu'à l'époque du concile de Bâle il resta pendant soixante-quinze jours à Milan, cloué sur son lit par la fièvre, on ne put le décider à recourir à la magie, bien qu'on amenât près de son lit un homme qui, disait-on, avait guéri peu de temps auparavant, dans le camp de Piccinino, deux mille soldats qui souffraient de la fièvre. Quoiqu'il fût encore souffrant, Énéas traversa la montagne pour aller à Bâle et guérit en chevauchant[2].

D'autre part, nous sommes renseignés sur les environs de Norcia par le nécromant qui chercha à gagner Benvenuto Cellini. Il s'agit[3] de bénir un nouveau livre de magie; l'endroit le plus convenable pour l'opération,

[1] Au quatorzième siècle on connaissait une sorte de soupirail de l'enfer non loin d'Ansedonia en Toscane. C'était une caverne où l'on voyait sur le sable des traces d'hommes et d'animaux; on avait beau effacer ces traces, elles reparaissaient le lendemain. UBERTI, *Il Dittamondo*, l. III, cap. IX.

[2] PII II *Comment.*, l. I, p. 10.

[3] *Benv. Cellini*, l. I, cap. LXV.

ce sont les montagnes de ce pays. Il est vrai que le maître du magicien a une fois béni un livre dans le voisinage de l'abbaye de Farfa, mais il s'est produit à cette occasion des difficultés qu'on ne rencontrerait pas près de Norcia; de plus, les paysans de la contrée étaient des gens sûrs, avaient quelque pratique de ces choses et pouvaient, en cas de besoin, prêter un concours sérieux. L'excursion n'eut pas lieu, sans quoi Benvenuto aurait probablement appris à connaître les acolytes du fripon. En ce temps-là ce pays était vraiment légendaire. Arétin dit quelque part d'une fontaine ensorcelée que ses bords sont la demeure des sœurs de la sibylle de Norcia et de la tante de la fée Morgane. Vers la même époque, le Trissin, dans son grand poëme épique [1], célébrait cet endroit avec un luxe extraordinaire de poésie et d'allégorie comme la patrie des oracles et des prédictions.

La célèbre bulle d'Innocent VIII (1484) [2] inaugura, comme on le sait, un affreux système de persécutions contre les sorcières, mais elle ne fit que donner plus d'extension à la sorcellerie. Des Dominicains allemands en furent les principaux promoteurs; aussi l'Allemagne eut-

---

[1] *L'Italia liberata da' Goti*, canto XIV. On peut se demander si le Trissin lui-même croit encore à la possibilité de sa description, ou s'il s'agit déjà d'un élément du romantisme pur. Il est également permis d'élever les mêmes doutes au sujet de son modèle probable Lucain (chant VI), où la sorcière thessalienne évoque un mort pour faire plaisir à Sextus Pompée.

[2] *Septimo Decretal.*, lib. V, tit. XII. Elles commencent par ces mots : *Summis desiderantes affectibus*, etc. Je crois devoir faire observer en passant qu'en y regardant de près toute idée d'un état de choses renouvelé de l'antiquité, d'un reste de croyances païennes, disparaît ici. Celui qui voudra se convaincre que l'imagination des moines mendiants est la source unique de toutes ces observations, n'a qu'à suivre dans les mémoires de Jacques du Clerc le procès des Vaudois d'Arras (en 1459). Ce n'est que par cent ans de procès qu'on amena l'imagination populaire à trouver toutes naturelles les pratiques incriminées.

elle le plus à souffrir de ce fléau, qui naturellement sévit
aussi dans les pays italiens les plus voisins de l'Allemagne.
Les édits et les bulles des papes eux-mêmes[1] visent surtout
la Lombardie, province où règne l'Ordre de Saint-Dominique, les diocèses de Brescia et de Bergame, et Crémone. D'autre part, Sprenger nous apprend par son
livre célèbre, le *Malleus maleficarum,* qui est à la fois
théorique et pratique, que dès la première année qui
suivit la bulle, 41 sorcières furent brûlées à Côme ; quantité d'Italiennes se réfugièrent sur le territoire de
l'archiduc Sigismond, où elles se croyaient encore en
sûreté. Enfin la sorcellerie s'établit à demeure dans
quelques malheureuses vallées des Alpes, particulièrement
dans le val Camonica[2]; le système employé pour détruire
la sorcellerie avait évidemment réussi à infester pour
toujours de l'erreur qu'on voulait extirper, des popula-
lations qui avaient quelque disposition spéciale à s'y
adonner. Cette sorcellerie, essentiellement allemande,
forme une variété qu'on retrouve dans des histoires et
dans des nouvelles de Milan, de Bologne, etc.[3]. Si les
pratiques dont nous parlons ne se répandirent pas davantage en Italie, cela tenait peut-être à ce que ce pays

[1] D'Alexandre VI, de Léon X, d'Adrien VI.
[2] Qui est cité comme la patrie légendaire des sorcières dans
l'*Orlandino,* cap. i, str. 12.
[3] P. ex. BANDELLO, III, nov. 29, 52. PRATO, *Arch. stor.,* III, p. 409.
— BURSELLIS, *Ann. Bonon.,* ap. MURAT., XXIII, col 897, raconte déjà,
à propos de l'année 1468, la condamnation d'un prieur de l'Ordre
des Servites, qui tenait un lupanar d'esprits : *Cives Bononienses coire
faciebat cum dæmonibus in specie puellarum.* Il offrait aux démons des
sacrifices en forme. — Voir un pendant à ce fait dans PROCOP.
Hist. arcana, cap. xii, où une véritable maison de tolérance est
fréquentée par un démon qui met à la porte les hôtes qu'il y rencontre. — Galateo (p. 116 ss.) (voir plus haut, p. 308, note 1)
constate aussi la croyance aux sorcières, qui était alors généralement répandue : *Volare per longinquas regiones, choreas per paludes
dicere et dæmonibus congredi, ingredi et egredi per clausa ostia et focamina.*

avait une *stregheria* perfectionnée, qui reposait sur de tout autres bases. La sorcière italienne exerce un métier; elle veut gagner de l'argent, et il faut avant tout qu'elle ait du sang-froid et de la réflexion. Chez elle il n'est pas question des rêveries hystériques des sorcières du Nord, de lointaines expéditions, d'incubes et de succubes; la *strega* est une agente de plaisir. Si on lui attribue le pouvoir de prendre diverses formes, de se transporter rapidement sur des points éloignés, elle n'y contredit pas, pour peu que son autorité y gagne; par contre, elle s'expose aux plus grands dangers quand la crainte de sa méchanceté et de sa vengeance, surtout de l'ensorcellement des enfants, du bétail et des fruits des champs, la désigne à la persécution. Les inquisiteurs et les autorités locales peuvent trouver dans la terreur qu'elle inspire un motif extrêmement populaire de la brûler.

Comme nous l'avons indiqué, le champ le plus vaste où moissonne la *strega*, ce sont les intrigues amoureuses, qui lui donnent occasion de faire naître l'amour et la haine, de nouer l'aiguillette, de pratiquer des avortements, des envoûtements. et même d'exercer le métier d'empoisonneuse [1]. Comme on se défiait de femmes aussi redoutables, bien des personnes cherchèrent à apprendre leurs secrets pour opérer elles-mêmes, sans le secours de la sorcière. Les courtisanes de Rome, par exemple, tâchaient d'augmenter le charme de leur personne en recourant à des artifices comme ceux de la Canidie d'Horace. Arétin [2] est non-seulement au courant de leur

---

[1] Sur les dégoûtantes provisions que renfermait la cuisine des sorcières, comp. la *Macaronéide*, Phant., XVI, XXI, où toutes leurs opérations sont décrites.

[2] Dans le *Ragionamento del Zoppino*. Il dit que les courtisanes puisaient leur science surtout dans la fréquentation de certaines Juives qui possédaient des *malie*. — Le passage suivant est aussi

vie, mais il est encore à même de nous renseigner très-
exactement sur leurs pratiques. Il énumère les hideux
objets qu'on trouve réunis dans leurs armoires, des cheveux, des crânes, des côtes, des dents, des yeux de morts,
de la peau humaine, des nombrils de petits enfants, des
semelles de souliers et des vêtements arrachés aux tombeaux ; elles vont jusqu'à chercher dans les cimetières de
la chair en putréfaction et la donnent à manger à leurs
galants (sans parler de choses encore plus monstrueuses).
Elles prennent des cheveux, des aiguillettes, des rognures
d'ongles de leurs galants, et les font cuire dans de
l'huile qu'elles ont volée dans les lampes qui brûlent
perpétuellement dans les églises. La plus innocente de
leurs conjurations est celle qui consiste à donner à de
la cendre chaude la forme d'un cœur, qu'elles percent
en chantant :

> Prima che'l fuoco spenghi
> Fa ch'a mia porta venghi ;
> Tal ti punga il mio amore
> Quale io fo questo cuore.

Elles prononcent aussi des formules magiques au clair
de la lune, font des dessins sur la terre et fabriquent des
figures de cire ou de bronze qui doivent sans doute
représenter le bien-aimé et qu'elles traitent suivant les
circonstances.

On était tellement habitué à ces choses-là qu'une
femme qui exerçait un grand charme sur les hommes
tout en n'étant ni jeune ni belle, devenait par cela même

fort remarquable. Bembo raconte dans la biographie de Guidobaldo (*Opera*, I, 614) ce qui suit : *Guid. constat sive corporis et naturæ
vitio, seu quod vulgo creditum est, artibus magicis ab Octaviano patruo
propter regni cupiditatem impeditum quarum omnino ille artium expeditissi-
mus habebatur, nulla cum femina coire unquam in tota vita potuisse, neque
unquam fuisse ad rem uxoriam idoneum.*

suspecte de magie. La mère de Sanga [1] (secrétaire de Clément VII) empoisonna la maîtresse de son fils, qui se trouvait dans ce cas; mais malheureusement le fils mourut aussi, de même que plusieurs amis de la maison, qui mangèrent de la salade empoisonnée préparée par cette femme.

Vient maintenant, non pas un auxiliaire, mais un concurrent de la sorcière, un individu encore plus expert qu'elle en matière de maléfices, le magicien ou conjurateur, *incantatore*. Parfois il est autant et même plus astrologue que magicien; il est probable qu'il s'est fait passer plus d'une fois pour astrologue afin de ne pas être poursuivi comme magicien; du reste, le magicien avait besoin de certaines notions d'astrologie, ne fût-ce que pour arriver à déterminer les heures favorables (p. 292, 299)[2]. Mais comme bien des esprits sont bons[3] ou indifférents, celui qui les évoque n'a souvent pas trop mauvaise réputation; aussi fallut-il qu'en 1474 Sixte IV lançât un bref[4] contre quelques Carmélites de Bologne qui disaient en chaire qu'il n'y avait pas de mal à consulter les démons. Nombre de gens croyaient évidemment à la réalité de ces évocations; on en trouve une preuve indirecte dans le fait que même les personnes les plus pieuses croyaient à l'apparition de bons esprits évoqués par elles. Savonarole a l'esprit rempli de visions de ce genre; les platoniciens de Florence parlent d'une union mystique avec Dieu, et Marcellus Palingenius (t. I,

---

[1] Varchi, *Stor. fior.*, II, p. 153.

[2] On trouve des renseignements très-intéressants sur deux magiciens, un Sicilien et un Juif, dans Landi, *Commentario*, fol. 36ᵃ et 37ᵃ. (Entre autres : miroir magique, une tête de mort qui parle, les oiseaux arrêtés dans leur vol.)

[3] On insistait beaucoup sur cette réserve. Corn. Agrippa, *De occulta philosophia*, cap. XXXIX

[4] Septimo, *Decretal.*, l. c.

p. 329 ss.) donne nettement à entendre qu'il est en rapport avec des esprits bienfaisants[1]. Le même auteur est aussi convaincu de l'existence de toute une hiérarchie de démons malfaisants qui demeurent dans une région sublunaire et dont l'attention est sans cesse tournée vers la nature et vers la vie des hommes[2]; il raconte même qu'il a été personnellement en contact avec des esprits de cette espèce, et comme le but de cet ouvrage ne nous permet pas d'exposer systématiquement la croyance aux esprits telle qu'elle existait alors, nous citerons du moins à titre d'exemple unique la relation de Palingenius[3].

Il s'est fait instruire par un pieux ermite de S. Silvestro, sur le mont Soracte, du néant des choses de la terre et de la vie humaine. A la tombée de la nuit il se met en route pour Rome. Au clair de la lune il voit sur la route trois hommes qui viennent se joindre à lui; l'un d'eux l'appelle par son nom et lui demande d'où il vient. Palingenius répond : « De chez le Sage, sur cette montagne là-bas. — Insensé, réplique l'autre, crois-tu réellement qu'il y ait des sages sur cette terre? Il n'y a que des êtres supérieurs (*Divi*) qui possèdent la sagesse; nous sommes de ces êtres-là, bien que nous soyons revêtus de la forme humaine; je m'appelle Saracil, et ceux-ci se nomment Sathiel et Jana; notre empire est situé tout près de la lune; c'est là que demeurent en général la foule des êtres intermédiaires qui règnent sur la terre et la mer. » Palingenius demande à son interlocuteur, non sans une terreur secrète, ce qu'ils vont faire à Rome. Il reçoit cette réponse : « Un de nos compagnons,

---

[1] *Zodiacus vitæ*, XII, 363 à 539 Cf. X, 398 ss.
[2] *Ibid.*, IX, 291 ss.
[3] *Ibid.*, X, 770 ss.

Ammon, est retenu captif par le pouvoir magique d'un jeune homme de Narni, qui fait partie de la suite du cardinal Orsini; car, sachez-le bien, enfants de la terre, une des preuves de votre immortalité, c'est que vous pouvez asservir des êtres de notre espèce; moi-même j'ai dû, enfermé dans du cristal, servir les volontés d'un Allemand jusqu'au moment où j'ai été délivré par un petit moine barbu. Nous allons à Rome pour rendre le même service à notre frère, et nous profiterons de l'occasion pour expédier cette nuit quelques grands seigneurs dans le royaume des ombres. » A ces mots s'élève une petite brise, et Sathiel dit : « Écoutez, voilà déjà notre prisonnier qui revient de Rome, cette brise l'annonce. » Et, en effet, un nouveau démon arrive; les autres le saluent joyeusement et l'interrogent sur la ville éternelle. Les nouvelles qu'il rapporte sont antipapales au dernier degré : Clément VII est de nouveau l'allié des Espagnols; il espère extirper la doctrine de Luther, non plus par le raisonnement, mais par l'épée de l'Espagne; il travaillera ainsi pour le compte des démons, qui, grâce aux flots de sang qui seront répandus, entraîneront aux enfers des légions d'âmes. Après ces discours, où Rome avec son immoralité est représentée comme dévolue au malin, les démons disparaissent, laissant là le poëte, qui continue tristement son voyage [1].

Celui qui veut se faire une idée complète des rapports des hommes avec les démons, rapports tolérés

---

[1] Chez les poëtes du temps le modèle mythique des magiciens est, comme on le sait, Malagigi. A propos de cette figure, Pulci *Morgante*, canto XXIV, str. 106 ss.) s'exprime aussi théoriquement sur les limites de la puissance des démons et de la conjuration. Seulement il faudrait savoir ce qu'il en pense sérieusement. (Comp. canto XXI.)

publiquement malgré le *Marteau des maléfices* (*Malleus maleficarum*), etc., nous le renvoyons au livre bien connu d'Agrippa de Nettesheim « sur la philosophie occulte ». Il paraît, il est vrai, l'avoir écrit primitivement avant son séjour en Italie[1]; mais, dans la dédicace à Trithemius, il cite aussi des sources italiennes très-importantes, indépendamment de beaucoup d'autres, bien que ce ne soit que pour les discréditer toutes. Chez des individus équivoques comme l'était Agrippa, chez des fripons et des fous comme le sont la plupart des autres, le système qu'ils affichent nous intéresse fort peu, malgré leurs formules, leur cuisine magique, leurs onguents, leurs dessins bizarres, leurs ossements[2], etc. Mais d'abord ce système est rempli d'emprunts faits à la superstition antique; ensuite le rôle qu'il joue dans la vie et dans les passions des Italiens est considérable et fécond au dernier point. On devrait croire que les plus dépravés d'entre les grands ont seuls donné dans ces aberrations; mais le magicien trouve parfois des clients même parmi les natures fortes et puissantes; toutes les classes de la société recourent à lui, et la seule idée de la possibilité de son art suffit pour ébranler la croyance de l'indifférent lui-même à un ordre de choses régulier et moral. Au prix d'un peu d'argent et de quelque danger on semblait pouvoir braver impunément la raison et la moralité communes, et éviter de passer par les degrés intermédiaires qui séparent ordi-

---

[1] Polidore Virgile était, il est vrai, Italien de naissance, mais son ouvrage *De prodigiis* ne constate que les superstitions répandues en Angleterre, pays où il passa sa vie. Toutefois il fait, à propos de la prescience des démons, une curieuse application au sac de Rome en 1527.

[2] Du moins l'assassinat n'est que très-rarement le but (p. 216) et peut-être jamais le moyen. Un monstre comme Gilles de Retz (vers 1440), qui sacrifia aux démons plus de cent enfants, ne trouve guère son pareil en Italie.

nairement l'homme du but, permis ou non, qu'il poursuit.

Examinons d'abord une pratique ancienne et qui est sur le point de disparaître. Au moyen âge et même dans l'antiquité, bien des villes d'Italie croyaient leur existence liée à celle de certains édifices, de certaines statues, etc. Les anciens avaient leurs légendes de prêtres consécrateurs ou *télestes*, qui avaient assisté à la fondation solennelle de certaines villes et qui avaient assuré, au moyen de la magie, la prospérité des nouvelles cités, soit en érigeant des monuments spéciaux, soit en enterrant secrètement tels ou tels objets déterminés (*telesmata*). Les souvenirs populaires qui dataient de l'époque romaine et se transmettaient de bouche en bouche n'étaient autre chose que des traditions de ce genre ; seulement, par une transformation naturelle, le prêtre consécrateur devint dans la suite des âges un magicien pur, attendu qu'on ne comprenait plus le côté religieux de la mission qu'il remplissait dans l'antiquité. Dans quelques miracles de Virgile[1], Naples persiste à voir la main d'un téleste dont le nom a disparu dans le cours des siècles pour faire place à celui du poëte. Ainsi le fait d'enfermer l'image mystérieuse de la ville dans un vase n'est autre chose qu'un véritable *telesma* antique ; c'est ainsi que Virgile élevant les murs de Naples n'est, sous un autre nom, que le téleste qui avait été présent à la fondation de la ville. L'imagination

---

[1] Comp. la savante dissertation de Roth « sur le magicien Virgile », dans la *Germania* de Pfeiffer, IV, et l'ouvrage de Comparetti (traduit en allemand par H Dütschke), *Virgile au moyen âge*, Lpz., 1876. Le fait de Virgile prenant la place du téleste d'autrefois peut s'expliquer par l'effet que produisaient sur l'imagination populaire les nombreuses visites dont son tombeau était le but même pendant l'époque impériale.

populaire broda sur ce thème, et peu à peu Virgile devint aussi l'auteur du cheval d'airain, des têtes qui surmontent la porte de Nola, de la mouche de bronze qui se trouve sur quelque autre porte, de la grotte du Pausilippe, etc., tous objets qui enchaînent la destinée sous certains rapports déterminés, tandis que les deux premiers traits que nous avons cités semblent fixer le sor de Naples en général. La Rome du moyen âge avait aussi des souvenirs confus du même genre. Dans l'église de S. Ambrogio, à Milan, se trouvait un Hercule antique en marbre; aussi longtemps qu'il resterait à sa place, disait-on, aussi longtemps durerait l'empire, probablement celui des empereurs d'Allemagne, qui se faisaient couronner à S. Ambrogio [1]. Les Florentins étaient convaincus [2] que leur temple de Mars (qui devint plus tard le Baptistère) resterait debout jusqu'à la fin du monde ; la constellation sous laquelle il avait été construit au temps d'Auguste en était un sûr garant. Sans doute, à l'époque où ils devinrent chrétiens, ils en avaient banni la statue équestre en marbre de Mars ; mais parce que la destruction de cette statue avait déchaîné de grands malheurs sur la ville, — également à cause d'une constellation, — on la plaça sur une tour au bord de l'Arno. Lorsque Totila mit Florence en ruine, l'image du dieu tomba dans le fleuve, et elle ne fut repêchée que lorsque Charlemagne releva la ville détruite ; elle fut mise alors sur un pilier, à l'entrée du Ponte Vecchio. C'est à cette place que Bondelmonte fut tué en 1215 ; la reprise de la grande querelle des Guelfes et des Gibelins se rat-

---

[1] UBERTI, *Dittamondo*, l. III, cap. IV.
[2] Sur ce qui suit, voir dans Gio. VILLANI, I, 42, 60 ; II, 1 ; III, 1 ; V, 38 ; XI, 1 Quant à lui, il ne partage pas ces superstitions impies. — Comp. DANTE, *Inferno*, XIII, 146.

tache ainsi à l'idole redoutée. Celle-ci disparut pour toujours lors de l'inondation de 1333 [1].

Mais le même *telesma* se retrouve ailleurs. Guido Bonatto, dont nous avons déjà parlé, ne se contenta pas, lorsqu'on reconstruisit le mur d'enceinte de Forli, de demander qu'on symbolisât l'union des deux partis réconciliés (p. 282); grâce à une statue équestre, en bronze ou en pierre, qu'il exécuta à l'aide de moyens astrologiques et magiques, et qu'il enterra ensuite [2], il croyait avoir préservé la ville de Forli de la destruction, et même du pillage et de la conquête. Lorsque environ soixante ans après le cardinal Albornoz (t. I, p. 129) gouvernait la Romagne, on trouva la statue en faisant par hasard des fouilles, et, probablement sur l'ordre du cardinal, on la montra au peuple afin que celui-ci vît par quel moyen le cruel Montefeltro avait soutenu sa puissance contre l'Église romaine. Mais cinquante ans après (1410), une attaque contre Forli ayant échoué, on en appela de nouveau à la vertu de la statue, qui avait peut-être été sauvée et remise en terre. C'était la dernière fois que l'image mystérieuse devait sauver Forli; dès l'année suivante la ville fut réellement prise. — Dans tout le quinzième siècle, il se rattache encore aux constructions d'édifices des souvenirs astrologiques (p. 295) et même magiques. On était frappé, par exemple, de voir que le pape Paul II ensevelissait dans les fondations des bâtiments qu'il faisait élever une quantité extraordi-

---

[1] Suivant un fragment reproduit par BALUZ. dans *Miscell.*, IX, 119, les habitants de Pérouse étaient jadis en lutte avec ceux de Ravenne, *et militem marmoreum qui juxta Ravennam se continue volvebat ad solem usurpaverunt et ad eorum civitatem virtuosissime transtulerunt.*

[2] Sur ce sujet, voir les croyances locales dans *Annal. Foroliviens.*, ap. MURATORI, XXII, col. 207, 238; le fait se trouve raconté avec des développements dans Fil. VILLANI, *Vite*, p. 43.

naire de médailles d'or et d'argent [1], et Platina est assez
tenté de reconnaître là dedans un télesma païen. Sans
doute Paul ne se doutait, pas plus que son biographe, de
la signification religieuse qu'un tel sacrifice avait au
moyen âge [2].

Pourtant cette magie officielle, qui, du reste, n'est
guère qu'un reste de tradition vague, n'avait pas à beaucoup près l'importance de la magie secrète, servant à
des vues personnelles.

L'Arioste a réuni, dans sa comédie du *Nécromant* [3],
tout ce qu'on voyait à cet égard dans la vie de tous les
jours. Son héros est un de ces nombreux Juifs chassés
d'Espagne, bien qu'il se fasse aussi passer pour Grec,
Égyptien et Africain, et qu'il change sans cesse de nom
et de masque. Il sait, il est vrai, au moyen de ses conjurations, changer le jour en nuit et la nuit en jour, faire
trembler la terre, se rendre invisible, métamorphoser
les hommes en bêtes, etc.; mais ces vanteries ne sont
pour lui qu'une sorte d'enseigne; son véritable but, c'est
d'exploiter les malheurs et les passions des couples mal
assortis, et sous ce rapport, les traces qu'il laisse ressemblent à la bave d'une limace, mais souvent aussi à la
grêle dévastatrice. Pour arriver à ses fins, il réussit à
faire croire que la caisse dans laquelle est caché un
amant est pleine d'esprits, ou qu'il peut faire parler un
cadavre, etc. Ce qui prouve du moins en faveur du bon
sens public, c'est que les poëtes et les nouvellistes pouvaient se permettre de ridiculiser ces sortes de gens, et

---

[1] PLATINA, *Vita pontif.*, p. 320 : *Veteres potius hoc in re quam Petrum,
Anacletum et Linum imitatus.*

[2] Qu'on retrouve très-bien dans SUGERIUS, p. ex., *De consecratione
ecclesiæ* (DUCHESNE, *Scriptores*, IV, p. 355), et dans *Chron. Petershusa-
num*, I, 13 et 16.

[3] Comp. aussi la *Calandre* de BIBIENA.

que leurs railleries trouveraient de l'écho. Non-seulement Bandello représente les pratiques d'un moine lombard comme assez ineptes, bien qu'elles soient terribles dans leurs conséquences [1], mais encore il dépeint [2] avec une véritable indignation la folie et le malheur des clients crédules qui se livrent au magicien. « Tel espère trouver dans le sein de la terre les trésors cachés, grâce à la Clef de Salomon et de bien d'autres livres de magie, tel autre obtenir les faveurs de sa dame, découvrir les secrets des princes, se transporter en un clin d'œil de Milan à Rome, et ainsi de suite. Plus il a de déceptions, plus il s'opiniâtre... Vous souvient-il encore, seigneur Carlo, du temps où un de nos amis, voulant forcer celle qu'il aimait de se rendre à ses désirs, remplissait sa chambre de crânes et d'ossements humains, de façon à la faire ressembler à un cimetière? » Les obligations les plus dégoûtantes s'imposent aux malheureuses dupes, comme celle d'extraire trois dents à un cadavre, de lui arracher un ongle du doigt, etc., et quand enfin, à force de simagrées, la conjuration fait mine d'aboutir à un résultat sérieux, les infortunés meurent parfois de frayeur.

Lors de la grande et fameuse conjuration qui eut lieu en 1532, dans le Colisée, à Rome [3], Benvenuto Cellini ne mourut pas, bien qu'il eût été frappé, lui et ses compagnons, d'une horrible épouvante; le prêtre sicilien qui

---

[1] BANDELLO, III, nov. 52. — Fr. Filelfo (*Epist.*, Venet , 1502, lib. XXXIV, fol. 240 ss.) fulmine contre la nécromancie. En général, il est assez peu superstitieux (*Sat.*, IV, 4); pourtant il croit aux *mali effectus* d'une comète. (*Epistolæ*, fol. 246ᵇ.)

[2] BANDELLO, III, nov. 29. Le conjurateur exige que ses clients s'engagent par des serments solennels à lui garder le secret; ici, p. ex., il les fait jurer sur le maître-autel de Bologne, au moment où il n'y avait aucune autre personne dans l'église. — Il est aussi beaucoup question de sorcellerie dans la *Macaronéide,* Phant. XVIII.

[3] *Benv. Cellini,* I, cap. LXIV.

voyait probablement en lui un auxiliaire utile pour l'avenir, le complimenta même au retour, disant qu'il n'avait jamais rencontré un homme d'un aussi ferme courage. Chaque lecteur se fera son opinion particulière sur l'opération elle-même; l'essentiel, c'étaient sans doute les vapeurs narcotiques et l'imagination préparée d'avance aux scènes les plus terribles; c'est pourquoi le jeune spectateur, sur lequel la vue de ces mystères produit le plus d'impression, voit plus de détails que les autres. Mais nous pouvons deviner que c'était surtout Benvenuto qui était en jeu, car s'il en avait été autrement, une simple curiosité aurait été le motif de cette dangereuse expérience. Benvenuto doit, en effet, d'abord penser à la belle Angélique, et le magicien lui dit ensuite que l'amour est pure folie à côté de la découverte de trésors cachés. Enfin il ne faut pas oublier que sa vanité était flattée de pouvoir se dire : Les démons m'ont tenu parole, et juste au bout d'un mois la belle Angélique était en mon pouvoir, comme j'en avais eu la promesse. (Chap. LXVIII.) Mais quand Benvenuto aurait fini par croire au pouvoir réel du magicien, cette histoire n'en garderait pas moins une grande valeur, comme exemple des idées qui régnaient alors.

D'ordinaire les artistes italiens, même ceux qui étaient fantasques, capricieux et bizarres », ne donnaient pas facilement dans la magie; sans doute on en trouve un qui, à l'occasion de ses études anatomiques, se taille un pourpoint dans la peau d'un cadavre; mais, sur les exhortations d'un confesseur, il remet cette dépouille dans un tombeau [1]. Ce sont précisément les fréquentes

---

[1] VASARI, VIII, 143, *Vita di Andrea da Fiesole.* C'était Silvio Cosini, qui d'ailleurs croyait aux formules magiques et aux billevesées de ce genre.

études faites sur des cadavres qui ont dû le plus contribuer à détruire l'idée de la vertu magique de certaines parties du corps humain, tandis que la contemplation et la reproduction continuelle de la forme révélaient en même temps à l'artiste la possibilité d'une magie toute différente.

En général, malgré les exemples que nous avons cités, la magie est en décroissance sensible en Italie au commencement du seizième siècle, c'est-à-dire à une époque où cette fausse science prend une grande extension dans les autres pays : aussi les magiciens et les astrologues italiens ne semblent-ils commencer à parcourir le Nord, que depuis que chez eux personne n'a plus guère confiance dans leur savoir-faire. C'était le quatorzième siècle qui trouvait nécessaire de surveiller rigoureusement le lac du mont Pilate, près de Scariotto, afin d'empêcher les magiciens de consacrer leurs livres [1]. Au quinzième siècle, on trouve encore des choses telles que l'offre de faire tomber de grandes pluies pour disperser une armée assiégeante ; mais déjà alors Nicolo Vittelli, le gouverneur de Citta di Castello, la ville asssiégée, avait assez de bon sens pour chasser comme des impies ces prétendus faiseurs de miracles [2]. Au seizième siècle, la magie officielle disparaît, bien que les conjurateurs aient encore beau jeu pour exploiter la crédulité des simples particuliers. C'est à cette époque qu'appartient certainement le type classique de la sorcellerie allemande, le docteur Jean Faust ; celui de la sorcellerie italienne, au contraire, Guido Bonatto, remonte au treizième siècle.

[1] Voir à l'appendice n° 3.
[2] *De obsidione Tiphernatium*, 1474. (*Rerum Ital. script. ex Florent. codicibus*, t. II.

Ici encore, il faut sans doute ajouter que la diminution de la croyance aux sorciers n'a pas eu nécessairement pour conséquence de fortifier la croyance à un système du monde régulier et moral, mais qu'elle n'a laissé peut être chez bien des individus qu'un fatalisme vague, ainsi que l'avait fait la disparition de la croyance à l'influence des astres.

Nous pouvons passer entièrement sous silence quelques fausses sciences secondaires, telles que la pyromancie, la chiromancie [1], etc., qui n'eurent, pour ainsi dire, quelque vogue qu'à la suite de l'affaiblissement de la croyance aux conjurations et aux étoiles; même la physiognomonie qui surgit n'a pas à beaucoup près l'intérêt que devrait faire supposer son nom. En effet, elle n'apparaît pas comme la sœur et l'âme de l'art plastique et de la psychologie pratique, mais comme une nouvelle espèce de fatalisme, comme la rivale déclarée de l'astrologie, ce qu'elle avait peut-être été déjà chez les Arabes. Bartolommeo Cocle, par exemple, l'auteur d'un traité de physiognomonie, qui se donnait le titre de métoposcope [2], et dont la science rappelait, suivant l'expression de P. Jove, un des premiers arts libéraux, ne se contenta pas de faire des prédictions aux gens les plus intelligents qui venaient le consulter tous les jours, mais il écrivit même une « liste d'individus dont la vie était menacée par de grands dangers de diverse nature ». Bien qu'ayant vieilli au milieu des lumières de la civilisation romaine — *in hac luce Romana!* — P. Jove trouve que les prédictions contenues dans ce tableau ne se sont

---

[1] Limerno Pittoco se moque de cette superstition, qui était commune chez les soldats (vers 1520). voir *Orlandino*, cap. **v**, str. 60.

[2] Paul. Jov., *Elog. litt.*, p. 106 ss. *Sub voce Cocles.*

que trop réalisées[1]. On apprend aussi à cette occasion comment les gens menacés par ces prédictions et par d'autres semblables se vengeaient des prophètes : Giovanni Bentivoglio fit attacher Lucas Gauricus à une corde fixée au haut d'un grand escalier tournant, et le fit jeter cinq fois contre les murs, parce que Lucas lui avait prédit qu'il perdrait son trône[2]; Hermès Bentivoglio stipendia un sicaire pour assassiner Cocle, parce que le malheureux métoposcope lui avait annoncé, même à son corps défendant, qu'il serait banni et qu'il périrait dans une bataille. En présence de sa victime mourante, le meurtrier disait encore en ricanant, paraît-il, que le devin lui avait prédit lui-même qu'il mourrait prochainement d'une mort ignominieuse. — Une tout aussi triste fin fut celle d'Antioco Tiberto de Césène[3], le créateur de la chiromancie, qui périt sur l'ordre de Pandolphe Malatesta de Rimini, à qui il avait prédit le sort le plus cruel que puisse imaginer un tyran : la misère la plus affreuse et la mort sur la terre d'exil. Tiberto était un homme d'une haute intelligence, qui, disait-on, prédisait l'avenir moins d'après les règles d'une méthode chiromantique que d'après la profonde connaissance qu'il avait des hommes ; aussi était-il considéré à cause de sa haute culture, même par les savants qui ne faisaient nul cas de sa science divinatoire[4].

[1] C'est le collectionneur de portraits passionné qu'on entend parler ici.

[2] Et cela d'après les étoiles, car Gauricus ignorait la physiognomonie; pour sa propre destinée, il était obligé de s'en rapporter à la prédiction de Cocle, parce que son père avait négligé de prendre note de son horoscope.

[3] Paul. Jov., *loc cit.*, p. 100 ss., s. v. *Tibertus*.

[4] On trouve les détails indispensables à connaître sur ces genres de divinations secondaires dans Corn. Agrippa, *De occulta philosophia*, cap. LVII.

L'alchimie enfin, dont il n'est question dans l'antiquité que fort tard, sous Dioclétien, ne joue, aux beaux jours de la Renaissance, qu'un rôle très-secondaire [1]. L'Italie avait aussi connu cette maladie au quatorzième siècle; Pétrarque, qui la combattait, reconnaissait que la manie de vouloir faire de l'or était répandue au loin [2]. Depuis lors ce genre particulier de foi, de persévérance et d'isolement que réclament les travaux alchimiques, était devenu toujours plus rare en Italie, tandis que les adeptes italiens et d'autres commençaient seulement à bien exploiter les grands seigneurs du Nord [3]. Sous Léon X, le petit nombre de ceux [4] qui s'occupaient encore d'alchimie, s'appelaient déjà chez les Italiens « des chercheurs » (ingenia curiosa), et l'on raconte qu'Aurelio Augurelli, qui dédia au prodigue Léon X lui-même son grand poëme sur la manière de faire de l'or, reçut du pontife, à titre de récompense, une bourse magnifique, mais vide. Cette autre science mystérieuse qui prétendait non-seulement faire de l'or, mais encore découvrir la pierre philosophale, est un produit tardif du Nord, qui doit sa naissance aux théories de Paracelse, etc.

---

[1] LIBRI, *Hist. des sciences mathém.*, II, p. 122.

[2] *Novi nihil narro, mos est publicus.* (*Remed. utriusque fortunæ*, p. 93.) Cette partie du livre est écrite avec beaucoup de feu; l'auteur y parle *ab irato*.

[3] Voir un passage important dans TRITHEM. *Ann. Hirsaug.*, II, p. 286 ss.

[4] *Neque enim desunt*, lit-on dans Paul. Jov. *Elog. litt.*, p. 150, s. v. Pompon. GAURICUS. Comp. *ibid.*, p. 130, s. v. Aurel. AUGURELLUS. — *Macaronéide*, Phant., XII.

CHAPITRE V

AFFAIBLISSEMENT DE LA FOI EN GÉNÉRAL

A ces superstitions aussi bien qu'aux idées de l'antiquité en général se rattache étroitement l'affaiblissement
de la croyance à l'immortalité de l'âme [1]. En outre, cette
question a joué un rôle encore bien plus considérable et
bien plus actif dans l'histoire du développement de
l'esprit moderne dans son ensemble.

Une des principales causes de la négation de l'immortalité de l'âme a été d'abord le désir de ne plus rien
devoir à l'Église, devenue un objet de haine. Nous avons
vu (p. 274 ss.) que l'Église donnait le nom d'épicuriens à
ceux qui étaient animés de sentiments hostiles à son
égard. Plus d'un indifférent peut avoir demandé les derniers sacrements à l'heure de la mort; mais combien
d'hommes sont restés ennemis de l'Église pendant toute
leur vie, surtout pendant leurs années les plus actives!
Il est évident que chez un grand nombre d'individus ce

---

[1] Si nous avions à faire l'histoire de l'incrédulité italienne, il
faudrait aussi rappeler l'averroïsme, qui régnait en Italie, et surtout à Venise, vers le milieu du quatorzième siècle, et qui était
combattu par Boccace et par Pétrarque dans des lettres et par
ce dernier aussi dans l'écrit : *De sui ipsius et aliorum ignorantia*. Il
est possible que la colère de Pétrarque ait été entretenue pa des
exagérations et des malentendus; toujours est-il qu'il était convaincu d'une manière générale que les averroïstes tournaient en
ridicule la religion chrétienne et même la rejetaient.

sentiment d'hostilité a été accompagné d'une incrédulité absolue ; du reste, l'histoire est là pour l'attester. Ce sont ceux dont l'Arioste dit qu'ils ne croient à rien au delà de leur toit [1]. En Italie, surtout à Florence, on pouvait être un incrédule notoire, à condition de ne pas s'attaquer à l'Église [2]. Le confesseur, par exemple, qui doit préparer à la mort un condamné politique, s'informe au préalable s'il croit, « car on avait répandu le faux bruit qu'il ne croyait à rien ».

Le condamné dont il s'agit ici, ce **Pierre-Paul Boscoli** dont nous avons déjà parlé (t. II, p. 75), qui a participé en 1513 à un attentat contre les Médicis nouvellement restaurés, est devenu la véritable image de la confusion religieuse qui existait alors. Attaché par tradition au parti de Savonarole, il ne s'en était pas moins passionné pour la liberté conçue d'après l'idéal antique et pour d'autres idées païennes ; mais lorsqu'il est dans son cachot, le parti qu'il avait déserté revient à lui, et lui procure une fin « bienheureuse ». Le témoin et l'historien de ce drame est un membre de cette famille d'artistes qui s'appelle della Robbia, le savant philologue Luca. « Ah ! dit en gémissant Boscoli, chassez de ma tête l'image de Brutus, afin que je puisse suivre ma voie en chrétien [3]. » — Luca lui répond : « Si vous le voulez, ce n'est pas difficile ; vous savez bien que ces traits des anciens Romains ne sont pas arrivés jusqu'à nous dans leur vérité primitive,

---

[1] ARIOSTO, sonetto 34 : *Non creder sopra il tetto.* Le poëte le dit méchamment d'un fonctionnaire qui s'était prononcé contre lui dans une question d'intérêt.

[2] Il faut rappeler ici G. Gemisthos Plethon, dont l'ignorance du christianisme agit puissamment sur les Italiens du temps, surtout sur les Florentins.

[3] *Narrazione del caso del Boscoli. Arch. stor.,* I, p. 273 ss. L'expression consacrée était *non aver fede ;* comp. VASARI, VII, p. 122, *Vita di Piero di Cosimo.*

mais qu'ils ont été idéalisés (*con arte accresciute*). » Et le malheureux force sa raison à croire et se lamente de ne pouvoir croire de son plein gré. S'il pouvait seulement passer un mois avec de bons moines, il deviendrait croyant! On voit aussi que ces gens du parti de Savonarole connaissaient peu la Bible; Boscoli ne sait réciter que des *Pater* et des *Ave ;* aussi supplie-t-il Luca de dire à ses amis qu'ils se mettent à étudier l'Écriture sainte, car l'homme ne possède à sa mort que ce qu'il a appris pendant sa vie. Ensuite Luca lui lit et lui explique la Passion d'après l'Évangile de saint Jean ; chose curieuse, la divinité du Christ est évidente pour le condamné, tandis qu'il a peine à comprendre qu'il soit homme en même temps : il voudrait voir l'homme dans le dieu, « comme si Jésus-Christ venait à sa rencontre, sortant d'une forêt » ; là-dessus son ami lui prêche l'humilité, disant que ce sont là des doutes inspirés par Satan. Plus tard il se rappelle que dans sa jeunesse il a fait vœu d'aller en pèlerinage à l'Impruneta, et qu'il n'a pas accompli ce vœu ; son ami lui promet de faire le pèlerinage à sa place. Dans l'intervalle vient le confesseur, un moine du couvent de Savonarole, dont il avait demandé l'assistance ; celui-ci commence par lui expliquer les idées de saint Thomas d'Aquin sur le tyrannicide, puis il l'exhorte à mourir sans faiblesse. Boscoli lui répond : « Mon père, ne perdez votre temps, car les philosophes suffisent à m'enseigner le courage de mourir ; aidez-moi à souffrir la mort par amour de Jésus-Christ. » Le reste, la communion, les adieux et l'exécution sont décrits en termes extrêmement touchants ; mais ce qui frappe surtout, c'est le trait suivant : lorsque Boscoli posa la tête sur le billot, il pria le bourreau de retarder encore d'un moment le coup fatal : « car, disait-il, depuis qu'on lui avait lu son arrêt, il n'avait cessé d'aspirer à une réconciliation complète avec Dieu sans pouvoir y arriver comme il le désirait; mais en ce moment il espérait se donner à lui tout entier. » C'est évidemment une expression de Savonarole qui, comprise à moitié seulement, avait jeté l'inquiétude dans son âme.

Si nous possédions d'autres aveux de ce genre, le tableau intellectuel s'enrichirait d'une foule de traits intéressants que les traités et les poëmes sont incapables de nous fournir. Nous verrions mieux encore combien était fort le sentiment religieux primitif, combien était subjectif et fragile en même temps l'attachement de l'individu à la religion, enfin quels redoutables ennemis se dressaient en face de cette dernière. Il est incontestable que des hommes placés dans de telles conditions sont impuissants à fonder une Église nouvelle; mais l'histoire de l'esprit des peuples occidentaux serait incomplète si elle ne s'arrêtait pas sur cette période de fermentation traversée par les Italiens, pendant qu'elle peut s'épargner l'étude d'autres nations qui ne prenaient aucune part au mouvement intellectuel. Mais revenons à la question de l'immortalité.

Si le scepticisme qui régnait à cet égard parmi les esprits cultivés gagna tant de terrain, cela tenait aussi à ce que la grande mission de découvrir le monde et d'en reproduire l'image par la littérature et par l'art, absorbait presque entièrement toutes les forces de l'esprit et de l'âme. Nous avons déjà montré que ce caractère mondain de la Renaissance était fatal (p. 268). Mais en même temps ces études et ces travaux firent naître un sentiment général de doute et de curiosité. Si cet esprit se manifeste peu dans la littérature, si, par exemple, il ne se révèle que par un petit nombre de critiques dirigées contre l'histoire biblique (p. 282), il n'en faudrait pas conclure qu'il n'a pas existé. Il était dominé, mais non étouffé par le besoin positif de multiplier les créations de l'art ; en outre, il était contenu par les rigueurs de l'Église, qui se déployaient dès qu'il essayait de s'affirmer sous forme de théorie. Mais cet esprit de doute devait inévitablement se porter sur la question de l'état qui suit la mort plutôt que sur toute autre, et cela pour des raisons trop faciles à comprendre pour avoir besoin d'être énumérées.

Ici encore l'antiquité intervint, et, dans cette matière, elle exerça une double action sur les esprits. D'abord on chercha à s'assimiler la psychologie des anciens et l'on tortura le texte d'Aristote pour arriver à une solution définitive. Dans un de ces dialogues imités de Lucien, comme cette époque en a beaucoup produit [1], Charon raconte à Mercure comment, en transportant Aristote dans sa barque, il l'a interrogé sur ses croyances en matière d'immortalité ; mais le prudent philosophe, qui n'en continue pas moins de vivre malgré sa mort, n'a pas voulu se compromettre par une réponse nette et positive ; qu'adviendra-t-il après de longs siècles de l'interprétation de ses écrits ? — On n'en disputait qu'avec plus d'ardeur sur ses opinions et sur celles d'autres écrivains en ce qui concerne la véritable nature de l'âme ; son origine, sa préexistence, son unité dans tous les hommes, son éternité absolue et même ses migrations ; il y avait même des gens qui traitaient ces questions en chaire [2]. Dès le quinzième siècle, le débat devint très-animé ; les uns prouvaient qu'Aristote enseignait positivement la doctrine de l'immortalité de l'âme [3] ; d'autres

---

[1] Jovian. PONTAN., *Charon.*, *Opp.*, II, p. 1128-1195.
[2] *Faustini Terdocei triumphus stultitiæ*, l. II.
[3] Par exemple, Borbone Morosini, vers 1460 ; comp. *Sansovino,*

gémissaient sur l'endurcissement des hommes, qui, pour croire à l'existence de l'âme, voudraient la voir de leurs yeux [1]; Filelfo, dans son oraison funèbre de François Sforza, cite en faveur de l'immortalité une foule de textes de philosophes anciens et même arabes, et termine ces citations, qui tiennent une page et demie d'un in-folio très-serré [2], par les deux lignes suivantes : « En outre, nous avons l'Ancien et le Nouveau Testament, qui contiennent la vérité par excellence. » Puis viennent les platoniciens de Florence avec la psychologie de Platon, et, comme Pic, par exemple, avec le complément de la théorie du philosophe grec, emprunté à la doctrine du christianisme. Mais leurs adversaires faisaient triompher leur opinion dans le monde éclairé. Au commencement du seizième siècle, l'irritation que l'Église ressentait en voyant combattre les idées professées par elle, était devenue si vive qu'au concile de Latran (1513) Léon X dut publier une constitution [3] en faveur du dogme de l'immortalité et de l'individualité de l'âme ; il affirmait cette dernière pour répondre à ceux qui enseignaient que l'âme était une dans tous les hommes. Mais quelques années plus tard parut le livre de Pomponazzo, où l'auteur établissait l'impossibilité de prouver philosophiquement l'immortalité; la lutte entre les partisans et les adversaires de la doctrine en question continua de

Venezia, l. XIII. p. 243. Il a écrit *De immortalitate animæ ad mentem Aristotelis.* — Pomp. Lætus croyait avoir trouvé un sérieux argument en faveur de sa mise en liberté, en rappelant qu'il avait écrit une épître sur l'immortalité de l'âme. Comp. la remarquable apologie qui se trouve dans GREGOROVIUS, VII, 580 ss. — Comme pendant dans un sens contraire, voir les plaisanteries de Luigi Pulci sur l'immortalité de l'âme dans un sonnet cité par Galeotti, *Arch. stor. ital.,* n. s., IX, p. 49 ss.

[1] *Vespas. Fiorent.*, p. 260.
[2] *Orationes Philelphi*, fol. 8.
[3] *Septimo Decretal.*, l. V, tit. III, cap. VIII.

plus belle et ne cessa qu'en présence de la réaction catholique ; la préexistence des âmes en Dieu, conçue plus ou moins d'après l'idéologie de Platon, resta longtemps une idée très-répandue, dont les poëtes[1], par exemple, surent tirer parti. On ne se préoccupait pas des conséquences qu'elle entraînait au point de vue de la continuation de l'existence après la mort.

L'antiquité influa sur les idées modernes, surtout par l'intermédiaire de ce remarquable fragment du seizième livre de la République de Cicéron, qui est connu sous le nom de « Songe de Scipion ». Sans le commentaire de Macrobe, il aurait probablement été perdu comme le reste de la seconde moitié de l'ouvrage de l'orateur romain ; grâce à ce critique, on a pu en faire des copies[2], et, à partir de l'invention de l'imprimerie, des éditions innombrables ; c'est ainsi que d'autres commentateurs ont pu l'étudier sous toutes ses faces. Il s'agit de la description d'un ciel réservé aux grands hommes, que remplit l'harmonie des sphères. Ce ciel païen, que d'autres extraits des auteurs anciens firent encore mieux connaître, prit insensiblement la place du ciel chrétien, de même que l'idéal de la grandeur historique et de la gloire rejeta dans l'ombre l'idéal de la vie chrétienne, mais sans que le sentiment intime de l'homme en fût blessé comme par la doctrine de la suppression totale de la personnalité. Déjà Pétrarque, sans faire mention de la Bible[3],

---

[1] ARIOSTO, *Orlando*, canto VIII, str. 61. — Ridiculisés dans *Orlandino*, cap. IV, str. 67, 68. — Cariteo, membre de l'académie napolitaine de Pontanus, profite de la théorie de la préexistence des âmes pour exalter la mission de la maison d'Aragon. ROSCOE, *Leone X* ed. Bossi, t. II, p. 288.

[2] *Orelli ad Cic. de republ.*, l. VI. — Comp. aussi LUCAN., *Pharsal.*, IX, au commencement.

[3] PETRARCA, *Epp. fam.*, IV, 3; IV, 6. FRACASS. (en ital.), I, 498 ss. 510 ss.

fonde ses espérances sur ce « Songe de Scipion », sur
les affirmations qu'il trouve dans d'autres écrits de
Cicéron et sur le Phédon de Platon. « Pourquoi, se
demande-t-il, ne partagerais-je pas comme catholique
une espérance que je trouve chez les païens? » Un peu
plus tard, Coluccio Salutati écrivait ses « Travaux d'Hercule » (dont le manuscrit existe encore), où il prouve à
la fin que le ciel appartient de droit aux hommes énergiques qui ont soutenu de grandes luttes et accompli de
grands travaux sur la terre [1]. Si Dante avait cru devoir
assigner aux païens les plus illustres, qu'il jugeait certainement dignes du paradis, ces limites qni se trouvent
à l'entrée de l'enfer [2], la poésie moderne, par contre,
acceptait avec enthousiasme ces idées libérales sur l'autre
monde. Côme l'aîné, d'après le poëme écrit par Bernardo
Pulci sur sa mort, est reçu dans le ciel par Cicéron, qui
a mérité, lui aussi, le nom de « père de la patrie », par
les Fabius, par Curius, par Fabricius et par beaucoup
d'autres; il sera avec eux un des ornements de ce chœur
où n'entrent que des âmes sans reproche [3].

Mais il y avait encore dans les auteurs anciens une
image moins riante de l'autre vie; c'est le royaume des
ombres d'Homère et des poëtes qui n'avaient pas égayé
et humanisé cette seconde existence. Certains esprits en
avaient été frappés. Jovianus Pontanus [4] met dans la

---

[1] Fil. VILLANI, *Vite*, p. 15. Ce remarquable passage est ainsi
conçu : *Che agli uomini fortissimi poichè hanno vinto le mostruose fatiche
della terra, debitamente sieno date le stelle.*

[2] *Inferno*, IV, 24 ss. — Comp. *Purgatorio*, VII, 28; XXII, 100.

[3] Ce ciel païen se retrouve aussi dans l'épitaphe du sculpteur
Nicolo dell' Arca :

Nunc te Praxiteles, Phidias, Polycletus adorant
Miranturque tuas, o Nicolae, manus.

(Dans BURSELLIS, *Ann. Bonon.*, MURAT.. XXIII col 912

[4] Dans un de ses derniers écrits *Actius*

bouche de Sannazar le récit d'une vision qu'il a eue un matin, alors qu'il était plongé dans un demi-sommeil. Il voit un ami mort, Ferrandus Januarius, avec lequel il s'était souvent entretenu jadis de l'immortalité de l'âme; il lui demande si les peines de l'enfer sont réellement éternelles et terribles comme on le dit. Après quelques instants de silence, l'ombre répond tout à fait dans le sens d'Achille interrogé par Ulysse : « Ce que je puis te dire et t'affirmer, c'est que nous autres, qui avons quitté la vie terrestre, nous éprouvons un violent désir d'y rentrer. » Puis elle salue l'ami étonné et disparaît.

On ne saurait méconnaître que de pareilles idées sur l'état qui suit la mort supposent ou amènent la suppression des dogmes chrétiens les plus essentiels. Pour les partager, il fallait avoir perdu presque entièrement la notion du péché et de la rédemption. Qu'on ne se laisse pas abuser par l'influence des prédicateurs et des épidémies de pénitence dont nous avons parlé plus haut (p. 234 ss., 261 ss.); car, même en accordant que les individus éclairés y aient pris part comme les autres, il faut se dire que ce phénomène était dû surtout à un besoin d'émotion, à une détente momentanée des esprits, à l'épouvante causée par une calamité publique, à l'espérance du secours céleste. Le réveil de la conscience n'avait pas pour conséquence for cée le sentiment des fautes commises et de la rédemption; même une pénitence extérieure très-rigoureuse ne suppose pas nécessairement le repentir dans le sens chrétien. Quand des hommes de la Renaissance, à l'esprit largement développé, nous racontent que leur principe est de ne se repentir de rien [1], cela peut certainement être vrai

---

[1] CARDANUS, *De propria vita*, cap. XIII : *Non pœnitere ullius rei quam voluntarie effecerim, etiam quæ male cessisset;* sans cela j'aurais été le plus malheureux des hommes.

d'actions moralement indifférentes, de choses purement imprudentes et inutiles; mais ce dédain du repentir s'étendra naturellement aussi au domaine moral, parce que sa source est générale, c'est-à-dire qu'il dérive du sentiment puissant de l'individualité. Le christianisme passif et contemplatif, qui ne sait que faire craindre ou espérer la vie à venir, n'avait plus de pouvoir sur ces hommes Aussi Machiavel ose-t-il arriver à cette conclusior : c'est qu'une religion pareille est incapable d'être utile à l'État et à la défense de sa religion [1].

Quelle forme devait donc revêtir chez les penseurs le sentiment religieux, qui, malgré tout, subsistait dans toute sa force? C'est celle du théisme ou du déisme, comme on voudra. Ce dernier nom peut convenir à la doctrine qui a rejeté l'élément chrétien sans chercher ou sans trouver quelque chose qui puisse le remplacer au point de vue du sentiment. Quant au théisme, nous le trouvons dans cette croyance élevée, positive, à l'Être suprême, que le moyen âge n'avait pas connue. Cette croyance n'exclut pas le christianisme et peut toujours se concilier avec la doctrine chrétienne du péché, de la rédemption et de l'immortalité de l'âme; mais elle existe aussi dans les esprits sans elle.

Parfois elle s'affirme avec une naïveté enfantine, elle rappelle même des souvenirs à demi païens : Dieu lui apparaît comme l'être tout-puissant qui exauce les vœux des hommes. Agnolo Pandolfini raconte [2] comment, après la cérémonie de son mariage, il s'est enfermé avec sa femme et s'est agenouillé à ses côtés devant l'autel domestique orné de l'image de Marie, pour prier, non pas la Madone, mais Dieu, de leur accorder la grâce de jouir pleinement

[1] *Discorsi*, l. II, cap. II.
[2] *Del governo della famiglia*, p. 114

de leurs biens, de vivre ensemble de longues années dans la joie et dans la concorde, et de leur donner de nombreux descendants : « Je demandai pour moi la richesse, des amis puissants, des honneurs, et pour elle une réputation sans tache, une parfaite honorabilité et les vertus d'une bonne ménagère. » Si des vœux pareils revêtent de plus une expression bien antique, il devient difficile parfois de ne pas confondre les idées païennes et la conviction théiste [1].

Parfois aussi ce sentiment se manifeste dans le malheur, et il apparaît alors avec une vérité saisissante. Il nous reste des dernières années de Firenzuola, alors qu'il était depuis longtemps miné par la fièvre, des invocations à Dieu dans lesquelles il se montre à la fois fervent chrétien et théiste pur [2]. Il ne considère ses souffrances ni comme une expiation de ses péchés, ni comme une épreuve et une préparation à une autre vie ; c'est une affaire entre lui et Dieu seul, qui a placé le violent amour de la vie entre l'homme et son désespoir. « Je me répands en imprécations, mais seulement contre la nature, car ta grandeur me défend de te nommer... ; donne-moi la mort, Seigneur, je t'en prie, donne-la-moi à cette heure. »

Sans doute on cherchera vainement dans cet exemple et dans d'autres du même genre la preuve palpable de l'existence d'un théisme complet et raisonné ; les théistes comme Firenzuola croyaient encore être chrétiens dans une certaine mesure, et de plus ils respectaient, pour différentes raisons, la doctrine enseignée par l'Église. Mais à l'époque de la Réforme, lorsque la lumière se fit dans les esprits, les théistes virent plus clair dans leurs idées ; nombre de protestants italiens se déclarèrent

[1] Voir à l'appendice n° 4.
[2] FIRENZUOLA, *Opere*, vol. IV, p. 147 ss.

antitrinitaires et sociniens, s'exilèrent même de leur pays et essayèrent de fonder à l'étranger une Église nouvelle. Nous espérons avoir montré du moins, par ce que nous avons dit, qu'en dehors de l'humanisme et du rationalisme l'extension des doctrines théistes était encore favorisée par d'autres causes.

C'est assurément dans l'Académie platonicienne de Florence et surtout dans Laurent le Magnifique lui-même qu'il faut chercher le centre du théisme. Les ouvrages théoriques et les lettres des académiciens et de leur illustre protecteur ne nous font connaître que la moitié de leurs tendances. Il est vrai que, dès sa jeunesse jusqu'à la fin de sa vie, Laurent a manifesté le respect des dogmes chrétiens [1], et que Pic a même fini par subir l'influence de Savonarole et par tomber dans une sorte d'ascétisme monacal [2]. Mais dans les hymnes de Laurent [3], que nous sommes tenté d'appeler la plus haute expression de l'esprit de cette école, c'est le théisme pur qui parle, et il a pour point de départ l'idée du monde envisagé comme un grand Cosmos physique et moral. Tandis que les hommes du moyen âge considèrent le monde comme une vallée de larmes sur laquelle le Pape et l'Empereur sont chargés de veiller jusqu'à la venue de l'Antechrist, pendant que les fatalistes de la Renaissance passent alter-

---

[1] Nic. VALORI, *Vita di Lorenzo, passim*. — Voir les belles instructions adressées à son fils le cardinal Giovanni, dans FABRONI, *Laurentius*, Adnot. 178, et dans les appendices de la *Vie de Laurent*, par ROSCOE.

[2] *Jo. Pici Vita, auct. Jo. Franc. Pico*. — Voir sa *Deprecatio ad Deum*, dans les *Deliciæ poetar. Italor.*

[3] Ce sont les chants : *Orazione « Magno Dio, per la cui costante legge*, etc. »*, dans ROSCOE, *Leone X*, ed. Bossi, VIII, p. 120 ; — l'hymne « *Oda il sacro inno tutta la natura*, etc. »*, dans FABRONI, *Laurentius*, Adnot. 9 ; — *l'Altercazione*. (*Poesie di Lorenzo Magn.*, I, p. 265 ; dans ce dernier recueil se trouvent aussi les autres poèmes cités ici.)

nativement de l'extrême énergie à l'extrême abattement, de la certitude au doute et à la superstition, on voit naître ici, dans un cercle [1] d'esprits d'élite, l'idée que le monde visible a été créé par le Dieu d'amour, qu'il est une reproduction du modèle préexistant en lui, et qu'il recevra toujours de son créateur le mouvement et la vie. L'âme de l'individu peut d'abord, au moyen de la connaissance de Dieu, faire entrer l'Être infini dans le cercle étroit qu'elle embrasse, et ensuite s'étendre elle-même indéfiniment grâce à l'amour divin : tel est le vrai bonheur sur la terre.

Ici les souvenirs des tendances mystiques du moyen âge viennent se mêler aux doctrines de Platon et à des idées essentiellement modernes. C'est peut-être ce concours d'idées qui a fait mûrir un fruit merveilleux, cette connaissance du monde et de l'homme qui suffirait à elle seule pour expliquer le rôle immense que la Renaissance de l'Italie a joué dans l'histoire de notre civilisation.

[1] Si Pulci dans son *Morgante* est sérieux quelque part quand il parle de choses religieuses, c'est dans le ch. XVI, str. 6 : ce discours déiste de la belle païenne Antea est peut-être l'expression la plus nette des opinions qui avaient cours parmi les compagnons de Laurent. Les discours du démon Astaroth (cités plus haut, p. 272, note 1) en forment en quelque sorte le complément.

APPENDICES

QUATRIÈME PARTIE

APPENDICE N° 1.

Donnons à ce propos quelques indications sur l'esclavage en Italie à l'époque de la Renaissance. Passage court, mais important, dans JOVIAN. PONTAN. *De obedientia*, l. III, cap. 1 : *An homo, cum liber natus sit, domino parere debeat.* Dans la haute Italie il n'y avait point d'esclaves; ordinairement on achetait des chrétiens de l'empire turc, quelquefois des Bulgares et des Circassiens; on les faisait servir jusqu'à ce qu'ils eussent gagné le prix auquel ils avaient été achetés. Les nègres, par contre, restaient esclaves; seulement on n'avait pas le droit de les émasculer, du moins dans le royaume de Naples. — *Moro* désigne tous les hommes de couleur foncée; le nègre s'appelle *Moro nero.* — FABRONI, *Cosmus, Adn.* 110 (t. II, p. 214) : Acte de vente d'une esclave circassienne (1427), de laquelle Côme eut un fils, Carlo; — *Adn.* 141 (t. II, p. 254 ss.) : *Liste des esclaves femelles de Côme.* — *Nantiporto,* dans MURAT., III, II, col. 1106. Innocent VIII reçoit de Ferdinand le Catholique un présent de cent Mores, et il les donne à des cardinaux et à d'autres seigneurs (1488). — MASSUCCIO, *Novelle* 14 : Du droit de vendre les esclaves; — 24 et 25 : esclaves nègres qui travaillent en même temps comme *Fachini* (au profit de leurs maîtres?) et qui jouissent des faveurs des dames; 39 : une Italienne va en captivité à Tunis; — 48 : des Catalans s'emparent de Mores tunisiens, entre autres du fils du roi, et les vendent à Pise. — GAYE, *Carteggio,* I, 360 : affranchissement et donation d'un esclave nègre dans un testament florentin (1490). — Paul. JOV. *Elogia, sub Franc. Sfortia primo,* p. 138; PORZIO, *Congiura,* lib. III, p. 195, et COMINES, *Charles VIII,* chap. XVII : nègres remplissant les fonctions de bourreau et de geôlier, au service de la maison d'Aragon à Naples. — Paul. JOV. *Elog., sub Galeatio :*

nègres chargés d'accompagner les princes dans leurs sorties. — SYLVII ÆNEÆ *Opera*, p. 456 : esclave nègre musicien. — Paul. JOV., *De piscibus*, cap. III : un nègre (libre?) maître de natation et plongeur à Gênes. — Alex. BENEDICTUS, *De Carolo VIII*, dans ECCARD, *Scriptores*, II, col. 1608 : un nègre (*Æthiops*), officier supérieur au service de Venise, d'après lequel on peut se figurer Othello comme nègre. — BANDELLO, *Parte III, Nov.* 21 (14). Quand à Gênes un esclave mérite un châtiment, on le déporte aux îles Baléares et on le vend à Iviça pour porter du sel.

Les indications ci-dessus, bien que n'étant pas complètes, méritent de subsister à cause du choix des passages et parce qu'on n'en a pas suffisamment tenu compte dans la littérature spéciale dont ils font partie. Dans les temps modernes il a paru bien des ouvrages sur le commerce des esclaves en Italie. Le livre très-curieux de Filippo ZAMBONI, *Gli Ezzelini, Dante e gli schiavi, ossia Roma e la schiavitù personale domestica. Con documenti inediti. Seconda edizione aumentata*, Vienne, 1870, ne tient pas, il est vrai, les promesses du titre, mais il donne p. 241 ss. de précieux renseignements sur le commerce des esclaves; p. 270, un document extrêmement remarquable sur l'achat et la vente d'une esclave; p. 282, une liste d'esclaves (d'après le lieu de l'achat et de la vente, la patrie, l'âge, le prix) du treizième au seizième siècle. Une dissertation de WATTENBACH : Le commerce des esclaves (*Études sur l'Allemagne d'autrefois*, 1874, p. 37-40) ne se rapporte qu'en partie à l'Italie : Clément V décide en 1309 que les Vénitiens faits prisonniers seront esclaves; en 1501, après la prise de Capoue, beaucoup de femmes de cette ville sont vendues à vil prix à Rome. Dans les *Monum. historica Slavorum meridionalium*, ed. Vinc. MACUSCEO, t. I, vol. I, Varsovie, 1874, se trouve entre autres, p. 199, une décision (Ancône, 1458) d'après laquelle les *Greci, Turci, Tartari, Sarraceni Bossinenses, Burgari vel Albanenses* seront et resteront toujours esclaves, excepté s'ils sont affranchis par leurs maîtres en vertu d'actes authentiques. — EGNATIUS, *Exempl. ill. vir.*, Ven., fol. 216a, fait gloire à Venise *servorum Venetis ipsis nullum unquam usum extitisse;* mais on trouve le contraire dans *Zamboni*, p. 223, et surtout dans Vincenzo LAZARI, *Del traffico e delle condizioni degli schiavi in Venezia nei tempi di mezzo*, dans MISCELLANEA *di stor. ital.*, Torino, 1862, vol. I, p. 463-501. — L'ouvrage de CIBRARIO, *Storia della schiavitù in Italia*, indiqué par Zamboni comme devant paraître incessamment, n'a pas encore été publié à ma connaissance.

APPENDICE N° 2.

Forcianæ quæstiones, in quibus varia Italorum ingenia explicantur, multaque alia scitu non indigna. Autore Philalette Polytopiensi cive. Parmi se trouve *Mauritii Scævæ carmen.*

Quos hominum mores varios quæ denique mentes
Diverso profert Itala terra solo
Quisve viris animus, mulierum et strennua virtus
Pulchre hoc exili codice lector habes.

Neapoli excudebat Martinus de Ragusia. Anno MDXXXVI. (Vingt-quatre feuil. en petit in-octavo.) Ce petit écrit, dont Ranke a tiré parti dans son *Histoire des Papes,* I, p. 385, est considéré comme provenant d'Ortensio Landi (comp. TIRABOSCHI, VII, 800 à 812), sans que l'auteur y soit indiqué d'une manière quelconque. Le titre s'explique par le fait que l'auteur inconnu rapporte des entretiens qu'a dans un bain près de Lucques, à Forcium, une nombreuse société d'hommes et de femmes (voir leurs noms, qui sont sans doute réels, fol. 3 b, fol. 14 b), sur cette question : D'où vient la grande différence qui existe entre les hommes? Cette question n'est pas résolue par les interlocuteurs, mais ils énumèrent une quantité de différences parmi toutes celles qui se remarquaient entre les Italiens d'alors : celles des études, du commerce, des aptitudes militaires (c'est là le passage dont Ranke a tiré parti), de la confection des munitions de guerre, de la manière de vivre, de l'habillement, du langage, de l'intelligence, de la propension à la haine et à l'affection, de la manière de se faire aimer, de recevoir des hôtes, de manger; l'ouvrage se termine par des considérations sur la différence qui existe entre les systèmes philosophiques. Un chapitre d'une étendue particulièrement considérable est consacré aux femmes : à la différence qui existe entre elles en général, à la puissance de leur beauté, surtout à la question de savoir si les femmes sont égales ou supérieures aux hommes. Ces chapitres et d'autres du même ouvrage nous ont servi plus bas, dans certains passages. Nous nous contenterons ici de citer le chapitre suivant, que nous avons choisi comme échantillon (fol. 7[b] ss.) : *Aperiam nunc quæ sit in consilio aut dando aut accipiendo dissimilitudo. Præstant consilio Mediolanenses, sed aliorum gratia, potius quam sua. Sunt nullo consilio Genuenses. Rumor est Venetos abundare. Sunt perutili consilio Lucenses, idque aperte indicarunt, cum in tanto totius Italiæ ardore, tot hostibus circumsepti suam libertatem, ad quam nati videntur semper tutati sint, nulla quidem, aut capitis, aut fortunarum (portunarum) ratione habita. Quis porro non vehementer admiretur? Quis callida consilia non stupeat? Equidem quoties cunque cogito, quanta prudentia ingruentes procellas evitarint, quanta solertia impendentia pericula effugerint, adducor in stuporem. Lucanis vero summum est studium, eos deludere qui consilii captandi gratia adeunt, ipsi vero omnia inconsulte et temere faciunt. Brutii optimo sunt consilio, sed ut incommodent, ac pernitiem afferant, in rebus quæ sunt magnæ deliberationis dictu mirum quam stupidi sint, eisdem plane dotibus instructi sunt Volsci quod ad cædes ac furta paulo propensiores sint. Pisani bono quidem sunt consilio, sed parum constanti, si quis diversum ab eis senserit, mox acquiescunt, rursus si aliter suadeas, mutabunt consilium, illud in caussa fuit, quod tam duram ac diuturnam obsidionem ad extremum usque non pertulerint. Placentini utriusque abundant consiliis, scilicet salutaribus, ac pernitiosis, non facile tamen ab eis impetres pestilens consilium, apud Regienses neque consilii copiam invenias. Si sequare Mutinensium consilia, raro cedet infeliciter, sunt enim peracutissimo consilio, et voluntate plane bona. Providi sunt Florentini (si unum quemque seorsum accipias), si vero simul conjuncti sint, non admodum mihi illorum consilia probobuntur; feliciter cedunt Senensium consilia, subita sunt Perusinorum; salutaria Ferrariensium, fideli sunt consilio Veronenses; semper ambigui sunt in consiliis aut dandis aut accipiendis Patavini. Sunt pertinaces in eo quod cæperint consilio Bergomates, respuunt omnium consilia Neapolitani, sunt consultissimi Bononienses.*

APPENDICE Nᵒ 3.

Commentario delle piu notabili et mostruose cose d'Italia et altri luoghi, di lingua Aramea in Italiana tradotto. Con un breve cata'ogo degli inventori delle cose che si mangiano et beveno, novamente ritrovato. In Venetia, 1553 (imprimé pour la première fois en 1548, écrit à propos d'un voyage fait par Ortensio Landi à travers l'Italie en 1543 et 1544). Landi est réellement l'auteur du *Commentario;* c'est ce qui résulte de l'épilogue de Nicolo Morra (fol. 46 a) : *Il presente commentario nato del costantissimo cervello di M. O. L.,* et de cette ligne qui se trouve à la fin de l'ouvrage (fol. 70 a) : SVISNETROH SVDNAL, ROTUA TSE. *Hortensius Landus autor est.* Après une prédiction au sujet de l'Italie, prédiction sortant de la bouche d'un vieillard merveilleux, ce petit livre contient la description d'un voyage de Sicile en Italie, en Grèce et dans l'Orient. L'auteur parle plus ou moins longuement de toutes les villes de l'Italie; s'il parle en termes particulièrement élogieux de Lucques, cela s'explique par ses sentiments bien connus; il s'étend surtout sur Venise, où il prétend s'être rencontré souvent avec Pierre Arétin (voir plus haut, I, p. 205 ss.), et sur Milan, et, à propos de cette dernière ville, il rapporte les histoires les plus fantastiques. (Fol. 25 ss.) Ailleurs les fictions ne manquent pas non plus : c'est ainsi qu'il parle de roses qui fleurissent toute l'année, d'étoiles qui brillent à midi, d'oiseaux changés en hommes et d'hommes à tête de bœuf, d'hommes marins, d'individus vomissant des flammes, etc. A côté de cela il donne beaucoup de bons renseignements, dont nous tirerons parti à l'occasion; il fait une courte mention des luthériens (fol. 32 a, 38 a), et se plaint sans cesse de la dureté des temps et des tristes circonstances dans lesquelles on se trouve. C'est ainsi qu'il dit (fol. 22 a) : *Son questi quelli Italiani liquali, in un fatto d'arme, uccisero ducento mila Francesi? sono finalmente quelli, che di tutto'l mondo s'impadronirno? Hai quanto (per quel che io vego) degenerati sono. Hai quanto dissimili mi paiono dalli antichi padri loro, liquali et singolar virtu di cuore et disciplina militare ugualmente mostrarno havere.* — Sur le catalogue culinaire qui sert d'appendice à l'écrit en question, voir plus bas.

APPENDICE N° 4.

Joh. Pici oratio de hominis dignitate. Le passage en question est ainsi conçu : *Statuit tandem optimus opifex ut cui dari nihil proprium poterat commune esset quidquid privatum singulis fuerat. Igitur hominem accepit indiscretæ opus imaginis atque in mundi positum meditullio sic est alloquutus : Nec certam sedem, nec propriam faciem, nec munus ullum peculiare tibi dedimus, o Adam, ut quam sedem quam faciem quæ munera tute optaveris, ea pro voto pro tua sententia habeas et possideas. Definita cæteris natura intra præscriptas a nobis leges coercetur, tu nullis angustiis coercitus pro tuo arbitrio, in cujus manus te posui, tibi illam præfinies. Medium te mundi posui ut circumspiceres inde commodius quidquid est in mundo. Nec te cælestem neque terrenum, neque mortalem, neque immortalem fecimus, ut tui ipsius quasi arbitrarius honorariusque plastes et fictor in quam malueris tute formam effingas. Poteris in inferiora quæ sunt bruta degenerare, poteris in superiora quæ sunt divina ex tui animi sententia regenerari. O summam dei patris liberalitatem, summam et admirandam hominis felicitatem. Cui datum id habere quod optat, id esse quod velit. Bruta simulatque nascuntur id secum afferunt, ut ait Lucilius* (dans Non. 78, 14) *e bulga matris quod possessura sunt; supremi spiritus aut ab initio aut polo mox id fuerunt quod sunt futuri in perpetuas æternitates. Nascenti homini omnifaria semina et omnignæ vitæ germina indidit pater : quæ quisque excoluerit illa adolescent et fructus suos ferent in illo. Si vegetalia, planta fiet, si sensualia, obbrutescet, si rationalia, cæleste evadet animal, si intellectualia, angelus erit et dei filius et si nulla creaturarum sorte contentus in unitatis centrum suum se receperit, unus cum deo spiritus factus in solitaria patris caligine qui est super omnia constitutus omnibus antestabit.* Ce discours se trouve dans les *Commentationes Joh. Pici* sans titre particulier; ce n'est que plus tard qu'on y ajouta celui de *De hominis dignitate*. Ce titre n'est pas tout à fait exact, car une des parties principales du

discours est destinée à défendre la philosophie de Pic et à exalter
la cabale juive. Sur Pic comp. plus haut, surt. t. I, 245, 246 ss.;
plus bas, sixième partie, chap. IV, nous en parlerons plus à fond.
— Plus de deux siècles auparavant, Brunetto Latini avait dit :
(*Tesoro*, lib. I, cap. XIII, ed. CHABAILLE, Paris, 1863, p. 20) : *Toutes
choses dou ciel en aval sont faites pour l'ome; mais li hom al faix pour lui
meisme.* Cette idée fut trouvée par un contemporain trop exclusivement humaine; il ajouta : *Et por Dieu amer et servir et por avoir la
joie pardurable.*

CINQUIÈME PARTIE

APPENDICE N° 1.

Giraldi Hecatommithi, *Introduz.*, nov. 6. — Rapprochons ici quelques détails sur les Allemands en Italie. Sur la crainte de l'invasion des Allemands, comp. plus haut, t. I, p. 115, note 3; sur les Allemands comme copistes et comme imprimeurs, voir p. 238; sur les moqueries dirigées contre le pape Adrien VI en sa qualité d'Allemand, voir p. 203. — En général, les Italiens n'aimaient pas les Allemands; cette antipathie se traduisait par des railleries plus ou moins mordantes. Déjà Boccace, dans le *Décaméron*, VIII, 1, dit : *Un Tedesco in soldo prò della persona è assai leale a coloro ne' cui servigi si mettea; il che rade volte suole de' Tedeschi avenire;* le récit qui vient ensuite est une preuve de l'astuce de l'Allemand. Les humanistes italiens sont pleins de critiques acerbes contre les Allemands, qu'ils appellent des Barbares; les plus violents sont ceux qui, comme le Pogge, avaient vu l'Allemagne. Comp. en général G. Voigt, *Renaissance.* p. 374 ss.; L. Geiger, Rapports entre l'Allemagne et l'Italie à l'époque de l'humanisme, dans la *Revue de l'histoire de la culture en Allemagne,* 1875, p. 104-124; voir d'autres détails dans Janssen, *Histoire du peuple allemand,* I (1876), p. 262 ss. Un des adversaires les plus acharnés des Allemands était Jean Ant. Campanus; voir ses *Epistolæ et poemata,* 1707, *Opera selectiora,* Leipzig, 1734, ed. Menken; il a aussi prononcé un discours : *De Campani odio in Germanos.* Fil. Beroaldo, qui a su louer dignement l'Allemagne. lance quelque part un joli trait contre un Allemand : Castiglione, *Il cortegiano,* lib. II, cap. LXIII. La haine contre les Allemands fut entretenue par Adrien VI; la conduite des lansquenets lors de la prise de Rome (Gregorovius, *Hist. de la ville de Rome,* VIII, 548, note 1) ne fit que l'augmenter. Bandello, III, nov. 30, a représenté l'Allemand comme le type de la malpropreté et de la bêtise (sur un autre Allemand voir *ibid.*, III, nov. 51). Quand un Italien veut faire éloge d'un Allemand, il dit (comme Petrus Alcyonius dans la dédicace de son dialogue *De exilio* à Nicolas Schomberg, éd Menken, p. 9) : *Itaque etsi in Misnensi clarissima Germaniæ provincia illustribus natalibus ortus es, tamen in Italiæ luce cognosceris.* On trouve rarement un éloge sans restriction, p. ex. celui des femmes allemandes à l'époque de Marius : *Il cortegiano*, lib. III, cap. xxxiii (ed. Flor., 1851, p. 198).

Il faut rappeler que les Italiens de la Renaissance, tout comme les Grecs de l'antiquité, avaient une antipathie prononcée contre tous les barbares : BOCCACE, *De claris mulieribus*, parle dans l'article *Carmenta* de « barbarie allemande, de furie française, d'astuce anglaise et de grossièreté espagnole ».

APPENDICE N° 2.

En général, voir : *De l'influence de la Renaissance sur le développement de la musique*, par Bernard Loos, Bâle, 1875, écrit qui, pour l'époque dont nous parlons, ne fait que répéter à peu près ce qui se trouve ici. — Sur Dante et ses connaissances musicales, et sur les airs de *canzoni* de Pétrarque et de Boccace, comp. TRUCCHI, *Poesie ital. inedite*, II, p. 139. Comp., d'autre part, *Poesie musicali dei secoli XIV, XV e XVI tratte da vari codici per cura di Antonio Cappelli*, Bologna, 1868. — Sur les théoriciens du quatorzième siècle, voir Filippo VILLANI, *Vite*, p. 46, et SCARDEONIUS, *De urb. Patav. antiq*, dans Græv. THESAUR. vi, III, col. 297. — Sur la musique à la cour de Frédéric d'Urbin, voir les détails donnés par Vespasiano Fior., p. 122. — L'orchestre d'enfants (? dix enfants de six à huit ans, que F. faisait élever dans son palais et auxquels il faisait aussi enseigner le chant) d'Hercule Ier, *Diario Ferrarese*, dans MURAT., XXIV, col. 359. — Hors de l'Italie, on ne permettait guère aux personnes de condition de cultiver la musique; il y eut à ce sujet une violente discussion à la cour flamande du jeune Charles-Quint; comp. HUBERT, *Leod. de vita Frid. II, Palat.*, l III. — Henri VIII d'Angleterre fait exception sous ce rapport; mais c'est surtout l'empereur d'Allemagne Maximilien Ier qui est exempt du préjugé commun; il protégeait la musique à l'égal des autres arts. Joh. Cuspinian † 529, dans la vie de M., appelle l'Empereur : *Musices singularis amator*, et ajoute ensuite : *Quod vel hinc maxime patet, quod nostra ætate musicorum principes omnes, in omni genere musices omnibusque instrumentis in ejus curia, veluti in fertilissimo agro succreverant. Scriberem catalogum musicorum quos novi, nisi magnitudinem operis vererer.* Par suite de ce goût pour la musique, on cultiva beaucoup cet art à l'université de Vienne. La présence du jeune duc François Sforza de Milan contribua à mettre la musique en honneur. Voir ASCHBACH, *Hist. de l'université de Vienne*, t. II (1877), p. 79 ss.

Un passage très-remarquable et très-étendu sur la musique se trouve où on ne le chercherait guère, c'est-à-dire dans la *Macaronéide*, PHANT., XX. C'est la description comique d'un quatuor de chanteurs; on apprend à ce propos qu'on chantait aussi des chansons espagnoles et françaises; que déjà la musique avait ses ennemis (vers 1520); que l'orchestre de Léon X et le compositeur Josquin des Prés étaient l'objet de l'admiration la plus enthousiaste; l'auteur nomme aussi les principaux ouvrages de cet artiste. Le même écrivain (Folengo) affiche aussi un fanatisme musical tout moderne dans son *Orlandino* (publié sous le pseudonyme de Limerno Pitocco), III, p. 23 ss. — Barth. FACIUS, *De vir. ill.*, p. 12, parle de Leonardus Justinianus comme d'un compositeur qui dans sa jeunesse a fait des chansons d'amour et dans sa vieillesse des chants religieux. — J. A. Campanus (*Epist* I, 4, éd. MENKEN, p. 30) vante le musicien Zacarus de Teramo et dit de lui : *Inventa pro oraculis habentur.* — Thomas de Forli, musicien du Pape, dans le *Diarium Burchardi*, éd. Leibnitz, p. 62 ss.

APPENDICE N° 3.

C'est à ce point de vue qu'il faut envisager dans Vespasiano Fiorentino (MAI, *Spicileg. Rom.*, I, p., 593 ss.) la biographie d'Alexandra de' Bardi, par ex. L'auteur est, soit dit en passant, un grand *laudator temporis acti;* et l'on ne doit pas oublier que, près d'un siècle avant ce qu'il appelle le bon temps, Boccace écrivait déjà le *Décaméron.* Sur la culture et l'éducation des femmes italiennes d'alors, compar. surtout les détails donnés par GREGOROVIUS, (*Lucrèce Borgia*, 3ᵉ édit., Stuttg., 1876). Nous trouvons en 1502 et 1503 un catalogue des livres de Lucrèce Borgia (dans GREGOROVIUS, *L. B.*, 3ᵉ éd., I, p. 310; II, p. 167 ss.), qui est tout à fait caractéristique au point de vue des habitudes des dames italiennes de cette époque. Ce catalogue indique les livres suivants : un bréviaire » ; un petit livre contenant les sept psaumes et d'autres prières ; un livre en parchemin avec une miniature en or, intitulé *de Coppelle à la Spagnola ;* les lettres imprimées de sainte Catherine de Sienne ; les Épîtres et les Évangiles imprimés en langue vulgaire ; un livre espagnol traitant de sujets religieux, un recueil manuscrit de chansons espagnoles avec les proverbes de Domenigo Lopez ; un livre imprimé, intitulé *Aquila colante;* un livre imprimé, intitulé *Supplément de chroniques*, en langue vulgaire ; le *Miroir de la foi* imprimé en langue vulgaire ; un *Dante* imprimé avec des commentaires; un livre de philosophie en langue vulgaire ; la légende des saints en langue vulgaire, un vieux livre de *Ventura* ; un *Donatus;* une *Vie de Jésus-Christ* en espagnol; un *Pétrarque*, manuscrit sur parchemin, en in-douze. Dans un deuxième catalogue de l'année 1516, il ne se trouve plus de livre profane.

APPENDICE N° 4.

Infessura, dans Eccard, *Scriptores*, II, col. 1997. Il n'est question que des femmes publiques, non des concubines. Du reste, relativement à la population probable de Rome, ce chiffre est énorme; peut-être a-t-il été exagéré par suite d'une faute de copie. D'après Giraldi, VI, 7, Venise était particulièrement riche en femmes de cette espèce, *di quella sorte di donne che cortigiane son dette*, comp. aussi l'épigramme de Pasquin (Gregor., VIII, 279, note 2); mais Rome n'était pas inférieure à cette ville (Giraldi, *Introduz. Nov.* 2). Comp. la notice sur les *meretrices* de Rome (1480), qui se réunissent dans une église et y sont dépouillées de leurs bijoux (Murat., XXII, 342 ss.), et les notices contenues dans le *Diarium Burchardi*, éd. Leibnitz, p. 75, 77 ss. Landi (*Commentario*, fol. 76) cite Rome, Naples et Venise comme les capitales des *Cortigiane*; ibid., fol. 286, se trouve un passage ironique sur la célébrité des femmes de Chiavenna. Les *Quæstiones Forcianæ* du même auteur (fol. 9 ss.) donnent des détails fort intéressants sur l'amour et ses plaisirs, et sur les femmes des différentes villes d'Italie. — Contrairement aux auteurs cités, Egnatius (*De exempl. ill. vir. Ven.*, fol. 212b ss.) vante la chasteté des Vénitiennes; il dit que les femmes qu'on tirait tous les ans *de l'Allemagne* étaient seules des femmes publiques. — *Corn. Agr. de van. scientiæ*, cap. LXIII (*Opp ed. Lugd.*, II, 158), dit : *Vidi ego nuper atque legi sub titulo Cortosanæ Italica lingua editum et Venetiis typis excusum de arte meretricia dialogum utriusque Veneris omnium flagitiosissimum dignissimumque, qui ipse cum autore suo ardeat.* — Ambr. Traversari (*Epistolæ*, lib. VIII, 2 ss.) nomme la maîtresse de Niccolò Niccoli *fæmina fidelissima*. — Dans les *lettere de' principi*, I, 108, les *donne Greche* sont désignées comme *fonte d'ogni cortesia et amorevolezza*. — Une source importante à consulter sur cette triste corporation, c'est *Ant. Panormitus : Hermaphroditus*, surtout pour Sienne. Le dénombrement des *lenæ lupæque* de Florence (lib. II, 37) n'est sans doute pas un travail de fantaisie; on y lit ce passage : *Annaque Theutonico tibi se dabit obvia cantu.*

APPENDICE N° 5.

Une histoire sérieuse, conçue dans un esprit psychologique, des corrections manuelles chez les peuples de race germanique et latine vaudrait bien quelques volumes de dépêches et de protocoles de négociations. (Lichtenberg débute modestement dans cette voie, *Mélanges*, t. V, p. 276-283. « Quelques mots sur l'utilité et sur l'habitude des coups de bâton, soufflets, etc., chez les différents peuples. ») Quand et par quelle influence l'usage des coups est-il devenu commun dans la famille allemande? C'était sans doute bien longtemps après que Walther avait chanté : « Ce n'est pas à coups de verge qu'on peut élever les enfants. » En Italie, on cesse de bonne heure de donner des coups. Maffeo Vegio († 1458) recommande (*De educ. liber.*, lib. I, c. xix) de ne pas abuser des coups, mais il dit cependant : *Cædendos magis esse filios quam pestilentissimis blanditiis lactandos.* Plus tard, un enfant de sept ans ne reçoit plus de coups. Le petit Roland (*Orlandino*, cap. vii, str. 42) pose en principe que :

> Sol gli asini si ponno bastonare.
> Se una tal bestia fussi, patirei.

Les humanistes allemands de la *Renaissance*, par ex. Rodolphe Agricola et Érasme, s'élèvent énergiquement contre les coups, que les anciens maîtres d'école regardaient comme l'élément le plus nécessaire de l'éducation. Dans le récit de la vie des *Écoliers errants* à la fin du quinzième siècle (*Biographie de Thomas Platter*, éd. FECHTER, Bâle, 1840), et dans le *Livret de l'ouvrier en voyage*, par BUTZBACH, éd. BECKER, Ratisbonne (1869), on trouve de nombreux exemples de l'application de la méthode des coups, appliquée en ce temps-là.

APPENDICE N° 6.

Comp. les sources citées dans FAVRE, *Mélanges d'hist. litt.*, I, 188. CORIO, fol. 417 ss. Le menu remplit chez cet auteur près de deux pages serrées. « Entre autres choses on apporta aussi une montagne, de laquelle sortit un homme vivant, qui se montra étonné de se trouver au milieu d'une fête aussi brillante, et qui disparut ensuite, après avoir exprimé sa surprise et sa joie par une tirade en vers. » (GREGOROVIUS, VII, p. 241.) — *Infessura* dans ECCARD, *Scriptt.*, II, col. 1896. — *Strozii poetæ*, fol. 193 ss., dans le premier livre des *Aeolosticha*. — Quelques détails sur le boire et le manger seraient à leur place ici. Nous nous bornerons à quelques indications. Léon Arétin (*Epist.*, lib. III, *ep.* 18) se plaint d'avoir été obligé de dépenser une somme énorme pour le repas de noces, pour les habits, etc., et d'avoir conclu son *matrimonium* et dépensé son *patrimonium* le même jour. — Ermolao Barbaro décrit dans une lettre à Pietro Cara le menu d'un repas de noces chez Trivulzio (Angeli POLITIANI *Epist.*, lib. III). — Ce qui offre un intérêt tout particulier, c'est la liste des mets et des boissons qui se trouve dans l'appendice du *Commentario* de Landi (plus haut, appendice 8 de la quatrième partie). Landi parle de la grande peine que lui a coûté ce tableau; il a puisé dans cinq cents auteurs différents. Il cite les noms, hommes et femmes pêle-mêle; ils appartiennent pour la plupart à l'antiquité; ce sont des Romains, des Grecs et des Barbares; il y a même un Suisse dans le nombre. Le passage est beaucoup trop long pour pouvoir être cité; l'auteur dit entre autres : *Li antropophagi furono i primi che mangiassero carne humana!* — Le Pogge (*Opera*, 1513, fol. 14 ss.) discute cette question : *Uter alteri gratius debeat pro convivio impenso isne qui vocatus est ad convivium an qui vocarit?* — Platina écrit un traité *de arte coquinaria*, qui doit avoir été réimprimé souvent, et qui est cité sous les titres les plus divers, mais qui, d'après ses propres indications (*Dissert. Vossiane*, 1, 253 ss.), renferme plutôt des conseils de tempérance que des préceptes gastronomiques.

SIXIÈME PARTIE

APPENDICE N° 1.

Par exemple, les maléfices employés contre Leonello de Ferrare; voir *Diario Ferrarese*, dans MURAT., XXIV, col. 194, ad a. 1445. Pendant que l'auteur des maléfices, un certain Benato, qui était d'ailleurs un homme mal famé, entendait sur la Piazza la lecture de la sentence qui le condamnait, il y eut tout à coup un grand bruit dans les airs, suivi presque aussitôt d'un tremblement de terre; tous les assistants s'enfuirent ou furent renversés : on dit que ces phénomènes s'étaient produits parce que Benato *havea chiamato et scongiurato il diavolo*. — Nous ne parlerons pas de ce que Guichardin (l. I) raconte du maléfice employé par Ludovic le More contre son neveu Giangaleazzo. — Sur la magie, comp. aussi chap. IV, particulièrement p. 321 ss. — Même au festin qui accompagnait le couronnement d'un pontife, les cardinaux amenaient chacun leur sommelier et apportaient leur vin, « peut-être parce qu'on savait par expérience que sans cela on empoisonnait le vin des convives ». Cette coutume était générale à Rome et subsistait *sine injuria invitantis*. — Blas. ORTIZ, *Itinerarium Adriani VI*, ap. PALUZ., *Miscell.* (ed. Mansi), I, 380.

APPENDICE N° 2.

Alexandri ab Alexandro : Dierum genialium, libri VI (Colon. 1539), est pour les histoires de démons et de prodiges dans l'Italie de ce temps-là une source de premier ordre, surtout puisque l'auteur, qui est ami de Pontanus et membre de son académie, a assisté lui-même aux faits qu'il raconte ou qu'il affirme les tenir de témoins absolument dignes de foi. Lib. VI, c. XIX : Deux coquins et un moine attaqués par des diables, qu'ils reconnaissent à la forme de leurs pieds et qu'ils repoussent tant par la force qu'en multipliant les signes de croix. Lib. VI, cap. XXI : Le serviteur d'un prince cruel, jeté en prison par son maître pour une faute légère, invoque le diable, est miraculeusement tiré de sa prison et y est ensuite ramené de même; dans l'intervalle, il a vu le monde des enfers; il montre au prince sa main consumée par les flammes éternelles, lui révèle au nom d'un mort les secrets qui avaient été confiés à ce dernier, l'engage à être moins cruel et meurt bientôt des suites de la frayeur qu'il a éprouvée. Lib. II, c. XIX;

III, xv; V, xxIII : Apparitions des ombres d'amis morts, de
S. Cataldus et d'êtres inconnus à Rome, à Arezzo et à Naples.
Lib. II. cap. xx, II; III, vIII : Récits concernant des ondins et des
hommes-poissons qui ont été vus à Naples, en Espagne, dans le
Péloponèse, ces dernières apparitions confirmées par l'autorité de
Théodore de Gaza et de Georges de Trébizonde. (L'ondin italien
Colan de Catane se noie à Messine en voulant chercher une
coupe en or que le roi avait jetée dans la mer et qu'il devait
garder à titre de récompense.)

APPENDICE N° 3.

UBERTI, *Il Dittamondo*, III, cap. I. Dans la Marche d'Ancône, il
visite aussi Scariotto, le prétendu lieu natal de Judas, et fait à ce
propos la remarque suivante : « Je ne dois pas passer sous silence
le mont Pilate avec son lac, où veillent pendant l'été des senti-
nelles régulières, car celui qui s'entend à la magie y monte pour
consacrer son livre, opération à la suite de laquelle s'élève une
grande tempête, à ce que disent les gens du pays. » (La consécration des livres est une cérémonie particulière, qui diffère de la
conjuration proprement dite.) — Au seizième siècle il était
défendu « sous les peines les plus terribles » de faire l'ascension
du mont Pilate près de Lucerne, ainsi que le raconte Diebold
Schilling (p. 67). On croyait que le lac qui se trouve sur la montagne était le repaire d'un fantôme, qui n'était autre que l' « esprit
de Pilate ». Quand les gens y montaient ou qu'ils jetaient
quelque chose dans le lac, il s'élevait aussitôt des orages terribles.

APPENDICE N° 4.

Citons comme exemple la petite ode de M. Antonio Flaminio,
dans les *Coryciana* (comp. t. I, 335, 336) :

> Dii quibus tam Coryclus venusta
> Signa, tam dives posuit sacellum,
> Ulla si vestros animos piorum
> 　　Gratia tangit,
> Vos jocos risusque senis faceti
> Sospites servate diu; senectam
> Vos date et semper viridem et Falernæ
> 　　Usque madentem.
> At simul longo satiatus ævo
> Liquerit terras, dapibus Deorum
> Lætus intersit, potiore mutans
> 　　Nectare Baccham.

FIN DU TOME SECOND.

INDEX ANALYTIQUE

A

Abammon, II, 309.

Abano (Pietro d'), de Padoue, philosophe et médecin, I, 185; II, 8, 9.

Abigdor, sur les femmes, II, 142.

Abraham ibn Esra, II, 9.

Abulafia, Abr., récit, II, 271.

Acciajuoli (les), I. 271.

Acciajuoli, Donato, I. 271; II, 9, 278.

Accolti. Benedetto, I, 283.

Adamo de Gênes, Carmélite, I, 141.

Adrien de Corneto, cardinal, poëte, *Iter Julii II*, I, 146, 151, 152, 315, 318, 326; II, 154, 160.

Adrien VI. Voir Papes.

Adurnus, Jean, II, 102.

Agnello, doge de Pise, I, 12.

Agnellus, historien, II, 58.

Agricola, Rodolphe, helléniste, I, 241; contre les coups, II, 359.

Agrippa d'Aubigné, autobiographie, II, 65.

Agrippa de Nettesheim, I, 69; sur la noblesse et les princes, II, 98; sur les démons, II, 324.

Alanus ab Insulis, I, 215.

Alberico, Giovanni et Giacomo, II, 196, 197.

Albert-Achille de Brandebourg, I, 363.

Albert le Grand, I, 235.

Alberto (Fra), théologien, I, 185.

Alberto degli Alberti, I, 221.

Alberti, Léandre, géographe, II, 5, 74.

Alberti, Léon-Baptiste, esprit universel, I, 173 ss., 177; II, 60, nouvelles, I, 366; comédie, I, 330. paysage, II, 26; intérieur domestique et religion, I, 167. 173. 174. II, 151; contre les tournois, II, 102; études de linguistique, II, 119; cérémonie de la pose de la première pierre, II, 295.

Alberto da Sarteano, prédicateur, II, 236.

Albicante, mauvais poète, I, 207.

Albizzi, Rinaldo, pèlerinage, II, 262.

Albornoz, cardinal, subjugue les États de l'Église, I, 129; II, 327.

Alcyonius, Pierre, *De exilio*, I, 275, 360; sur les Allemands, I, 286. II, 355.

Alde Manuce, imprimeur à Venise, I, 92, 242, 372; II, 302.

Alemanni, harangues militaires, I, 294.

Alemanni, L., *la Coltivazione*, I, 329.

Alemanno, Jochanan, I, 372.

Alexandre. Voir Médicis.

TABLE DES MATIÈRES

DU TOME SECOND.

CINQUIÈME PARTIE.
LA SOCIABILITÉ ET LES FÊTES.

RAFFINEMENTS EXTÉRIEURS DE LA VIE

Habillement et modes. — Moyens de parure des femmes. — La
propreté. — Galateo et les bonnes manières. — Commodité et
élégance.

LA LANGUE CONSIDÉRÉE COMME BASE DE LA SOCIABILITE.

Formation d'une langue idéale. — Sa propagation au loin. — Les
puristes exagérés. — Leur peu de succès. — La conversation.

LA FORME SUPÉRIEURE DE LA SOCIABILITÉ.

Convention et statuts. — Les nouvellistes et leur auditoire. —
Les grandes dames et les salons. — La sociabilité à Florence.
— Laurent décrivant son cercle.

L'HOMME DE SOCIÉTÉ ACCOMPLI.

Sa passion. — Ses aptitudes physiques et intellectuelles. — Les
exercices du corps. — La musique. — Les instruments et les
virtuoses. — Le dilettantisme dans la société.

SITUATION DE LA FEMME.

Son instruction toute masculine; ses poésies. — Sa personnalité
devient complète. — La virago. — La femme dans la société. —
La culture intellectuelle des courtisanes.

LA VIE D'INTÉRIEUR.

Contraste avec le moyen âge. — Agnolo Pandolfini. — La villa et
la vie champêtre.

LES FÊTES.

Leurs formes principales; mystères et processions. — Supériorité
sur l'étranger. — L'allégorie dans l'art italien. — Représentants historiques des éléments généraux. — Les représentations de mystères. — La Fête-Dieu à Viterbe. — Représentations profanes. — Pantomimes et réceptions de princes. —
Cortéges variés; triomphes religieux. — Triomphes profanes.
— Fêtes vénitiennes. — Le carnaval à Rome et à Florence.

lerie du Nord. — Magie des courtisanes. — Le magicien et
l'exorciste. — Les démons sur la route de Rome. — Diverses
espèces de sortilèges ; les *telesmata.* — Magie employée lors de la
pose de la première pierre. — Le nécromant chez les poètes.
— Histoire magique de Benvenuto Cellini. — Décadence de la
magie. — Espèces secondaires de magie : alchimie.

La confession de Boscoli. — Confusion religieuse et scepticisme
général. — Discussions sur l'immortalité. — Le ciel païen. —
L'autre monde d'Homère. — Les doctrines chrétiennes se perdent
— Le théisme italien.

FIN DE LA TABLE DU TOME SECOND

PARIS. — TYP. PLON-NOURRIT ET Cⁱᵉ, 8, RUE GARANCIÈRE. — 8671.